瑞安市文史资料第六十一辑
瑞安市政协文化文史和学习委员会

U0463131

董朴垞　撰

钱茂伟　等　点校

修学庐日记

长江出版传媒｜崇文书局

目　录

甲集　项馆时期

乙集　大同教书时期

丙集　燕大研究时期

丁集　温中教书时期

甲集　项馆时期

◎ 甲集上

壬戌夏，余以第一人，卒业邑之中学校，遂偕同志数人就读省垣。初入工专，旋以忤性，改进法政。然终因贫病，弃学家居。时项氏微尘骧方致仕归，礼聘余往教其子女于新屋脂学楼。四载之间，授毕《论》《孟》《毛诗》《左传》《礼记》《史记》并前后《汉书》、《说文》、《文选》、《古文辞类纂》等书。并自日记读书行事，累十余册。散馆后，承项氏荐，任上海大同大学教席，专教《易经》《荀子》。只半稔，以无资格，未免被人蔑视。适北平燕大国学研究所招生，余乃检所作《永嘉耆旧传》《敬庵文内外篇》邮寄审查，幸获收录。翌年春，辞职北上，入所研究。当初到时，睹燕大内部洋气勃勃，顿不安于心，有所感愤，咸书诸日记间，几致复罢学归来。校长吴震春（雷川，杭县人，曾为教次）、教授马鉴（季明，鄞县人）、刘廷芳（永嘉人）诸先生挽余倾助余，而同乡萧君（亦菊）、黄君（道镕）亦皆责余以大义。盖其时先君逋负累累，无力偿付，余为长子，责任綦重，亟欲赚钱，以分其忧，故心思变迁莫定焉。二君谓汝若强过数年，毕业于斯，必可如愿以养。其后果然,是实深感彼辈一言之恩也。唯于日记,则以此中断矣。逮民国二十年秋,辞燕大,南渡鹭江,掌教集美中学(华侨陈嘉庚独资兴办),拟续记之,仍无恒心而辍。二十三年来杭,先教杭中,继教杭高,生计安定,观书广博,惜无记载。因整旧业,行之未久,又生厌心,不克有终。今马齿徒增,所学未就,反觉退步,颇为此惧。乃自抚问,性近学术,宜速下决心,志效大儒俞(荫甫)樾、孙(仲容)诒让,终生著述。愿自今日始,再记日记,俾心志结一,学业专精,庶上不负父母鞠育之德,下不负师友期望之意。况年已三十有八岁,欲免无闻不足畏之讥,可勿终日乾乾惕厉而自振拔乎?昔余祖江都公(仲舒)居家下帷,修学著书,卒为儒宗。余既取"修学"二字以名庐,今复系此日记,岂无微旨哉?要之,事在人为,荫甫、仲容、江都公皆可为也。所谓煌煌先哲,彼不犹人。曾文正云"学问之事,人心主之",在乎自勉之耳。

廿八年国庆日,董朴垞自叙于青田水南温中宿舍。

丁卯(1927)

正　月

元旦　阴

晨起,读《曾集》[①]"江小帆之母寿序"及"王箴",深明其作法。旋圈点《左氏传》杜预序,亦颇有所悟。适张畴九中表来贺年,作陪片刻去。年后,诣内家拜年。归来,作《自新年语》置于座右,文曰:"汝晚处此万难之境,犹不及早刻苦安心读书,立定脚根,力求上进,何苦东

---

① 指《曾文正公全集》。

跑西走,虚度此不再得之时光哉!"盖余于去岁闽军过境后,稍稍懈怠,时常外出。今至觉悟,立志自新也。

初二日　晴

八时起床,读《曾集》,易阅,写母寿诗序,辨别章法,觉有心得。早饭后,点《左传》,起隐公元年,悟经文义例。傍午,去理发,而心畬叔来,不值,遂谒其家,与谈京中事甚久。归家少坐,项生锦麟、锦裳来贺年,二生系项微尘先生之令嗣。丙寅秋,得余教读数月,小周先生晓秋邀代也。当时所订课程,为朝读经(《毛诗》),夕读史(《史记》),间笔记之,先哲轶事,又点曾《家书》。二生颇率教,馆内求学气氛甚盛也。午后,拜谒祖父墓,在西郊礁石地方,往来约十余里。灯下,复点读《左传》及《诗经》,至十时就寝。

初三日　阴

晨读《曾集·朱心垣先生五十六寿序》,知其作法略变易,首段叙交情及请作序之原由,要皆有含意,为下文作引线,中间分几段叙述甚清晰。饭后,续点《诗经·小雅·节南山之什》,而暂弃《左传》。盖余读书早有计划,拟依《輶轩语》内所定程序,再参以曾公所定而增减之也。后闻江师阆仙言,项主不欲其子女读《诗经》,余乃改授《左传》。昨项二生来,又言仍读《诗经》,故饭后取《诗经》点之。

谱弟许成远自平局归度岁,来访,不值。余遂答访其家,以未起床而回。午后,成远偕孙群又来访,时张中表范亦在座,与语移时,同出散步。途晤姜萃夫英,共登籀公楼小憩,因与道楼成时举行典礼热闹情景,旋各分别归。之后用晚餐,复出,至外姑家,晤内兄陈岳生,方自郡归。乃与言时事,有云孟昭月腿被创而白宝山倒戈,然则孙氏之败可立待矣。又闻南军日内将过境,其宣传部队已到。

当午,林丈漱泉持一纸示余,乃《寿序》也,为项微尘先生所撰,文辞古奥，多阐学理，首从王阳明说起，落到序者。项先生虽为当代大绅（曾署财政次长，兼盐务署长、稽核所总办），出身新派（美国留学，得经济硕士学位），然古学颇有根柢，字亦雅健也。灯下，读《史记·五帝本纪》，参看李君《史记订补》，顺次圈点，以收一书之益。数日来，于饭后杂取《十八家诗钞》朗诵，顿引起吟诗之趣矣。

初四日　晴

寅刻立春，余时亦起床，煨春后再睡，醒来已日出矣。读《曾集·曹西垣之父母寿序》，分析段落，知其作法。早饭后，赴心畬叔家借《左传》《国语》《国策》《文选》各一部，《二黄先生集》一本，《林损文》一本，又向祥夫叔处假得《辞源》分册六本，稍稍整理，放置案旁，甚感欢乐也。继书墓志铭，系姜英萃夫嘱（用颜体）。再书开馆单（定元月初十）及功课表，饬人送去。而岳生旋来，畴九亦来，不胜应接之烦。二子去后，点《诗经》三页，读《史记》两页。入馆教项生。

初五日　晴

晨读《曾集·何傅岩先生七十寿序》，系余去年点过之文也。继点《诗经·节南山之什》毕，观前所录《日知录》中要语，关于读经各法者，用韵及其体式，颇有会心。正午，往内家用膳。午后，去观剧，名曰《大登殿》，为唐朝薛平贵归国作君，但不知其事有见正史否。晚与洪蓉轩先生谈治国学，甚见赞许。洪老年将八十，邑中名画家，聪颖绝人，与李漱梅相善，李工梅，皆知余也。灯下读《诗经》及《史记》，至十时，始睡。

初六日　晴

晨起稍迟，而张氏兄弟又来，拟与共观南兵，道遇诸官长。是日，各店铺悬旗欢迎，至晚仍无一卒，闻兵来未有定时也。旋游县议会，今改国民党县党部，场中布置井然，墙壁间遍贴画报及宣传纸。归途,两访李君雁晴,皆不值。李君家本少康,有志读书,取法邑哲孙籀庼,治考证学,著有《墨子间诂校补》及《史记订补》等书。后应广东大学之聘,继掌教于中州大学校,颇负时望,为余所心仰之人也。午后,本欲往谒高祖墓,至老屋,知诸叔皆先发,遂折回家读《屈贾列传》及《过秦论》,检阅《文选》及《楚词》各书。

薄暮,项馆人来约明午家宴,俗称开学酒,特教我蒙师也。陪客有蔡迈翀、林漱泉、黄植民、陈定甫、胡哲民诸先生,请柬云。乃往谒蔡迈翀师,约与同去。又转走内家,借得马褂,不称身,再走借于祥夫叔,祥夫叔未归。遂与心畬叔谈,归家中,即就寝。

初七日　晴

天气极寒,朝读《曾集》两三篇,皆寿序也。味其古文腔调,尽有领会。旋辑《十八家诗钞》中各家小传,以《文选》为底本,参阅《辞源》。至午,整衣往项馆。筵开,群推余坐上座,是为余生来第一次荣遇也,余今日始知读书之高贵也。窃顾余在十五六岁时,曾去习商,以不适性即弃去,发愤续学,至有今日也。酒散后,与林漱老归。微尘先生送至门外,与言《诗经》太深,可改授《左传》,并嘱严教其子女云。

归途过内家少坐,晤张氏畴九、镜如兄弟,与游第二巷裱画店,见有曾衍东以粗笔画岩石,颇佳。先在项馆见有康有为、赵之谦等名联,中堂悬伊父小石先生寿屏,系黎元洪撰、汪大燮书,颜惠庆、章宗祥等送贺,诚不易得之物也。灯下,解释《史记》,参考《尚书·尧典》,至十时始睡。

初八日　阴雨

晨起,检校《史记·五帝本纪》,多本《书经》尧、舜二典,文语奥屈,非看注疏则不能解。至午后,仍分析此篇。陈君瑞炘来谈多时而别,中表畴九亦至,相讨论史中难句。陈君所言杭校风潮始末,即余三年前所肄习之工业专门学校也。余多读书二载余,仍以不近性而废辍。闻微尘先生拟于初九日出门,故于晚餐后,即赴蔡师处一询,言未得确讯。时值军事倥偬,上海轮船多罢工以避运矣,恐难成行,遂归。过内家少憩,外姑出茶点一盘,盘系古器,覆视之,则其上书"成化年制"四字,知为明代古物(宪宗年号,历时四百四十六载)。喜甚,即告珍藏。灯下读史,又作书一封,付鉴弟,便寄给炯孙,述昨日荣遇之事。十一时,始寝。岳生午轮已回郡。

初九日　晴

晨起为《十八家诗钞》,检查典故。旋中表张畴九来,遂与出访李笠雁晴,又不值。转至飞云阁(在大校场两边河附近一座楼阁,矗立田间,风景绝佳,为清时乡哲黄体芳漱兰退归后所建之别业也,中供祀瑞安诗人之栗主。近年来,瑞安图书馆附设其间焉)。有党员在内办事,名为招待运输队。午后,读《史记》。又出,至老屋及内家一游,盖尽一日奔走,明早开馆授课矣。灯下,检点书籍,读《论语》与《左传》,约十时即寝。

初十日　晴

项氏馆开授读《左传》杜序(锦西附学,另授《论语》)、《史记》与《十八家诗钞》。上学时,微尘先生、渭夫先生各牵其子来拜,共学者四人,锦麟、锦裳、锦西、如美,就中以如美程度较高,其次即锦裳。而锦西读《论语》亦能领悟也。又微尘先生改余前定课单,古文偏重苏老泉东坡父子之作,兼及吕东莱《博议》、王夫之《读通鉴论》,盖未知余教书之宗旨也。至添《智囊补》以记典故,《易知录》以记史事,则未脱前朝举子习气矣。午时,往江师阆仙家借书,有难色,遂怏怏归,叹贫士读书艰苦如此。江师素患神经病,久为士林所弃,全以师生之故、邻好之谊,独与之游,竟遭白眼,愤甚。二弟庆生信到,喜今岁得工头实缺,月薪除伙食,净余廿元,寄归,一慰。灯下,作覆书,述家中困苦状,冀节省用场也。继点《左传》,至十时就寝。

十一日　晴

晨六时起,正在读书间,闻楼下有南兵脚步声,知为党军已到,秩序整齐,绝非去年孙兵可比。午刻,曹军长万顺到民党及军事接待处豫备欢迎,沿街放爆竹,悬旗结彩,颇形热闹。知事余立(系驻温省防军陈其蔚、来伟良二人所委)先时肩舆出至街道,学生辈将所坐轿摔入江滩,知事遂窜匿一鱼行楼上,不敢下也。下午文课题为《象封有庳论》。晚归,游县党部,晤叶志我君,言党务甚悉。志我为常驻委员,此子抱负不凡,前岁与同志组织宏文会,后并入民社,近则统称国民党也。灯下,只点《左传》数句,以体倦甚,即睡。

十二日　雨

是日星期日。在家点读《论语》二篇,觉有心得,而兵队仍陆续经过楼下,心为之分。傍午出南城一望,轮船埠头遍插青天白日旗以及欢迎旗多只,结彩奏乐,尽表欢忱,民党同志奔走忙甚。浙兵已到,二千余炮队,最为严整。午后,读《论语》。灯下,检览《左传》,至十二时始寝。

十三日　晴

上午,讲杜序甚清晰,听者亦易领解,余心甚慰。南军过境,共约七八万人,并闻有闽轮二艘运弹来泊街道,惟所竖旗为五色,可疑,或者温州港口(状元桥等处)有联军之舰巡逻过瑞。午后,散馆即往视之,果然五色旗船,大者与海晏埒。又前言白氏倒戈未确,而余师长宪文确已到温,约明午一时可来瑞明伦堂演说,早有红币贴于县前砖屏上。至于瑞中改革声浪骤高,孙次缪恐不再保校长职矣。继之者,传系林省中（林，东大教育系毕业，去年与同志办瓯海公学，以与谷旸意左，遂来谋瑞中校长职也）。晚间，游内家，告以此种事。到八时许，始归即寝。

十四日　雨

是日晨起，翻览《左传》杜序。入馆后，即为诸生诠释，诸生乃读四五回方罢。下午，《史记》说《五帝本纪》，仅至《尧典》之处，继点《曾氏家书》及《纲鉴易知录》，至《秦王政章》。闻微尘先生即刻动身，搭瑞平商轮，遂散馆谒之，与语而别。归来，闻家大人言，知为黄友琮来访，即往晤之。灯下，改文卷毕，点读《史记·夏本纪》过半，以体倦欲睡而止。

十五日　阴

晨起入馆，过早，憩于内家，约半时乃往，知微尘先生已于暮搭瑞平轮行矣。授《左传》正文，先摘经语于黑板上，诠其大义，尤详讲褒贬处，所以明是非，辨善恶也。旋依经凑说，无有遗漏，限日读了。下午，《史记》教《五帝本纪》，以有涉于《书·尧典》，后用此法以徐之，语参诘屈，然稍稍留意，即易了悟也。继嘱诸生记蔺相如完璧归赵事，欲其熟习文句，参验原书，体知雅俗，希获进步。散馆归时，已电灯明矣。

晚间，当点《左传》（二年时事）而洪君小萍来，共讨论教学法，甚惬意。洪君学问广博，年甫二十余，著书已得数种。去秋，曾示余以《文心雕龙注》及《子通》二书。近又考录《史记》，成《读史记札记》若干卷（以《汉书注》为底本），叹服之至。去后，点《左传》隐二年毕，参读《东莱博议》一页，以便来朝教授也。

十六日　雨

晨起，点读《论语》数页。而木匠来隔间，并作书架，一一指示之。入馆后，授《左传》隐二年，参校《博议》（《郑伯克段于鄢》）。下午，《史记》说舜事(参看《书·舜典》)。至锦西到,授《论语》及《龙文鞭影》。傍暮,整理各书,入置架中。方毕,而黄君琮来与谈多时。别去,再点《左传》隐三年,竟已十一时许始寝。

<h3 style="text-align:center">十 七 日　阴雨</h3>

晨起,写楹联一束,系黄友所嘱。王仲士来,与之周旋有顷。去后,入塾稍迟,授《左》隐公三年传竟,至午正归,黄友偕陈君焕呈来取联,付之,以翁体书各联,颇惬意。晚教馆散,过内家,知小姨病,微热未退,邻居徐毓卿氏所诊也,服燥药,据言无觉舒畅。余为请胡昭先生,胡先生系余去年大病得救之大恩医师也,其时余病累数月(自正月初四起,至四月疗愈),伤寒症甚噜嗦,名医师诊皆无效,后竟承此药铺土医师收功,亦奇矣。晚餐后,又往内家,知胡昭先生迄未来,盖外游雀戏也。坐谈颇久,归时钟鸣十下,乃取《左传》点几节,以体倦过甚,即就寝。

<h3 style="text-align:center">十 八 日　雨</h3>

晨起,点读《左传》终隐四年,大有心得,而《博议》一堂论周郑交恶事,殊生人意外,盖时文通病,为驳古人。余方研究古文辞,对于此类文,觉无多趣味耳。早餐后,便道过内家,问小姨病,知热稍退,再为延医诊治,言肝燥感风,甚轻,一慰。入馆,授《博议》及《左传》。方讲说时,殷伯海先生站余背后窃听,旋即以林生(淞生,赞侯先生之子)附学事为请,因许之。午后,又与之晤诸途,因兵,至项馆,下午,作文题为《石碏杀其子》,原论盖即午前所授之《春秋》经传文也。三时半散馆,归途又过内家,少坐,而内子颈患瘰,怅然。是日,传南军由瓯退瑞,扎守海口,以防孙方兵舰。此为突变风声,二日前炯孙弟来函尚未提及也。时事孔艰,不知伊于何底,但为大局计,愿蒋师奏捷。然于余无关,似多言矣。灯下,点完《史记·夏本纪》,知集《书》

"禹贡""益稷"诸篇，而成史公笔法变化无尽，颇足取法，以体倦不耐坐，即睡。

十九日

上午，赴内家，问小姨疾，知略痊，所服药剂较凉。旋又为请胡昭先生来诊，胡去，余教内嫂以书札四五到，详为诠释，并插言造字道理，颇饶小学意味也。留午餐，餐后归温，校《史记·五帝纪》。稍稍结束后，即出游竹林斋，观所裱各种书画，中以仲容、启畴等作为最善。出时遇林石民振中、蒋友龙二师，亦来观赏。余又至老屋，见心畬叔，知商校长事已得实委，遂约祥夫叔充主任，共谋革新校务。抵暮方归。归后晚餐毕，又往内家，知小姨已食漱，精神大振，为之大喜。灯下，又教内嫂读信札二则而归。

又时传余宪文新聚之师，退扎温地要隘，因得大释前诸本军勒饷疑事。（按余宪文，原属孙部一师）反戈后，与孙战钱江上，败退吾瓯（为宪文故乡）。宪文，乐清人，商地绅集兵自卫，顶饷十万金，由五县分筹，一时风传，即此因也。余知事志侠立，亦得同时自郡归署，请兵自卫，虚张声势，极可怜，亦可笑也。《左传》隐五年点毕，寝时已过十二时矣。

二十日　晴雨

晨起用饭毕，即入塾，如平日，授《左传》《论语》外，另以曾文教林淞生读，详言体裁及作法，至正午拟归。归途，晤洪蓉轩先生，与语革新瑞中事。到家，又与蔡心甫亲家公言县党部琐事，有慨乎时事之孔艰也。午后，如美、锦麟二生请假，因独令锦裳暂点曾文（《欧阳生文集序》）而读之，并嘱锦西朗背《论语·学而》篇，无遗误，至四时散学，林生随来偕往其家览书画。晚间，往内家，教内嫂，又读信札数通，待雨止才归。归来，灯下点《左传》，至一小时始寝。（途行时，又闻有杭州陷于南军之讯。）

廿一日　晴

早餐后，出门过内家，知小姨病体及热怅甚。入馆，授《左传》隐二年毕，继教淞生古文词，为曾作欧阳筱岑文集叙，详引学术智识，俾悉门径一二。午饭于内家，后归，少坐，故到塾较迟矣。授《史记》终，《五帝本纪》想能领悟，其长子锦麟智性略晚，更须加意教诲，笔记苏秦、张仪事，当时记录，以如美为较劲雅。至暮散馆，市上电灯大明矣。晚赴内家，谈乡先生黄漱兰体芳轶事，归途视县前照屏上粘有一币，谓党军确占绍兴，并下杭州消息。是夜，贫民拖洋油箱，叫罢市，以议米价，盖因久苦米贵，至一元仅购一斗，以趁此机会，求解脱也。未虑党军对此如何处理。灯右点《左传》，以连日就寝过迟，睡眠未足，精力疲倦，宜暂早休息耳。

廿二日　阴雨

晨起，点《左传》。知今日罢市，商店关门，街头宁静，景象惨淡。入馆，启教《左传》，辅以《博议》，尚称顺口。午后，考《史记》（篇章考试），试题多，至三四十条，为仿东南大学入学试验常识式，分问答、析句、填句、辨正诸类，诸生成绩以如美为最。至四时散馆，遂致锦西、淞生二生功课有关也。微尘先生适有书并字条到家，知杭城确降，彼亦将待船北上。孙军一败至此，可胜叹。过内家三次，皆以小姨病为虑，闻今日体稍舒服，略慰。归家，灯下读《左传》，未几即睡。

廿三日　雨

晨起，点读《左传》终隐八年，始盥漱用饭。入馆时，迂道经内家，知小姨疾未大愈。上午，授《左传》后，考锦西《论语》，亦如昨法，惟析句类改为点句耳。午后，对《史记》教法略变改，先教七十二列传，而始伯夷，仅一读一说，明其大旨而已。翌午，即得笔试。星期一亦考

《左传》，诸生颇乐，行此笔记，题为信陵君窃符救赵，未还卷，以时迟，遂散馆。

晚间张中表范来，持《雁晴喻宋墨庵》纸示余，系驳其中欠缺处。盖二子读书各有专长，李君考据功夫深，而墨庵则素善词章也。去岁，为《籀廎遗文序》，两方辩驳多时，然实无关紧要。雁晴自得教广大后，忌者日众，《史记订补书叙》中，有杨树达言李君私淑乡先生孙诒让，得尽读玉海楼藏书句，以致有人登报诋责其诞妄，谓玉海楼自孙公亡后，长闭不启，李君何以而得尽读也，当时笔讼遂起迄今，或显谓墨庵滋事。宋君前与薛师储石读书于瓯隐园，监督冒鹤亭广生甚器之，为筑楼以居之，并给膏大资。后宋君作《三国志乐府》一书，储石谓窃诸他人，二人遂生间隙。储师晚死，墨庵作诽语以挽之。今又与雁晴为难，想此子太不近人情也。

《左传》点隐九年毕，即寝。

廿四日　晴雨

数日来为定米价罢市，商情冷落。过午如开市，米一元可得一斗三升。小姨疾略痊，一慰。上午，入塾授《左传》隐九年。下午，考《史记·夷齐列传》，题凡二十，各生成绩皆优，散馆归途，晤余师松舫（前清拔贡生，现长县高小，年可六七十），承厚许，以治国故为勖。旋游竹林斋，见壁间裱有小品书画多种，其一为我六从祖志谦公之墨迹，喜甚。晚往内家，少坐。雨作，即回。之后，似体倦，立就寝。

廿五日　雨雪

是日，天寒甚。晨起，读《左传》隐十年间，而张中表来，以项荫轩馆事，嘱为关说。午后散馆，即为一往访之，知已入县署，议米价矣。（项氏为邑巨富，积资累累三十万）。便道两过内家，知小姨疾少瘳（热以及退），已啜薄粥，乃大慰。归后，谒蔡师迈翀，亦欲为畴九作介绍(迈师系荫轩至交,言无不从),竟亦不值,怅怅(荫馆前为戴义君主讲,此子现正奔走国民党有力同志,闻将得党中佳缺,故辞此)。下午文课题为《丹朱商均论》。晚间,改笔记及文卷四五本毕,读《论语》一过,即寝。

廿六日　阴雪

晨起,翻读《经史百家杂钞》三四篇,系曾国藩所纂辑,甚有兴味。只为畴九馆事,不得安心,即及往谒项翁。以未起床,先回憩内家,教内嫂信札两通,再去与晤,问塾师已聘求,言间有及张中表,遂从旁赞许不已,使无痕迹,甚为适当,时黄先生植民(姜友萃夫之姑父,亦深知余器余者),王君敬甫(前清举人)数人在座,作麻雀戏,黄君起与余酬酢一番,而荫翁以事忙,余觉不多坐,乃别归。而畴九已在家候稍忽,因白其事。午后,余抽架上《畏庐论文》阅之,并加朱墨,颇悟作文笔法(畏庐,琴南之别号,为近代文豪,乙丑夏间病卒,京师所译著小说一二百种,家始贫贱,本闽虞,父亡后,卖文来京师,遂教大学,名誉以振,与吴挚甫汝纶同为桐城派中嫡传人物也)。晚续观之,参读韩文数篇。有施剑甫者,余恩友也,往岁助余读书,先后共赠三十金。此子为人慷慨,明大义,今毕业于东南大学经济科。夕时来游,与谭学术,甚相得,性亦喜藏书,问余应备书籍,为举告一二而去。八时即睡。

廿七日　大雪

晨起,见屋瓦皆白,邻儿戏雪,作人或猫状。路积雪不可行。初欲闭户读书,旋以心不安,拟携书入塾,而雪降霏霏愈多,行经内家,遂使意休讲,即就其楼上读《史记·范雎蔡泽列传》及《文史通义》,至暮归。是日,小姨体稍愈,内子辈均在旁雀戏,以宽慰其心。

又阅《瓯报》,知本县县长(即前知事之改称)已改委秦国辉,彼系别省人,在郡地检厅作司法官,顷由十七军政治部所委派,而余志侠祚命已告终矣。(计自去冬廿三四接篆,至今仅两月余耳)瑞中委员长亦委胡旭哲民先生充任,孙次镠即此下台,而林省中亦不来也。胡师在校已有十四年之久,人颇温厚,得党部及学生会共推举者也。但恐迫于面情,改新事难见实行,所谓换汤不换药,母校前途未得乐观,为之一览。灯右读《曾公文集》,至十时即寝。

廿八日　雨

晨起雪霁,天气极寒冽。早餐后,过内家一问小姨疾,即入塾,考《左传》隐元年至五年,计试题十三个,学生成绩如美、锦裳俱佳,想数日间熟读此书故也。下午,《史记·管晏列传》只教其半,止管仲事,以曹沫"沫"字与诸生辩难,片刻后,仍以余读音沫音妹为是,讲析后,继记冯谖为孟尝君燔券市义于薛一则,至暮始归。又过内家,承外姑留余晚餐,与谈,至七时许返家。适心畬叔偕家大人自老三房来,为调解析居事,少坐即去。炯孙有信来,述郡中同业伙加薪各情,知又加二乘,约得八十金(全年侍金),为之喜。鉴弟又从郡店归,过访,不值,早去。上楼读《左传》,点隐十一年,毕时钟鸣十下,遂寝。

廿九日　雨

晨起入塾,教读《左》隐公十一年传,毕,与诸生辨别文中难句,颇有所悟,喜甚,所谓教学相长者即此也。午后,赴塾,途遇鉴弟,言炯孙在郡详情,知年薪确已加,至八十余元。又过内家,知小姨病亦已全瘳矣。入塾教《史记·管晏列传》,竟。余暇,自读古文三两篇,甚快心,并与淞生谈瑞中改革事(淞生时在初中肄业,因未开学,暂附此读,天资聪敏,烦多公子之气,然服余教法无遗,若忽良善)。

晚间为鉴弟书挽联一,而祥夫叔亦来,坐楼下谈,片时,又姜萃夫自郡归,亦来访,并嘱为荐塾师,遂以陈仲芬姑父荐,拟再征其同意焉。姜去,余续读《史记》老、庄、申、韩列传,觉其中《说难》文极难了解,欲删去不教(前岁余在杭州法政读此时,有中文教师陈某,前清举人,亦教此篇,说解殊多抵牾言,知甚不易讲也)。以其属韩子书,余实未前见之,且亦不愿先读子书也。寝前,又读《曾集》,至十一时方罢。

三十日 阴晴

醒后懒起床,欲以所得尽购书籍,脑为之紊,入塾觉头晕,旋即苏。《左传》考隐公六年至十年,试题极易,成绩以如美为最,实则淞生亦熟记。下午,考《史记·管晏列传》,后读《博议》两课,放馆较早,为姜友之弟附学事来商。仲芬姑父过老屋少坐,并托鉴弟带郡换苏戡联来,知如愿否,答姜君,而一往内家即归。晚间,洪小萍君来,与论学颇久,领其教益。余素不喜交游,其在高小及中校所交,今则皆外出,不时相遇。时来施剑甫,余恩友也。又归途晤陈瑞炘君,言胡老榕村已仙逝,为叹里中失一读书人。

(胡前辈字榕村,调元其名也,为清季士,曾知宝山县。君工诗,著有《补学斋集》行世,伊侄资民曾赠余一卷。胡老近年来任图书馆长,对馆务颇爱,驰以名誉高地,人莫敢非。去岁,闽军过境,推为冬防局长,招待军事,积劳致疾。痊而后发,至时晚离人世,伤已。)

陈君又言杭校改组,将设文科,余心又为感触。如告成立,拟再续学。灯下,改与洪友谈。去后,复点《左传》桓元年,改文卷及笔记四五本,读《曾集》,至夜分始寝。

二 月

朔日

起床后,读《博议》两篇毕,入塾时过早,即在其楼上观各书画。有吴昌硕所集书石鼓文字者,甚善。《左传》教桓公元年,续讲《博议》，至十一时散馆。下午，《史记》教老、庄、申、韩列传，仅读其半，即改读《逊学斋文》，为《二项先生墓志铭》（即几山、雁湖二先生也）及《玉海楼记》中多关于永嘉文派之语。归后，适铨弟在自家，与谈片刻，并借余孝胥帖十张以去。余往内家，邀内子归，约定初六日，留晚餐，与言家常琐事。至九时始回，灯下点《左传》一二页，即睡。

是日天气晴和，计自下雨，至今约一月，人皆以为惊蛰前响雷所致，谚云"雷响惊蛰前，一月不见天"，信然。

初二日　晴

晨六时起床，点读《左传》桓二年竟。入塾，授正课外，与讲治学方法，并自陈作人宗旨，引曾公国藩以自期许。前岁赴杭，先寓郡邸，曾请李叔缄先生书曾公格言联，文云"不为圣贤，便为禽兽"，"莫问收获，但问耕耘"，可想见余之为人矣。李先生又为余作跋语，书于其侧，曰："允辉董君，年甫弱冠，即覃研宋学，可称躬行实践之士。生平最服膺曾文正公学行，今持币素属书曾公格言，以悬座右，其志趣纯洁可想见。遂为挥翰，工拙所不计也。"但此联于归后为雨所沾破矣。今后移录其语于案头，俾时时知有所警惕焉。

下午文课试题为《冯谖燔券市义论》，余暇读孙先辈琴西《逊学斋文钞》集内墓志、寿序各类文一二篇，体味其气，甚有心得，此书系淞生家所藏。散馆后，承阮友家人邀，查抱山信息。抱山系余少年同学，为人豪气，善诗文，去夏出门，久无信归。使举家怀念，余实不知其栖处，勿可查也。便游竹林斋，见所裱书画颇多，尤以项维仁山水、薛珩石介书法为堪观，且与林生晤淞生，以王金庚等花卉画来裱。归食晚餐，即往内家，谈至十时而回，记此日记，读文一页，睡。

初三日　晴阴

早餐后，谒心畬叔，与共至商校一游。午后，过内家，促内子归。

内子此次归宁将一月,今小姨病已全愈,增餐,慰甚。晚间,心畬叔来为商伊耕项氏子附学事,余遂许之。旋洪君小萍来谈学术,甚相契,至二时始去。点《左传》桓三年,至半即寝。是日,星数。

初四日 雨

晨起,点读《左传》桓三年毕。入塾时,便道过许叔霞处,取《国学杂志》二本,早所诺借也。许君时方奔走县党部,无暇阅书,故先付我,殊可感激。但书中多王氏国维、胡氏朴安等作,至登桐城文派一节,殊合余前日教淞生读曾作《欧阳生集序》所述系统语,虽肤浅,亦复可观。午后,晤洪君小萍于大街漆店(此处为邑前辈聚谈之所,我堂姑丈仲芬陈先生亦时在座,所谈多时务及地方掌故,间有言读书事者,不啻清谈派也)。《史记》老、庄、申、韩列传教竟考试,至四时半许散馆。灯下,看《国学杂志》及读韩文一二篇而睡。

初五日 晴雨

朝入塾,本欲考《左传》,旋以诸生请,暂止,改教《博议》。甫毕,而伊耕先生令嗣名德熹来附学。午时散馆,与淞生共归。过县署前,知今日下午一时开市民大会(场址四板巷坦搭三戏台,城乡农工商学界云集),为反对孙、张,作仇英游行。适大雨降,而乡人已到者,结队去捣鲍漱泉屋什物无少遗。鲍君前为商会长,帮办漏海事及以前许多不平间隙,遂激成市民公愤之故也。下午,休讲,自往伯威妹倩家贺喜。留饮后,至暮归。心畬叔来谈朱业捐款事,甚久。继点《左传》桓四年、五年两章,毕,即寝。

初六日 晴

晨起,入塾教《左传》,兼览《国学杂志》,有罗振玉、陈柱、胡朴安等稿,皆偏于考证家言,而罗先生校勘金石尤精,上海有售书《蟫隐庐自刻书》,亦至数十种,为晚近一学问家也。胡、陈则皆任各大学教习，声闻较逊。余前阅文学杂志，此等人作品颇多。在杭州时，曾一函致无锡国学馆，欲往读书（校长唐文治，亦负文名）。旋以来不果。胡、陈辈皆其文字友，于此见余之于文学有意久矣。午，散馆归，点《史记·齐世家》，以为教《司马穰苴列传》参考。傍晚，再读《齐世家》，毕，续点《左传》桓六年，竟即睡，时约九时许。

初七日　晴

晨起，入塾教《左传》桓六年，楚师侵郑反、郑忽辞昏、鲁桓公名子同事甚悉。午后，李正贤表叔在此谈党务，并以不入党见责，谓头脑太陈腐，当有革新志向，今竟如此，为我不解。余笑应以才薄，然意实不屑也。国学展替极矣，二三为文之士，又不能专心于学，如吾友林宇翔耳。又闻林君震东（公旦）、林君去病（宝康）、戴君义、王君毓埏、胡君憻诸人，皆余故交，年亦相若，今竟各充瑞中行政委员兼教习也。之数子或毕业外省各大专学校，或只受中等教育为母校卒业生者，今因奔走党务，遽然一跃至此。又图书馆馆长一职，自胡公榕村去世后，已委其孙准接充。准实年幼学浅，而馆长事颇郑重，非有指导文学之能力，断难处其位，且代表全县之文化，今竟以此等人为之，可胜叹哉。

又与项生曾植（系去年附学项馆者，天资聪敏，富辨识力，可畏，后改名颎）言转学事。下午，《史记》教《司马穰苴列传》，笔记记绨袍相赠范雎故事。晚，晤洪云溪（晓蔷先生之子，现以贫故出入蔡师之门，钞呈纸度日，人颇忠厚）。为小姨作伐，已得黄氏合顺，配其三子名宗涛，近在都门稽核所办事，学行兼优，余力请岳母大人许之。归点《左传》桓七、八年，毕，就寝。（是日午后，家大人入乡外家一访，盖一年来往问好也。）

初八日　阴雨

晨起，方阅《国学杂志》，而许叔霞来，以孙中山周年联属作。余辞不能，为转请陈姑父仲芬先生。陈先生遂允成之，付许君，并还前借《国学杂志》二册。入塾教《左传》，稍含糊，旋究心细索，知昨夜所点过，以精神惫倦，错误极多，遂为更正，重释之，觉有大心得。下午，《史记》教《孙子吴起列传》，只授孙子为止。将散馆时，与淞生、如美二生朗读《逊学斋文》三四篇，皆关学术者（此书详述永嘉学派事），并悟古文笔法与腔调也。晚游明伦堂，以明朝为孙中山周年纪念，在场与党员项季千、陈大放诸同学相晤。旋又遇云溪，谈婚事。归坐，改诸生试卷（文课）及笔记五六本，至九时许寝。

初九日　晴雨

是日，为孙中山先生逝世二周年纪念，学校放假，余塾亦停教半天。往游明伦堂，时县长敬言察所长及各法团、学校、各业公会男女齐集，达数千人，颇极一时之盛。下午文课题为《管仲相桓公论》，自临汉隶二幅。归途，晤姜萃夫，与赴县党部，与去病、志我、执中辈坐谈党务，并言解放各事。又与张范畴九中表晤，到知申乡塾已归。别后，在内家用餐。夜读《曾集》，方寝。

初十日　晴雨

星期日。晨起读曾公文，继钩隶帖（昨借自项生如美），至午后一时毕，再读曾公文终书序类，悟其作法。复三弟信，内详兄弟相亲之义，决以曾家风为典范。并将于信面刻印曾氏格言，为兄弟相从励。三弟今岁薪金骤增至八十余元，可喜。此来书信，文句清通，字体大进，亦为叫喜也。又，父亲时自外家归来，述其家近状平安为慰。灯下，点读《左传》桓九年、十年竟，坐床上读曾公文一小时，睡。

十一日　雨

晨起方入塾，为陈某作介绍信，寄二弟，以彼今年得工头，有荐人力，同厂故友多来商余丐函二弟，较余早得时甚善。上午，《左传》教后，与诸生谈古文法，用书举王引之《经传释词》、俞樾《古书疑义举例》、马建忠《文通》、刘淇《助字辨略》等开示之。盖自入春，所常言学术事甚悉，诸生亦乐闻之者。下午，《史记》读终《孙子吴起列传》。余时自读《逊学斋文》，而锦裳贻余《水仙亭词集》，为其祖项�遗作。又有雁湖先生所编《且瓯集》一册，未检出，雁湖之弟几山，亦以治古文词名于时。二先生学术，孙琴西集中言之极详。余昨谓《逊学斋集》中多详永嘉学派者，即此也。项二先生为孙公舅氏，故孙公自言幼时读书，从二先生及曹秋槎先生。秋槎专工诗，而二先生则兼工词也。灯下，增改陈姑丈前作《竺霞市楼跋》，兹因楼更名传经。

辞曰：董生朴垞从余学，现久去，卒业于邑之中学校，旋游杭州，入法政，凡二载，辍学归，遂读书于其家之楼，自额曰传经楼，盖取诸其宗祖江都公"笃志传经"之意，以自勖。当此旧学衰歇之时，后生小子束书不读，争骛外洋新识，以矜耀乡里。朴垞独不然，守师说，抱残篇，日诵其间不倦。楼近市，人往来其下，闻而皆嗤笑之，以为枉时，朴垞不顾也。尝与余论学，多所发明，且自言慕效曾文正之为人及其治学方法焉。见其案积书册，率以乾嘉诸老训诂考据之作为多，参以桐城方闻文集。所谓"镕汉宋一本示曾公"者，即此也。喜临池，摹碑帖，特其余事耳。朴垞年甫弱冠而所志如此，它日成就必将大有可观矣。惜余齿已衰，目花又健忘，不能再事读书。于朴垞斯楼，不无少慨焉。故系以数语，从答朴垞，朴垞其勉乎哉！（后请邑名宿池志澂书于横幅上。）

灯下，点读《左传》桓公十一年竟，睡时已十时许矣。

十二日　晴

晨起，入塾教《左传》桓十一年毕，参教《东莱博议》二篇，而锦西《论语》教《为政》章，亦嘱其豫备背诵云。钱南固学颜帖，锦裳摹之甚相似。午散馆，出遇老友项硕，邀游其家，少坐，别归。项君前与余同学，后以事转学沪上，近尚在南洋大学学工业，为吾师叔轩先生之令嗣也。下午，《史记》教《孙子吴起列传》，笔记记苏秦刺股事。归途，又与硕晤，同时项生曾植亦来会，三人聚读移时，去。薄暮，游老屋，欲晤心畬叔，告以米业学捐脱离商校自交事，竟不值。回，至迈师家而迈翀先生又晋郡，遂与云溪遇，谈小姨妇事，促留心而别。晚餐后，游内家。至九时返，点《左传》桓十二年，竟，即寝。（日间览报，知松江、苏州均为蒋军所占领矣。）

十三日　晴，夜雨

晨起盥漱毕，检点书册入塾，先授《博议》二课，继讲《左传》，余力读《逊学斋集》，淞生留此与余观也。午后，便道赴方君家搜买闲书（《策府统宗》廿本，《国朝骈体正宗》八本，《梅氏丛书辑要》六本，《易经旁训》二本，《天演论》《家语》各二本，《历代史论》六本，《稚存评史》二本，《周礼白文》一本），共付小洋五角。书虽为蛀虫所食，幸无残缺，喜极。下午，《史记》温《伍子胥列传》。晚归，过内家。灯下，洪小萍君来谈，亦出此数种书以观，与共讨究《胡大令调元祭文》，盖胡死已二七矣。洪君代人作此散体文也。洪君并许为余撰《传经楼记》。去后，余点读《左传》桓十三、四年，竟，改笔记三本，再览日间所得书，即寝。将寝时，闻有逐悟真寺僧并毁佛像于江中事，实党徒之暴动也。

十四日　晴阴

朝入塾，以如美请假往其舅家为表姊出嫁，遂不教《左传》，而改以《太史公自序》授彼三人，自序文结撰颇精。余意于未读《史记》前，宜一览此文，俾领悟全书大指，然后自首至尾顺次读之，即易进境也。如美去岁已教读竟，今则凑教此三子，以务齐一。午餐方罢，闻人言悟真寺佛有掷江讯,乃牵季弟往游,毫无影响。惟至殿后山上新筑一座小刹,题为瑞安莲社,系一群文士商量合建,以拱拜者清致,若登上界。入殿,晤党员沈某,与之谈数语,归。下午,仍以学书度过,余则临隶字。晚游老屋,知二公今日亡故,诣灵前吊拜。退出,在前座屋(鉴、楷弟家)听三房魁兄言析居事甚详。归,路过新桥,又听吴憨老之翰讲说《战国策》。灯下,将借来隶字,续临三四纸,以体倦就寝。

十五日　雨

上午,入塾则如美、德熹辈皆已到,为之授《左传》两年。午散馆归途,晤胡简炎民,还其《文法三集》,系前岁借来者。同时楼下人言阮世行家书已接着,知将升排连长,大慰。晚去视信,悉余四日前夜梦与抱山携手过军队中,颇承礼数,后忽身落旅邸,恍然醒。顷信中详言地址,与前薛君炳镜函吾,同为广州沙市中央军事政治学校入伍生队二团二营八连已六个月,将毕业,可升为排连长云云。下午,《史记》教《仲尼弟子列传》,取其半讲解,始自孟胥一节,以上事多本《论语》,诸生已读过,故略之。晚间,点读《左传》桓十五年,竟去睡。

十六日　晴

晨起,改文卷三四本毕。入塾,先授《博议》,继教《左传》。下午,作文题为《勾践报吴仇》及《马迁作〈史记〉》二论,而以下题为较难,非具考证学识不能作也。散馆归,黄君铣孙道二弟托带书信一束来,出为《群经平议》十六本,又洋十元,照片一纸,掷奉堂上。二弟可谓有骨肉之情,能明大义者也。三弟亦然,大慰。余整书入架后,游内家。旋出,遇陈君瑞炘,与共至利济医院旧址,谈修养事甚久。

又与林公旦晤到,问瑞中改革情形。林君为余同肄业工专者,今岁毕业,即在母校作委员兼教员,学问当佳,年稍稚昧耳。晚餐后,往访胡恺，为索书甚急。此子头脑欠清楚，人多憎之。虽余与交密，然亦无多趣，遂归，检还三角一本，所言英文法，余实无有借来也。至余存《英语周刊》十余本，前年亲手交付，竟辞从黄尧坝借来。余不固辨，即返。并以善言勖之，盖此不穷倒之。至瓯公阮歔教瑞中事，亦林公旦所分兴也。灯下，拟始从事编纂《群书集解》，为搜采底本太多，恐难毕功。十时就寝。

十七日　晴

星期日，自晨至午，钩临隶帖。甫卸笔，游竹林斋，观唐伯虎真迹。归家，知项生锦麟来，久候，遂行上楼，启示各书义，伴余餐，竟及出巡裱店，知唐迹为林石民先生从闽中求得者，所糜三十金，余览书画久，无有出此画上，画破碎不堪，而树叶桥梁多缺，左下角盖三图章，不尽明晰，惟阳文"伯虎"二字尚可识别，知为真品无疑。同时宋慈抱之父亦在，与之言雁晴笔战事及孙、黄、项三家藏书。宋父自言其子购书到十余厨，夸言当时名流如柳诒徵、冒广生、吴士鉴辈皆有交流。遂与项生共游愚溪，往来约七八日里。便途观"第一山"三字，石落田中，字极大，为宋米芾南宫所题，亦古迹也。入城，诣阅报社，借来《学镫》（余友励生存此）及《教育杂志》各一本。晚间，洪小萍君来，谈教《史记》本考证法，颇资参考。去后，点《左传》终庄公七、八年及《博议》、《史记》（《仲尼弟子列传》）。适钟鸣十下，即寝。

十八日　晴

是日，为瑞中开学。瑞中自创办以来，首见革新，行委员制。委员长为胡哲民，委员党部居其二，为林宇翔、戴义，公推委员为王毓姬、林公旦、林大经、洪某，教员除旧江阆仙、俞煦牲二前辈及董仲璇、陈起陆数子，余如沈觉夫等，素有讼师气味者，一律淘汰。授课时间为上午四时，下午二时。第一时授课，第二时习操，并重三盲也。又有朱君乡甫、洪君特民，皆新卒业于东京帝大，学识高强，亦屈留于此。取生亦极严，为之喜，盖亦地方之福也。

余朝教《左传》桓公毕，知淞生停学。下午，《史记》教《仲尼弟子列传》，以中多小节，不便朗诵，为借《图书馆季刊》，诣叔霞处，至三四次，皆不值。将教馆时，读《逊学斋文》，觉有心得。归晤云溪，商小姨姻事。晚，点《左传》庄元年、二年与《博议》，继览杜定友《记游日本图书馆》一篇，将完，以体倦，先寝。

十九日　晴雨

朝赴塾，教《左传》庄元、二年。与项先生叔轩遇，语瑞中革新事，并嘱入革命党。余以老气太厚，愿读古书为快意，以谢之。午散馆在路，还王君以《教育杂志》一本。暮归，游裱画店，与林石民先生聚谈甚久。林先生奖余勤学，并勖以出外求上进。别来过雁晴家，余前与雁晴兄相见，知方造府，今入见，承李君热忱招待。

晚诣内家，路过县前，知有鲍贼素传罪状一大纸，榜贴照屏上，览者如堵。鲍某系心畲叔之莫逆、椿弟之义父也。本不敢有间言，但以此人舆情全无，阖邑共非之，应遭此灾。室内无全物，捣毁尽矣。闻首事为洪恶少年，余素憎之者。已由司法起诉矣，不知有何办法。灯下，只点《左传》庄三年，竟，倦甚，不耐坐，即睡。

二十日　阴雨

上午，教《左传》庄三、四年。归途，过许君叔霞处，借得《图书馆学季刊》一册。许君奔走党务甚忙，故屡访不遇。今特早往，而适在家，因出此相借。然自未读过，肯先借人，更为难得也。下午，教《史记·商君列传》后节，疑句颇费脑解，然亦甚有理，以余所用论文之本无注解，讲析较难耳。

晚散馆，以是日学校放假事，问储西（东南小学校长），曰昨夜民党开会,为改派各校长之故。而商校心畲叔,亦为冶学叔所得。此种改换,立意固善,惜无相当人选也。晚餐后,姜友萃夫来,并以伊祖九十寿叙相斟酌。去后,余独坐抄杂志中《史记》版本及参考书篇,备诵读也。

廿一日　阴雨

上午,《左传》庄公五、六两年,教后继抄杂志中论文。午散学归,与洪小萍君遇,遂纵谈读史应有二种眼光,为史学(如《春秋》之褒贬)、文学(考证词章)。其校读《史记》,应多备参考书。施借余《读书杂志》《史记·本纪》本以去。姜萃夫来,以信稿请书,为致同乡殷铸浦也。殷君与项氏人娴娅、植民、渭夫辈,亦一同出门。晚,至内家,为陈小姨姻事,旋应迈翀师属,题跋尾,而晤云溪,谓姻事将有端倪也。灯下,点《左传》庄七、八年,竟。即睡之前,又为写一信,寄岳生内兄,告以小姨姻事也。

廿二日　阴雨

是日为省政府成立及国民政府迁鄂纪念日,瑞平轮亦于夜间放申,植民先生、渭夫先生辈三数人,相与赴杭。又《杭报》十九日栏载,自地劣绅为陈氏叔侄,亦盛称庵,而吾叔祥夫亦列名其间,想所交游者,多陈派人也,事极可怪。又有一极无礼事,即将文庙改为孙中山纪念堂。其余如拆毁寺庙,破除异教,间为有理,然无结果而散会。

上午,较平日稍迟到,以余承人嘱,书扁额及幛轴,与王仲士谈移时。午过蔡师处,又与云溪会,言小姨姻事,将就绪矣。下午,《史记》教《张仪列传》,暮散馆。过党部阅报,而志我亦在。出后访心畲叔,自言欲诣殷铸浦,以素有交情也。灯下改卷,会洪君来,稍搁笔几分钟。续改之,毕,时已十下有余,即就寝。《左传》点庄公九年。

廿三日　晴

晨入塾，教《博议》及《左传》庄九、十两年。午间，先过黄友君舜家，为其父素同先生书婚联，昨许之也。下午文课，题为《国民党废孔庙改为孙文纪念堂之感言》，嘱诸生尽力发挥驳斥之。《学灯》已送至阅报社，续借《晨报》副镌一本，皆余友励生所寄存也。傍晚，游竹林斋，见有画凤一幅，甚生动，余如《东坡游赤壁图》及梅铨联，字体雅洁，盖录董思翁论用笔法语。又遇云溪于途。晚间，游县党部，为是日有木匠违会章，着红衣游街。近各业工会、商、农会均成立。传廿九日，仍开大会。归来，钞杂志中首篇，睡。

廿四日　晴

晨起，续钞杂志。竟，往内家，访大舅，信未到。归途，遇张镜如中表，共游悟真寺及国民党部，知林宇翔欲介一子附学，余以微尘先生前已有约，辞之。林君素馆王家，近因奔走党务，遂辞退，专任商人部委员也。

下午，再钞杂志，另题为《楚辞各篇作者考》。约一时余，而洪小萍君来，示以读《史记》文一篇，知分《史记》有二观念，即史学观与文学观，史学观辨体例，文学观讲章句、审文字，盖合考订词章而言也。继与共谒雁晴兄相斟酌，适李君为造屋，极忙乱。因问余项氏屋式样，并约明午后，来我馆视屋式样。夫李兄以一中学生，刻苦自修，竟至如此，为可羡。今家藏书籍甚富，皆数年任教所得，或以半数薪金购书，取其余以造屋也。洪君言其初学《文选》，继读"四史"及"十三经"，可称渊博之士矣。现别一游洪家谈片刻，借《春秋大事表》二本归。晚，点《左传》庄十一、十二两年毕，即睡。

廿五日　雨

晨入塾，知如美将游曾家，送嫁大青，遂改授曾子固《寄欧阳舍人书》，为之诠释良久，以此文多学术语，甚有价值也。午归，途遇李君，言以晴日往观屋式样也。下午，二生国文选教《玉海楼藏书记》，中有曰"乡里后生，如有读书之才，有读书之志，而能不背吾约，可以就吾庐读吾书，书固不可为一家储也"句，大动余心，诮其后人不肖，不能实践祖上之言。当时锦麟以《且瓯集》二本见赠，归来得三弟信，又得大舅信，赞成小姨姻事。访云溪，不值。灯下，点《博议》竟，即寝，时已过十下矣。

廿六日　晴，夜雨

晨入塾，知如美及赴曾宅，送上轿，即转为铣县接间，皆婚礼所有事也。下午，锦裳去饮酒，故先言放假，约余毋需来馆。午餐罢，以体倦，出游裱画店，赏览书画自娱。归，闻家大人言李君雁晴来访，盖欲与余共观项氏屋式也。继钞毕《楚辞各篇作者考》，遂送还许氏。

途遇乔育之，并从乔处借得《学衡》四本。乔君亦邑中好学之士，昔与薛师储石，今办图书馆，甚著功绩。储石师死后，此子寡交，只自修古学，甚器余。惟操行不检，与储石师同，余颇恶之。灯下，为《史记》参点《战国策》斗张仪事一二则，即睡。

廿七日　晴

晨入塾，如美来，续教《左传》，并授《博议》。午散学归，钞《学衡》中《史记三家注补正》。下午，《史记》为《张仪列传》，四时归。稍阅书籍，即至张师元纯家，与言财务及李、宋笔战事，知李在外确冒称为孙仲容弟子，以器小责之。又论读文方法，重气韵，以及教授提纲，甚合余心意，然后自信为学本领，不逊前辈也。晚阅杭报，载上海已为党军所占领，英人愿让还天津租界，而汉口事亦无条件消止矣，为之起敬。灯下，点《左传》庄十四年一课，竟，读《史记·樗里子甘茂列传》，至十时许始寝。又云溪来，说实小姨亲事。

廿八日　阴雨

上午，教《左传》庄十一、十二年，学生有不赞成者，独如美年较长，能解余意，冀在此少时，多读书也。下午，如美及诣曾宅请酒。改授二生以古文，一为宋濂作《送东阳马生序》。濂初家贫，假书录读，无师，尝徒步走百里，请益于先达，备述艰苦，以此勖马生，其事颇类余之苦学也。

散学归途，晤胡质民，详论教授方法。胡君现替林宇翔掌王氏馆未久。其于改课卷，能识出文中疑病处，各以符号，如大错以 X，气未清以 |，当补以 △，等等，藉启正误，方可着手改之，甚善。

归后过老屋写信，出来遇王友燕孙，共至自家一谈。晚间，陈瑞炘君至，以大红对联嘱书，并言党，又劝以勿违时读书，颇有深知。遂出视王兄志西之遗作，知染新潮趣味多矣。但余志已定，姑弃此四年光阴，从事古学，为鸡鸣之自勖，不悖名楼之原志也。去后，点《左传》庄十五、十六两年及《博议》二课，即睡。（此日午时，南海康有为长素卒于青岛，康为清逊帝师及世之大通儒也。）

廿九日　雨

上午，入塾，读《博议》未终篇，以腹痛即起辞生归。下午，总工会开成立大会，余亦往观，其措饰场址，为公众运动场，面积极大，竟为人容满之，或从场内搭三戏台，青天白日旗飘扬空际，台上结彩，乐声齐奏，甚自乐也。开会后，由县长余国辉、公安局长某某相继演说，谓本日以天雨，只好缩短辞句，作大游行。过自店前，暮游内家，为小姨婚事，将彼处同情，送来喜约一纸。灯下，为人书联，甚称意。点书，至不耐坐，即睡。

三 月

初一日 晴

晨入塾，如美又请假往族内送嫁，故改授锦麟、锦裳以归文二篇，为《寒花葬志》及《女二二圹志》，文笔生动真挚，毕观一款，与《红楼梦》叙事极相类。午后，两过内家谈婚事。下午文课题为《余之人生观》，诸生俱云不能作，因此改为《论商君交法》及《岳飞论》。散学归，往后垟观剧，甚足开心矣。知因果报应说，确然矣。

本日为五显庙神郊祭之日，处此党治之下，律被禁止，清明亦然。

又瑞中学生为开会更选事，与教员争执，致闹学罢课。教员为林大经宇侯、胡熙如时雍。胡为邑中最可恶人物。即晚，民中在悟真寺（改称总工会）要求迎神城隍，旋集县党部，不见，几致肇祸。余亦立外司观。逮转归，闻有人为党部扭去，禁于室中，而清明节候全打消矣。

《瑞平报》到，知南京、上海统为党军所占领，英兵上陆，掘壕闸北，焚成焦土。孙传芳北遁，白宝山委改编。秩序定后，各工人复职。故余深以二弟为念，三弟寄来花笺及《古唐诗合解》，还广益，余接字，即去销账。睡时在十一时许。

初二日 晴

星期日。朝迟起，饭后，过蔡师家，约小姨姻事，云溪未来，喜约仍留此处。归点《史记·陈涉世家》。下午，续点《黥布列传》。而洪小萍君来，共讨论《史记》，日前点有错误，得示修正。洪君付还《读书杂志》，以余要查对也。三时许，往后垟观剧。灯下，点《左传》庄十七年。教内子读信书自弄。阅《曾集》，即睡。

初三日 晴

此日，锦麟去拜坟，改授如美、锦裳二人以古文词，如美选欧文《苏子美文集序》《谢氏墓志铭》，锦裳选读《孔子世家》、王安石作。下午，选苏轼《李氏山房藏书记》，但欧文最为余所喜读哉。至苏王二氏文，亦颇可学，终不若欧柔，合余性也。隶帖钩其半，装粘于报纸，成册。灯下，学隶帖三纸格，钞《学衡》中《史记三家注补正》数页。又为婚事过蔡师家，未晤云溪，迈师催，钞旧存《瓯海集》（杨志林先生辑）。晚餐后，过内家，以黄子丑陋，索照相，意此事恐难成。

闻瑞中闹学愈炽。午间，县长亲来监视，竟被学生侮骂，随员及法警等几被辱，遂散去。县长即上郡请示焉。报到，载杭县、江山两处县长皆委女人充任，为新局面。自地男学堂，亦改聘女先生，如郑权、陈某等女士，此社会溷浊，不堪言状也。二弟亦有附信来，述上海近况，枪声炮声时有所闻，罢市、罢工未得解决，余甚念之。锴弟借去曾国藩书《金陵昭忠祠碑》及孙衣言残帖。锴弟字学柳公权，故出此付之。夜，微雨。

初四日 晴雨

早晨入塾，以锦麟请假，教如美读欧文《惟俨文集叙》，锦裳东坡文《祭欧阳文忠公》，又教锦西读《论语》，外另授以《逊学斋集·俞荫甫诗集序》，各以其能解意，故试授之。午后，诸生都往人家饮酒，遂放假归来，为小姨姻事奔走，糜半日功夫，黄氏子以貌丑，起岳母反感，故将其照片送亲，亦未得明允。余谓此子纯笃可嘉，择婿如此极佳等等，但不知果成与否。清明迎神事，为照旧例，当于此夕符使骑马扫街，各家儿女穿红色囚衣，加桎梏去城隍庙礼拜，香火颇盛。灯下，学隶二纸，读《曾集》数篇而睡。

初五日　清明　雨

民国以来,有行植树典礼,今则不沦及此,学校沿例放假,余亦停教一天。早起,拜宗庙。傍午,故友(胡)恺(顾言)来访,以瓯公生附学几何、英文事商,谢绝之。午食馂于宗庙。三时归,过内家,为洪君索答姻事,归路遇之。

又棫弟信来,言沪地备战限十日,徙尽居民,并将悉发工人、学子,共御英日兵,中国祸福旦夕可决。故闻蒋介石训士卒曰:生死关头,在此一刻。其局势甚危殆矣。

此日,迎神城隍,以党部不准作罢。灯下,阅《学灯》一篇,点读《史记·越勾践世家》一课,以体倦即寝。

初六日　雨

晨入塾,独如美在,余皆去谒祖庙。余时以避嫌计,高声读《逊学斋文》数篇,迄众来方息。遂继教《博议》宋万弒闵公篇,至午刻散馆。午后,先过内家,已知此旧作,第以余遇时,至改为晚刻约实。下午,《史记》教《张仪列传》。又人言城隍司显灵,党部人惧,将推池云珊前辈为迎神斋官。灯下,钞《学衡·史记三家注补》,计一时即寝。

初七日　雨

晨入塾,教诸生读《左传》庄十五、十六、十七年及《博议》。下午,《史记·张仪列传》,说燕赵各国多袭《国策》笔法,自锻为一家言也,并嘱其自续点曾《家书》,独如美能行。散学归,为小姨姻事,一遇内家,为之打电话。至郡,商岳生,又得其同意,喜甚。晚餐后,即起往内家,俱被赞许,而云溪来益勤,而未与我晤约,十一日准定照行。晚间《左传》庄十七、十八年,读点毕即睡。

初八日　阴雨

上午九时后,李友雁晴来馆一览屋式,为之指导研究而去。教

《左传》庄十七年,说未竟。午间,云溪来取小姨姻事喜帖,事遂订实,以已得大舅同意也。

下午,文题为《伊尹放太甲论》及《高祖戮功臣论》,其间惟锦裳作文心最扞格不入,但次日交卷仍独锦裳较佳耳,可喜。归来读《史记》,抄《史记三家注补注》。灯右亦然,觉神倦,先寝。

初九日　晴

星期日。在家读《十八家诗钞》。又点《史记》"孟尝君列传""魏豹彭越列传",抄《史记三家注补注》。傍午,过九成堂前,知《申报》已到,悉沪渎平安,遂为二弟一慰。披载军阀末路一节,言孙传芳服毒自尽,又毕庶澄枪毙,说恐皆未确耳。载蒋介石到上海,极受人欢迎。现党势半及天下,长江流域也属其中矣。

旋游内家,送喜约,黄氏婚事告成,可为小姨一贺。下午,祭坟,顺便拜外大父新墓(前岁为我父鸠工谋葬者,时余客杭,假归治之)。比归,而洪君小萍来谈治《说文》事。后又知许君成远遇访。晚餐后,蔡师雇人来邀,为写哀挽联送胡调元。时邑善书者项志员在座,以蔡师故,不畏丑而任意挥之,尚觉饶书味,能脱俗也。归时约十时许,《左传》暂搁,至明早点。

初十日　阴雨

晨六时起床,点读《左传》庄二十年,又《博议》二篇。入塾后,知锦麟请假上坟,遂与余二生讨论作《史记》人物志或方志,拟定表式,按格填入,使读过一篇,领悉大纲,将来积多,汇成一册,亦《史记》中一部好参考书也。考此二志从未有人补作,余故与诸生共成之。

下午,选韩、欧阳二家文读之,甚有所得。散馆归,过县署前,见照屏上贴有一纸,为杭州招考政治人员养成所招考,只八个月卒业。归后,与中表张范晤。至党部阅杭报,再悉此所为余前读之法政专校所改组者,其取生资格极严,如前任县长、警长等可免试,法校生仍须预备一年余才得升入,名额定七百名。晚间,冶学叔来述商校接事经过,并为胡质民作介绍。去后,即寝。

十一日　阴雨

今日为小姨言定黄氏之辰。上午,入塾,知淞生之妹名爱雪来附学,为德象女高卒业者,程度较如美为低,然亦能领悟大义,遂为点读《逊学斋文集》,意欲精此一部书,可以自作文也。此书为邑先辈孙琴西衣言所作,古文体格以及腔调等,皆合义法。池志澂老辈终身读此文,名震一时。余谓此书正学文入门书也。下午,往金姑丈声远家吊饮。四时后归,过成远处谈片时,其言亦深恶近时潮流恶劣,并为讨论簿记之学,叹中国无此人材,而成远竟有志焉,殊可嘉。灯下,点《左传》庄二十二年,竟,就寝。

十二日　雨

朝入塾,诸生皆已到,为之授《左传》庄二十二年,中多引用《诗经》及《易经》,语颇费解说。《易经》一书为古书中极难读者,余偶讲此,会悟八卦造字之法,与西文拼音组字同,西音须字母相结,逼出成音成字,而八卦造字亦如此,以二卦相合变,然后取其义形而成字焉。本此推演无穷,《易经》一书诚为极有意味之书也。下午,《史记》,中多费解处,亦能一一体味,然女生教《俞荫甫诗序》,孙作,即前与锦西所试读之文也,中间叙交游及学问处甚清晰,有情致,翻覆读之,不觉倦怠,以余性喜学古文辞也。

晚散学,游悟真寺(总工会),知土菩萨悉被捣毁,为之慨叹。此辈罪孽滔天,不知如何结果。

再游竹林斋,观赏书画,有何绍基、王禹绩诸名人之作,以及林竹逸之粗笔花卉人物山水等小品,亦大有所领悟处。灯下,与四弟讲故事,旋点毕《左传》庄二十三、二十四年。又鉴弟来嘱,为其友人取字肇桐,取啫琴(昔蔡邕以桐为琴,焦其尾,时人称曰焦尾琴),杏林植之仁圃(故董奉善医,活人不取报,约植杏树一株,多而成林故也)。去后十时许,就寝。

十三日　晴

晨读《左传》竟,入塾教之,并教淞生妹读袁枚祭妹文,文情切挚,甚似震川、退之所作,想从此中脱胎出也。下午,锦麟又请假,遂改教锦裳,读王定甫《婴砧课诵图记》。定甫,名拯,为乡先辈孙衣言老友,亦喜古文词者。又教二女生以孙作,其府君鲁行妣丁太淑人《行述》,计十四五页之多,仅一点读,已费三时许矣。而如美与言,能解说,更喜。其文体裁,与曾公之《大界墓表》同,中间叙述所事颇详,乡后生甚乐观者。笔记题为《张良为黄石公进履》。晚赴三房饮酒,为其析居之日。归来,为内人已归,故一往亲之。灯下,点《左传》庄二十五、二十六年,毕,方睡。

十四日　晴

晨入塾,教《左传》及《博议》,毕,又教淞生之妹爱雪读《逊学斋集》中《项先生诗序》。知逊学之师为曹秋槎先生,当时又有方雪斋先生、项雁湖、几山二先生,皆时相往来谈文艺者。项先生名茗,字芷畦,为孙前辈之二舅氏,故此文所叙交情更切挚。因详为诠释,能自觉有心得也。下午,《史记》教《樗里子甘茂列传》,仅终樗里子一节。

归后温书一时,出游鉴弟家,路过杨衙,访陈绳甫,承出示《古史辨》一书,为其友顾颉刚作。首篇自序,竟占全书之半,余皆与名人通信讨论之作,颇足观也。而陈君亦能知读书者,余前从季刊中看出数篇,皆书目校勘,作品略具目录学家胎形耳。并好蓄书,与余意同。灯下,改文课,甫动笔而许弟成远来谈,移时去。欲再取诸生文卷斟改，以体倦甚，遂罢，就寝。

十五日 晴

晨入塾，教《左传》庄二十七、二十八年，《逊学斋集》选《杨氏族谱序》，为代曾公作者，读此，略知谱谍学之权舆及其作法。下午文课题为《试言党治之良否》及《黄石公予书张良论》。又与约下次笔记，拟记《国朝先正事略》，为之定名曰《清代学者小传》，盖本《后汉书》体例，分文苑、儒林、循吏、节义、列女诸大类，而特重儒林也。

至于国民党内部相冲突，显分为左右两派。自温州戒严后，特驶专轮，至瑞安，带兵入县党部，捕去党魁戴义、林去病二人，押省治办。晚，闻人说县党部被解散，另委陈穆庵来改组，未知确否。陈君前亦为土豪之一，何入省运动得此活。以后陈党徒众，可以做事矣。又过县前时，见理发店内有妇人伸体仰面，为男匠理面毛发西装头者，习俗下流，一至于此，极可叹惜。旋过内家，牵内子归。灯下，读韩昌黎文而睡。

十六日 晴

星期日。晨起，改文卷及笔记五六本。一游内家，便道以信付邮寄二弟。遇镜如，共访陈大放于其家，谈党变，陈亦不知其内情。别出，再过县党部，知内部涣散，正办结束。传改组者确为陈穆庵（邑前辈介石之从孙，年幼，早任地方事）。

在竹林斋观书画，与洪师蓉轩晤，洪评池老（志澂）字，结构无一福相，以字朱笔太短截也。归食午餐，知械弟转来二弟鹰洋券拾元，欣甚，遂作一札答械弟，并戒以勿参与党务。下午，读古文，悟其笔。至三小时，出往谒蔡师，不值。到报馆阅报。归途过县前，知商会复旧代理会长为管瞻煋（丹山）。时局变化莫测，为之一叹。晚间，点《左传》庄二十八年，以体倦即寝。

（此日午刻，与周予同晤，周君家贫力学，得人资助，入京高师卒业，倡新文学，与胡适、陈独秀辈名相埒，现在商务任编辑。周师晓秋之继子。去岁，余欲谋沪事，亦托此君也。）

十七日　晴雨

晨入塾，教读《左传》庄廿九、三十两年，亦早起所点过，犹能解释清楚也。午后，先览《民铎》杂志，知春秋时政治之变更以及官职名称之改易，甚有所了悟。下午，《史记》颇费解，旋取雁晴之《订补》校阅，则知中有错简，与《国策》不同者数处。傍晚，阅报，载国民党内部分裂为左右派，左派巨魁徐谦、邓演达，以及省政府查人伟、宣中华辈，统被捕缉。而学者章太炎亦以前附孙传芳见斥，没封其财产，剥夺其公权也。灯下，检对《国朝先正事略》及前所汇读书录，豫备明午后，记笔记时作资料也，即睡。

十八日　晴雨

晨起，点《论语》。至八时入塾，知锦麟以上坟请假，诸生国文教《国策》及欧文等，皆能详尽无遗也。下午，继续解析文义，旋记清代著名学者小传，四时半散馆。游党部及老屋，知县执内容涣散，讳言得电继办也。此日，各处墙上满贴打倒林去病、林熹等字样。又漫画董田兰与其子元民、去病变猪状，甚滑稽也。灯下，点曾《家书》，又读《史记·信陵君列传》。九时睡。

十九日　晴雨

是日，夜中梦见二龙对绕大成殿柱，殿宇庄丽，别有一种气象，自喜仰身其间，醒后辄对家人言，余生多遇奇事，往年每梦见天际显现丹宇及飞蛇过头顶，亦有梦为神护者，盖皆余正直之应也。即如去岁十月大风拔屋后，天亮时，我一往视内家，得直过红门，涉泮中。此为读书人嘉事，红门为圣域之门，必得有状元出而后启也，余何幸过之。

但自余过后，邻近商民，共得闲之，故皆为余叫喜也。上午，《左传》教庄公三十年，竟。下午，《史记》终《樗里子甘茂列传》。此篇事情繁杂，文句艰涩，颇为费解。

惟午间人言平阳被匪所扰，围城紧迫，虏掠几空，舟楫不通，乃急电海门，调兵来勤。故于五时后，郡兵二百匆忙过瑞往，不知胜负如何耳。世乱多事，殊可畏也。此间县党部闻有改组说，前党徒被嘲甚烈。所办青年团，明书反抗，此最可恶者，以其为捣乱派分子所组成，故余前有以踏脚车行戏之也。

灯下，点读《史记》完《信陵君列传》及《晋世家》止献公事，均四五页，十时即寝。（余年虽二十六岁，而所为善事已不少。）

二十日　晴

上午，《左传》教闵公元年。下午，《史记》考问成绩，以新来爱雪女生为最优，笔记抄余绘《桐城文派表》。散馆归，知陈友逸人来访。陈君前与余游，时学古文有声，旋得周予同绍介，供职上海商务印书馆已三年矣。近因沪上风潮，护眷甫归。余往谒，与言学术事，陈君并约余共收买古书，同出拟过纸店石印广告。而许君成远在家候，亦邀出一游，各别去。灯下，点《左传》闵二年，甫及半，以体倦即睡。

廿一日　晴

晨起，续点《左传》闵二年终，入塾教之，甚心得，以其中无难辞也。下午，《史记·穰侯列传》较多费解处，然亦能为之辨析清楚。正午，送还《辞源》于祥夫叔，而祥夫叔不在家，乃奉与三姊。传平阳匪改编，有威胁瑞安讯。灯下，改文卷，读韩文，早睡。

廿二日　晴

晨起，检阅文卷，点读《博议》二页，入塾教《左传》终闵公二年，解说后，教读《逊学斋集》，悟古文腔调。下午文课题为《读书与救国》

《我之读书心得》，谈及蔡邕、杨雄论，惟第二题茫然无从说起，皆不肯作。散馆，归途晤林石民先生，与语时事，知有绅党假名革命团结，以谋反抗者出现。旋游许成远家，亦以此等事为谈资，并悉知行社青年团与旧县党部合作消息。薄暮及灯下，翻读曾选各书及《史记·田敬仲完世家》竟，即睡。

廿三日 阴雨

星期日。在家读古文及《史记》"项羽本纪""萧、曹二相国世家"，《十八家诗钞》中苏轼诗数首。午后一时许，至黄宗祠，观国民协社成立典礼。与林生淞生晤，谈中校国文教法，有教师周或甫，南岸人，专治国故多年，系李雁晴之亲戚。下午，读书余暇，出游竹林斋览画。又过憨社（为吴先生之屏所建，此地为旧嘉会堂，赵秀水县令建，吴君更为润色，添建楼台，憨社即在其中也），得视周君选文，皆白话本也，其释文学二字意义，多引章太炎、胡适、郑振铎一派时髦人言，未免迎合学生心意焉。归来，遇洪小萍兄，乃共至陈绳甫家，与项荓民辈谈文学及教书事甚久。荓民系项廷珍先生之侄，亦研究国学人也。近在林馆教《文选》、《史记》、杜诗各科，学生年皆十余岁，云极难应付也。晚间，许成远来检选名字。既去，点《左传》僖元、二年终，就寝。

廿四日 晴

晨起，续点《左传》僖元、二年，读之觉有心得。入塾后据《左传》教《博议》二篇，又教爱雪读《逊学斋集》，至午正始放学。用膳后，改如美辈所点曾《家书》，知各有进步，以错点全无也。下午，《史记·穰苴列传》亦有费解处，草草涉略而已。

归过内家，闻林去病兄弟及陈大放三四人被逮捕。晚饭后，果见为士兵捆送县署，明旦将解郡也。国、共二党破裂，已见报端，武汉政府中共派冯玉祥、唐生智辈主持之，全然反抗蒋总司令介石。蒋方与汪精卫、蔡元培辈合作，另设南京政府。孙传芳以蒋反赤，与其初志相符，乃亦遣陈仪来投诚。如此变化，真难豫度，可畏也。

晚，接二弟来信，促余出门谋事，以余友方君兆镐（东京高工卒业）方得意于沪兵工厂，余遂作三函，致方君与泉弟、械弟毕，就寝。

廿五日　晴

晨约六时许起床，点读《左传》僖三、四年，入塾教之。下午，温《史记》，另授日文片假名正楷五十字母，嘱熟读，以便查对字典（项氏馆业上有字典，字旁注以日文，故也）。笔记为清代著名学者小传，第一课始黄梨洲先生。散馆归，一游天王寺，欲访住持而不遇。此处竟亦有为工会借住者，则为余欲借作读书处，有所抵牾，遂打消此议。出过庵堂入视，知为馆主项老妈修行处，系新筑三椽，清静可爱，座中悬一微尘先生合眷像，摄于杭州灵隐飞来峰下，承项老妈招待殷勤。灯下，点《左传》僖五年，未竟，觉体倦，遂改点《博议》三课，毕，先寝。

廿六日　晴雨

上午，《左传》教后，继考《史记·穰侯列传》。下午，休假，以曹大清女士来请酒故也，与林友柏卢共游数处而别归。读《史记·司马相如列传》，未中编，以倦睡。醒后，改笔记四本，后独出游竹林斋，赏览书画，而以王鸿浩诸小品为最佳，项方纲画高岩，上立一人（宋太祖），似有可批，玩无山径，又耸立数十丈之山峰，必无此大胆人也。

晚至内家，知内兄岳生已回，与之谈党事。岳生多能干，亦任郡布业伙友会交际委员。此归，豫备下月初三会亲。又闻自地商民协会解散。前在会出头宣传者，皆被缉拿，或言系土豪劣绅，从中作祟鬼也。想大局前途，难得乐观，不是中国之福。时天雷雨，借伞归，少憩而寝焉。

廿七日　晴

上午，教《博议》二课，《逊学斋》为《袁端敏公年谱序》，中多官职之句。下午，《史记·白起王翦列传》，只教白起一半篇。笔记记顾亭林先生事。散馆归，览报，知汉口将有妇女免耻裸体大游行之恶举。近上海妇女界叠电抗止，世风浇薄，一至于此，可慨也大。吴佩孚已途穷，谋下野。张作霖有意大位，故其内部将推选为总统焉。旋得二弟来书，言上海近捕共产党人甚急，闻厂工人亦有无故被捕者，以处境极危，函禀堂上欲归意。灯下作答，并学字二小时，即睡。

廿八日　晴

晨起，点《左传》僖四年，竟，入塾教之，继以《博议》。下午，送还《民铎》杂志一本，毓椿过手。《史记》教完《白起王翦列传》，在家亦自读《蒙恬列传》，知其中较易研究。晚往内家，与岳生谈颇久。归后，书二札，一寄曾瀚家，请宽屋食，二为致温州伙友工人会，以岳生所托也。继点《左传》及改文卷三四本，夜中半，即睡。

廿九日　晴

晨起，复读《左传》及古文三两篇。入塾，兼授《博议》一课，题为《晋杀太子申生论》。下午文课题有二，一为《范蠡论》，一为《曾参杀人论》，学生皆愿作第一题，惟锦裳以体倦，下楼休息云。散馆时，已五时许。游竹林斋，与墨庵尊甫晤，共过悟真寺，坐寺后莲社，听讲《金刚经》及关佛家一故事，极有所心会。余实性喜佛，惜不能使心清学之也。愿它日稍为堂上立业，即筑三间草椽于愚溪山底，读书种花，念佛以自娱，但未知如意否。心玩如是，有心者事必成也。灯下，点《史记·春申君列传》并《晋世家》一半，继学翁松禅字四纸，再读曾文正文，始睡。（午间散学，归途与岳生晤，知即刻回郡商要事，遂共入其家，留午餐。）

四　月

朔　阴雨

星期日。起床后读《论语》及《史记》文中《过秦论》，皆有心得。下午，与张畴九中表、蔡文甫先生绕城下散步，一憩寺中，谈国事，间言古学，实为老生一吐胸中郁结之气也。及诣内家，以大舅岳生为念。灯下，温《史记》，以谓此真千古大好史学书也。将所临翁字数十分花笺，送三益堂对换。归点《左传》庄八年，睡时在十二时许。

初二日　雨

上午，《左传》教后，将《博议》粗讲一过，学生锦裳言英文胡师哲民有事，请林君咏辰暂代。林系余友，前年肄业上海大同学院甫一年，归与群公征逐，罕见用功，家饶于资，尝以千余金贿得参事员。未至半载，参议会为县党部所废除，而林君职位亦随之止矣。后入中校，任教英文。胡师即此校委员长，故一委代之。

下午，《史记》考《白起王翦列传》。余日来于未入馆前，必点《史记》，短者一课，长半之。今到馆当早，爱雪、锦西二生请假，读书间得余暇，而锦麟催归如故。散学，过内家，知岳生已转来，一慰。归，遂点读《左传》庄九年，事甚长，参以《史记·晋世家》，甚有心得。晚间，复往内家，为写柬帖十余纸，以备来朝会亲用也。是日，夜寝时已十时许矣。

初三日　晴

晨入塾，知如美、爱雪二人请假，盖往黄家会亲，即为余小姨与宗涛结婚，也于黄为舅家，亦爱雪之舅家也，亲戚率多豪贵者。于是《左传》不得教，只改教古文一二篇读之。下午，教《逊学斋文》，为《敬轩先生行状》。敬轩先生讳希旦，西区桐干人，清探花，学问渊博，过目不忘，有"孙书厨"之称，著《礼记集解》等书行世。又读其家大人行状，其结构仿欧阳永叔及归熙甫之所为，格有心得，因不厌反复诵之也。散馆较早，在内家为会亲周旋，至夜十时，行归寝。

初四日　晴雨

晨，赴塾知如美等齐到，听讲《左传》，教僖九年，与温《逊学斋文》两三篇，课爱雪也。下午，《史记·孟荀列传》中多费解处，遂参以王氏《杂志》，析句间与余意合。要之，余教《史记》，以词章法为本，以考据为辅，遇难句则取王念孙《读书》(《史记杂志》)、瞿方梅《史记三家注补正》、李笠《史记订补》、梁玉绳《史记志疑》及赵翼[①]《廿二史札记》数书校之。散馆归，为示忍事，商曾妇，妇为我生瀚清之母。瀚清从余读数年，天资敏慧，但不勤于学，近在瓯江公学读书，未卒业。余去时，生亦在家，与谈，移时即回。晚间，往内家，导内子归。点《左传》僖十、十一两年，竟，去睡时方雨。

初五日　阴晴

晨起较迟，饭后入塾教《左传》僖十、十一两年，毕。又与爱雪共读《逊学斋集》，有为《介庵文集序》者，中多言学术事，谓永嘉文派，止斋、水心二先生，一学经，一学史，学史尤专摹子长、永叔，水心是也。二先生书，我舅氏家皆有之。又有《水心别集》，去夏林先生公铎，嘱余取读它，盖水心文关经世，所以求实用。此外，即《逊学文集》也。午间及傍晚，俱读欧阳文忠公文四五篇。下午，《史记》考《孟荀列传》，笔记记王船山逸事。时天色已变欲雨，遂先归。之后云散。后出游高小学校，与金先生丹甫辈读片刻，知此校数年来规模大改，两

---

① 原稿误作"王鸣盛"。

旁新建洋房数座,教习间聘女性,为郑师晓庐之女权,实邑中出色学校也。灯下,点读《史记》"魏世家""韩世家""赵世家",而"赵世家"仅点十分二三,以体倦先睡,然时已十句钟矣。

初六日 晴

是夜二时五十分许,母亲大人产一小妹妹。余方梦生女,醒来闻哭声甚亮,内子报言,竟与梦里事合,奇极,遂乐,尚未堂上一慰,产后一切清吉。至晨,读《左传》僖十二、十三、十四年,并参阅《史记》各世家。入塾仅教两年,继教《博议》,一课《逊学斋集》,教后再教二女生以江淹《别赋》,殊多情致,韵节铿锵,不厌朗诵也。下午,《史记》为《孟尝君列传》。散学归,书小品对联数纸。同时泉弟信到,言沪厂工友已放回,风潮稍缓,无归意,极慰。傍晚及晚上,与周先生晓秋晤,谈前朝掌故,并览胡前辈调元所著《补学斋诗钞》序,为平阳宋恕(平子,字燕生)、瑞安孙诒让(仲容)作,述诗派原委甚悉,谓胡先生诗学韦应物、陆放翁,而在孙序内,更涉及父衣言先生学诗渊源,可见两家交谊之厚也。灯下,改文卷一二本,即睡。

初七日 晴

晨起改卷,读《左传》僖十五年,竟。入塾,但此篇中又有关于《易经》句,诠释明了,诸生颇乐闻之。下午,句读《史记·陈丞相列传》,给诸生作文题,为《秦晋乞籴论》。散馆归,一游悟真寺,前闻又为兵解散,过则确然。晚访王佛陀,与之谈池前辈读书事,其学与余宗旨同,亦治《曾集》及《逊学斋集》,以孙亦学曾也。余实有意从池老学,惜彼年老,束脩颇巨,未易启齿,遂转事其他。王君谓治小学较有味,然所言多为余素知之者,余只含糊听之而已。亦有至谬误者,如言章实斋非史评家,实斋著《史通通释》,则大可笑矣。日来临翁字甚称意,继点《史记》。以体倦,遂先寝。

初八日　晴雨

星期日。晨起，点读《史记》，又整理架上书籍，至午时，以所作《传经楼跋》，与佛陀共诣池家，请志澂前辈题也。池老先生接余所作小文读之，竟承奖借不置，许明早往取件。下午，开推蒋护党市民大会，到者为域区男女各小学校以及各公团等，不下万余人。女生服装为外国式，会场布置与运动会同，较前更有系统，更形热闹云。

余时偕项君莆民往观之，归途遇成远，后至其家谈，而孙君经枋亦在座，经枋为成远之姊倩，现在东大习体育，已有年，所述东大图书馆事甚详。图书馆为前江苏督军齐燮元之封翁孟芳募银五十万所建也。并言江西刻书为女子业，虽精致而多错误。以女子不识字故，不如安徽、南京各书局所刻，皆经文士校勘也。晚间，与银宇伯谈家常事，相与发明义理精义甚多。此老为吾家最大恩人，余它日学有成就，当不负此老对余期望也。灯下，欲点《左传》，甫及半，以体倦，故不耐坐，遂寝。

初九日　雨

此日，为"五九"国耻纪念日，域中各学校一律放假，而三弟居郡，本有大游行，但不知天雨有举行否。点读《左传》，终僖十五年，中多《易经》语，画图解答，颇称明晰，至引《诗经》句，是余所点过者。下午，《史记》以爱雪未到故，只令温课目，则读《逊学斋集》，知文中关于永嘉学派语颇多。灯下，点《左传》僖十六、十七年毕，即睡（睡前，许成远亦来，检阅余所藏石鼓文拓本，小坐即去）。

初十日　晴

上午，入塾教《左传》竟，读《逊学斋文》，悟其古文腔调，盖琴西文学得力曾公，其治家亦如曾公，余实欲取法焉。孙文更清晰易习，故喜于课余与爱雪共诵之。下午，《史记·孟尝君列传》，教竟，时已四时余，即放馆归，点《史记·周勃列传》，并学翁帖十余页，既去，欲入内家，途遇项氏二生。晚归，点读《左传》僖十九、二十、二十一年，朗读《曾集》数课而后寝。

十一日 晴

晨起，读《东莱博议》及温《左传》，将入塾而阮老伯云竹来谈，其子转入政治部，年内可卒业归里也。上午，《左传》只教一半。下午，《史记》又不考，教《平原君列传》，较有心得，笔记为孙夏峰事。归后，临翁帖，为人乞书者。灯下，点《史记·高后本纪》一篇，读至睡时始罢。

十二日 雨

上午，入塾时诸生未起，余独在楼上读《逊学斋文》数篇，随后教《左传》，至僖二十一年竟。下午，《史记·平原君虞卿列传》，读其三分二，以天晚散馆归，读《史记》"田儋列传""吕后本纪"。灯下，点《张丞相列传》《樊郦滕灌列传》四五篇，继又点《左传》僖二十二年一大篇，皆有所悟，并改笔记册二本始寝。

十三日 晴

上午，《左传》教僖二十二年。下午，《史记》教完《平原君虞卿列传》。余自点读《史记》韩王信、卢绾、郦生、陆贾、傅、靳、蒯成等列传，方知史公之赞语，为评骘焉，其人学行与补述、其人轶事，或总批传中事实是否善恶，其与正文叙述，稍稍不同也。晚，过竹林斋，知有林石民先生所存裱诸名人大幅，如龙虎图、鹿图、何绍基、黄道周对联，皆真迹，可宝也。林师宦游闽省数年，赚得黄金，搜集名书画亦不少。近遂还归闲遗，甚自得也。灯下，温书点《史记》数篇即睡。

十四日 晴

晨入塾，《左传》教僖公二十三年，文句较多，读至正午。于归之后,改文卷四本。下午,作文题为《宋襄公论》及《平原君斩笑躄者美人论》,诸生中唯锦麟下笔敏捷,草草成篇,锦裳文清而思钝,如美则发句甚高雅也。余自翦粘石鼓文残碑于报纸上,此帖系余前岁旅杭时购得也,尚佳。后于蔡师处见有吴昌硕石鼓文拓本,盖即临此之物也,实则此帖字体远在三代,与大籀间相类。杭州西泠印社内,取其原拓转刻于石鼓上,分置社中各处,备游人休憩作坐位,极古致也。灯下,一往观剧,即回就寝。

十五日　雨

星期日。晨起,点《论语·雍也》半章。去谒池翁云珊,知横幅仍未缮,就坐其书室,候一时许。见壁间悬诸名人联,如沈葆桢等,又自作《怀故人诗》十余首,为同里许启畴、王十云、蒋心愚梦衍、泰顺周晓芙、周丽辰、永嘉吕文起、平阳宋平子辈,皆乡里间先辈之最负文望者。下午,观剧,正目为《双狮图》,情节多而表演有神。归来,汇粘石鼓文竟。忽人来言表舅父姜选青母何氏逝世,为之惊叹。姜母最爱余者,数月前,余一往其家借书数册,时病未至深。今竟如此,可哀也已。午间,王燕孙信到,知在沪供职军界军医处,喜甚。晚八时即睡。

十六日　雨

晨起,点读《左传》僖二十四年之半,入塾教之。下午休讲,往姜家送殓,归来取池老所书横幅,甚适意。晤林淑泉,此示之,亦蒙赞许,遂自送竹林斋付裱。后游内家,遇蔡国梁,方从普陀游览归。言姜萃夫亦随之来,余急往萃夫家一晤,并取回前存法政之文凭(余前以应考所存者)。蔡君又赠我《普陀山景》六纸,讲述所游胜景甚悉。传洪子庄押解南京,为之一骇。二弟信来,言平安厂事,极慰。灯下,览温公家语,为内子诠释一番。余因不欲听内言,致疏骨肉之亲故也。数日体更倦,咳嗽略起。为保身计,遂少读书,早睡,但《左传》僖二十四年下半节已于傍晚点毕矣。

十七日　阴晴

上午,《左传》教僖二十四年,又于余暇教如美讲英文法。下午,楼下空坦,演马戏。仅考《史记》,题罢,余即留观。演者为男女数十人,皆富尚武精神,其目次为荡棹、旋瓮、小孩爬楼梯、赛马等,场中观众如堵。项主楼上客满座,余与方纲前辈、朱襄前辈(二公皆以善画名里中)、伊耕先生同坐一室,至四时半散场。归来过内家,道近况。又过萃夫家,谈游杭州事。灯下,欲点《左传》僖二十五年,体过倦,遂先睡。

十八日　晴

晨起,读《左传》及《毛诗》毕,入塾教《博议》二篇,林生《逊学斋集》选教《乐清恒轩诗序》,中述乐清文学,首推王忠文公梅溪十朋,为宋状元,间及熙载、元范辈,甚详,足为考献之资也。下午,馆旁隙地仍演马戏。余预告星期六文课试题,即以此趣其注意。清季,薛福成游历外国,已有游蜡人馆之作,可摹仿也。今日所演,较昨犹添数种,为人立马上竞跑,其行甚速。最后更有骇人者,为有人缘绳而上,以口提尔孩,又能纵手,仅以足挂在绳上,作跌下状,似甚危险,全场拍掌叫绝。又有以球相投受,或以头前后受,皆妙技也。演毕,约四时许。归读《史记》,学翁字数十纸。灯下,点读《史记·田单列传》,以体倦即睡。

十九日　阴晴

上午,专教《博议》二课,其论桓公葵丘之会,不能期之于王,而止于霸,故近致宰孔之讥,远来五子之乱,有明理焉。下午,仍有马戏,余仅嘱点《曾家书》一小时。未竟,即闻锣鼓声,诸生皆散去。余亦坐窗头观,但所演与前日同,别有口中吐火(纳然火纸于口中,从鼻呼出火焰,仍抽其纸,鼻皆变为水色,而有条理也),最后为女子出,散发,上吊即以发连绳悬空推之,作秋千运动。又能于运行时穿衣裤三次。视之极为痛心,而作者嬉戏如故,真奇术也。归后,学翁字十余纸,一游竹林斋,知传经楼跋语已付裱。少坐回,再学翁字。至晚,晤心畲叔,言王稚竹已保释,而子庄罪较重,仍解至宁,甚为可虑。灯下作书,答二弟毕,即睡。

二十日　晴

上午,入塾教《博议》二课。下午,《史记》教《信陵君列传》。暮归,点《史记》"鲁仲连邹阳列传"及"屈原贾谊列传"。并写信二封,答王燕孙、黄君舜。君舜欲以报馆事相荐,信来征同意,极可感也。后游竹林斋,与宋墨庵之父敬甫谈甚久。此人虽出身商界,平居闻其子该学多故,出言颇不俗。余实欲从其子学文,苦无人绍介,又不知脩金多寡也。晚间改文卷二本,读韩文二篇,即睡。

廿一日　晴,夜雨

上午,入塾读《博议》二篇。下午文课题为记马戏,盖从前日所观者,命诸生记之耳。散馆极早,归来去观剧,正目《太阳图》,演儿女婚姻古戏,颇饶情致。晚间又往北郊观新剧京班,亦极有趣味。惟归时遇雨,路湿,跌坐两次,衣裤皆污,为从来未经历者,亦可为余戏癖之戒也。午时,学翁字数纸,自觉有心得,愿终生学此不改易,喜慰之。夜寝时当十时许。(是日,读《史记·廉颇蔺相如列传》)

廿二日　阴

星期日。上午,读《史记》"刘敬叔孙通列传""季布栾布列传"。午,赴内家小酌。午后,睡片刻,即起往观剧,至暮归。习翁字数十纸。晚间有大队兵(四五百)过楼下,为饬剿平阳土匪之乱。日来瑞、平河道不通,殆为此叹。又闻洪子庄已释放,为之庆幸。此子前颇诚朴,自北大卒业后,稍稍活动,亦余素交者。季弟此日旅行仙岩,归述彼处胜景,如梅雨潭、雷响潭、流米岩、千佛楼等,甚悉。按宋时乡哲陈止斋傅良即在此山上读书,殆古迹云。昔道家称此为天下第三十六福地,名人咏诗亦极多,见《瑞安县志·艺文类》,其最著者有王十朋、卓敬诸大作。寺前又有七级浮屠,门首又有大塔名慧光。周围绿竹丛生,风景绝佳。余近年来遍游北雁荡及西湖诸胜地,虽饱我眼界,惜无术写生。以后总思习画,以消闷也。

廿三日　阴雨

晨起,读《史记·留侯世家》毕。入塾,教《左传》僖二十五年。至午后一时始归。下午,《史记》考《信陵君列传》,续教《春申君列传》,又与爱雪女生相研究《逊学斋文》,甚有心得。归来,时时练习翁帖,一过内家,一游竹林斋,与林石民、胡介甫二先生晤。晚间点《左传》僖廿六年,未终,以体倦即睡。(此日,械弟信来,言付永今兄大洋拾元,系余函嘱之也。)

廿四日　晴

晨起,点读《左传》僖二十六年毕,入塾教之,并教《博议》一课,午散馆归。闻平阳于昨夜开火,故晨见官兵驰往也。下午,《史记》教完《春申君列传》,笔记记李二曲小传。归来,往竹林斋,取传经楼池题横幅。过老屋少坐,突闻平阳官兵败退,受弹伤数十人,死亦数人,未详,遂起,过厚今医院前,确有人围观道上,哗然言此等事,瑞安遂戒严。晚间往告内家,见县署前兵士出入甚慌急。盖平阳土匪先据鸣山外数里险处,官兵反居其下,如迷瓴势也。灯下,点《左传》僖二十七年,以体倦,时有错误,遂置之,取纸学翁字数十张而睡。(是夜浑闻有大兵逃归,过楼下,回温,盖皆新招募,懦怯不堪一击,实乌合之众也。)

廿五日　晴

晨起,点读《左传》僖二十七年毕,当入塾时,在途中闻人说,县署内枪毙四人,状甚惨。及至县前,果见闲人如云,旋又虏三人入,夜又捕一人去。如此境况,触目惊心也。自昨晚官兵失败后,悉数已退郡矣。即夜后,有官兵自杭来救,扎于南门外,亦有一大部赶赴平阳,于是城外无事,往来不便。南岸人亦无来交易者,商情为之顿减云。下午,《史记》考《春申君列传》,续教《范雎蔡泽列传》十之一,散馆。归学翁字十余纸,晚读《左传》少刻即睡。

廿六日　晴

晨起,见有大兵自海门来,纷纷而过,布防道上、西门横山等处,形势严重。余点读《左传》僖二十八年三之一,毕。入塾,详为诠释。下午,《史记·范雎蔡泽列传》教后,而如美以腹痛,请假下楼去,笔记遂暂延于下星期作也。是日,为叶四姨父寿如作古,本赴送殓,以生岁相冲(申与寅),不去。叶家本豪富,后以用途太奢侈,稍稍衰落,幸余四姨母早不在人间也。晚归与镜如晤,一游利济医院,赏花。旁一室供祀乡哲陈介石、醉石昆季,陈志三、陈粟庵、何志石、池志澂诸人,颇清雅有致。院前对孙氏玉海楼,游罢归。览余前作之读书随录及《困学纪闻》评文篇。灯下,点读《左传》僖二十八年,只及半以内,系身体欠佳,先伴睡。

廿七日　雨

晨起,续点《左传》僖二十八年,而内子遍体发热,可虑。入塾后,又以如美病头晕请假,遂教诸生读《逊学斋文》,为《梅雪堂诗序》,其师于秋槎曹先生作也。孙前辈自言十七八从先生游学诗,其时又有项氏雁湖、几山,周仲梅辈三五人,与先生相往来酬和,为文章清晰,颇似曾文也。继续曾文《苗先簏君墓志铭》,其中述明学术事极详细。

归时，与诸生约将去人家吊祭，并送殡。下午，吊罢回来，已薄暮矣。为内子气升麻木，旋请胡昭先生来诊，言胃处未清故也。灯下，点读《史记·刺客列传》，并学翁字十数纸后始睡。

廿八日　阴晴

上午十时始入塾，为内子病体热未退，延医少治故。先在家点读《李斯列传》少许，李斯出身贫贱，游说秦王政，得廷尉，至拜为相。下午文课题为《范雎论》，而爱雪另命题为《兵匪论》，盖感近时军阀乱国而出此题也。项主弟予斐（渭夫）闻供职金陵，充全省硝磺局局长，甚善。

项馆经余教后，诸生进境极速。昨午后，与林幼卿辈谈项生读书，赞叹不已，以为可当前清翰林苑之才矣。项生年约十一二，经读过四书、《诗经》《左传》《孝经》诸书，史则读过《战国策》《史记》，而尤乐读《史记》，再嘱作清代著名学者小传，练习布局用字，近皆渐就绳墨，称简健，诚非易之。即中校毕业生，亦无能及此者，可畏可畏。此虽有关诸生之天质，而余之教授方法，亦有可采取也。始余接馆时，即一变周师所为，制言朝读经夕读史，并记故事，以为学文之资。照此试行，果有效验也。

归来，知内子热退，为之一慰。稍进以粉干，竟大舒畅，医生仍请胡昭，系余前岁病之大恩人也。余暇学翁字，晚间少坐，点《左传》即睡。（是日下午，闻平阳土匪已退匿山中，以经驻瑞各军队及郡来各兵奋勇追战而致，但未知以后情况如何耳。）

廿九日　晴

晨起，知内子热退安睡，为之大慰。是日，星期平旦，仲超表弟来，为叶寿如四姨父三日大殓之故。即晚，余往吊饮，与洪小萍君共席。闻有陶社之创设，为邑中能诗文之士三十余人所组成者。筑舍于陶尖峰下,故名。楼即在其旁,去夏为大风所拔,只剩故址焉。

上午,读《史记·李斯列传》,继学翁字数十纸。适邻友林士桢心伟来访,心伟近几年来四方奔走,为豫鸡公山某局长,得资数千元,归造新屋,亦少年得意人也。下午五时许,有模范女校生结队旅行水碓,过楼下,秩序整齐,叹为乡里第一女校。

又闻平阳匪退萧家渡,于城中吴声玉家搜出降匪簿册一本,内列许多地绅,如阮伯涛系叶氏第四女婿,而吴家眷已被官兵捕获,屋庐悉付一炬,时瑞、平舟楫不通,惟城中戒严稍缓耳,可慰。

三十日 雨

晨起,点完《史记·李斯列传》,入塾,知项生锦裳患口症,请假,遂令诸生温《史记》,并示以《文选》所集体式,并详为诠释,又参以《文心雕龙》《文史通义》中语,更明体用之效也。下午,《史记》仍以轮流温课方式行之,继为言入学试验之经过,至暮始归。晚欲为家大人抄账,以体倦即睡,拟于明早起续作也。

(中间学翁字亦数十纸。又尧埙来信,知沪杭报馆事,冷淡怅怅然,余实不愿意,以与项氏订约一年,当以专信也。项主为国元老,虽近时赋闲,安知来日不东山再起耶?辞开殊可惜。况锦西父渭夫,为江苏硝磺局长,系蒋塾所旧任者,它日事业亦未限量也。总之,读书人必得提携,然后显达也。)

五 月

朔 大雨

朝起,狂风大雨直注,半日始止,路中积水难行。塾课暂停讲,在家点读《史记·秦始皇本纪》仅及半。下午未一时即入塾,以锦裳续假,遂分授诸生《逊学斋文》,而尤以如美所选《周仲梅诗序》为较快。知孙逊学少与仲梅游,即以诗相讨论。入京后,宜黄黄树斋先生告学诗当读汉魏至唐人之作,勿涉宋元,则气稳自古。因贻书仲梅,顾不以为然曰:"诗有雅俗,无古今。"孙先生年至四十,诗大进,方悟仲梅之言,甚合理,诗须参读宋元时韩、欧、苏、黄等作,以尽变化之格也。

并闻日内又有枪毙泰顺人及女子之息,平阳官兵剿匪大失利,翁莹部反戈外向矣。故晚间自处兵士来往道上又增多,可畏可畏。是日,学翁字亦近二十余纸。灯下,继点读《史记·秦始皇本纪》,以体倦,先就寝。

初二日 阴晴

晨起,读《史记·秦始皇本纪》未毕,即入塾为之讲授《左传》僖二十八年,至正午始归。下午,《史记》教《范雎蔡泽列传》,亦至六时,而归之来,一游竹林斋赏画,又游老屋,一视心兰书社将落成。

与心畲叔晤,言京中谋事之难,公铎先生在东北大学教书,月得三百奉票,一元只值一角也。傍晚有大队官兵过门前,知前方失利而退郡守也。灯下,点读《始皇本纪》及《左传》僖二十八年终,继学翁字十余纸而睡。日间,成远来访,不值,去。

初三日 晴

晨起,点读《左传》僖二十九年竟。入塾,与讲论,极有心得。下午,《史记·范雎蔡泽传》中遇有疑句不易解,辄取《战国策》注说复之,始悟古人读书遇疑难越久得了解者。所谓考证事实烦琐,每每为一字句考索动废若干年,余实不胜此。愿本词章家而读书也,即领略其大义而已。将来学问渊博,再从事整齐,如俞大师曲园三十八岁以后,始将少时所读过之书重理之。然亦须先明小学家言,知训诂、假借、音韵、形声等学识,且所引证别书文句,当烂熟于胸中。昔乡哲孙公琴西，诚其子仲容征君，谓自寻烦恼，即以其讲考据学也。

午间，先过内家问安，笔记为颜元习斋小传，极略。晚散馆，欲回访成远，不值。坐畴九家谈久，与桐里张荣晤，知施剑甫近得事于金陵某署作委员。二君皆同学于东南大学者，而施君气节尤可敬，余实终身不敢忘也。张君想讲学郡瓯公学堂，以风潮故停辍，并述一切事甚详。灯下，点读《史记·袁盎列传》，只完袁盎一人即睡。

初四日　晴雨

上午，《左传》教僖三十年，读至半时，如美以腹痛下楼去，余教诸生读《逊学斋文》，题为《王定甫师婆砧课诵图跋》，先取王自作者此图序授之，然后教孙此文，颇清晰易悟。午散馆，过许叔霞家，借来《国学月报》二本，为数日前晤许君承许借阅者。又有《古史辨》一书，约另日续借我，但此书早于陈绳甫处睹其大概矣。

午后，即将此中《章实斋之史学》一文抄来，为清华国学院学生姚名达所作，结构清楚可录。下午，二女生皆以病请假，余再教锦裳读《逊学斋文·周仲梅诗序》，其声气颇类余，为之一慰。此子秉赋聪颖，异于常见。

端阳日　晴

晨起，六时许，读曾公文两篇。继览《国学月报》，至午后二时，二本竟，走送还之。翌日，龙舟一二只，往来河上，家家大小儿女，各穿新衣，门上皆种蒲艾，颇饶时节气象。余于早餐后，一至内家。归来，读《史记》，点毕《袁盎晁错列传》，继又点《吴王濞列传》竟，时已晚十时矣，未几即睡。

是日，亦曾一谒蔡师迈翀，与谈国事，并言余读书不顺潮流，为无用之学。余终不以为然，已发愿作风雨之鸡鸣，自颜读书楼曰传经，即此意也。又谓林石民在闽，如强盗劫财数千，并私通一富寡妇，取其书画珍宝，其人格可鄙也。近闻在杨家赌博，输八百许，实皆入皆出，易得易失也。平阳匪兵远窜福鼎县，署出示言之也。

初六日　阴雨

星期日。晨起，读《史记》"吴王濞列传""魏其武安列传"毕，出游竹林斋，见有平阳女士，名以天秋，蔡姓，年近五十，画花鸟，负有时名。余又与店主言雁荡、西湖之胜，惜自不能作画为诗，无以写意焉。下午，学翁字。二时许，又出与洪小萍君遇，共游陈绳甫家。知此子方伏案编《管子集解》，旁列各家注本，中有戴望著《管子校正》。望，字子高，为余师道镏（中甫，德清人，工专教员）之祖父，与乡哲孙公仲容称莫逆友，著书亦有数种。

在绳甫处，又览到《文心雕龙讲疏》一书，为雁晴君广大时寄赠小萍者。中间按篇采集古今各篇著述，似举例归纳法也。如此著书，觉无多价值矣。又看到雁晴所作《国学用书撰要》，其中所集，较梁启超、胡适二氏为详，惟分类大异，有哲学、史学、文词学、音韵学等目，遍举乡先生及友人之语，以增多书之篇幅。间有批梁、胡二氏语，未免恃才傲物。闻得彼辈之指责，谓李某所举先辈及友朋著述，仅具书名，而未见其实际书也。然雁晴论读书法须读全书，不可节取教读，此余甚表同情也。

又继阅《古史辨》，知皆胡适等名人相与讨论之文，尚善。归途，遇大兵自杭州来，欲赶往平阳，痛剿匪盗云。灯下，欲览《史记》而体倦，不堪久坐，姑先就寝。

（日间，又览马叙伦所作《平阳宋恕平子别传》及《瑞安陈黻宸介石》二先生传，知宋先生系俞樾之徒，陈先生系宗章实斋学诚，为京师大学堂文史教授。晚饭后，在林心伟家览报，悉商务近出《湘绮楼日记》，豫约十元。湘绮为王壬秋闿运之别号，亦近时人也，与孙仲容辈

齐名，治今文经学，并善骈体文。吾寄心畲叔，一有湘绮老人所书七
言联，可宝也，时年九十余。）

初七日　晴

晨起，点读《左传》僖三十一、三十二年终，入塾教后，与如美共读
《逊学斋集》中《项氏二先生墓表》文，辞秀雅极，饶古文腔调，其言永
嘉学派甚详。又谓瑞安藏书，始于二先生，其水仙亭藏书名与玉海楼
相埒，惟多散佚，无从得窥全豹也。昨来省兵，约五六百人，上午八
时，尽开拔渡江，前赴平阳云。

下午，《史记》以爱雪未到，遂先考问一番，题较费解，而诸生亦能
一一答之，成绩尚佳。考后，余自读孙《逊学文》数篇，皆有关于永嘉
学术者，谓永嘉经制之学，始自宋叶适时，郑文肃伯熊得于台州徐高
士季节。高士游程朱之门，归教徒友，而吾永嘉遂有元丰九先生之
目。晚间，有镪炉挑相，余之从伯父也，以戒烟时久，神经错乱，兄弟
子婿皆不能认识，至我家内作，遂起走。余从后观之，似近痴者。继
得械弟信，知字大进境，十时寝。

初八日　阴雨

晨起，点读《左传》僖三十二年终，入塾教，至旁午始放学。午后，
即往馆教《史记·范雎蔡泽列传》，为之讲解毕，继记万斯大传，至六
时许归。往访成远于其家，告以项予斐得差事，彼言已得别人推荐有
绪矣，稍待半个月再说。又述伊宗叔心初已到此，任招兵局主任。许
君名复，心初其字也，于余皆同年友，前在教育局任事。其妹夫杨杰
慕三，实余知交者。甫卒业法校，闻于上月间物故，惊惜不已。回忆
壬戌同年出门者十余人，能续求上进者无几人，独杨君稍之为意，而
项君宿亮明肄业上海南洋大学，则早夭折矣。今杨君亦如此，其余中
途辍学，或谋食他方，或退归自修如余者，何榜运之厄若此哉！许弟

嘱余作联挽之，并作祭文一篇，以吊故人，义不容辞也。即于是夕灯下，试为之，至中夜始寝。

初九日　阴雨

晨起，点读《左传》文公元年毕，入塾教之。下午，《史记》教《乐毅列传》，五时后散馆，游行竹林斋，览沈周石田所画山水小幅，极古致。石田为明成化间人，距今约五百余岁，亦名人画也。

归来，与林心伟兄闲谈片刻。林君诮余前学郑帖孝胥之失，盖从蔡师家看见余书楹联，实余初学之字也。后虽稍稍入境，终因放纵，无气势而弃去。林兄又劝余学颜真卿《麻姑仙坛记》或《东方朔画赞》，由此化入翁，方为有根柢，其言固是。余早亦试行，反转趋劣境，仍搁笔。余所摹帖，为《颜家庙碑》，系从黄友君舜处假得者，尚佳。

午间晤胡简，告以杨君凶事，相与惋惜久之，拟为发起追悼。逮夏法校同学归，再去商量也。灯下，观书数页，始睡。

初十日　阴晴

晨起，点读《左传》文二年后，入塾。路过模范女校前，见诸女教师多去辫，剪西装头，自矜新式。

既入塾教《左传》，继教爱雪《逊学文》，题为《书项几山舅氏止斋文集校本后》，书中述陈集无善刻之本，惟经钱氏警石校勘过耳，项舅氏亦从此书校出也。警石，嘉兴人，与其堂兄衎石皆为清代经学大师，俱有名。与我乡项氏兄弟交最善，亦琴西先生之知交。《逊学斋集》中有《钱警石序》，篇末详我永嘉学术语，所以发扬之不遗余力也。

下午，考《史记·乐毅列传》，成绩以如美为最佳。笔记记万斯同事，至六时始归。

傍晚，与林心伟谈治国故学，并谓读古书之难，非三十年不为功，所以后生束之不顾也，新辈学者教人从浅入，姑识国音数十字，即能看书看报，以求普及耳，否则毁精力于无用书中。处此潮势，国早亡灭矣。言诚是，余实不为然。夫时况如此，余固发奋为举世不为之事，有传经之意焉。灯下，书翁字一纸，以应楷弟嘱。继咏黄庭坚七言律数首（《十八家诗钞》中所采辑者），旋睡。

十一日　晴

晨起，点《左传》文三、四年竟，入塾教之。又教林女生读《逊学文》，题为《书云松巢集后》，亦多发扬我永嘉学术语，如言薛士龙《浪语》，蔡幼学行之、叶适正则、陈傅良文节，诸公皆有集。孙先生在杭州时，从丁丙假于文澜阁而转刻者，今邑中所传《永嘉集》是也。孙先生又谓，此曲不弹久矣，乡里后生至不能举其名，知有所谓永嘉学者而不讲。余儿时在中校读书，闻薛师钟斗储石间语及之。后闻薛师亦治此学，今薛死亦数年。甚矣，学术传统之难也。往岁，郡监督冒广生鹤亭，颇能遵循我永嘉学，为刻《永嘉诗人祠堂丛刻》，末有薛钟斗作《校勘语》一卷行世。

午间，草一书寄二弟，语极长。下午，《史记》教《廉颇蔺相如列传》。诸生旋以孙诒让著《古籀拾遗》一书见视，知据吴氏大澂《释文校勘》，中涉甲骨，实于清季新发见，在河南汤阴县荒郊。当时考证家皆取而考核古史，而我乡仲容前辈尤多创见也。夜过内家，少坐即归寝。

十二日　晴

晨起，点《左传》文五、六年，较长，故入塾稍迟。教毕，读孙《逊学文》，甚有心得。午散馆归。改笔记三本，至一时过始去，至到，诸生已待我于休息室中，为指示改错处。继记全谢山事，五时后归。方坐观《十八家诗钞》，适成远弟来访，以王佛陀作挽杨君慕三联见商，为增减一二字，往使于阆仙师。

既出游飞云阁，不见人影。名虽为图书馆，实绝无成债，仅仅挂牌而已。地方公益事，操纵私人手，更可责也。查此处前馆长胡榕村先生已逝世，继之者为余下一级同学，胡先生之孙巩。年稚学浅，本无力堪此，只以奔走国民党，即敢窃此职位。既未整理又无建设，人讥为承重孙也。

又览报附刊《学灯》，载有汪中《思考及环境》，知窃取《国朝先正事略》中事实与文句而成也，实肤学不屑言。又载我校改为工业大学，余亦可谓工大肄业生（二年半）矣。灯下，改文卷二本，题为《记马戏》，以体倦先睡，所以不勉强者，为守保养身体故也。

十三日　雨

是日，初晓，忽闻雨声，知为关帝诞辰，年年如此，父老传言，此为磨刀之需，是或有道也。晨起床后，点读《论语·述而》章一大半，以余所看，注疏本故较费时，平均每半日只点五张，此余去岁读《诗经》时所估计也。继改文卷两本，《论范雎》。间时学翁帖。

下午，去北门月城关圣庙观剧，正目为《斩陈世美》，不认妻，背负恩义之徒，固可深鄙，书载为包龙图（拯）所斩。归来后读《史记·张释之冯唐列传》，少睡。至食晚餐时，黄先生植民令嗣偕萃夫之弟来问上海南大附设无线电班招生事。余初识黄先生，在去冬时，承为谋项馆教书，此情可感。近得予斐电，适至宁闻。萃夫即日动身晋省，余托彼往法校取还所存中学毕业证书，不知此去能记得否。二子去后，余又往看戏，第二、三两出即《十五贯》《请令》。夜十时后，始归就寝。

十四日　晴，夜微雨

晨起，点读《左传》文七年，入塾教之，继教爱雪读《逊学文》，反复朗诵，悉其结局清晰，颇饶古文气，盖亦桐城之流亚也。孙先生与俞曲园同出曾公国藩之门，即同年成进士。后随曾公于金陵幕中，相从以学文为事。门下士又有张裕钊、黎庶昌、戴望、刘寿曾、郑珍、薛福成等数十人。时江南设书局，亦此辈任校勘也。独孙先生名最高，仲子诒让亦在其署中，得随诸君子兴闻绪论，故学问渊博，著作等身，实有所自也。

下午，《史记》教《廉颇蔺相如列传》，旋为项生锦裳草一函，寄郡商务馆，索《湘绮楼日记》样本，是余言之而欲订购者。湘绮为王壬秋之别号，继仲容而有文名，治公羊今文学，著书亦有数种，死时年八十余，为清末经学大师。又善骈俪文，与前张皋闻极相类。暮归，又往观剧，班名同福，老昆腔班也，为近日戏班第一，其着色皆彼辈旧好手。昆戏编法古雅，皆元明后词曲家所作诸传奇剧本也，实足消遣幽情耳。灯下，读《史记·万石张叔列传》，仅及其半，即睡。

十五日　晴

晨起，点读《史记·万石张叔列传》竟，继点孝文、孝景二本纪，至午后二时止，以此日诸生出外拜佛，要求休讲也。果于四时许闻家人言有士女数人过店前仰首望余楼上，时余适往观剧，想是项塾主子女出游也。正午，与心伟晤谈中山学说，兼述美国新政策甚悉。又劝余参读此等新潮书，余虽面诺，心实不以为然。风雨鸡鸣，妄有传经之意焉。

晚间读毕昼所点书，再去观剧，时方演正目为《现世报》，写家庭姑媳之状颇适肖，幸其子极贤，逃亲求功名，然后得美满团圆也。夫家庭不睦，不仅知娶媳难，苟已娶得贤妇，而姑嫂间亦不易为人，观此剧深有所感。余素以全骨肉之亲为宗旨，实不乐闻妻谗言，然内子却心明大义也，甚慰慰。所谓治家难于治国，其言虽浅，实有深意存焉。归来记此即寝。

十六日　大晴

天气热极,有摄氏几十度许。当晨起时,读所点《左传》一过,入塾,知诸生确有过我家门前者,旋得郡商务寄来《湘绮楼日记》样本,展视久之,知其体裁与余略同,亦多详学问、时事、阅历者。王先生中年读《汉书》,日必有课,又善诗词,亦于《日记》中录其草稿底也。湘绮幼所居室无楼,与妇共之室也,姑名之。继以刻苦励学,至筑屋湘水边,因即名其居曰湘绮楼以实之。曾执事曾幕中,与彭雪琴侍郎更相得。每以诗往复,想亦与我之孙氏父子游也。

午归,饭后稍睡。冒暑往馆,至则精神颇忧滞,旋即愈。下午,《史记》教完《廉颇蔺相如列传》,其中附赵奢、李牧等事甚详,并为项生填就预约单付邮寄购,此生亦喜一藏画,盖得余数月来之教导,可谓喜学其师者也。苟它日伊亲恣意搜藏,当与仲容斯时同耳。灯下,点《史记·秦本纪》及半,又与蔡耀东亲家公谈读书附学事,以余有意入乡寺专修,故托其子国梁随余旁读,但余仍以项馆计划未定延之。睡时钟方十下矣。

十七日　晴

晨起,点读《左传》文八、九年竟,入塾,教后与林女生爱雪共读《逊学文》。初孙先生与王拯定甫为同年好友,在京都游西山,宿碧云寺,对坐赋诗甚相契也。下午,《史记》考《廉蔺列传》,试题较前难,然诸生皆善答之,谓余选《史记》较前日周师晓秋选读《古文观止》,更有趣味云,乃归功余教授之得法也。又项生锦裳决意定购《湘绮楼日记》,并付价钱,托余邮汇,亦可贺。彼藏书之始,庶几可以继其祖雁湖、几山二先生家学也(项氏有水仙亭藏书)。晚归较早,以天黑欲雨,至夜深雨始来。灯下,改文卷,以体倦不耐坐,先睡(又得二弟信,言患咳是虑,是夜罢市)。

十八日　雨阴

晨起,点读《左传》文十、十一两年后,入塾,并为项生邮汇拾元,余寄申商务购《湘绮楼日记》。下午,《史记·鲁仲连邹阳列传》中多难句枝节纠缠,余参以各注家说分析之。笔记以诸生前卷未交暂延记。晚散馆,过内家少坐。既归,蔡耀东亲家公乞书挽联,系黄绍畴作语,极庸劣草率,书之以还。灯下,点《史记·淮南王列传》,甫开卷及十分一,欲睡,遂搁至二更起复读之。

又是日,朝为陈生炽林书折扇字,颇雅健。陈等为余前岁夏间补修生也,父祖谋为邑监狱员,福建莆田人。其时余方肄业工专(杭州浙江省立工业专门学校专科电机系一年级),暑期滞家,承母校校长胡幼玉先生绍介,教县署承审马钧之子女,而炽林旋请附学者,状貌秀雅,独中空,太无根柢,不及项氏生远甚也。

又作复函问泉弟病,又悉许叔霞接办中山图书馆(为并前公立图书馆及通俗图书馆,地址即在小东门外飞云阁,风景甚佳)。许君潜心图书馆学有年,生平乐以书借人阅,一任此职,想有大改造,亦乡里之福也,可贺可贺。

十九日　阴雨

晨起,点读《左传》文十二年毕。入塾,与诸生共读之,至于林生,所授《逊学文》已读终序跋一本,继以续钞序跋类授之,所以使明体类,便自为文,此科学读法(即归纳法,集同样文可以看出其体格而不错误也)。《逊学文》其对序跋类中善写交谊,颇见文情,是可学也,盖孙文得力于曾文甚,从可窥出欧曾等作意矣(二氏之文,长于序跋)。

午后,先过阅报社,晤许叔霞,谈改建图书馆事,许言愿垫数百元购置书籍,又修理植木费,想较前为有起色也。塾中文课题为《论养生》取东坡所作为之讲说一番。又为讲仲容先辈读书法(见《札迻自序》）以启发之。暇时翻阅案间所置《且瓯集》（雁湖诗），先生并歌咏为杂。晚归，餐后即睡（午间又晤妹丈徐佰威，知将有申行，而佰威旋来我家辞行，家大人还以赆色，六时，搭三江轮船也）。在塾时，项生以其父（微尘先生）所作诗《长江舟中游虎丘》见视，清顺可诵，官场人能作此种名士事，殊难得也。

二十日　雨

星期日。朝起点《论语·学而》下半章及《泰伯》全章竟，读之。旋游图书馆，知尚在修治中，遂与许叔霞、胡巩辈攀谈颇久，阁上仅有一横匾，为"飞云阁"三字（土名"话桑楼"），黄前辈仲弢先生篆法也。旁为其弟叔颂绍第跋语，言仲弢先生书法宗完白山人（邓石如），海内闻名，独其家无片纸存，仅此三字，尤可宝赏。至两边柱上，向多佳联。余曾一寓目，为王岳松小枚及仲恺书一联之语，多集滕王阁成句，最称合景。记其散句如"青山横北郊，白水浇东城""南渚飞云，西山卷雨"等。一登楼上，四望极肖也。逾河（放生池前，亦嵌有石碑，为孙公琴西书），前有二仲（仲弢、仲容）先生祠堂，地址惟未经建筑也。但此阁亦系黄仲弢之父漱兰前辈所筑之别业也。余处留其影片，时取赏览，以悦心意。

归途过报社，借得《北大国学门周刊》及《幼儿教育杂志》，内载清初廖燕为人奇特，力攻科举制度流弊，为开学潮改革之先声。燕与侯方域、魏禧、魏礼等同时为好友，亦不愿治举业书，以为秦汉以来取士为愚民政策，至清尤甚，学者除习八股文策论外，无复事事，故六经诸子史束诸高阁矣，以其汲汲科名仕进，非此难售，故消磨一生精力于四书中，其有大志者则兼学古文词及诗也。殊与现时相类，可叹可叹。再去南门外观剧，至傍晚始回。灯下，改学生所点《曾家书》即睡。

廿一日　晴，夜大雨

是日，晨起略迟，点读《左传》文十三年竟。入塾，教至午刻正始归。归后知梅岗人来送仲超书，亦以谋事为托，遂为草一札答之，计十余纸，说自无力，姑俟机会也。下午，《史记·鲁仲连邹阳列传》，仅终鲁仲连一人事，诠解明晰，然后知《史记》一书难读，尤在本纪及世家之有关《诗经》《易传》诸成句（《战国策》《国语》）者。笔记记魏一鳌故事，魏为孙夏峰之高足，晚亦从夏峰于雪亭焉。天暗，疑雨将至，未待诸生钞毕而先归。归后又一游竹林斋，知有许多名画，如项维仁、胡奫等岩竹，林梦楠、项申甫等书法，皆是启发心智，古雅有致云。晚餐毕，读《史记》，又改点《曾家书》数本，约明朝还之。一时许，始寝。

廿二日　晴

晨起，点《左传》文十四年后，入塾，至正午归。归来知仲超信到，又乞改其《自述》一篇，语极平庸，复书嘱待后日面告晓也。下午，《史记》说邹阳在狱中所上书，取《文选》以参读，咀嚼文字，颇费时刻，亦朝文之长，即在此事连类处，盖熟于典故也。余甚厌之，觉无多趣味，勉强敷衍而已。

晚，游蔡师家，知其弟倾卿已假归，并于其壁间见有孝胥行楷屏字，与去年余所临林氏公铎联同，极清晰，多书卷气。近余弟炯孙学之亦肖。又过内家一坐即归。改笔记三本毕，翻阅所定分类购书单，即欲辑《群书集解》引用书也。继览《教育杂志》（《幼群》专号），至十时许就寝。

廿三日　晴

晨起，点《左传》文十五年毕。入塾教之，并为诸生讲所改笔记，能见出其进步也。孙《逊学》序泰顺林太冲之子亨甫诗续，其辞句雅洁有气，益信作序之法，总以情致取胜，如欧阳公所作各序跋，每从交游盛衰处发无限感慨，而此篇所言朋友交谊亦同之。孙公想得力于欧阳修、曾国藩二氏多矣。下午，先睡，至二时始去教读《史记·屈原贾生列传》，五时后散馆，游老屋，知玉泉从伯父疯疾加剧，甚至蹈河不自觉，幸遇救引归。

又昨闻许君叔霞述王国维死已一月余（自沉颐和园昆明湖）。王为近代金石考证家，任北京大学堂、清华学院教席，著书满家，亦一极老前辈也，惜哉！

灯下，为《史记》检对《楚词》"渔父""怀沙"各篇，略有所悟，余于《史记》已看十之七八，惟《八书》较难读，本纪尚有《诗》《书》可查。余拟将书中人名、地名、爵号录出成册，以便后之读《史记》者有所参考也。（此语胡适曾言之，作有系统之书焉。）

廿四日　晴，午后大雨

晨起，点读《左传》文十六年竟。入塾，时尚早，教后相与温旧课数小时，又与爱雪女生读《逊学文》，题为《东瓯金石志序》，书为嘉善戴训导咸弼作，益以仲容前辈所得金石跋志而成，戴与孙公年相若，为永嘉县学训导，好古能文。

余往岁读书杭州，一夕过湖滨图书馆，偶见《东瓯金石百咏》一书，书首有林同庄先生题签，想亦与此书同性质也。古来名人莅宰吾温者，晋有王羲之右军、谢灵运康乐，宋有陆游放翁，皆系文学界中闻人。今永嘉之五马街、墨池坊，皆从右军得名，北雁荡之谢公岭为从谢康乐得名，吾瑞县署后园内之放翁亭，实由陆放翁而得名也。

余前教马承审之子女即在此亭前屋中，得时游其间，读亭左右楹帖及诗，有明卓教所作，见《县志·艺文志》。而孙公琴西亦有《祭放翁生日记》，读《逊学斋文》始得见之。下午，《史记·屈贾列传》，参讲《楚词·怀沙》篇，尚及半而天黑欲雨，即归。归后涂折扇，甚称意。

雨止，过内家，与徐存瑾志瑜谈杭校情况甚悉。灯下，学翁字毕，去与心伟谈书法。心伟出视诸名家所书对联多件，评赏颇久。归家观书，至十时始睡。

廿五日　晴

晨起，点《左传》文十七、十八年，并检视黄岩杨晨所编《敦书呎闻》，为其家藏书之总账簿。杨为孙先辈锵鸣止庵之快婿，亦善校勘学，与仲容征君游最久，亦有李友雁晴所校增数条，可称良善藏书志也。下午，《史记·屈贾列传》，续讲《怀沙赋》及贾谊《吊屈原文》，参阅《楚词》始得了然，否则难读懂矣。诸生中惟如美能领略之，与去岁读《诗经》同。后与诸生谈禅事，讲心性道理。放馆时将暮，到家，知成远来访，遂往答晤。谈乡邦学术甚详，并言孙公所作联云"伊洛微言持敬始，永嘉前辈读书多"之意。前月林生淞生曾持此悬诸项馆，据说联石嵌平阳南雁荡仙姑洞，亦为孙琴西书也。灯下，改文卷四本，写信二札，一寄尧坝，一付泉弟，至十时去睡。

廿六日　晴，晚大雨

晨起，续点《左传》文十八年终，入塾教之，继教爱雪读《逊学文》，题为《瓯海轶闻甲集叙》，此书即孙公自作，为搜集乡邦轶事，而独详永嘉学统，可补方志所阙者。其叙吾温学派始在南宋时有郑文肃公请业于黄岩徐温节庭筠，温节得安定胡氏之传，文肃既归，授乡之文宪、文节二薛公，再传至叶文定、陈文节，遂成永嘉经制之学焉。陈尚礼而叶重心性及经术也，同当时永康陈亮同甫，称为浙东学派。数百年来，此风遂熄，至无有能举其名者。逮孙公出，始提倡之，因刻《永嘉丛书》数百卷。吾师薛储石钟斗亦尝言及，盖其潜研永嘉之学有素矣。民国初元，冒广生监督有《永嘉诗人祠堂丛刻》之刊，储石亦作《校语》数卷附于后，其未成书而能见于他杂志者亦不少。吾友陈骏逸人为《行述》时，曾列举出之。

下午文课，题曰《蔺相如论》，项生锦裳出视家藏七道士（曾衍东）小品画，颇足怡情也。曾为嘉道间人，以粗派画闻名于时。余家亦有《刘海戏蛙》真迹一幅，得于内家，可宝也。（曾又善篆刻，所至取瓦砾，信手为之，极古雅。）散馆后游飞云阁，知修葺未竣工，与管书员许叔霞同回。别后，又与李友雁晴晤于阅报社。到家仍出访张中表畴九，共至下较场一带盘桓数匝，闲谈琐事。灯下，观梁任公所著《清代史学成绩》，为余抄得本，未几即睡。

廿七日　晴雨

是日星期日，起迟，欲游文昌阁，以山高，无人作伴，遂只游悟真寺，观人扫佛，且听诵经。出来过竹林斋，览壁间所裱诸名画，亦有李老漱梅所画梅竹，笔幅甚雅。又过老屋谒心畲叔，与谈颇久，知祥夫叔商校长已为李光斗所接替矣。

归后，翻阅余前录任公杂作，知校勘学问并治史门径。又观梁撰《中国历史研究法》，亦能领悟读史方法也。午睡后去观剧，时大雨初霁。晚间，又谒岳母，请来吾家一游，但未见允诺。盖余自廿二岁冬间结婚，至今或五载，从未到吾家一次，故余极愿其来也。灯下，改正诸生所点《曾家书》三本，又览书数页，始寝。

廿八日　阴晴

晨起，点《左传》宣元年、二年一半竟，入塾教之，又为诸生订定学期考试日程，以下星期起阅三日一试《史记》，选十三篇。《左传》已教六个公，嫌事实散漫难记，固归类约为预备题八十条，诸生皆首肯焉。下午，《史记》说毕《屈贾列传》，惟《鹏赋》《吊屈原文》略费解耳，幸有朱熹《楚辞集注》、王念孙《读书杂志》、梁玉绳《史记志疑》及李友雁晴《史记订补》各书在旁，可以检阅也。

晚散馆将七时，尚往观蔡国梁读书，与谈十中高中国文选材。国梁述其师杜子文天糜年甫三十余，大学文科卒业生，能排定教程，甚可取法，遂假此教本归，翻览之。灯下，检阅旧藏书，得心畬叔存此《战国策》《国语》二种，知其价格极高（约四千元左右），为仿明板本也，并检点别书，如《读书杂志》《史记志疑》等，以为读《史记》前宜先明板本，此二书亦树根柢。睡时钟已十下矣。

廿九日　晴

晨起，点《左传》宣三年，先入塾教，后为诸生言设学生自治会事，并告以组织法及执行法，俾知公民常识。下午，未教《史记》前，为如美讲法律常识，盖余前在法政读书时，每当先生讲后，必留心记录其言于书眉。归而参核其意，极为明了，故较别同学所得独深也。教师沈孝侯，江苏常熟翁（同龢）府街人，时方任高等厅刑庭庭长，于法律研究有素，其人骤望可畏，即之颇温然可爱也。《史记·吕不韦列传》教终已六时矣。

散馆，过图书馆，知修葺而未讫功，与许叔霞谈建设概略。许云曾购得新书数十元，为适应潮流起见，先购党义类书。有余，又购图书馆学杜定友《杂著》、陈钟凡《大文学史》、顾颉刚《古史辨》以及朴社所出书。许君办事热忱，非前馆长胡老调元可比，惜其学识浅薄，书目分类未见其准确耳。近本杜威十进分类法，将中西书籍综合而集置之。杜为美国哲学博士，来华讲学颇久，深悉我国文学源流。去年，梁任公与约得庚款，印《全库全书》，杜威亦甚赞成，旋竟被人攻击，遂无形而打消此议云。归途，又再过内家。灯下，汇订《左传》，预备试题六十条，至十时后，始寝。

六　月

初一日　晴，午刻日晕

上午，摘《左传》预备试题示诸生。下午，《史记》亦停教，任诸生温书。至六时许，归晤鲍斐君，知苣兄已归。苣与余订交在十五六岁时，旋同客杭州，颇承关照，可感，近以项氏关系稍稍疏矣。晚与林心伟游三港庙观剧，班名同福，唱古昆曲，可以观也。

初二日　晴

上午，温《左传》。午后，方表妹嘱书一函致泉弟，为购洋纱事，入塾仍温《史记》，并为购吴昌硕书石鼓文原委。吴为当代名士，善书画，治金石学，杭州西泠印社岩中有其石像。近时风行书画，皆从吴氏为法，乃成宗派也。暮归，访黄兄苣孙于其家，谈颇久，适斐君亦来，此子所谈多俗调，讲家常琐事，可鄙也。别来途遇蔡成素先生，为余徒蔡屏藩之父，向任省垣警察所长，人颇温雅，问伊子，言亦转学邑校，将毕业矣。晚间，独往三港庙观剧，竟与蔡师迈冲晤，催钞前存《瓯海集》，杨志林辑，许赠林同庄先生也。正目《攀桂记》，一官私爱其婢，生子成名，但其间多么艰苦，极有情致，观之动心，欲为绝技。归，晤陈大放、吴国华二君，谈馆事甚详。寝时已十一时许矣。

初三日　晴，半夜雨

晨八时起，即入塾，与诸生温《左传》，午留餐，至暮始归。《史记》教《蒙恬列传》，为之讲释甚清楚，散馆一过龙首桥观京剧，班名天声，为吾温第一等戏班云。晚饭后，送内子归宁，遂便道往观剧，正目《勾践报吴》，情节与《史记》"越世家""吴太伯世家"及"伍子胥列传"所叙述极相类。此夕，台下观者无虑数千人，而蔡师迈翀又晤到。蔡先生雅不喜看戏，近竟谢托讼事，洁身行善，叹为难得。归寝时已一时矣。

初四日　晴雨

晨起稍迟，早餐后即赴塾，而诸生尚未起床，以前夕为如美生日，听唱词文，睡迟故也。到齐后，大考《左传》，题凡三十二道，分四类，一曰问答，二曰析句，三曰辨正，四曰填句，盖仿东大[①]考试法式。午刻，即在项馆饭，饭后与锦裳谈文学事。旋午睡，醒来已三时矣。为之讲读《史记·魏豹彭越列传》，中间令各自读前所教过者。继为锦西诠析《龙文鞭影》，后见天色欲雨，遂先归之。

知迈师遣人送字条来，索《瓯海集》。即刻亲自送还，并与陈述文学事甚详。蔡亦邑中校第二、三次卒业，于文事颇有所知，好交当时名士，如林大同同庄、吕渭英文起辈，而于项主微尘亦极相契，尤亲昵项氏荫轩，谊笃若兄弟然。每食时，必亲莅厨下，取其嘉肴，饬人送蔡师也。吾瑞向有陈、项党之争，项党健将即蔡师也，最娴讼事。今从父执劝改业，可证其心之厚于仁矣。遂与余再共往观剧，演《狸猫换太子》，正着入神，惜雨来，即归。余过内家，知内子随岳母等三人亦去看戏。待其来，少坐即回，寝时较昨略早云。

初五日　雨阴

是日来复。晨过内家，游飞云阁。并草一函致泉弟，以炯孙附函来故也。庆生病略愈，然已费卅金左右，尚云幸矣。械弟字学郑孝胥，亦余所勖勉者，甚肖。械侧身商界，如此亦难矣。午后深睡，醒来去观剧。晚在内家饭，继去观剧，完台，与岳母及内子归。夜半，余独回家睡，睡前犹点《左传》宣三年。

---

① 东南大学。

初六日　晴

晨起,检点书籍入塾。教毕,考锦西《论语》,题甚难答,所以激其发愤用功,又别容再读几天,劝加勉为之。午散馆归,卧少顷,往教《史记·魏豹彭越列传》。晚往县高小校内观新剧,至则会场人满,布置井然,幕开后首演香操,全场黑暗,引香火作操,最后一幕为女生跳舞,尤令人心悦意快,余皆无多趣味。散幕时将十下,归来即睡。

初七日　晴

晨,往馆温《史记》。下午,大考之,至暮始归。连日午皆无留餐,因感教书事业可鄙,不如作工人耳。余实不得已暂作枝栖,容有出路,决舍去不顾也。又余可谓尽心教书矣,然未得诸生一言之誉,甚至口出无良心话,致前功尽弃,殊自怜也。乃对诸生说明,考罢停课放暑假几天,余欲独往北郊山下本寂寺专意自修,补完《诗经·大雅》篇。

晚饭后,闻四弟言昼间有二客来访,知为胡师哲民、陈师叔龙,皆在项馆任夜课(英、算二科)。从未过吾家,但不知此来何故,遂一往询之,不值。晤胡友质民,与言读史事繁难记。雁晴向在私塾教书,亦感此苦也。又言孙氏玉海楼藏书多为虫蚀,或受雨湿,皆佳本,殊可惜。胡既交其后人伟士、莘农,劝开放与乡人阅,以继其先人之志(琴西有《玉海楼藏书记》),其言诚善,但孙氏自家枝节未清,恐难照准。前岁雁晴辈亦已发起矣,名之曰籀庼图书馆,后遭孟晋翻议中止。余藏有雁晴所为此宣言一大幅,惜其事不成也。灯下,点读《毛诗·小雅》篇,欲继前而终此书,至十时后始去睡。(在馆时,翻《琴西诗集》,平生事迹甚详。)

初八日　晴

晨起,入塾,改笔记。下午文课,题为《高祖戮功臣论》,爱雪题为

《读逊学斋文集》及《女子参政谈》，令择一为之。散馆归，游竹林斋，遍览书画，惟王禹绩与元丐山水较好。再过老屋，谒伯叔母，告三房阿妈堂伯母感病不起，深为悼惜。晚餐后，至内家谈久，归遂寝。（午刻，览梁氏《清代学术概论》。）

初九日　晴

晨六时，起床即赴三房送殓。八时后，独身入塾，无携课本，为爱雪考《逊学斋集》，题为《试述永嘉学派之渊原》及《举孙氏之师友》，所以使熟知作者时势背景与交游情节，使研究专集也。

旋承胡师哲民来商，叶氏幼欣暑期馆地，束脩十五元，教中、英、算三科。余言须禀过堂上斟酌决定。胡去，余心又添烦懊，决于下午及夜间去任教之。上午，仍留项馆继续课《左传》也。

晚散学，出游飞云阁，晤许、胡诸君，览阁上藏书计十余厨，有二十四史、三《通》、正续《资治通鉴》、《通志堂经解》、《皇清经解》以及各经音训、《永嘉丛书》、《瓯海轶闻》、仲容所著书等，还有医书杂志、辞典、小学诸书，不下七八十种，虽莫若郡城籀园所藏之富，然较前日增加不少矣。又闻心兰书社所藏多善本，惜未开放任人阅览耳。

晚与许弟成远散步，月下登憩憨台谈心事，并出示所作信，欲上建设厅长者，嘱以古文腔调致之。别归，读《曾公文集》至十时后，睡。

初十日　晴

晨起，点《左传》宣五年竟，入塾教之，继为爱雪讲《逊学斋集·书王通政定甫集后语》，多关于孙氏一生交游出处之迹，甚可读也。午刻，往城外仁昌街小酌。下午，《史记·黥布列传》，教终时已薄暮。归来城中电灯已齐放明矣。

晚晤许弟成远，与游孙群家，谈片刻。孙少余一岁，而老气横秋，态度狡猾。壬戌赴杭，余为考入法政，当时投考人至三百余，只取三十一名,而余考得第九名。今阅五岁,孙君已毕业矣。闻欲在郡活动,竟以共产嫌疑,被拘一夜,得释出。此子胸无点墨,徒饰外观耳。又为余述洪子庄被逮之本末,子庄近事更危急,将解往南京受审也。

遂一过内家,知大舅岳生于午轮归来,共坐庭中谈近事,又聘师教内嫂、小姨辈读书,余为选教材几本,曰朱子《小学节本》、王氏《文字蒙求》及《逊学斋集》,所以使识字、知典故、顺句子,收益必较广矣。至十时后,回家即睡。

十一日　晴,午后三时大雨

晨起,点《左传》宣公五、六、七年竟,然计字数不及一篇之多。入塾教后,将《逊学斋·书王定甫集后》解释一番,至有心悟。而上午简餐,即于休息室内读孙氏文献篇。项氏生为留余教午后功课,特洁一室,中挂名人书画联,有安吉吴昌硕集宋本石鼓文,陈年西洋派山水,俱极古雅,书桌床椅,陈设殆遍。

饭后,卧藤椅上睡,醒来正上课而大雨作,雨水溅入室中,旋告诸生文题曰《书刺客列传后》,诸生皆以能作答。至晚归,遂辞叶家教书事,言专心课项氏子女,否则实难为情也。晚餐后,正往内家,为有先生将来教内嫂、小姨读书,视其究竟如何。途遇成远邀,先过其家,改前所草信稿,会孙经枋亦在座。经枋为许氏快婿,成远姊爱吾之夫也。现肄业东大体育科,便谈古学目录校勘事,略有所解,然亦有风马牛不相及者。入内家,闻其教书声,实一老学究,曾不知十三经、廿四史也,奚暇论其他。余固自信,颇有所知,如再用功几年,不难无事不可为也。归时十一点钟许,就寝。

十二日　晴

是日星期日。晨检书,置窗前曝之。遂出,与云溪晤,索黄氏订婚之期。午刻,洪君来持红帖付余,时友人洪小萍、中表张畴九二人在座,攀谈甚久,多关于教育事宜。小萍曾将应用文件汇成一书,曰《分类文法》,所以使学生易习也。别移,余独在楼上洗澡。晚餐后,始去剪发。晚过内家,送此帖也。仲超亦于是日来,即转赴叶宅吊丧矣。

十三日　晴

晨起,为滨弟书扇面,自称得意,甚疑翁瓶生也。乃往叶家吊祭,晤林心伟,与其归。下午,又去饮酒,故馆课暂停一日。又作函答泉弟,并检裹花纸十刀、白茅根露六瓶,托对面阿荣带申,阿荣将于十五晨搭瑞平轮船赴沪也。项氏小力持一帖来,约试新,时在十五日午刻,余辞不往。晚过内家少坐。回途过中校,顺便看榜,知改变前规,而以姓氏笔画多寡为次,无等第可辨别,将何以为勉学劝,殊非良法。灯下,点读《左传》宣七、八、九年竟,继改林女生所点《曾家书》,未几即睡。楼下唱词,词名《飞龙剑》。正午时,为仲超改《自述篇》。又闻诸生言,自地于下季将办女子中学,现正在筹备中云。

十四日　晴,夜雨

晨,饭后曝书毕,入塾只教《左传》宣七、八年,而爱雪以喉痛不来馆,遂停教,而自读《逊学文·项氏二先生墓表》。下午,伊兄淞生来附学,亦读《史记》也。晚归,大舅适在店。去后,一往县监狱署谒陈雅堂署长,盖先时有名刺来函,不知何事。到署,知承仍聘余教其子炽林补习英、算,兼教囚徒识字。炽林曾从余读,近在邑中校求学,雅堂先生导余游狱内感化堂,亦陈先生所设也。陈宦我瑞多载,政绩颇著,余允以夜间及星期日往教,脩金每月十元左右。余归晤张畴九、镜如兄弟,与谈考宁军事政治学校事,闻阮友亦转学于此也。

十五日　晴雨

此日为项主家试新,先时请余饮数次,余终不就。在家检读英文法各书，所以预备即晚赴县署教陈生也。余自辍学法专后，专意治经史，对以前在校读过之书一置高阁不顾，已两岁矣。今仍迫家境，恋此区区之数，姑允之也。当起床时，已点读《左传》宣十一年，继览俞樾所作《楹联录存》，欲应项生托，挽林庆澄者，稍稍属稿，觉语太俗，即撕之。下午，览《原本》算学代数竟，稍假寐。醒后，往中校访胡慥，不值。欲去图书馆，以天阴将雨，遂转。过内家一坐即回。晚入陈馆教英文法，至十时半归。又改如美笔记，改毕就寝。陈馆前亦由胡哲民、陈定甫二先生教，与项馆相轮值。今则一付于余，而项馆英文亦不聘胡师而转嘱余代也。又烈弟店友以玉笺寄余书挂条，余字未学成而求书者稍稍起，殊不自解云。

十六日　晴

晨起，温《左传》宣十一年，入塾时尚早，诸生至未起床，盖昨夜试新并习词文，坐迟故也。《左传》教后，林女生《逊学文》选《项瓒芝石癸辛词序》（瓒为几山先生从子），述孙、项二家交谊甚详，并言几山与梅伯言、邵位西、吴敏树辈友善。所以高抬作者之身价，亦行文之要诀也。吾温言词学者少，自赵西里、卢蒲江后五百年，而仅有孙氏。孙亦常作词，为其友姚燮梅伯所诘而止（按孙实有《娱老词》，载《青鹤》杂志中）。此篇古文声调甚亮，可读。下午，教毕《韩王信卢绾列传》。晚入狱署，教陈生代数，为之讲解习题，颇明了易悟。余素不喜数学，迫情势姑任之耳。十时归，大街上有数处唱古目词，口齿清，可以听，睡时已过中夜矣。

十七日　晴

晨起，点《左传》宣十二年仅三分之一竟，并改锦裳笔记二本，然后入塾，教罢，时将午矣。又与爱雪读《项瓒癸辛词序》，反复朗诵，颇有心得。继咏孙氏诗中多述交游情状，亦极津津有味也。下午，《史记》教《樊郦滕灌列传》，讲说既毕，以腹微痛先归。痛止，续点《左传》宣十二年。

至暮，出游竹林斋，览戴醇士、胡宝仁所画山水，及孙仲容、黄仲弢所书墨迹，皆小团扇面也。仲容先生以所作诗奉王雪璞医生，多感谢语。宝仁画学耕烟山人笔法，近人石谷和尚亦学此，但未能逼肖如宝仁也。宝仁一为某县知县，少有神童之目，林同庄之外舅也。余往岁游杭州，于温州会馆中见胡氏山水画一幅，有同庄先生跋语，故知之。晚入署，教陈生读英文法。至十时半归，归记日记，并写信答三弟，旋即就寝。

十八日　阴雨

晨起，续点《左传》宣十二年竟，入塾教大半，时已近午矣。下午文课题为《陈寿帝魏论》由如美作、《论秦始皇焚书》由锦麟、锦裳兄弟作、《读春秋》由淞生作，而爱雪以牙痛，已与其母归调摄也。诸生成绩，仍以如美为较佳。

散馆后，特过金君筱亭家，言余前存法校中学毕业证书，送存北政府校验，未发还。处此南北分治时代，文凭恐难取回，已见办法政证明书，向原校补领也。现校长为楼桐荪，西洋留学生，一切主解放，不似以前凌士钧校长之专酷也。闻下季特招女生一百名，一年卒业，即派司法界任推事职。又与金君谈学字，金字宗赵扐叔之谦，极肖，与永嘉马公驭同程度，然较许志远为低。许为邑前辈，拙学启畴之嫡孙，从父苞方荪，亦以善书名里中。吾言其商店所悬招牌扁额，皆其手笔也。

归途，过内家少坐。晚餐后，即入塾，并过图书馆借得《古史辨》一书，为吴县顾颉刚著，内容尚丰富，前在陈绳甫处已获涉览矣。寝时已十一时许。（是日，以石鼓文借项生锦裳。）

十九日　阴大风

晨起，书屏条四幅，以应郡城蔡庭兄之属，于翁字尚肖。入陈馆，书标语贴感化堂，约五十余张，皆以拥护革命、改良狱政为前提。午时，即在监狱署留餐，陈狱官作陪。陈字雅堂，福建蒲田人，宰我瑞七八年，政声早著。其人状貌雄伟，望之可畏。及接近，而后知为温温君子也。午后，教炽林读曾公《欧阳生文集序》，为之讲桐城派古文方法甚详。至三时后散馆，过内家，即寝其楼上。当时览《古史辨》中著者自序，其文长占全书三之二。晚归无何，复往狱署教夜课，为英文法。亦至十时后始回。

到家知四叔母牵鉴弟来，并述屋边陈府庙开光在下月十六、十七，有天声班演京戏。盖此地演剧，阅时已四五十载，为祝黄漱兰前辈寿日，是日适值皇上生子，故戏台上匾题"国恩家庆"四字。近黄氏稍衰，连襟听秋宗涛即其从玄孙也。记此毕，已十一时矣，即睡。夜二时许大雨如注，余起检视架上书，无恙，复睡。

二十日　阴晴

晨起，览《古史辨》十余页毕。入塾教《左传》宣十二年，此篇为全书较长者。又教余子读《论语》，继览《古史辨》。午餐后少睡，醒来教《史记·樊郦滕灌列传》，只至郦商止，归来改览《古史辨》。晚七时半，往陈馆教代数，示以因数分解简便法。陈生拟于后三日入郡省母，请假，允之。散馆，续观《古史辨》，知作者顾颉刚读书好批评怀疑，受胡适之影响，为近时首倡白话者。然自己则日读古书，其愚害国民不浅矣。至如顾君自述读书嗜好，约与余同，然至二十余岁未完《左》《史》各书，盖亦以其无系统治学故也。十一时睡。

廿一日　晴

晨起，览《古史辨》，只终自序一篇，中间自述生平环境、读书及性情琐事等甚详。顾君亦北大毕业，时年三十余，而学问成就竟如此。先从章太炎学，后得胡适指导，尽弃前师之说，而读书专尚辨伪，尤对古史往往妄加穿凿附会，与章学诚之徒同病，余实不愿卒读也。

上午，《左传》仍教宣公十二年。下午，《史记》续教《樊郦滕灌列传》，至四时许散学，并告诸生明日停课，以吾小姨订婚（俗名起帖或初定）。黄氏即余前所介绍宗涛听秋，亦如美、锦裳姊弟之表哥也。如美于午后剪发，盖家庭感化以至如此，然颇失女子体态焉。归来一往内家，与大舅遇，约余廿二晚试新，余允之曰诺。

晚餐后，续览《古史辨》，至中编止。出与质民共至成远家，知将搭此次瑞平往申谋事。在庭间闲谈时事与文事甚久，胡君言读古书难处，并批评当时人物如林纾（琴南）、章炳麟（太炎）、胡适（适之）之辈之学术。又述国军前方失则陷日地雷网，第一军何应钦全军覆灭。在家览二弟寄来《新闻报》，略悉吴大帅（佩孚）窜迹四川，事殊可怪。寝时将十二下矣。（夜课以陈生晋郡省母，暂休息三天。）

廿二日　晴

是日为小姨起帖，亦为内家试新，并请岳生之丈老来宴饮。余镇日在此，得间览《古史辨》，至中编以后，总觉无多新理，其疑古惑经，实余不欲闻也。此书既与胡适、钱玄同辈以函札相讨论，又参胡堇人、刘掞藜之驳语存录其中，殊不解也。夜至完宴后再过数时，始牵内子及弟妹同归。即睡。

廿三日　晴

是日为吾家试新，并请岳母大人驾临一酌。计余成室五年矣，竟未来一步。今小姨既号定，而大舅亦于去冬结婚，家中一切可卸肩，遂顺余等之请焉。下午三时后，迎以小轿，即晚设席欢宴。同日，三弟亦自郡归。惟二弟远寄沪渎，一家团聚至足乐也。项馆、陈馆均暂休息云。

廿四日　晴

晨起，点读《左传》宣十三、十四年竟，入塾教之。下午，《史记》教毕《樊郦滕灌列传》，并于午后暇时看完《古史辨》。散馆较早，为应诸生要求，到屋前所坦街观剧。晚入狱署，知陈生未返，即出过内家，坐庭中，与岳母谈妇道，且叹时局不已。别后，亦自去观剧，正目《白玉楼》，为余所未经目者，台下见项氏诸生。观罢归来就寝，时已钟鸣十一下矣。

廿五日　晴雨

晨起，点《左传》宣十五年，入塾时虽较迟而诸生仍未起，盖昨夜为观剧晚且倦故耳。下午，《史记·张丞相列传》，篇末有褚少孙补数事。教罢甫三时，顾诸生催逼散学更甚，遂检书走送还《古史辨》，换取《国学研究会讲演录》一本，书为东大出版物，系当代学者如梁启超、陈钟凡、陈去病、顾实、柳诒徵、江亢虎等人之作，讨论小学、佛学、《楚辞》及读书方法甚详，览之可增加国故常识焉。晚入陈馆，知炽林已来，教英文法名动词。未至十时，先回就寝。

廿六日　晴雨

晨起，觉体较倦，且畏寒，知为暑气所感。至午发热，延医治，服药一帖即退。晚阮云卿老伯来，持其子抱山信付阅，知粤校将迁宁，阮君已升军官教育团，入炮兵科矣。并见示以《黄浦潮》等国民党杂志数种，而余昨借得《国学讲演录》，亦阅其数编，题为《治小学之目的及方法》《治国学两条大路》，梁启超、顾实二先生所讲。梁既文名显于时，而顾亦东大教员，平生著作不少，《文字学》一书，尤为其得意作也。又胡氏亲家母（蔡心甫夫人）物故，善人不禄，更为悼惜。是夜，闲人出入吾店不绝，颇扰人寝眠矣。

廿七日　晴

晨起，觉体清快喜风，知病已退矣。间阅《国学研究会讲演录》，至其大半，惟感梁氏屈原研究虽佳，终嫌附会之言过多，殊失作者本意也，此特近时考证家之惯技。余前在九成药店（代售上海各报处）览《申报》学灯栏，登浪漫派诗人李白一条及前陶潜诗研究，皆以此为推证，实则未见其是也。梁公学问果渊博，惜亦从后学而为此趋时之作，一切略涉皮毛而已。余既阅过此册，深悉此辈治学不无心得可言也。午刻，略食薄粥，与棫弟言学孝胥笔法。晚在庭前纳凉，蒙大舅来视，少坐别去，即睡。

廿八日　晴

晨八时起床，续览《讲演录》毕，遂取旧藏《叶荄轩日记》册一阅，知其读书交游，并学医用书甚悉。叶君为余邻居一学者，思想奇特，学问丰富，曾在沪与同志倡社会革命，著《自由钟》一书，倡自由平等、无家庭等说。书出为政府所查禁，并缉捕其人，遂遁迹北雁荡山中，拟筑屋修行。今年郡城募化，寓旅舍，与故人许方苏相值。许归，告其家人，强邀之来。盖叶君自出门后未通音问，家人已不知其下落矣。故一闻此讯，其兄若弟相继赴郡，劫之归。归即悒悒，居楼上读书。三年未下楼一步，后即呕血死。此日记册中，有我舅氏吕嶰县试第一，并为吾舅家算命，闻后颇有效验云。棫弟于午轮返郡店，不欲留自家为父亲管店，父亲以秋谷登场南岸，账须自去归收之，年年如此，亦云劳瘁矣。晚散步，至十一时许始寝。

廿九日　晴

晨入塾，教《左传》宣十五年内两节，所以为自省精神也。下午，《史记》仅教终《张丞相列传》。以病新愈，体尚柔弱之故，晚馆不欲去，拟稍事休养焉。天暮，项馆归来，便道持书还图书馆，时国民党员

多人皆在座。余既还《国学讲演录》后，又借到《中国大文学史》二厚
册来。再过内家，使岳母放心。归用晚餐，览所借书，至十时后睡。
（又闻县党部已将省特派员改组矣。前所委执干事，一律裁汰，新进
为中校教员王毓烻、林咏仁、林渭侯等。而薛君幼径仍留任，此辈头
脑较清，想有一番大改革也。）

三 十 日　晴

晨起，翻阅《中国大文学史》（近人谢无量编），知其书内容大概，
然余实留心诗、古文词一派，但所采取资料甚简略，只夹入一些有关
文学之函牍、叙跋等作品耳。上午，《左传》宣十六年，已续教矣。下
午，《史记·郦生陆贾列传》。

教毕散馆，送《文学史》还图书馆后，假得《三订国学用书撰要》一
册，为余友李雁晴纂，前日已在绳甫处略睹一、二矣。此书分类，按书
性质分为五部（甲哲学，乙史学，丙文学，丁小学，戊英书辞典），曾登
《东方杂志》中。当时书出，为梁启超等所批驳，谓其中听引新出友人著
书，是否有书，或此书确有价值，何李君好称引朋侪，以自提高声价哉？
今此书末亦附有评梁先生及胡适书目之作，其敢于大文豪前拆手，亦难
矣。李君年只三十余，著书竟至十数种，实吾乡县前辈仲容后一人也。

余览毕，时钟鸣将十一下，即就睡。（又是夜陈馆停课，以炽林感
冒，不能上课，并因馆内前晚失窃，县署中有此事发生，亦云奇矣。）

七　月

朔　晴

晨起，点《左传》宣十七、十八年竟，入塾教之，又为爱雪教《逊学
斋文·小默诗卷序》。小默为城西天王寺僧，善医，工兰竹及草书，与
周先生庆柟仲梅游，以诗相唱和。琴西归田时，小默死已十余年矣。

小默书画，近寺壁间尚在，余亦藏有拓本小屏条八幅，得自舅家也。

午后，览报剪取孙公慕韩宝琦《示儿书》一通，述一生始末甚详。孙公为吾浙旅京大绅，前与钱能训、王正廷辈齐名，而钱老已于前岁殇于京，近孙公年亦六十余，自言及见张之洞与吾乡前辈黄体芳漱兰。项馆所悬寿屏，亦此辈元老联名题贺也。下午，《史记·郦生陆贾列传》，续教陆贾。陆著书曰《新语》十二卷，《汉志》作十三卷。

课余从李作《三订国学用书撰要》摘出孙氏玉海楼所藏传抄本。散馆，赴图书馆换取《旧温属图书馆存书目录》六本，知多为吾邑黄氏蓼绥阁所辑赠者，拟特汇出，为《蓼绥阁藏书目》，与前抄得之《玉海楼藏书目》合为一册，以备考览也。

晚陈馆，演算后教读曾公文，题为《湖南文征序》，中多发明文学语。归来点《左传》成元、二年，至十一时始寝。

初二日　晴

晨起，续点《左传》成二年，只及四分一。后为蔡心甫亲家公书枢志（俗名铭旌绢）。入塾尚早，诸生以前晚听盲词故迟。起草之。教罢，录《蓼绥阁书目》终经类。下午，温《史记》，至暮时归。归途一过内家。晚馆，课英文法及曾公文《答刘孟蓉书》，见其读书步骤与宗旨焉。归，复录《蓼绥阁书目》史类，止正史部分，即睡。（在塾读《逊学文》寿序数篇，连日饭后久睡，心神爽快。）

初三日　晴

是日星期日，早起。摘《蓼绥阁书目》至八时，入署教陈生读曾公文。下午，又往教英文法，晚教代数通分法。归来一过竹林斋观画，有项方纲花卉及林纯贤人物数幅。项为微尘先生之世父，前清举人，曾两知某县事，今年六十八，尚矍铄如健儿，专工山水。近化吴昌硕粗派，邑中善画花鸟者，有洪演畴蓉轩，亦七十余老，卖画度日，殊可怜也。

晚散馆归，少坐，又去后河街听唱灵经，述观音菩萨发心修行前所历诸艰苦事甚悉。余性近禅，常好作此论调，发此大愿，已有一二事，似待此应效者，盖以我心之厚于仁，故姑志以观其后。玩归时近夜分，遂睡。

初四日　晴

晨起，点读《左传》成二年之半，续抄黄氏《书目》。七时许，入塾教之。下午，四时上课，《史记》仅读终《郦生陆贾列传》，而天欲雨，遂与淞生先归。归之，则云散。至晚，惟有几点细雨耳。在塾抄黄氏《书目》，止史部。晚馆，教英文法及曾公文《圣哲画像记》。此文为余前年在杭工专肄业，戴先生中甫所教者，甚费时日，约半载工夫始毕。戴先生深明学术原流，故能繁称博引，往往每小时仅讲本文少许也。

归来，与孙、陈二君晤，谈项馆教书事。孙为邑前辈仲容征君之子，曾赠余以征君所著之《大戴礼记斠补》《学务平议》二书，约余游其家，登观玉海楼藏书也。玉海楼为余久欲游而未得者，今既承邀，当乐一往，遂以星期日为期。别去即睡，时钟鸣已十一下矣。（后将二弟来信展阅，知甚平安，乃慰。）

初五日　晴

晨六时起，续点《左传》成二年竟，入塾尚早，为诠释毕，而项生锦裳以疾声叱余，为之悻悻，因对淞生作自强语，私疑先贤之所为也。午后，《史记·傅靳蒯成列传》，并昨陆贾事未说者说之，传末后添郦生见高帝事，疑为褚先生少孙所补，致两存《楚汉春秋》事，以备对照也。晚餐后，接二弟自申寄来《翁松禅手札》一部，乃余前信所嘱购者。此书余求购多年不获，今乃承二弟付来，感甚喜甚。夜馆，续教曾公文《圣哲画像记》。九时后即回，摘抄黄氏《书目》，拟于他日仿孙仲容《温州经籍志》例,作《蓼绥阁藏书志》也。十一时许入寝。

初六日

晨起较迟,检书,入塾后教《左传》成二年,甫及三分二。下午睡醒,往教《史记·刘敬叔孙通列传》。散馆归来,便道谒蔡师迈翀,知已沪行多日矣。遂与其弟倾翀谈时事及治国故法。倾翀言欲将先秦诸子中有关经济思想语,汇成《经济学术史》。余举示以《周礼政要》一书作法,此书为孙公仲容将《周礼》书配合西洋政教而成。

将别,见案间置有《王临川全集》十余册,知为善本书,隔壁曾家所藏物也。晚馆,教英文法,见《瓯海报》载温属图书馆欲合祀黄仲弢绍箕于县籀公之栗主侧,由其后人厚卿先生将仲弢所藏蓼绥阁书,悉数捐入此馆之故。余日来摘钞此阁所藏书目,欲与玉海楼所藏合册,以备考览云。灯下,兼览《翁松禅手札》数册。至夜十二时许方寝。

初七日　晴

此日为七夕之一节,传说牛郎织女相会天河,人间将小儿端阳所扎之五色线解下,系巧食,于夜深掷屋顶瓦上,至翌晨,往之不见,谓为鹊衔去筑桥以渡之,有此习俗。余在塾见学生童话中,亦载此事甚详。

上午,《左传》成二年教竟。下午,《史记》教《刘敬叔孙通列传》。夜馆教几何,兼讲中国史洪、杨之役,与今革命同性质,亦欲以求自由解放也。当时曾公作《讨太平军檄文》,误以为灭礼教而痛斥之,实非所宜也。

晚归,知图书馆饬人来索借书,幸余已抄就,遂还之。又阅《教育杂志》,内杜定友《参观日本图书馆记》,知我国古籍流传东瀛不少,甚至有我国人所未见者。兹选录于此,以备考览焉。

大阪府立图书馆藏有:明《永乐大典》卷八六七之八,宋朱长文

《琴史》,元王继志《繁篇》、宋知德《周易集解》,明李廷机《四书义林贯旨》《二十九子品汇》,宋朱德润《考古图》,梁释宝唱《经律异相》,宋释延寿《宗镜录》,唐释道兴《法苑珠林》。

京都图书馆藏有:明《永乐大典》卷九〇一之九一二,宋《书画元龟》,宋《庄子鬳斋》,明《西山读书记》、《大学衍义》(宣德九年),明嘉靖三年《文献通考》(有玺印)。

东京帝国图书馆藏有:明《永乐大典》卷二二七九之八一,徐征君《天台山记》原钞本(《古逸丛书》之一),宋邵思《姓解》原钞本(《古逸丛书》之一),宋《山家义苑》(嘉熙二年本),燕国公《大唐西域记》,董真卿《周易会通》(元统二年),明《六朝文选》,明《周易》(明版五经之一),隋《大般若波罗经》(卷子)、《大智梦化行天度品》,宋《三藏圣教》(淳化五年本),大和宁国藏《大方广佛华严经》,皇庆初年,黎崱《安南志略》。

又闻日本人大仓氏藏有《永乐大典》三十余本,杜君仍未访到也。又杜言承杭州樊漱圃氏托,与日当局商重印皕宋楼藏书事,亦未晓着也。

余便览此杂志,书面登《湘绮楼日记》预约广告,叙此书内容。曰湘潭王壬秋先生为一代儒宗,所著诗文、书牍行世已久,其同邑彭君次英藏有先生《湘绮楼日记》遗稿,数十巨册。先生生道光初年,登咸丰癸丑贤书,此稿起同治八年己巳,迄民国五年丙辰,凡所记载有关学术掌故者甚多。先生刻苦励学,终身如一日,经史百家,靡不诵习。笺注抄校,日有定课,遇有心得即随笔记述,阐明奥义,中多前贤未发之覆。讲学湘蜀,得士称盛。自课子女,并能通经,传其家学。其学而不厌、诲人不倦之勤劬,日记中所记皆纤悉靡遗。先生负朝野重望,同光之教,数参大幕,洎乎民国,总领史馆数十年中,人物消长,政治得失,先生皆身经目击,事实议论,厘然咸在,多有世人所未知者。

其集外词汇杂俎,散见日记中者,尤不胜偻指云云,似与余记此日记册之用意同也。前岁商务馆曾将翁文恭公《同龢日记》豫约发刊,余时亦劝项氏荫轩定购一部,计四十册三十余元。出版后,项氏已先示余首两册。时余即将杭行,入法政读书也。在杭又诣大方伯浙江省立图书馆分馆,时时借阅,其记法与王先生壬秋相类。夜半,始睡。

初八日　晴,丑上刻雨

晨起,点《左传》成三年竟,继作书答二弟,告以翁帖已收到,并劝其学赵㧑叔字,欲使我三兄弟,各自学一家也(械弟学郑苏戡,颇叹有天材)。既检书入塾教毕。下午,睡醒教《史记·叔孙通列传》,至六时许始散馆。在塾为诸生取字号,字锦裳曰朝宗(春见曰朝,夏见曰宗),以为结衣锦裳者,又得朝宗天子也。又字淞生曰念慈,所以帖其意而撰也。字锦麟曰玉书,取麟吐玉书之意,皆草草为措意而已。

旋至图书馆还所借书而换取《说文书目》一本。《浙江图书馆年报》登续求黄氏藏书,黄子弟阮生长湖北宦地,已将藏书分储杭州及永嘉图书馆两处。余前年在杭,又从林同庄先生水利委员会得见数书厨书,据云系黄氏存此者,是皆余所当注意也。《说文书目》为丁福保编。丁君喜藏书,其注《说文解字诂林》,与余所拟纂《群书集解》体例略同。余自在杭见《经义考》,即有意仿此作书。惟事体大,其无藏书,未易着手,姑起例以俟诸异日耳。

夜馆归。知家大人跌足受伤,叫疼不已,为之心怅。父亲日入乡收谷,备极辛苦,故易致此害也。余止前抚散之,稍稍寝矣。余亦归自房,记此日记后始寝,然时已十一时许矣。

初九日　晴微雨

晨起稍迟,为夜间父亲叫痛未已,余屡起而抚之故也。旋点读《左传》成四、五两年,入塾教后,又教爱雪以《周仲梅诗序》,为孙集中之较佳者。下午,《史记》教《季布栾布列传》。散馆,与林生同归。当时天际云集如山状,余邀之共观,颇险绝。因忆数年前在中校求学时,曾旅行北雁荡山,饱看风景,约略有记存筐中,后失去。雁山风景实较西湖为胜,盖天生地作之状也。余欲于成名后遁迹于此。

暮览翁帖片刻,若有所领会。但余学此亦数年,今仍未见有进步,何其笨拙若是耶? 夜馆教几何,演毕又教物理,皆系粗浅知识,所以作开导之意。至十时后,回家即睡。

初十日　晴,午后大雨

是日,星期例假。晨八时,特过陈姑丈仲芬家,谈治国故事,颇承称许。据言曹秋槎先生《梅雪堂诗集》外别有《茹古堂文集》,此余前所未闻也。

旋访孙季文君(仲容前辈之季子),与共登玉海楼遍观,藏书极富,且多善本(前后楼计有四十余厨。盖外楼以史部居多,间有目录学书,中楼置经部及子部杂类,次中楼亦置各子部杂类及集部,外楼纯置丛书,以上皆前楼也。后楼平列三间,首二间中第一间,满置各经总及数、医诸书,第二间则全储各省府县志,不下三四千种,而孙氏自著之《周礼正义》《温州经籍志》《墨子间诂》等稿亦乱置各厨旁。又余于前楼得见几种稿本,如《公羊义疏》,句容陈立著。又琴西自作之《叶文定文校注》以及《瓯海轶闻》、《永嘉集》内外篇各草稿本,往往为虫所蚀。今就余阅后能记忆者,拉杂记之耳。总之,余平日认为极重要之大部书,皆有之一。

午后大雨,民之得甘泉。霁后,赴署陈馆,教曾公文《陈仲鸾父母七十寿序》,读久之,而陈生仍以无读书趣味,未能深入。余虽付一唇破舌说之而卒不听,实没法以感化之也,遂散馆。过内家小坐,即起送书还图书馆,换取《国学季刊》及《图书馆学》第一期各一册,持归时已暮矣。晚餐竟，觉足痛，惮于行远故。夜静偷闲，所以记此玉海楼杂事，以备它日有所考焉。夜分始睡。

十一日　午后雨，旋霁

晨起，点《左传》成六年竟。入塾，先与诸生谈游玉海楼，因举所藏书板刻部数，感叹不置。又收案上《逊学斋文集》，展阅其所为勤敏诗序中，有言食笋斋事，始信孙家壁悬思食笋斋照片题言。孙先生官金陵，有此斋之筑，刻额以志仰慕。其孙孟晋，因公来宁，见先人旧迹，特摄影以寄归也。座中亦有孙公琴西晚年像，穿皮袍而坐皮毯上。他壁所悬，则又有一像，持杖携小儿孙，不知是谁也。盖此为厅事，轩前对颐园假山，入月洞门，则玉海楼阶前也。楼五楹，下置《永嘉丛书》及孙著各书刻板，实家塾式也（余拟作《玉海楼记》，略述楼周围状况）。又厅内及堂间，遍悬孙公自书各理学格言，皆以敦品读书，为子孙勖。中堂上悬一大匾，题为"兄弟重游泮水"，为其门生提督陈彝听轩所献，以视孙公衣言、琴西与弟锵鸣蓺田也。锵鸣得游士较衣言为早，故其时李鸿章、沈葆桢皆出锵鸣门。然与琴西则皆同年成乡举也。后孙氏寿日，德清俞樾撰贺以联曰："天下翰林皆后辈，朝中宰相两门生。"殆指此叹，亦至难能可贵矣。其门弟之盛，与黄氏漱兰、仲弢乔梓，称瑞安孙、黄云。惜今后生皆不悦学，世泽难继，一叹。

午间览《国学季刊》首篇宣言，言治国故新法，当注重有系统的整理及总账式、比较式（与西洋文学以科学的分析看中国的古书，编成中国文化史），三者暗与余前拟辑清代各经学家说为《群书集解》一书相合。此书体制诚大，非先广致书籍难能措手，姑记著书之大指以待其后，一为读者省脑力节时间，二为穷人读书谋方便。以余此书成，则已集清代学者著述之大成矣。近人丁福保所出《说文解字诂林》，其用意体例，亦与余同，但限一部分《说文》耳。如朱氏之《经义考》中阙小学类也,故继有谢启昆《小学考》之作焉。此为第二类总账式之治法。至第一类,固余早欲为者,前已与项生诸生共作之,如顷治《左传》《史记》,遂将二书中人名、地名、职官名等分类录出,以便读时检点也。前贤阮元、汪辉祖辈已有此等系统式之作也(阮书名《经籍纂诂》,汪为《史姓韵编》)。第三类如近人柳翼谋所编《中国文化史》,登《学衡》中。余顷教项氏生纂清代著名学者小传,亦即此意也。若此,则余读书眼光亦不差矣。

晚散馆出,见县前砖屏上粘有考试文官公告,谓旧制中学毕业生可以考委任职,未免引动余之心矣。归商堂上,亦以此介怀,然余终未大发愿也,遂先去睡,时方十句钟云。(今日《史记》教《栾布列传》。灯下,作书与械弟,嘱订日记册数本。)

十二日　晴

晨起,点读《左传》成七年竟,即入塾,教后为林生说《周仲梅诗序》,对古文作法颇有所悟。下午,《史记》,亦能述以文章法,如长江大河,须抑扬起伏,方见其有气势也。又深信《史》《汉》佳恶,在乎虚实,字字改替。然孟坚之行文,实不若子长之雄奇万变也。余既读毕《史记》,亟觅得《汉书》而读之,应得较其优拙处焉(补注此事,我后在杭高教书时,曾一度将《史》《汉》二书勘看其改易之处究竟如何,于学文极有帮助云)。《史记·袁盎晁错列传》稍稍费解,旋即了悟。此家塾教书所收两益之明效也,所谓教学相长,是。夜课散馆,将十时,见天上月晕,固想起大苏明允之言曰“月晕而风,础润而雨”,信然。归来,览《清代私家藏书概略》,载《图书馆学季刊》中,为袁同礼著。又余前所肄业工专,顷报登已改称国立第三中山大学工学院,想法专亦必改称为法学院矣。惜余以贫病不能竟此业,只自怨运命而已。姑退而专力于国学,徐图以后有所发展云。寝时漏下十一余。

十三日　晴

晨起，点读《左传》成八年竟，入塾教之。旋又教林生《逊学文》，题为《君子居记》，其述曾公幕中友，如刘寿曾恭甫、莫友芝子偲、戴子高望、张文虎、唐端夫等，皆罗致在冶城山下飞霞阁，任勘书事。又以当时经兵燹之余，经籍散亡，孙公正宦江宁，故得与数君子谈道咏歌为乐。余甫览孙氏藏书，有金陵传忠书局板本者，不知即曾公所刻书否。然前览《春在堂随笔》，知当俞先生曲园时，有议于四局刻书事。杭州刻经、子，金陵刻史，皆佳本。下午，《史记·袁盎晁错列传》。教毕散馆，过内家，取杂志，欲还阅报社，但已闭门，怅然。归途中，与李友雁晴晤，取余所携书视之而去。到家，姑丈仲芬已将撰就监狱对联送来，夜入塾付之。又在项馆续钞《清代私家藏书概略》一文，然其中多常识，皆余早已知之者。从今夜起，各家焚纸钱，以西瓜荐祖宗三日，谓之中元节，原又有迎神祭鬼事，今亦已废止矣。地方习俗，姑记于此，以备考览云尔。十二时半睡。

十四日　晴

晨起，为蔡师嘱，临松禅帖，作帐额，尚称意。继点《左传》成九、十两年，入塾竟逾八时矣。仓皇教成九年，遂为爱雪说《君子居记》，知孙公对此记作法也。君子居为年侄张楚宝读书之所，为其父张又堂所建，聘师汪士铎，取《诗·淇奥》意以名之，后讲孙公作记，以申其说。孙公乃避开前记所言，甚善，只从自身对此地之感想，引出当时曾幕中之感况，归说读书快乐，为楚宝勖。午间，抄竟《清代私家藏书概略》。散馆送还，与项生锦裳共到图书馆。后假得曹秋槎《梅雪堂诗集》三本，首三序，一为孙公作，一为项几山作，皆说明为诗大旨，颇多启发语。盖先生当时与项氏兄弟及端木鹤田国瑚、周仲梅庆梆等游，以诗古文词相提倡，尤精帖括之学。吾乡文风之盛，孙先生功不可没也。又余与项生入图书馆，指示楼上所藏书种类虽多，然不及玉海楼万之一。时张宋颁（毓祁）亦在此编书目，问余《水仙亭藏书目》，并《仙岩志》，项家有此二书否。张君为雁晴之高足，颇勤于校勘学，曾在郡图书馆办事。夜馆归，十时许即睡。旋雨来，天气转凉矣。

十五日　晴，午后大雨

晨起，点读《左传》成十、十一年竟，出门绕道过内家，途晤陈先生叔龙。入塾尚早，为诸生教后，又点爱雪以《玉海楼藏书记》，盖孙公取王深宁《玉海》之书名名楼也。篇末云乡里后生有读书之志者，可以就吾庐读吾书数句，则于今日孙氏后人所为，使玉海尘封，深有诮焉。余遂取纸二张，绘玉海楼图甚详。午后初醒，大雨旋至，地民皆贺得甘霖也。晚馆散归，已将十时。又诣矮凳桥（老屋旁）觇陈府庙，庙貌焕然一新。是夜开光，明午演剧，班为天声，盖三十年后而没见热闹也。时心畬叔亦在此，与言久久，得悉林公铎先生已归将一月矣。余自去秋一别林先生，旋知其应东北大学之聘，有东三省之行。今又一年重归故里，特往谒之，并欲过雁晴处，观其所藏书也。鉴弟亦甫从郡归，言械弟已依余嘱，印日记册，定明后日即毕可寄来，甚慰。在馆间视《学衡》，知西方文学亦如我国有所谓考据、词章、义理也，而大学校中教师，尤以考证派最占势力云。学虽不同，理则一耳。下午，《史记·张释之冯唐列传》教毕。夜睡时约十二点钟。

十六日　晴，晚微雨

是日，为矮凳桥陈府庙开光，其地实吾族首迁居之，今尚有宗祠在其旁。午后演剧，台下见项氏诸生，以日间休讲故也。夜戏正目《凤仪亭》，情节卑鄙龌龊，实有伤风化，想无心肝人陈某所选也。陈前与余家有隙，故选此以讽刺我董姓子孙。当时心畬叔明其用意，愤甚，即大骂选此戏者为禽兽。余时亦感触失色，乃相助谴责不置。至演毕归，在老屋又放声骂，陈贼知理亏，不敢作反抗语。余遂与心畲叔约选午后戏为《斩陈雪梅》，以图报复。既牵内子与大妹归，不愿又见此种伤风败俗之剧也。

又余上午停馆，与畴九共至李友雁晴新屋，知草创未竣工。上楼，坐书室间，翻阅所置书厨中书，计十余架，依类分编。然书板皆平平卑劣，多铅印影印，远非玉海楼所藏可比。其书可作治经学参考者，大约满二楼，今李则无如彼之多也。又检其已点过书，亦无几部，惟《三国志》朱墨殆遍，而《史记》亦未之见，甚怪李君所作《史记订补》久已行世，想必有手校底本也。至于正史能各部点完者，二家俱无有。盖皆为学而藏书，备查考耳。

晚戏未演前，余与陈君安林、孙君季文独坐心兰书社阶前石碓上，谈治国学事。闻陈君言，知略有所晓。孙只谓其家玉海楼书，孟晋将归一整理之。余遂托荐曝书事也。昼在家览《梅雪堂诗集》，知当时交游盛事，有周仲梅（庆楠），端木舍人（国瑚），项氏兄弟（雁湖、几山），小默和尚及孙公琴西、韶甫（即藁田）二前辈，又泰顺董霞樵胗子小霞等，皆一时知名之士，或师或友，而曹先生学术尤称渊博。吾乡士子相率以学文为事，实曹秋槎开之也。先生主玉尺书院（今小沙堤德家女高小校址），为邑令李海帆方伯所识，负时望焉。集首有项傅霖几山及孙公琴西等所作序，皆佳作也。夜十二时睡。

十七日　晴

星期日。上午，入县署，为陈狱官钞《移交册》。下午，教其子炽林燊温代数，至晚继教英文法。九时出署，过内家坐谈颇久，归来问四弟日间所为，戏果有演余昨所选《斩陈雪梅》事，随之灭愤消气焉。是晚得泉弟来信，知又患小疾，系湿热下降，甚轻。并悉黄尧坝以报馆改组，位置堪虞，是余故托二弟就近查消息也。作答书竟，取《梅雪堂集》读数遍即睡。

十八日　晴，夜雨

晨起，点《左传》成十二年，又十三年之三分一竟。入塾教，后为诸生言陈贼之狂谲，已为吾家大戮矣。午刻，项馆做节，留余餐。餐罢睡，醒来，日影斜照壁上矣。急教读《史记·万石张叔列传》，至五时半散馆。晚于入馆前过内家，送衣物还内嫂。然后入署温英文法及几何。归来钞《移交册》二本，睡。此实通于面情，初为之，非所心愿耳。又昨闻林师公铎已归，仍以事见，未暇是谒也。

十九日　晴

晨起，点读《左传》成十三年竟。入塾教后，继为爱雪教《逊学文》，题为《玉海楼旁小斋记》，斋名恰受航，盖与侍郎彭公雪琴所取小船名同。彭公在同光间提督水师，佐曾文正公破太平军，立功为侍郎，旋退老于西湖，作退省庵。又筑船以自遨游，船小，恰受二三人，故名。当时俞公曲园亦于杭州湖上作俞楼，墓旁作右台仙馆，二人时时欢聚。余于《春在堂笔记》中得观其详，并于其集中移钞俞作诗联多首。余又为俞曲园作《年谱》，已起稿矣。待得俞公《自述诗》后，即毕事也。（俞纂《春在堂全书》，前年在杭图书馆已借阅其大概矣。）今孙前辈之恰受航，想即玉海楼旁之会客小厅。室长方如船，悉如记中状，二面开窗，前对假山榭池花木，皆有佳趣。孙氏之经营，当云别出心裁矣。下午，《史记》续教《张叔列传》。散馆时，送曹集（《梅雪堂诗》）及《学衡》杂志还图书馆，又取《学衡》后五本。归晚馆，研究几何，陈生皆能自心领也。十二时许始寝。

二十日　晴

是日，为三房伯母会祭日，余起往吊，即留陪客。午酌，至三时始回。时姑丈陈仲芬、金声远，亲家公张醒俗皆在座，遂相与言读古书事，并述玉海楼藏书大概，为之一叹。诸老辈又为我讲前清考试规例及治帖括方法，亦自知为此所误，犹今日读学堂书也。又闻胡诚甫秉衡被匪拘击，索银四千。赎身信到，举家汹汹四出筹措状，至凄惨。胡氏父子为人忠实可敬，不当遭此厄劫也。薄暮，堂上二老皆微微伤风，服药汗出热，退即愈。晚入陈馆，见《瓯报》亦载胡诚甫事。教英文法，至九时半归。览《学衡》，又钞《移交册》数页睡。

廿一日　晴

晨起，点读《左传》成十四、十五年竟，入塾时较迟，方坐定即授诸生读，继教爱雪孙《逊学文·二项先生墓表》。不久，家价来促余暂归。一驲，到家后，始知为店捐事嘱商，此为民党新办法，所以提高地价，催迫业主也。我店近归当家管业，据党部人云，任其抽捐，不必浮报（先是，林公伟来嘱吾父枉报廿四元，余到，已造好账目及契约等，然后走曾家）。以此事关系重大，吾父胆怯，有所畏怕故也。下午，睡醒入塾时过晚，教《史记·田叔列传》止史公原作（以下为褚先生补者，不教）。

至于午前，所读《逊学文》，系叙雁湖、几山二先生始末，文亦大佳可诵。雁湖退居乡里，后寡与人游，虽孙公为至戚（舅家），亦罕相见也。几山入都，与梅曾亮、吴敏树、钱泰吉、邵位西、苏惇元、张履等名士交。后为富阳教谕，怒归，辄为其兄购致大批书籍，相与校勘也。故孙公言，吾乡藏书自项氏二先生开之云云。文中又述永嘉学派之渊源，项氏藏书处名曰水仙亭，以好水仙花植诸亭前，供观赏也。今书散亡，闻一部分善本为方纲涤秋老人售于杨氏宗许楼。而杨氏家藏书，以志林、则刚父子亡故后，又不知转落谁手也。余恨无财力，不能如所编拟书目而罗致之，姑俟它日或将如愿以偿云。古人谓藏书万卷宜子弟，又谓砚田无税子孙耕，皆以蓄书事勉子弟也。又孙氏诒善祠塾门口,有石刻联云"务求知古如君举,尤喜能文似水心"。其厅事又有联云"修辞立诚,躬行君子,诵诗读书,尚友古人"。皆为项氏生一再举例言之,俾知孙公之学行,可以取法也。晚馆归来,在电灯下览《学衡》,知清华学院教员反对胡适提倡白话文,辨驳甚有条理。又阅毕《颜氏学述》一文,皆余前已览过者。约一时即睡。

廿二日　晴,下午雨虹

晨八时,入塾,将昨点《左传》教毕,又为林生说《项氏二先生墓表》甚悉。旋自览《学衡》中之《刘知几与章学诚之史学》一文,知其取材多是原书句子,不过为分类叙述而已。二书余前岁曾一寓目,刘著《史通》论史例,章著《文史通义》及《校雠通义》(考史德及史意),皆为研求文史评学之要籍。然此等学问,自梁刘勰作《文心雕龙》后,历唐至宋曾巩、郑樵辈皆治之。有清一代,惟章氏最后出,好讥评史书,亦为当时大儒所诟病,以为诬古惑经,穿凿附会,不足信也。然条析史例,启发后人,其对治史门径,实有可参考处。吾邑先辈陈公介石亦治此学有名,犹子辛白孟冲亦踵治之,所著《史学总论》《辛白论文》,俱已刊行于世,余从雁晴处览之久矣。

下午,《史记》去扁鹊仓公而教《吴王濞列传》,文长教其半,已日暮,乃归。《扁仓传》多医术言,不乐闻也。晚入馆,令陈生自温几何及代数,而余从旁阅报,知汉宁局势又变,数日前所传九江、芜湖失守,并徐州为孙夺回,似又可一一证实矣。归后览《学衡》,至一时许睡。

廿三日　晴阴雨

上午,入塾教《左传》成十六年之半,继自览《学衡》杂志。午后,《史记·吴王濞列传》,教竟时天暴雨,似秋霖也。待家人送伞至,六时许始归之。游竹林斋,观书画,有孙公琴西书自作诗,赠林生祁生者，林为敏斋观察之曾孙，从琴西学颇久，能得其传也。又有竹逸画深柳读书堂，深中余心，愿他日得此佳境，读书以乐天年为满足也。

晚馆，与陈生共演几何题数则，并阅《曾集·答刘孟蓉书》，知曾公平日所读书，如《史记》《汉书》，韩、欧阳、曾、王之文，李、杜之诗。余已录出所治书，将依次纂成《群书集解》，但以体大未易着手耳。又嘱陈生购《汉书》，欲授之，并藉所得相与研究也，拟从《史》《汉》二书相较读之，作《史汉异同考》（较其事迹、文句之异同）。

晨得陈友逸人书，来商收买古书事。此议余去冬自与陈君言及之，当时颇得陈君同意。陈为余新交之友，工古文词，与薛师储石及亡友陈光燏久相善。储石死，陈曾作《缘起》，开会追悼，其文雅洁，已为一时人所称许，余固闻名久，逮前岁承林宇翔绍介始识之。今陈君执事上海商务书馆将二岁矣。未作，复以体倦，先就睡。（夜二时许，隔壁林心伟之母仙逝，余儿时侍其侧，常蒙爱怜，可感。）

廿四日　晴

上午，在陈馆钞《报告册》。午走内家，择故岳母忌日，即留餐。午睡后三时，又入陈馆继钞册，至暮始毕。夜课几何，未十时即归。日间看《学衡》，知吴宓主编。宓治西洋文学，兼善批评诗文，要皆非余所急，故草草过眼耳。

陈先生雅堂劝余考委任职，借书豫备，当有希望云云。余总以时局未定，此种便宜事，想投考者必众，不易夺得也。然又忤余所欲为者，余实决意乘此四五年间，力故国故学，以冀收远果。故常以曾公之言自策励，其言曰"不为圣贤，便为禽兽；莫问收获，但问耕耘"。余志之以当座右铭，此余所以迟迟不敢又作别想也。

又母亲身子违和，体热难退。至夜归问安，答稍宽舒，慰甚。天气尚热，食饮无节，可畏。余观书十二时睡。（三时后，赴左邻送心伟母殓，为之悲泣。）

廿五日　晴

晨起较迟，又点读《左传》成十六年终，始入塾，已近九时矣。诸生询余何以久，回答以昨夜送心伟母入殓，林亦项主之舅家也，余于心伟虽旧姻（为余孙家之甥玄孙），当忆儿时与心伟游如兄弟，无一刻不往侍其母侧，每食，其母必分甘餐余，后伯母家又移与共居，从游更密，盖数十年邻好也。义不得不往送殓，稍稍慰我心矣。

在塾正课，授后阅报，知宁汉合作北伐。下午，《史记·魏其武安侯列传》。教毕，偕项二生送《学衡》还图书馆，改取《国学丛刊》（东大作品）及北大《国学季刊》各一本，又代锦裳取《国故论丛》一册，以其中所谈皆子学也。《丛刊》中更多刘师培遗墨，其所作《治子书叙》，尤是启予著述之方也。夜馆归，览此，至十二时许睡。

廿六日　晴，夜雨

晨起，知母亲恙未愈，体尚发热是虑，旋请胡公治医师来诊，谓湿盛感，风口渴甚，故以燥药破火去湿。其言有理，与前日胡昭先生所言暑疟不同，疟症寒热分清，先来畏寒战栗也，今则否知非疟明矣。进药罢，入塾，教《左传》成十六年。将终与诸生相研究，甚有心得，所谓教学相长者即此也。下午，教《史记·魏其武安列传》，灌夫附传。《史记》一书其描摹事情处，无微不有，故池前辈云珊每比于《红楼梦》，池有联语"龙门《史记》《红楼梦》，鸟语春光明月秋"，颇炙脍人口云。

又与诸生讲《汉书》体例及作法，与《史记》同异处甚悉。继举示以才、学、识三字之配文学正轨，如才即词味，学则考证，识为义理，其说诚然。

晚归，过孙君群冠顾家，为雅堂先生借《监狱学书辞》，以早为子庄借之，带往杭州矣。孙又感病家居，遂嘱珍重，别回。独自去看戏，戏名《银牌记》，叙韩相公年老思子成疾，实则其妾早得一子，外羕于别人家，盖先时妾被嫡房苛打逐出，然已有身矣。此时子长大，知母落处，将十六年久，始得相见团聚也。余观此有动于心，所谓为善获报之说，可以验矣。顾余成室五六岁，一枝未发，亦殊自怜，然行善终身，当亦与韩氏同，可慰可慰。胡氏姻舅诚甫为泰顺承审员，被贼所劫，今已夺回，可贺。其妹即余之亲母。心甫翁夫人为人刚直，识大体，新逝世，闻胡君此次危极，梦神获佑得释归，此亦行善之效也。时流万恶，当有所主。晚馆，温代数及历史下篇。十时许归，十一时寝。

廿七日　晴，夜雨

晨起，点读《史记·李将军列传》竟，入塾先教《左传》成十六年终。下午，《史记》教《魏其武安侯列传》，而爱雪数日未到馆，故《逊学斋文》随之延授也。余于暇时自翻阅《国学丛刊》及《国故论丛》，中有刘师培所作各书序，又伍非百之《论治墨子书》，谓其旁行斜上文字舛错，为子书中最难读者。至清末吾乡前辈孙仲容以三十年之精力作成《墨子间诂》，于是《墨经》始可贯通，能读懂矣。继之有梁启超之《墨经校释》，胡适之《中国哲学史大纲》内谈《墨子》。又有王子祥（景羲）《墨商》，而张惠言亦有《墨子辨正》。近来吾友李雁晴又有《墨子间诂校补》，陈柱柱尊有《墨子校正》诸书，皆《墨书》之功臣也。

午后，承项友颂（伯容）来馆相访，约散馆后共游图书馆，余遂换取《东方杂志》（第十一卷十七、十八两号），计贰本，并《国学丛选》二本，以有薛师《储石遗稿》，曰《瑞安图书馆征书启》，曰《论图书之分类》，余皆移录于《传经楼丛钞》中，以见其生平治学之成绩也。惜不永年，所著书俱未得曝于世，只从宋墨庵作《孙籀颐先生年谱》（余有抄本）中述及之。

晚在陈馆，知报载修志基金，有拟移充中校经费事，并请邑学者酌商之。当时被邀请者有吾师林公铎及吾友李雁晴、宋墨庵，前辈则有池志澂（云珊）、林向藜（若川）、项方纲（涤秋）、沈凤锵（桐轩）、王景甫、张震轩、孙莘农辈十余人。旋闻此叹，暂付中校提用。吾乡文献，从此恐不及整理云。夜归，十时许即睡。

<h3 style="text-align:center">廿八日　晴</h3>

晨起，点《左传》成十七年终，时已晚矣。又母亲病未退，犹发热呻吟床褥，余心为忧虑。项馆暂休假，旅过内家以两元还内子。再到阅报社，还《教育杂志》，换取《民铎》来，以其中有凌廷堪《燕乐考原跋》一文可观。午后，母亲热全退，余心释然。三时后，往游林师公铎家，与谈国故事，并还《毛诗音释》（林自订）。盖余去岁在项馆教《诗经》时，借来作参考也。近《毛诗》尚遗《大雅》未点，余均按日圈过。此十三经注疏本，甚麻烦费时也。林师又为余言昨日修志款事，不赞成转捐中校作经费。且讥评现局必不能久，以年少无知之徒治国，未有不败者，其识暗与余合。晚馆归，将十时，遂睡。

日间又展览金山高吹万所辑《国学丛选》一书，知其中有吾师薛储石往来函，并为其父薛君作墓志铭，又附永嘉梅雨清（冷生）通讯，亦涉储石事。据言储石生前著书至五十余种，大抵搜辑乡邦文献，如诗文类，发扬吾永嘉学术，继孙逊学之意也。其《永嘉文类》书成，曾课中校诸生，有余友陈骏为行状，记之甚详。储石亡时，各方吊唁之文甚多，卒被其友宋墨庵所破坏。墨庵作传，有讥储石行为不检处。用是之，《哀挽录》遂不得刊行于世。我谓墨庵学问虽博，然忌才太甚，薛师、李友事可以证明，故同辈中皆不乐与之游焉。

廿九日　晴，夜微雨即止

晨起，定省母亲，知体热全退，甚慰。坐点《史记·匈奴列传三》，点毕，入塾，知项主家皆假座城隍庙，做普利道场，诸生皆往游焉，余遂归。览《东方杂志》，孙德谦作《辨史记体例》一文，甚有见解，以为马迁文人，非良史才。虽书中有抵牾疏略处，固不足责之也。后世注释家每争辨于一句一字之间，殊失史公作史之意。故余读《史记》，惟学其文章气势，用字造句耳。考证书姑备检考实，无关大要紧也。

午后，继览梁任公所为《清代学者整理旧学之总成绩》史学部门，往岁余已移钞得者，重视，觉多进境也。午刻，有书贾送《礼记注疏》样本来求售，以未适余意，嘱尽开列书名，以便斟酌此事。余既与陈君约妥上海方面，由彼接洽。陈君喜藏书，亦与余意相同，诚知友也。晚馆，早回途，遇陈瑞炘，且游且谈，一时许别。为之曾一到图书馆还所借书后，又取《东方杂志》两本归。

过内家少坐。当在馆时，乱取《墨子间诂》《墨商》（王子祥著）、《说文解字孳生述》①（陈立卓人，句容人）。又缺本《皇清经解》等，欲告借，恐不见许，难为情。如余家贫，致书困难，颇自伤怜，容他日遂愿购书焉。夜十一时半睡。（旁午胡公治来诊，言母亲恙稍退，然湿尚盛。）

八　月

朔　晴

晨起，点读《史记·匈奴列传》三页后，问安母亲，知热复发，为安慰数语而出。入塾，教《左传》成十七年，又教爱雪《逊学文》，为《秦澹

---

①　今刊本作《说文谐声孳生述》。

如墓志铭》。澹如无锡人，为孙公宦京师时所交友也，亦善古文词，与梅、曾、吴、邵、钱诸先生相从，为文酒之乐。相国祁文端公（寯藻）颇器重之，官京朝数十年，寿至七十一，终于家。先是，杭人聘主书院讲席，并修《杭州志》，将行，病作，不果也。孙公为此文，文情豪肆，能写朋友交游，情感极恳挚，读之觉其言颇有味，不脱古文腔调也。

下午文课，题为《高祖斩丁公论》，而以如美所作为较佳，锦麟虽错落，然发句苍老可喜，盖多读古书，出语无假故也。散馆，过内家，承嘱书婚帖。归来知母亲热退，在上午晤医者。据云热略退，且须安睡。又闻子庄兄从杭发电告，已释放，大慰。子庄为人素安分，此次被诬入狱，拘禁四五个月，亦厄运致然。晚馆早回，为书婚柬，至十二时许睡。（昼在馆览《东方杂志》，中登梁启超作《清代学者整理旧学之总成绩》子类一章完。）

初二日　晴，午后大雨

晨起，问母亲安否，知深睡，体渐复原，喜甚，慰甚。继点《史记·匈奴列传》毕，入陈馆，为誊《录报册》数页。

闻迈师已归，遂往省之。据云，南京数日前正恐惧，以孙军临浦口，与南京一江之隔，故城中人皆惊散。同乡归来不乏其人，计自夏间某氏得利，瑞安人之出谋事者，旅宁则有二千余，迈师在军中为书记官，月薪七十余，竟无一钱领到，可见南京方面亦与北方同归于空，经济支绌有甚于前日，暴敛苛征更盛，不自由也。

下午入馆，当雨后绕道过老屋及中表范家，未几虹雨交作，河水顿满，天气转凉矣。晚九时许，出馆谒岳母，知此日新从乡下来，幸在大雨前刻时也。既到家，续写梁订《清代学者整理旧学之总成绩》，余固依任公所述而表汇之，以便检阅，实治国学者所必备之本也。抄子部终，去睡时过一点钟矣。

初三日 细雨，晴

晨起省母，知安睡，甚慰。继点《左传》成十八年终，入塾教之，诸生皆能畅论，无疑义，想见其大有进境也。课余，览《东方杂志》辨伪书及辑佚书各法，皆任公心得之言。续读归有光《沈贞甫墓志铭》一文，颇悟文人笔意，从穷处反说，便觉增无限情挚，遂示诸生以所得语。又往后诵之，至不肯释手，盖归文多得力于欧阳氏也。下午，《史记》教《韩长孺列传》一篇竟。归时已暮，即问母亲平安否，并悉公治所开医方，问以清补剂，据言病稍退矣。

当早餐时，得械弟转来庆生函，言患湿滞疾尚未愈，嘱寻寄出药，名油皂子树根。疑其为性太劣，且多碱质也。故于夜馆归来，作书复告慎服之。二弟客沪将三四载，从未得顺境，甚念，拟邀归就近地谋事，不悉其意何如耳。又作函答三弟，亦如此，同时又得仲超中表与鉴弟信，然各无关紧要，便置而不复。十二点钟睡。

初四日 晴

晨起，定省母亲，知更起色，甚慰。又上楼，点读《左传》襄公元年、二年竟，入塾，教诸生并续教爱雪《逊学文》。下午，《史记》教《李将军列传》。五时半散馆，便道一游瑞中，所以为陈生炽林探查其复考成绩，知仍不及格，为怅然。陈生天质迟钝，教时目常旁视，心若不在焉。余虽竭力督促，总不及听也。余接馆仅一月，而胡、陈二师（哲民、叔龙）则教之几岁余，然皆不能稍感化之，其愚可知矣。余愿于此后专授以《汉书》，使获一科之益，亦佳。

母校近得余友林君辈整顿，已大非前比，教室操场设置，亦颇完备，气象一新，为地方造福不浅云。既出入署，告陈主雅堂以其子试事，相对叹失望，遂嘱余再查其平时成绩及复试人数，故余即于当晚到公旦家与谈数时，承许代查。即回，仍入署钞书，一时许归。

林君与余同学颇久,在工专亦常相见。今林君已卒业,掌教中校甚好。又为余言胡愷秋季别往,此子患神经病,同事同学无有相善者,况与校长胡哲民屡争闹,以故不再聘请。闻晋郡别谋温中讲席矣,为之一叹。午后,在塾览《国学丛选》。读高吹万所作各名人传,皆钞其篇法,固脱胎于《史记》列传,在传间纯用记此人言行语,至末附论赞,悉以己意发挥,或补叙此人与己交谊,等等。

又昨览薛君墓志铭文后,称其子钟斗为孙仲容弟子一语,似与李友雁晴言孙生平无弟子语相背。薛工词章,与孙工考据道固不同,恐亦夸饰。至李为称孙公弟子,与宋墨庵笔战数次。墨庵为人太忌才,亦极可恶。虽然,孙公于考据外,并善词章,盖得诸家学,故称薛为其弟子,亦不谬也。晚睡,将十二时矣。

初五日　晴大热

晨起,点《左传》襄三年。时有薛里人李友卓真之大阿哥来访,述其弟将归,并子庄消息,日内当可到家,皆大慰。继点书毕,入塾。教后,与爱雪共读《逊学文》,先为讲说一番,时淞生亦在馆。午餐后,卧榻上,观《苏东坡集》。至睡醒后三时许,教《史记·李将军列传》,颇有所悟。夜馆,仍为钞《报册》二份。出过内家,取食物一包归。

归途,与故人金君永高晤,此子新从沪返,知曾考入厦大,遂为余述投考情形,并勖余努力治国学,将来可再入有名大学国学研究院。其言诚足,而余亦早存此志也。金君别去,余回家即睡。

初六日　晴

晨起,点读《左传》襄四年竟,入塾教之。继据梁氏所述,纂《清儒著述表》。下午,醒后教《史记·匈奴传》。五时许散馆,天气热极,晚馆欲休讲。出游至县署前,遇薛友济明,知已由美国归来。薛君前卒业日本高工,即远游美,入工厂实习,至今二年,已学成。在沪时,又言与逸人晤，余之识薛君，亦逸人故也。同入县署，各别去。薛遂进内厅，盖与今县长刘国桢相识，有交谊也。前日项师朴如为债务，被捕入狱，亦仗薛君一言，得保释。余仍入陈馆教书两小时，出过内家，坐片刻归。归知心伟君邀余去，遂往其家，心伟出示以所作《先妣事略》，文句整洁，惟结局太冗复耳。林作此文，多杂列各名家成语，未免失真。余遂嘱当送池老辈（云珊）或宋君慈抱（墨庵）阅过，然后付印较妥。以二氏为近时邑中之善古文词者。余又为介绍张惠言、梁启超、林纾辈，亦有所作《先妣事略》，可观察其体制焉。又相与纵谈文家事，林称近国务院秘书长饶汉祥、梁鸿志辈学问深博，虽任公、琴南犹不及也。余谓梁鸿志、饶汉祥专工骈体，其著述甚罕见到，殆在林、梁之下。

回忆春间，余在项主骧（微尘次长）家宴饮，观壁悬骧父小石公寿屏及联，题黎元洪作。黎为民初大总统，本武人，未必工文，时汉祥为秘书长，想当系饶作也。其下列祝寿人姓名，后有颜惠庆、孙宝琦、王正廷等。又谓我国文学人零落几尽，五六年前死王闿运（壬秋），今春死康有为（长素）及王国维（静安），唯有章炳麟（太炎）灵光独存。

余又忆癸亥秋，在杭州读书于工专（今改第三中山大学工学院）。一夕，闻余杭章氏来讲演于省教育会，遂特请假往听。言中称我国文学自光绪间瑞安孙仲容死后，无第二人，太炎因大有舍我其谁之慨。当时余闻而喜极，叹我乡孙先生文名籍正，不惟太炎有此言（太炎又为孙先生作传及哀词，俱称先生而不名），而任公著中亦屡称之不休，其令人敬仰如是。

去夏，孙先生神主入祀籀公楼（在县学前进，由魁星阁改造，为余师松舫所倡议），一时送者极夥，郡乡城各中小男女学校学生均参与焉。有宋君默为祭文甚佳。知事主祭，各学校各法团从祭，实盛典也。楼中新悬胡榕村作联，又张纲（震轩）、池志澂（云珊）书联俱佳。

又有横匾，为余师嘱项廷珍题"经师人师"四大字。

林君又久为余请商孟晋，在玉海楼任曝书事，姑待其归。余欣甚，以为曝书形近贱役，然于余受益当不鲜（可增长学识故也。先是，余为林君言玉海楼观书事）。别来小酌即睡，已逾十二时矣。

初七日　晴大热

晨起，点《左传》襄五、六年。入塾，教至午刻方罢，续纂《清儒著述表》。下午，《史记·匈奴列传》，教后去送《东方杂志》还图书馆，并再取二本来。在馆与许荃津晤（许君为余同学于杭州法专者）谈法校事，知凌校长士钧（曾为天津高等厅厅长）已去职，继任为西洋留学生楼桐荪，办事较宽，盖富于新潮思想也。晚馆，归后与林心伟、张元纯二君坐屋后庭中纳凉，谈前朝故事，甚快意，余并示心伟以《逊学文》（《先考妣行述》）为心伟作《先妣事略》参考也。至十一时许归睡。

初八日　大雨

数日来天热，至华氏表百度左右，令患病者，家必有一人焉。今忽降大雨，河水骤满，民人相之叹为甘露云。于是疫气可销，而晚禾得活，民食有着落矣。上午，《左传》襄七年点过，入塾。下午文课题为《李陵降匈奴论》。

课余，续纂《清儒著述表》，止小学及音韵学。晚归，亦如之起经部《易》至三《礼》。然每当汇纂此表时，余又欲仿王筠《说文释例》体裁，作《说文段注例》一书，收段氏《说文解字》注中所言通例，顺次辑出。姑先记于此，俟它日成之。记毕，睡时已子刻矣。

初九日　阴微雨

晨起，省母，知旧病复发，且觉腹痛，为之忧虑。早餐后，入陈馆，教至午刻出，过蔡师处，借《畏庐文集》一本，林心伟所托也。既归，自先检览之，知其作古文方法，并生平所喜读之书（如《毛诗》《礼》二疏，《春秋左氏传》，《史记》，《汉书》，韩柳文，而尤爱读《史记》云云）。林氏为近代古文专家，初贫，来京师，以贫故卖文为活，编译西洋小说成丛书，由商务出版。林又喜画，所绘山水人物极得体，心伟得此集，将视其间《先妣事略》一篇，拟襄其体式为之。

午后，项馆送来束脩，启视只廿五元，而暑期讲课则无有报酬，殊扫兴也。余固守忠信，辞胡师聘，顾项主太不明理，因自叹读书之不值钱也。虽然余初意为自修，固已不计此，今竟如此，盖迫环境而出斯言也。晚馆归来，为家严开节账数十条，即睡。

初十日　雨

晨起，点《左传》襄八年终。入塾，教后自阅《逊学文》。午刻，归餐（近一月来皆在项馆家用午饭）。途遇洪小萍君，索还《春秋大事表》二本。下午，《史记·匈奴列传》，又教二页，夜馆以天雨不去。

灯下，钞《大事表》中人物表，变其体例，分国录出以便检查。余曾作《〈左传〉人名表》，依姓氏字画多寡排比，于其下详著字号、爵位及所作事，再以字号列首，下注明近见于某条，总求简洁易省。今又欲照此法将全部《史记》人名、地名、爵号，分门汇出，成字典或之表。此法近儒梁（启超）、胡（适）皆为主之，即清中叶阮元作《经籍纂诂》及汪辉祖作《史姓韵编》，亦俱用此法也。

余谓中国古籍一经乾嘉诸儒之整理，已无遗剩。近人虽倡言考证，实摭拾古人所抛弃者，故直谓之皮毛之学也。余固愿汇集各家解说（以清儒为限），仿朱氏（竹垞）《经义考》例，分条移载有关《史记》书者，为按而不断体式之集注。但以此体大，非先搜罗清代各家著述，则不易措手焉。故欲一得玉海楼曝书之职，即可从事于此矣。夜十一时睡。

十一日 晴

晨起,点《左传》襄九年终,视母病未愈,怅怅,为延医治之,据云湿热下滞,似痢症也,药多降气顺坑,服后觉腹痛略松而肠败如故。余固不欲离其左右,项馆遂休讲,得间钞《左传》人物,分国汇之制表,以便检查。既毕览梁任公(启超)所著《近三百年来学术史》中杂作,稍知乾嘉诸儒著书之法。四时许过内家,与岳母纵谈琐事。归,遂展视书所习书,至十时,始寝。

十二日 晴

晨起,为母亲祷于陈府南,保佑母疾速愈,便道请公治三次。早餐后挟书入馆,过商校晤到胡君,遂赴塾,教《左传》及《逊学文》,至午归。然已与诸生言午后仍休讲,决在家侍母侧进退食饮,觉此日开药较善,气散无大痛,坑亦顺降,稍稍慰矣。

至暮,项馆又送暑期脩金十五元来,盖得于心伟君一言之助,心伟与项主家为内外姻。午间,余往心伟处取还《畏庐》《逊学》二文钞,便中谈及此事,无非为自吐一口气耳。余教书既较他人为尽心力,顾不得丝毫好处,终觉不甘于心。今既如此,则不无少补云。

下午,间取《畏庐集》视之,继又纂《清儒著述表》终经部。余又欲将清代学者传记墓表等,从各家集中汇出自成一集,以便观赏,亦《先正事略》之意也。近人著《文章胚胎》一书,余在雁晴处见之,知为汇钞之作,依每句提纲,引用书中遂篇,移录成之也,可参考。夜一时后睡。

十三日 晴

晨八时,去人请夏叔岳先生来诊母亲疾,言为痢症,尽驳胡君开药方,谓未尝学问而出行医,容易误人之可恶。实则夏先生之行医较有条理,盖得于医界前辈张竺卿之传,其于医书时时精究也。余往请时，亦适执一书坐视。

既承接入室内坐，遂与其弟鼐谈清华学院详情。余固立志自修国学，将来或可再入此院研究，以其中多当代学人主讲，如梁任公、王国维辈皆在焉。资格不拘，但求学有根柢而已。同学戴家祥曾于去秋考入，或闻得吾师公铎先生之助。戴专究金石考据学问，家饶于资，故能任意搜求参考书。尝费四五十元，从玉海楼借钞《温州经籍志》。及钞竟，书亦由浙局印出，并售二元余。戴君性奇特，兼工书画，仿吴昌硕笔法，曾为吴之翰画《憨楼图》，尚佳。与鼐别回家，午睡，醒后续看《畏庐集》及梁作《清代学者整理旧学之总成绩》。至暮，又出持方往请叔岳先生一改之，不值而归。晚馆，教英文法。九时回来，未几即就寝。

十四日　晴

晨起，省母亲疾，知少安，即去请夏先生叔岳，候至午后方来诊。先时当母神倦，余取二黄先生诗在床前诵之，母闻而欣甚，不觉即睡。余静候半晌，抽身出，坐自室中，续纂《清儒著述表》，又读《畏庐集》。

上午，林心伟邀斟酌祭文，并为言邑前辈王子祥（景羲）先生之为人，为学多趣闻可记。王性刚介，穿大袖布衣，长过膝，有名士派气。终年不出户，卧榻上看书，食饮不计，甚至吐唾被褥间，随兴所至也。积书满室，号口书写。后馆孙氏（仲容先辈）家凡七载，甚得孙氏所器。又与斟酌《墨经》。或言孙氏亡，《墨子间诂》未终卷，由王先生续成之。然王先生亦自有《墨商》数卷行世，余顷得观之于图书馆，尽考证家法也。心伟在中校时，王先生任教国文，心伟亲受业焉。

心伟又谓曾从池老云珊学《史记》，池专教以读法，无讲说，以谓读文熟，自能领悟其意，其抑扬顿挫，盖皆古文腔调也。殆与余在塾教法甚相类，惜项氏生年幼，多不能如心伟辈老成之有会心耳。然锦裳、如美诵说自如，十二三岁士女，如是亦之难矣。今王氏家败落，其子某某，闻有将藏书出售，换鸦片烟者。前许友欲租其书置图书馆中，供人阅览，以索值过昂不果（每年租金四十元）。吾乡前辈其劬学如此，可取法也。

晚餐后，过内家，欲取徐某医书检视，以徐沪行带去，即再过义父家述病况审问之，皆谓加餐自愈。归来，以体惫，初欲假寐，旋即深睡矣。

十五日　晴

晨起，省母疾稍愈，大慰，即去请夏先生来诊，先生去，余时时在亲侧调护之，奉汤药。得间还，自纂《清儒著述表》，迄史部中段。午刻，三弟来携宣纸扇叶，乞书，并赠余老酒汗乙瓶。正午小酌，饮罢睡，醒后知屋后蔡家明朝会奠，壁挂联轴甚多。余入内览心甫亲家公所作祭文，颇不合体制，想少时误于八股成法也，由此可知前清老生极佳者有之，极劣者亦有之。如能于应制文外，加意经史古文者，便稀若星宿矣。余遂送《畏庐文》视之（《亡室刘孺人哀辞》），所以激而愧之也。晚嬉游，至寝。（中间调护母亲疾时为多，未能安心读书云。）

十六日　晴

上午，陈馆教物理。下午，往吊蔡亲母。夜又入，罢，收俸六元，来奉母零用。

十七日　晴

晨起，八时入塾，教《左传》襄八年毕，又与如美诵林纾（琴南）文数篇，颇味其作文之用意焉，大概写少时穷困，尤真切动人也。因再推四，归移录之。下午，《史记·匈奴传》教两页，五时即归。省母，病略轻，坑出较顺且多，惟体为尚弱耳。晚馆，教英文法，复承其父雅堂先生嘱,撰《感化堂记》。归辄执笔为之,少顷就。又屋后蔡亲母七满念经,甚嚣闹,是夜无多睡也。

十八日　天气又热

晨起,又去请先生诊母病,知昨方中有黄芩,即觉欲呕。夏先生来开方,约略说明,乃慰。下午睡醒,四时许入馆,令诸生温书。未几回家,读《畏庐文》数篇。夜入馆,将所作《感化堂记》付陈祖谋先生(雅堂)。陈不学无术,余文无圈点,陈诵之,至不能成句,转觉无多意味,可为官场人典型也。此日,母疾渐减,为之大慰,而械弟仍在家护视也。

十九日　晴,午刻极热

晨起,点《左传》襄十年终,请医师后才入塾,十一时放学。下午,《史记》匈奴传又教两页余,并自读《逊学文》"李相国(鸿章)之母寿序""枌榆花馆记"二篇。以昨晚过书店,览黎选《续古文辞类纂》有此也。黎为曾文正生徒,亦与孙正同处门下,故志相得。黎名庶昌,字莼斋,善古文,其所选较王先谦(益吾)为有条理。其意本曾选《经史百家杂钞》例,与王选无经史子而专偏于集部不同也。

晚馆,与陈生讲物理学,并为其父书此《感化堂记》。月出而归,时将十一下矣。继点《左传》襄十一年,及半即睡。

二十日　晴

晨起,续书《感化堂记》一大幅,再点《左传》襄十一年竟,去请医师后入塾,然时尚早,至午归,饭罢睡,醒已三时余,不欲往馆,沐浴后钞林纾文,且时省母恙,知舌苔稍退,食饮觉有味。夏先生云体亏,须用补剂,故此两日方中有南术也。

薄暮一出,过老屋,并谒陈仲芬,从姑父出示所作《感化堂记》,甚蒙称赏,以谓学古文词得门径矣。晚入馆,在县前晤殷氏兄弟(士鉴、士模），与之寒暄数语，别去。二子与项主为至亲，故已知余馆项家。士鉴近在沪汇文大学肄业，想英文较有程度也。入塾，教陈燊物理终一章。归来极早，继钞林文三四篇，欲速毕役，送还原物主也。十一时睡。

廿一日　雨，午后大雨

晨起，省母疾，继点《史记·卫将军列传》一篇竟，再去请医生看护母亲。至旁午，先生来诊，药方稍参补剂，如苡米、南术。午后，仍不欲入塾，钞林《畏庐文》数篇。又辑《清儒著述表》，至灯明方毕。总前所辑，尚缺方志类等数种，而四部已俱备矣。查图书馆所藏，适缺此数篇，姑俟假得续辑也。晚馆，时母腹痛甚，旋息。余遂去询夏叔岳医师，不值。归时已晚，陈馆因休讲，八时许即睡。

廿二日　阴

晨起，点《史记·平津侯主父偃列传》竟，请医师与谈母病底蕴，答云平安，可放心，甚慰。入塾，教《左传》襄十一年，兼讲科学常识与古兵制等至悉。午刻，送《畏庐集》还蔡师。不在，置桌上，托其家人收，即回。下午，为诸生览池老志澂《自序》，首尾可观，惟中间发句太俗，骤视与小说同。池自云于正书（四书，五经，三史，庄、荀诸子，李、杜、苏、黄诗）外，尤喜读《石头记》（即《红楼梦》），舟车皆随带，谓可比龙门《史记》云云。继与诸生共读《汉书·朱买臣传》，又温《史记》数时，散馆过内家，道遇叔岳先生，问母病今日如何，亦作慰语耳。晚馆，教英文法、物理，九时出，到家少坐观书即睡。（下午，在塾览报，载商务书馆《四史》大廉价，只七元半可购得。）

廿三日　细雨，夜九时雨

此日星期日。晨赴夏先生叔岳处改药方，回来便道过竹林斋观画，有郑友达等托裱金石拓本数幅，经邑人士题志又盖章，其中惟项廷珍之跋语与书法最佳。项为余从祖志谦公（绍昌明经）之学徒，知文善书，其书法推为吾邑诸家之巨擘，文名反为所遮掩。今读此作，叹为简洁近古。

入陈馆，知上午狱中感化堂讲演，有县长刘国桢、承审员陈某、警察所所长冯某在座。陈雅堂先生邀余作陪，开会后，余以来宾资格上台讲演数语，至午始归。当时陈承审取余作《感化堂记》视之，颇蒙夸奖，许为能文。余今年只二十有六，而所作古文已略具规模，它日进境，自度必更有可观矣。

下午，从馆归。知小妹妹（出生四个月）病危，为延医于北郊，过夜，八时许气绝，可痛也，犹幸母亲恙日就痊，可为劝慰。至夜深始归自室睡。

廿四日　晴

晨起，点《左传》襄十二、十三年竟，入塾教之，而林女生爱雪仍未到馆，以其面部瘰肿故也。下午，《史记·匈奴传》，教将完篇，四时归。欲付邮汇钱上海购《四史》，旋闻三弟将返郡，遂转托向郡店专购之。夜馆暂休讲，以日来邑中疫起预防，不敢出户也。午间，林心伟所作其母哀启发到，读之觉叙事平易，尚有条理，惜专袭前人成语，似失真情也。夜读黎氏《续古文辞类纂》梅伯言文数篇，睡。（是日，母病更有起色，想稍稍退矣。午后，医师来诊，果然。）

廿五日　晴

晨起，点《左传》襄十四年三分二，知械弟午刻乘轮回店，为之开示购旧书方法，《四史》即嘱其带郡代购也。既毕入塾，稍迟，急为教《左传》，未至午先归。送三弟出，随后到老屋，午餐为鉴弟定亲作贺也。下午，命诸生钞吴敏树《先考行状》，继示以梅作《吴府君墓表》，详略相较，使知为文必须留意处。夜睡时在十一句钟。

廿六日　阴晴

晨起省母疾，未大愈，而娥妹又感冒，甚怅。继点《左传》终襄十四年，又点《论语》半章，竟《子罕篇》。再去请夏先生叔岳，路过李雁晴家前，与之晤谈片刻。归来，又与许叔霞相遇，许亦赴叔岳家也。既入塾，为教说《左传》《论语》。至午刻，归问母疾，知汗出热退矣。下午，夏先生来诊。

余时已入馆，与诸生论吴南屏、梅曾亮二氏之作，所以为诸生开导为古文方法，拟在星期六文课取心伟母事略，撮要为传。余又自取《畏庐论文》视之，略有所解。后又指点诸生，将心伟新作其母事略记出袭前人语句，竟占全纸四之一二。余谓学文仿前人骨格则可，称曰脱胎法，至全袭前人成句，则大不可也。林作如此真可笑，然林素不善读书，今竟有此作，亦难能而可赞矣（想经多人改削，余以所知为张之纯、郑一山、孙公达。公达本锵鸣前辈之后人，曾在徐树铮幕中任秘书，后从桐城马通伯学古文，通伯亦其伯祖衣言学生，故二人相得更甚）。

夜馆无多坐，讲化学及英文法，尚善。此日心烦闷，化学教罢即归，十时许睡。

廿七日　晴

晨起，点《左传》襄十五、十六年竟，先去请夏医师，后遂入塾教书，至午始归。归时知三弟回信，谓已问商务，无有《四史》代售，仍以原款附还。余乃取此款，转付邮局，汇沪总馆购之。

下午二时，赴馆命诸生作文，题为《杨节母传》，记心伟母事，诸生皆能诚心为之发句，结局皆可观，而尤如美所作为最佳，其传后赞语甚简健，盖得力于读《史记》故也。晚馆，教代数及谈物理常识。归来，览《文心雕龙·史传篇》，约费二时，即睡。

廿八日　晴

晨起，点读《左传》襄十七、十八年竟，未入塾前省母亲疾，知如昨，暂不延医，姑试之。午后归，则较剧，旋痊。以数日来失眠故，至夜间倦甚。余在馆与诸生讨论如何研究古文法，并课《左传》。下午，《史记·匈奴列传》教完。夜馆教数学。余暇览报，知昨日孔子诞辰，洋关反放假以示敬意。北政府亦于是日祀孔，甚闹，如此政局，实令人不解也。张出身强盗，其不知礼教固然，某某幕中多学人，竟毁祀不顾。

又北方严禁白话及男女同校，前张部下杨宇霆在天津办国学专修馆，其崇奉圣教，保存国粹为何如。今幸蔡元培又出任大学院长，有整顿教育计划一条，为首重国文，谓国文实国家命脉所系，岂可废而不读耶？又报载北政府以一万元请梁任公（启超）、范静生（源濂）二人主编《中国图书大辞典》，此为一大好消息，余极乐闻之矣。愿它日书出购备一部，置座前查对也。归来，坐点《史记》朝鲜及西南夷二列传毕，始睡。（下午，散学过内家，少谈即回。）

廿九日　晴

晨起，点《左传》襄十九年竟，去请夏医师（叔岳），述母病未痊之状，据云可无虑，惟今岁此病较厌，难断根耳。旋即入塾教书，知渭夫先生已归。渭夫于春间出，得人之荐，任南京江苏全省硝磺局副局长。邑人之在京供职者，惟渭夫及姚味辛（琛）二人位为最高。味辛后以贪污去职，而渭夫近又以某某下台有关云。下午，《史记》教《东越列传》，篇短，尽此一夕时已足，然散馆归，则灯已燃矣。晚馆，课物理力学篇，述奈湍三定律甚悉。归来尚早，遂温书，览《曾集》而后睡。

卅日　阴雨

晨起，改项生文卷一二本，皆初试为古文辞者，能清晰有条理，可嘉。继去夏先生处请改旧方，与其弟霈谈颇久。归入陈馆，为经理办学事，至午后二时许出来。又为改点《曾家书》四本既毕，过内家及鉴表弟家，皆少坐归。晚馆，教代数方程组方法，得间览《曾家书》，甚有心得，寝时钟鸣十下矣。

九　月

朔日　晴

晨起，点《左传》襄十八、十九年，又点《论语·乡党篇》终，入塾教后，并教爱雪读孙《逊学文·阎孝女传》，孙氏谓天下多节女，而少孝女也。今岁孝女不嫁，在家养母致亡，其身实为难得。下午《史记》教《卫将军骠骑列传》。归来，往显佑庙（土名陶炎庙）观剧，正目《打容》，其描摹不肖子翻身为善后被欺激志状，甚足以移风易俗也。又午间星联兄（老三房阿魁）来谈甚久。夜馆归，尚早，过台下草看即回，缮三信，寄泉、械两弟，又复玉云表弟（即仲超），知彼处近邻失慎，饱受虚惊，而表妹秀超及我大姨母染疾数日即瘳，大慰。致两弟信极长，皆劝其节省用钱，学文化求上进也，十一时许睡。

初二日　晴雨

晨起，点《左传》襄二十年终一大篇，入塾，仅教其半，继教爱雪读《逊学文·乐清叶君墓志铭》，中述叶姓分派，有南湖、水心二族，水心族即始于文定公，适由龙泉迁郡而居，此文中叶君则南湖后裔也。孙氏文学明归熙甫，余前在书局观书（黎选《续古文辞类纂》）知之，实则衣言喜读《水心集》也，有叶文校正稿本，未刻。下午入塾，途遇张宋顾（毓祁），此子亦治国学，但未得要领，闻之亦雁晴学生也，有特性，初与余异级读书中校，缺课极多，似未乐读学堂书故。后与陈绳甫辈游，始知好文学也。

此日,《史记》续教《骠骑将军传》,归来过内家时微雨,抵家雨始大。夜馆,课理化一时半,出往观剧。自今夜起,电灯极明亮,以经厂主项沇同停机整理,力防偷灯,后每逢灯柱上配置一变压器之故。余在窗头可以借光观书也。十二时睡。

初三日　晴

晨起,点《论语·先进篇》一页半,入塾教,以声哑元气衰,不能如意讲释,草草了之耳。午间缮一函,致法政校长楼桐荪,索还中校毕业证书,嘱托金君正中带归也。后往江先生阆仙家,请为作挽联,以挽林心伟母。竟于其书室晤蔡生屏藩,与言读《史记》事。蔡三年前曾托余夜学,即夏,又与余共船抵杭,余时入法政,彼入宗文中学,性甚沉默,知礼可嘉。今春转学邑校,已卒业矣。其所谓《史记》课本,用金陵局仿毛氏汲古阁版本,行间朱墨错杂,为其兄屏周从池师云珊处传录也。池又为孙公琴西弟子,此书想即公所圈点过。孙原本,余曾得观其家玉海楼中,仿归、方二氏成法,书眉注评语,亦附校勘字句,似亦饶考订家之法也。下午,《史记·骠骑将军传》,继命诸生点家训,以其中多教儿纪泽、纪鸿读书做人语。今项氏生程度大进,能自取阅,无阻碍矣。晚馆归,知姜萃夫来访。余又送二伯母归家,谈琐事即回,十一时睡。

初四日　晴

晨起,点《左传》襄二十一、十二年竟,入塾教,后与爱雪读《逊学文》,而锦裳检得《曾公手札》数本视余,知为传忠书局原刻本,书面署有《曾文正公全集》,何只此四本手札耶?书内钤有"耕读亭藏书",即想其族祖项茗垞先生所点过者。茗垞为雁湖、几山两先生兄弟,沾染家学,其点《耕读亭集》,特取中间有关学术及涵养身心者加圈,而略去言兵战事。茗垞皆择要点过,其用心殆与余同耶?

又与诸生指示，以俞曲园先生少时治经事，见《群经平议》(此书为我弟泉自沪购寄者)书序中，余前已草成《俞曲园先生年谱》数卷，未脱稿，与此序所述略相类。盖余前年在杭，日往图书馆，尽阅俞先生所著《春在堂全书》，故能详也。其书内容又详余作《翻书录要》内。

午归，往江师处取所作挽联，缮之送去。午后，先访姜莘夫(以昨夜姜来访余，新从杭州归者)，与谈宁杭近事。入馆，教《史记·卫将军骠骑列传》毕，停晚及夜。

散馆后，皆往虞池宫观剧，班名天声，戏目为《秋胡戏妻》，秋胡去国廿余年，家贫，其妻养姑甚孝且节，秋胡既官，微服归，访妻，遇于后园，戏之，诱以金锭，不为动而怒去，秋胡随后到家接其母，因与妻相会，妻大责骂，自缢得救，其节气可谓难矣。近时世风日薄，此等女子不再观，可叹也。夜戏为《狸猫换太子》，为演宋朝一大政案，情致逼肖，台下人甚称颂之。演毕归时将十二下矣，即睡。

初五日　雨

晨起，点《左传》襄二十三年竟，入馆。下午，讲孙先生仲容年谱，欲于明午后作《孙先生传》，至暮始归。晚馆，出往观剧，剧目为三国时曹操逼宫，又明末李自成入京杀关遇吉事，一时后归寝。

初六日　阴晴

晨起，检《孙先生传》，为余杭章炳麟(太炎)作，余前年从杭京钞得者，并钞得《俞先生传》。孙为俞荫甫后辈，较早章太炎也。当时德清戴望(子高)、宝应刘恭冕叔俛、刘恭甫与太炎，皆以书札相研讨学问，然皆久及孙先生也。

下午文课，题为《孙诒让传》，诸生皆依所录去年谱为底本作传，各合体裁，且饶古文腔调也，至暮始归。晚馆，以足意不堪远行，遂在自楼上观书，至十一时许睡。(又两日来母病略发，另请三益堂，过夜即愈,一慰。)

初七日　晴

晨起,点《论语·先进篇》毕,方入塾,而林心伟兄以祭母文嘱撰,遂为废半日功夫作成付之,其辞凄恻,读之尚能动情,盖从邻媪口中述其母之贤,并及家常琐碎苦事,计五六百字也。

下午,走还图书馆《东方杂志》前存者一本,换取《中国文学变迁史》《国故学讨论集》,又《旧东方》各一本归。有张文襄公之洞像,剪悬壁间,时时择仰之。文襄为孙先生仲容之师,时张公为吾浙学使,孙前辈去应了试,见其文,大称赞,遂中式。今此杂志中,亦有载《张公事略》,所述学子有孙诒让名者,则可以证实矣。又载罗振玉作《敦煌石室书目》,余已移录之。《讨论集》则转集各近人论著,为余所素经眼者,散在各杂志中。《变迁史》为沈雁冰、刘贞晦二君所编,与文学史同性质,其述历代文学之变迁甚简略,只举其大概耳。

薄暮过老屋,便道访张元纯,知心伟以余作祭文视之,颇承赞许也。余又为鄙徒项氏子女如美、锦裳、锦麟等,年属十二三,皆能作古文辞,所为《孙诒让传》甚简古有法度,叹为难得。归后,入陈馆,少教理化一时即返,坐心伟兄书楼,与其堂兄幼卿共谈《逊学文》。以心伟不善作文,每动笔即陈书检集之,而孙集亦借自项馆也。心伟母于是夜后三时大祭,余亦起床观书,并从耳听读此祭文者,知为项廷珍先生,音甚哀亮,直至天明也。

初八日　晴

昨夜观书达旦,并读林纾文数篇。六时许,入吊林心伟家。归,仍坐楼上,观所借杂志等。午后,赴心伟家送丧,项廷珍先生见余,即延入坐上座,而张元纯、陈定夫二先生亦皆致敬,余心实快慰。俄而项生俱来送葬,遂伴上心伟楼,至四时别去。晚馆,虽教片时,以体倦不堪,早归即睡。

初九日　晴

晨起,点《论语·颜渊章》之半。入塾,课诸生《左氏传》。午刻,取项生锦裳卷归视江阆仙先生,极蒙赞许,当时有中学生多人亦在,见之皆惊叹,项生年甫十二而能为《孙诒让传》,饶古文气味,即前代考生未必如此,惜乎生民国时代也,本欲持林幼卿传绶为项生姻。

十一日　晴

天气转热,大类三、四月时也。晨起,点《左传》襄二十四年。继改如美文卷毕,入塾教。后复授爱雪以《逊学文·平阳陈贵一、贵叙二先生墓记》。二陈在宋时与九先生齐名,为平阳得洛学之先,读书南雁荡山中。墓久圮,其裔孙镜蓉兴葺之。并于其旁建会文书院,又有萼棣交辉楼,吾邑王岳崧大令小牧为诗纪之,而杨先生绍廉志林书册。杨凤以书法名里中,其字体法唐褚遂良,极清秀可观,后辈有拓为临摹本者。人云文书论处,有孙公琴西所书对联曰"伊洛微言持敬始,永嘉前辈读书多"。盖录其诗中句也。此文叙述陈氏学统甚详,实根据许忠简景衡、杨文靖时二公所作陈氏墓志文为之也。

下午,《史记·平津侯主父偃列传》教毕,取曾公手札视之,知亦好购书,常托莫友芝、左宗棠向各方罗致,又谋五省设局,合刻《廿四史》,以板本相讨论。曾公当戎马倥偬之际,尚能从事于文学,所致幕中士皆一时绩学者,如张裕钊,薛福成,俞樾,刘恭甫、恭冕,张文虎,莫友芝,戴望,孙衣言,郑珍辈十余人,又有何志贞、罗之山、刘孟蓉,或师或友,甚夥,可参看薛福成《曾府幕僚记》。晚馆,坐一时半,归点《左传》襄二十五年毕,即睡。

十二日　晴

晨起,读《左传》。入馆教,后览《国故学讨论集》,至午归。下午,读《逊学集》有关项氏二先生（雁湖、几山）事各文，为明午后文课命题《书且瓯集后》用也。并检此集前有几山为兄作事略，又钱慕吉为序跋，又开示作序跋作法，至暮始散馆。晚入县署，知陈生赴校襄办剧务，拟于国庆日化装演出，甚热闹也。当时承陈父嘱为帮办文书事，以省委将到检察故也。

是晚，途遇陈友绳甫言《汉书补注》（《补注》，杨树达遇夫著，长沙人）已带到，为余前定购者，遂偕游其家，适时有送《十八家诗钞》（木刻旧书，传忠书局印）来卖，索价极低（只小洋十角）。陈即为余代购，携归灯下，检视，书中发见一纸条，上印有朱文"叔颂过目"四字，叔颂为黄公绍第之字，亦邑中名宿，余友苣孙之大父也，家富藏书，与兄绍箕仲弢俱以能文名海内。杨友嘉曾辑其遗作，曰《二黄先生诗》，如皋冒广生亦有《二黄先生集》，附刻于所辑《永嘉诗人祠堂丛刻》中。此书闻从杨某处流出，想前已为绍第过眼也，殊可珍贵。但余前已置此书，为坊印本有光纸颇损目，拟还换别书，如皮锡瑞《经学通论》或《楚词》影印宋本，不知能达到目的否。十二时，始寝。

十三日　晴

晨起，改项诸生文卷，为《孙诒让传》三四本，以锦裳所作较佳。旋即入署为雅堂先生帮忙，盖昨夜元许之约也。至午后出，遂入项馆命题作《书且瓯集后》，此集为其祖雁湖所作，想彼辈易为发挥也。试行半响，独如美略能下笔，余请易题，乃稍改为《项先生传》，而锦麟又愿作《读史记后》，仍不能也。晚馆，以陈生赴校襄办剧务，又停讲，即回，为林心伟书对联。既毕，归坐自楼，读曾公文数篇，睡。

（晚八时，与蔡国梁晤，言温州高中国文教习，为清华研究院学生，教经史甚佳，又与其心甫亲家公谈前朝试场事，并所读书及作文，书惟《论》《孟》《学》《庸》《诗》《书》，《左传》数部，而《史记》即少有读完全者，至有未过目者多，则重制艺言八股，而成所谓八股文也。又作诗赋策论，皆牵强塞责，非若古文之畅达，一生精力消磨于此，可惜。）

十四日　晴，夜微雨

晨起，点《论语》"颜渊""子路"二篇，继点《左传》襄廿五年终，入署讲经即归。读书并览翁帖，至午后四时，又往陈绳甫家坐谈片刻，而书贾又携《奏稿》卅本来，知为《曾公全集》所拆开者。陈友即为余再付钱，并请陆续送来，愿将本月份所得馆脯尽购全此书也。余前年在杭曾询旧书摊，云须六十元正。今若购齐，只费六七元耳，心喜甚。旋陈穆庵来，穆庵为介石先生之侄孙，年少老成，历办地方教育事。亦能古文词，盖得于家传也。惜性骄傲，饶裘马公子气。在座时，余专持《水心集》默读，不屑与招呼。去后，余亦挟书归。再检视之，则知较《十八家诗钞》为完善，无蛀食也。至十时始睡。

十五日　晴

晨起，点《论语》"子路""宪问"二篇毕。入塾，诸生各以所作《书且瓯集后》见视，并请稍为增改。还之，继教《左传》襄二十五年，锦裳文有称及余与林损、李笠二先生游一语。余学殖肤浅，实无敢与二先生此并，而此子妄言如此，为之一愧。然余终以二先生为法，以冀稍有寸进。项生年甫十二，而所为文颇饶格调，可喜。下午，四栢巷坦开大会，为庆祝国庆（双十节）。当时到场，人山人海，色旗蔽座，有列县长国桢，党代表许岳，又郑氏女（权燕英）姊妹，相继演讲。礼毕，视其整队出，遂与郑友等秋共游第二巷竹林斋裱画店，赏鉴书画。

别归，日薄暮。又访陈绳甫于其家，知《曾集》有续送来为书札及《陈止斋集》，陈君皆一一为收下，留待余至付钱，余初往在四时后，不值，而晤孙季文，遂偕游其家颐园，憩于埶航（即孙前辈衣言会客厅也，因同时彭玉麟雪琴在杭营别业曰退省庵，又特制一舟泛西湖上曰恰受航,言其小仅容数人坐耳。今此室亦狭小,与恰受航相仿佛,故名埶航),与言尊甫仲容先生安厝事,仍以长兄孟晋官京,不能举行。又因葬事一行,耗费必巨。孙氏家势稍替,为持门户光宠,故不得不整止此事也。

未几,陈氏子(介石孙名发)来,余遂起而再访陈友绳甫也。既晤到,座中有陈穆庵、郑淮玉诸故友在,相与谈笑。少刻同出,然已知得此二集残卷矣。《陈止斋集》,近有孙刻《永嘉丛书》本,盖本此板翻刻之也。陈本为乾隆间刻,甚古雅,每页旁注明刻书人姓名,与余前所购得之《文心雕龙》影明板同,珍玩不置。陈君又教余重订旧破书之法,甚悉。

晚间提灯大会,余亦与蔡国梁同游一四栢巷坦,知男女生及各业人等云集于此,阴阳界杂,余不堪杂观,遂归。坐自店前,待久之,闻乐声作,而红灯盏盏迎来,队中有四人化装孙文、袁世凯、秋瑾、徐锡麟者,知装孙为余徒陈燊也。余迄数日夜不赴馆,即以此生入中校为此等事之故。览后即睡,时亦十时许矣。

十六日　阴雨

晨起,点《左传》襄廿六年之半,往陈绳甫家取昨购曾手札及陈集残本,置内家后入塾,计费大洋壹元、小洋廿角、铜板十三枚,诚廉价也。上午,教《左传》。至午正,始散馆,先过内家取书归。下午,《史记·平津侯主父偃列传》,终将薄暮。归途,遇孙季文冒雨过,遂遮以伞,而此子竟与曹某游。曹本与余同学,滑稽无耻之徒,余素所憎视者。今季文与游,何当家子每随此类人而共趋下流,可叹也。晚馆,仍以学生不在署早回,读梅(曾亮)、吴(敏树)二家文数篇睡。天气又转凉矣。

十七日　雨阴

晨起,点《左传》襄廿六年下半份终。入塾,教至午刻归。而爱雪遂与诸生胡闹，不再来矣。下午一时往教《史记·平津侯主父偃传》毕，继为如美点《逊学》"祭曾公文"及"曾公哀挽录"，其中以何志贞、彭雪琴、孙衣言、张裕钊弟国璜等作为有含意可诵。

散馆时暮，过陈绳甫家，适邮政局长王某在座，与谈西湖胜景及时事甚详。别归，遂不入陈馆，以此生赴校习新剧，将在四栢巷坦表演也。时势如此，学生做戏可叹。书贾晋郡，隔两日未送书来，但余托将曾公《全集》收完。

灯右，检读《陈止斋集》，知陈受业于薛季宣，得伊洛传，有蔡幼学所为行状及叶适所为墓志铭可记明，此本盖仿明版而刻也。今本为孙刻，亦收此为底，所谓乾隆年本也。读至倦时，已十下矣，即睡。（午间，又承黄植民先生为缮书，致省卷烟局长谋事。黄先生为人忠实，并甚器余，故深感之也。）

十八日　晴

晨起，点《左传》襄二十七年半。入塾教后，至午归。途遇孙季文与共游，至苣孙兄家少坐即别去。午后，为改如美文卷，知多文章气，可嘉，遂送与心伟阅之，取今中学优等生尚不能也。余来项馆只越一年，能使彼辈得无数国学常识，又能为此等文，则余之教法自信不落人后也。

三时入馆，考《史记·平津侯传》，至晚始归。急用餐罢，往四栢巷坦观新剧。为瑞中暨德象女生分别化装演出，剧名《辛亥革命》，为演一资本家之子，逆父窃资济工人事，颇见精神，为全剧之最佳者。由此可见妇女解放，世风如是，可悲也。当场有余友洪子庄及学生陈燊报告剧情，余时在台下观，甚为赧然。散幕在十二时后，归遂睡。

十九日　晴

晨起，点《左传》襄二十七年下半终。入塾，教罢，时将午矣。既归，用餐后，改锦裳文卷，稍费思索，不若如美之多精致也。至晚，始增损其下段毕。下午，专读《孙敬轩行述》及《永嘉时文序》，欲于明午作《重修探花楼记》用也。敬轩前辈未仕时，与林露杞岩共读书于邑西门外陶尖山下，有楼三楹。后二先生皆显达，而敬轩读书更聪敏，能以一甲三名及第，故此楼人称之曰探花楼也。前年八月，邑人集资修茸，渐复旧观，当时征诗题壁间。至去岁七月，大风陡起，楼在山下，三面受风，竟为全毁。近闻邑中诗人共议重修，并于其旁零置陶社，以为平时吟咏之所。社员为宋慈抱墨庵辈人也。又为诸生示读韩愈作《新修滕王阁记》，以为法式，彼皆爱诵不置。晚馆，课英文法。此次轮船到埠，未见《四史》带来为虑，拟再函催，嘱直寄郡商务，由自去领。出馆时尚早，十点半睡。

二十日　晴

晨起，点《论语·宪问篇》终。入塾，命题为《重修探花楼记》，诸生皆能拈笔为之，在永嘉学派方面发挥详尽，尤以如美之作为较佳。午后，往邮局询商务汇款有否收到，何迟迟寄书来是念。旋过内家少坐，入馆，尚早。下午，锦裳请假，余皆温书耳。晚入署，课物理力学，终十时出，归即睡。（未睡前，坐被间读梅、曾二家文，以天气渐寒故也。）

廿一日　晴

晨起，点《论语·卫灵公篇》一章竟，入陈馆教理化。下午休讲，观书。至四时，颇闷寂，起出城西外数十武，至探花楼，登眺甚久。其旁新筑陶社，仿飞云阁样式，未完工，为邑中诗人集资所建。后以经费支绌，捐自殷户子弟，则此社之筑渐失风雅矣。余曾闻陈仲芬姑丈言之，姑丈亦该社社员，能诗，但未脱前清试场律诗腔调也。社员出名者，尚有宋墨庵、胡醉铭、杨小林辈数十人。

至灯明，始归。入陈馆教书，十时出，在家读梅、曾二氏文数篇，睡。（又午刻，得泉弟信并商务信，泉弟平安，《四史》则售完，即复索还汇款。后又得何友怀是信，亦为商务购书事，可感可感。）

廿二日　晴

晨起，点《左传》襄廿八年竟。入馆，知爱雪已来，遂于正课授后，教读《逊学文·叶户部胡孺人寿序》，详为分析。林女生读音清朗，惟程度较浅。闻从德象女高卒业时，女教师宋昭，平阳宋恕之女，教清文，雪时十二三，未见十分领悟。顷从余学，则进境甚速，余亦喜教之，以其能静听，执弟子礼也。余教此文时，先说明作寿序方法与其他文体差别处甚详。当时如美亦在旁听讲，二女生为塾中之最肯服从者，可嘉。下午，《史记·南越尉佗列传》一篇教完，余假为锦裳诠说唐诗，甚快意。

暮归，过陈绳甫处购来《经史百家杂钞》十八本，缺七本，付小洋七角。《曾集》破损较甚，大费修补。已得陈绳甫秘诀云取绿芽菜放铜兜中煎，又将白芷先蒸于饭中，然后加入待凉，取笔粘于破损处，与用糊等。书既挟归，入晚馆，教化学，示以反应式之成立及原子价等。十时出，过天后宫观剧，正目《铜雀台》，甫经眼，即心厌，回家读《曾集》数篇，睡。

廿三日　晴

晨起，点《论语·卫灵公篇》竟，入塾，教《左传》襄廿八年下半，又教爱雪《逊学文·胡孺人寿序》，至午方毕归。下午，《史记·朝鲜列传》，散馆亦将暮矣。晚馆，教化学。既出，一过大后宫观剧，即回读欧阳文数篇，睡。（日间教《左传》时，稍稍与诸生胡闹，颇感教书之苦，常被人欺凌也，余只得忍耐而已。）

廿四日　晴

晨起，点《左传》襄二十九年上半终，入塾。教罢，旋又教林生谈

《逊学文·曾竹史寿序》，首节评论处地，欲为本人身分着想。次节述吾温学派甚详，再述其世系及自身学行，末节又回及上文，然后作结，读之尚得规矩，详为解析，时过午始散馆。

午后，与陈某共赴小东门角觅屋，未见合意。余别后即赴图书馆一游，知诸办事人员颇忙整理书籍，余从旁执卷视之。二时始起入塾，教《史记·西南夷列传》终。散学归，遇叔轩项先生，与言其子颂，亦余知友也，学成将归。并为自谈前荷深许，旋以病不副其望，甚悔心也。又昨午缮一函与械弟，未见复，甚念。睡时在戏已完台以后。

廿五日　晴

晨起，点《左传》襄二十九年竟，入塾教后，为爱雪说曾氏寿序，知其下段述钱房事。当时郡吏止不发兵，反与孙氏为仇，使孙氏处境颇危急。旋得闽水师协助，事始平，故孙氏称曾某患难中人，盖为此也。下午，《史记》教《司马相如列传》，未及赋文。继讲《先正事略》，令诸生续作清代著名学者小传，为惠栋定宇事，系吴派第一人。记毕，天色暮，始归。晚馆，回来又去观剧，班名大舞台，以真刀枪作战，尚称敏捷可嘉。继演宋太宗时杨继业碰死李陵碑，事见《宋史》。杨家一门忠精，然仍为当时潘党所陷害，使杨氏家庭分散，继业死于此。归时十二点钟，遂睡。

廿六日　晴

晨起，点《左传》襄三十年终，入塾教后及课爱雪以《逊学文》，并候诸生抄罢笔记本。下午，与诸生讨论作古文方法，并示以为文体格，欲于明后日为余作梅、曾、吴三家文醇序，故先教读曾作《欧阳生文集序》，又告有关古文词者，至暮始归。晚馆回，十时睡。

廿七日　晴，夜雨

晨起，点《左传》襄三十一年终。起身赴梅岗，谒外家，近三年不往省亲矣。梅岗离城只三四十里路,半日可到。十余年前,我舅父以进吸烟禁严,迁居于此。舅父名巇,字黎轩,县学生(县试第一),为孙籀顾仲容前辈所器,屡承邀读其家,并介绍任教于普通学堂及县高小学堂国文,早著声闻,今则墓木成拱矣。余至其家,乃翻检书厨,得《饮冰室集》视之,知其中有记吾温平阳宋恕(平子)与彼以诗相唱和事。平子时与启超同在日本,故作《五贤歌》《诗话》,均叙及之。犹有余杭章枚叔(太炎)、杭县夏穗卿(曾佑)、闽严几道复,时相过从,赋诗论文,称莫逆云。晚间,与中表仲超小酌,谈至夜深三时始睡。

廿八日　晴

晨起,较在家为迟,续看《饮冰室集》全部,录其学术类(汉儒师表及先秦儒术)。午后二时许启行,薄暮抵家,所过计十余地方,最后到莘塍,候小火轮。不意顿起感想,约在三年前,曾一过此处,甫经大火,焚屋数十间,今均没旧观矣。既归,便道过内家,晚即早睡,以养精力云。

廿九日　晴

晨八时许起床。早餐后入塾,教《左传》襄三十年之半,与诸生论学字法,如美学隶近一年,而笔法结构大见进步。锦裳学颜,亦佳,二生年皆不过十三四,能如此可谓难矣。下午,《史记·司马相如列传》,说《子虚赋》甚明晰,有条理。文中多古字,从《尔雅》中集来。曾公谓《文选》书中多训诂字,即对此言也(《子虚赋》,《文选》书中亦收入)。此赋仿《楚辞》"渔父""卜居""天问"三篇,古人作文多摹拟此例也。

前日往梅岗,遂以翁帖一本带赠仲超,并勖其锐意学医,以承家学也。晚馆,教物理,终热学。九时出,读《曾集》,至十一时睡。(是日午后,农民大会,入党部请愿,实行二五减租,盖新政府之条约也。)

◎ 甲集中

十 月

初一日　晴

晨起，改项诸生笔记四本毕，入塾，尚早，教《左传》襄三十年。又教爱雪读孙《逊学文·吴孺人七十寿序》，悟其作法，且为林生一述之。午归，点《史记·司马相如传》中《上林赋》，以其间多虫鸟草木等生字，盖自《尔雅》书出也。余前年曾翻读，未竟，病作，故仍无卒业。张文襄公之洞言，读书首从小学入手，然后治经史、诸子。小学精训诂，明看书，便易入门也。但研究小学极难，识字形当读《说文》，识文义当读《尔雅》，识字音当读韵学诸书，如《集韵》《广韵》《玉篇》等。名目繁多，余已汇表，以备检览矣。

晚馆，教化学，无机金属、碱金属及碱土金属。出来九时许，往集真观观剧，正目已演过半矣。为节孝文，情节典雅，颇足引人孝思，实感化社会之良剧也。台下观者皆静默，无敢发声，可知人心本善，观善事而皆如此矣。睡时约十二时后。

初二日　晴

晨起，改文卷三本毕，又往鲍斐君家吊其祖母某夫人，感疫而死。斐君与苣孙交最密，数年前，苣孙赠我《翁松禅帖》四五本，盖取于郑剑西闳达者。而斐君从余处假去，竟久不归还，余因厌其为人，故疏与往来。

入馆，教《左传》襄三十一年上半，读时知张楚玉、洪钧先生来。

张亦前任蒙师,当项主微尘得意时在都,随谒吴大帅佩孚,荐任秘书。在吴幕数岁后,又任孙传芳督署秘书长。近孙、吴俱失势后来南方,承周师长凤歧之召。继而凤歧下台,张亦归来,然得资颇厚,不比往时之穷窘也。

其教书法虽善,实不如余之见效速也。余自去秋八月廿一日入馆以来,未一年,能使诸生读完《学》《庸》《论》《孟》《孝经》《诗经》《礼记》各书,而《左传》《史记》亦皆将毕。诸生初不能作文章,经余先教以史论文作法(每读《左传》一课,即辅以《博议》序题,使浅作评论)。又记乡邦轶闻。入春后,又改记清代学者小传,仿黄氏梨洲《明儒学案》体式,惟删去学者著作大纲语耳。最近令学作古文词,亦略见进步,如如美作《书且瓯集后》颇富情韵,可诵,叹为难得也。

下午,《史记·司马相如传》说《上林赋》,以其中多草木鸟兽山石生字,故不易教也。所谓赋者,附也,惟饰其美,运以韵语而成文也。其用意简而练句华,多读《文选》中赋类,可以使文章藻绘也。

晚馆,因电灯机坏,停讲,乃往东水门观剧,正目《碧芙球》,情节亦好,观者相聚,至完台。戏虽小事,最足陶适性情,磨励志气。余生平无他嗜好,惟看戏稍稍成癖,每观正目,演小生读书穷困,终至出仕,则倾心慕之。以为自己若行善读书,亦必如此获报也。

午间入馆,途遇张姑父乃理与王修相并行,过太平桥边。余因问往岁我伯父在世所留当字,或支条尚存彼处。伯父临终曾一道及,余故识之。王辞言此票无关要紧,等于废纸,即留此担保,以后无枝节也。余与姑父遂允作罢,分别入塾。十二时看戏归,即睡。

初四日　晴

晨起,点《左传》昭元年。甫入馆,得二弟书,云寄钱在月中旬,并云在沪平安,慰甚。三弟亦正于昨晚寄五十元归,奉父亲作典屋用,然竟不能暂移解欠债,可知余之处境甚苦矣。午归点《史记·司马相如传》中各赋辞,颇费解。

下午,为诸生钞述《古文秘传》,取林氏《畏庐论文》,分门记出。且欲本此书所引之例,检查原书,仿近人作《文章原始》,又日人作《古本旧书考》,录各书原叙,为它日任学校教席时参考也。余已抄得林公铎损论文稿本,系北大教材,存箧中。暮散馆,归用晚餐,即入陈馆,讲未多时,而县长、承审员偕数人来,与雅堂打牌,遂先归。归去蔡师家假法律书一观,同时有幼卿林君托余觅蒙师,许之。十一时睡。

初五日　晴

晨起,点《论语·阳货篇》之半,入塾,继钞《古文秘传》,讲时先引史、汉、韩、欧文法示之,甚有所得。又别出一题为下午文课之预备,曰《孙氏玉海楼藏书记》。因取孙太仆自作之记一读,并开示以苏氏作《李氏山房藏书记》,明其与自作述藏书情节及篇意不同也。午后,诸生能试作。

至四时许散馆,过图书馆,与张宋庼晤,谈购《四史》事。彼言有亲友托售价廉书,无缺页也。既向馆借得《徐霞客游记》二本,因其中有记我北雁荡风景者。余于六七年前在中校读书时,曾与同校学子远足至此。当时就余经目,约有百另七景之谱,然未及其百分一耳,有记存箧中(至癸亥夏,邻屋失火,抢搬失去),所记较此为详,时我师储石薛钟斗尚在世,亦有记登《瓯海报》上以传观,世称善。

余既阅毕,入夜馆等,与陈生共看,并为述一切。未几,其父雅堂又伴县长等来此打牌。及停讲,遂出过内家久坐,归来点《论语》,至十一时睡。

归途晤何友励生,知归自江宁军中。何为杨绍廉志林快婿,与余甚相契,为金石篆刻,家贫,有志读书,亦以第一人,早余二次,卒业于

瑞中也。前岁赠余以其外舅所著《金石文字辨异》一部,并为余刻印
章数方云。

初六日　晴

晨起,点《论语》,终《阳货篇》。入陈馆,教代数去根法,至午始
归。继点《论语·微子篇》。午后出,途遇张宋颀,共过其家,登楼观
所藏书,多诗文集及子类考证诸善本,亦有仲容先生所手校者,如荀、
墨各子书,书眉满填注语,皆写"诒让识"字样也。其楼曰籀经楼,计
五六书厨,惜无系统,不若李雁晴家横经室所藏归类放置,想家传
物也。

散馆归,赴老屋,晤心畬叔,与谈一切家常事。心畬叔时运甚劣,
所为不遂,计前岁供职参政院为科长,得荐任资格,归来迫衣食,竟为
县党部秘书,至可惜也。晚又点《论语》"子张""尧曰"二篇,而此书遂
卒业矣。中心大快,朗读一番,去睡。

初七日　晴

晨起,点《左传》昭元年下半竟,入塾教后,诸生以所作《孙氏玉海
楼藏书记》呈阅,知语带讥评,不合体裁,遂为添易一字,曰《读玉海楼
藏书记》,因原文见于《逊学斋集》中,为孙公自述筑楼及蓄书经过之
情,并于篇末插叙数语,曰乡里后生,有读书之才,读书之志,而能无
谬吾约者,可以就吾庐读吾书。天下之宝,我固不欲为一家之储也云
云。此太仆公之仁心较著。竟至其子孙时,不持守祖约,以书假人,
并束书高阁,任为蚀食,可叹也。余前日一登其上,遍观所藏书计数
十厨,皆放宋元及近刻善本也,尤以乾嘉大儒作品为多。后楼尽是方
志,计数百种,想皆太仆公官金陵时所搜致者。其余诸丛书及类书,
如《太平御览》《初学记》《北堂书钞》《姓氏谱》《四库总目提要》等原刻
板,亦皆非人间所易得也。惜不供人览,徒使无力致书如余者,望洋

而兴叹耳。今诸生之文卷，取法苏轼《李氏山房藏书记》及宋濂《送东阳马生序》，各自述未遇时求书之难，以责孙氏子孙，有书不读为非，其言诚是。但余谓不合古文义法也。顾亭林云，文不关经治政理之大不作。诸生文有责人语，似不可也，遂嘱矫正之。

下午，《史记·司马相如传》说《难蜀父老》一篇，归时已日落矣。晚馆，教物理声学。归来后，圈点《畏庐论文》数则，知论文中所言，足为学词章之一助也。睡时一点钟。

初八日　晴

晨起，点《左传》昭元年将终，入塾教罢，继点《逊学文》，其荐主陈某之序，述师门德业甚谨严，遂悟其作法有多种也。下午，《史记》仅教《相如传》中《谏猎》及《哀二世行》，二文极短，继命诸生续成前题文卷，至五时许，皆善就，交余带来，诸生于言问云云：孙孟晋（仲容次子）将与我父同归。余遂感触前谋曝书事，为诸生一述之。曝书虽似贱职，不学者为之固无得益，但余颇欲藉此广求知识。诚以玉海藏书，名闻海内，苟得一整理之机，著其《藏书志》，载明书名、撰人、卷数、序跋、款识、行数、存佚等，如《经义考》及《温州经籍志》例，则甚善也。古来大学问家，当其贫时，不妨为此种事。虽为俗人所讥笑，不顾也。

晚馆，继讲物理声光学，归点《畏庐论文》，言意境、识度二法毕，即睡。（商务《四史》购书费以无有货寄还，并转陈家也。）

初九日　晴

晨起，点《左传》昭元年竟，入塾教罢，将诸生所作《读玉海楼藏书记》文卷并稿纸收来下水销之，并对诸生以文从载道一语晓之，庶几不背桐城义法也。

继又为爱雪说《逊学文》，知陈傅良、叶适之学有渊源也。孙云陈文自经出，可继子长、永叔。叶文自史出，可继贾士、孙氏。余幼时往舅家取所藏止斋《水心集》读之，已稍稍知其意所在。今考孙公言，益信然矣。孙一生尤喜读叶文，有《校注》之作附集后。其稿本，余甫见于玉海楼，惜残缺，仅遗一本耳。

又于读《逊学文》时，知孙公琴西平生好搜集乡哲单词片纸，保存文献，成《瓯海轶闻》等书，其用心亦与余不期相合也。余初欲辑《永嘉学术渊源记》及《永嘉金石志》《永嘉名联集》等。后读孙集，知已有人先我为之，曰《永嘉学记》，水心作，《东瓯金石志》，戴咸弼作（仲容先生贴成之），而《名联集》竟亦有余友励生何君为之，曾披露于《瓯海公报》上，曰《鹂声》，余于是遂罢此念焉。

上午，以体倦就榻睡。至三时始醒，然已晚矣。遂停讲，晚馆亦然，盖日来用心过度，有亏脑力，故晚餐毕，虽伏床假寐，不得合眼。卒起点《畏庐论文》七八则，深有所悟，以为行文重气势、情韵等极合理，遂一时许复睡。

初十日　晴

晨起，觉体清如故，遂点《左传》昭二年竟，入塾教后，又为林生选所读过之《逊学文》二十余篇，于其中得观我国学十人之大概，并吾乡文学之盛况。午刻，散馆归，点《大人赋》。以无书检考，以致疑义阙如，仅能领略其大意而已。因忆前年在杭工专，听先生讲说英文文学书所述怪异神奇事，其结构用字与此赋相类，可见文学高妙，中西同也。赋体意平，惟堆杂词藻，以成文耳，故必深明《尔雅》《方言》各书，对古字、古言有所了解，然后读此三赋，自能领悟之也。夫相如赋体，为千古绝调，得力《诗》《骚》二书，其写景物，极意描摹，史公以其深奥雄妙，录其全文，贯以己音。夫二家之文，为西汉词章之祖，后之工文辞者，每取以为圭臬焉。暮归，知内兄到此。晚馆出，一往答访，竟已睡矣。灯下，学苏戡字十余纸，睡。是日，项馆笔记，记余萧客事。

十一日　晴

晨起稍迟，学翁字数纸，入馆，遂取《畏庐论文》，令诸生摘钞，为古文方法四五则。至午归，点《史记》封禅文，见《相如传》末，较易解说，有《文选》书可佐证也。教时亦顺口无阻误，而《相如》教竟已五时矣。

散馆，过图书馆，问宋颇《四史》事，报以已售，然价已昂贵，向该馆借来《舒艺室杂著》及《宋学渊源记》（附于《汉学师承记》中）。既归，展览《舒艺室杂著》，知多论文之作，又有我乡哲《琴西公六十寿序》，遂录副以存，未知杨纂《永嘉内外集》有否此篇文字也，待查。（杨书以人亡，世无传出，其余书闻将出卖，可哀也矣）夜馆，教英文析句。归，继览此《杂著》，至十一时许睡。日间，张苑表兄来访。

十二日　晴

晨起，看《舒艺室杂著》终篇，为畴九中表昨夜来访一往答之，与出游励生家，坐谈国事及中山学说，何称赞不绝口，盖亦国民党徒也。继与其出涉田径，游隆山宫，遍寻佳景，见戏台联曰"前面云烟百年过眼，上方钟磬一样警心"，甚符此宫风物，以前对飞云江上负隆山寺也。何励生素注意于此类作品，欲集我乡名联成集，数年前已出视余，知书局间记志林先生校语。志林为其外舅，而励生以学行优良，为彼甥馆，平生颇好文学，惜迫家境，衣食奔走，以致荒疏耳。今见其案积书，皆无品类，大抵多诗文集也。

归时将午，继览《舒艺室杂著》甲编，中多考证之作。末及书牍赠序传记等，为金陵局刻本，中亦有一篇言刻《四史》事，并《史记三家注校刻札记》（附《史记》后），即余前所欲购之本也。览至十之七八，起与季文共往观剧，无何即回。季文述其兄孟晋、叔海皆将归，为葬其父仲容先生,在十一月廿九日,想有一番盛典也。晚在三房,为魁先续娶大嫂胡氏,饮喜酒,至夜后一时归,睡。

(看张氏《杂著·跋薛浪语集》中,言仲容先生校订此书,有札记未椠句,但墨庵作《孙氏年谱》,无有及此,想宋君未见故也。又此书中编末《唐端甫别传》中,亦述唐仁寿端甫,当同治四年,与(张)文虎同学。其在书局,校刊《史记》三家合注本,文虎乃与重订校例,或如旧本,或删或改,分卷互视。遇有疑难,又反复参订。既而合配公议,以金陵、苏、杭、武昌四局,合刊《二十四史》,仁寿任分校《晋书》《南齐书》,又复校《续汉书志》,遂以《史记札记》属之文虎。后又与文虎同校《史记集解》,圢行查,相处凡九年云云。文虎自著,尚有《舒艺室随笔》一书,亦甚善。)

十三日　晴

晨起,续览《杂著》甲编终,并移录《孙琴西廉访六十寿序》,校刊《史记札记跋》及《薛浪语集跋》等。入陈馆,教罢,出过内家,与岳生舅晤,谈稼稿事、减租办法,盖新行政策也。

继访孙友师觉,寅尊莘农先生之子,欲以整理玉海楼藏书事一商之。又与谈文学,甚快意。既别来,访绳甫不遇,知其案上新到《夷寇志》一部,商务书局印本也。下午,陈生请假,学翁字数纸。览《宋学渊源记》毕,其上编所记经义经师,与余钞得梁作《经学表》相似。四时,出谒母亲于三房,听唱盲词,片刻归。

夜馆,嘱陈生钞理化稿,而自读《曾公哀挽录》,中多佳作,为彭雪琴、何志贞、张文虎、唐仁寿等,尤以我乡前辈孙衣言之作为最,其句曰:“人间论勋业,但谓为周召虎、唐郭子仪,岂知志在皋夔,别有独居深念事。天下诵文章,殆不愧韩退之、欧阳永叔,却恨老来湜轼,更无便坐雅谈时。”盖孙公为文正门人,自比皇甫湜之于韩愈,苏轼之于欧阳修也。又张作寿序中,言孙公为人读书,一法曾文正,余亦私窃慕之。

十四日　晴

晨起,点《左传》昭三年上半篇竟,入塾教之,继又为爱雪读《逊学文》,题为《曾竹史寿序》,开宗叙吾温地处海滨,风化较晚开通,乃引出曾某称寿之意,中述钱虏,起与曾竹史患难相依,处处从情感上发挥,文章体裁又是一格,读久自能领悟云。

午间,学翁字数纸。入馆,教《史记·淮南衡山列传》。五时归,知母亲已自三房回来,甚喜。夜课陈生物理光学终。日间,晤孙季文,知其兄孟晋、叔海皆归。下月廿七日,决定安葬其父仲容先生也。十一时睡。

十五日　晴

晨起,点《左传》昭三年竟。入塾教罢,继又教林生读《逊学文·李太夫人七十寿序》,文气甚壮,写两家遭遇之盛甚悉。又言李相国鸿章,出其弟锵鸣之门,亦为孙公同年,皆曾多正幕中人也。孙文末云,所谓文章之事,未敢多让者矣。实为全篇之警句,反复诵之。

下午,《史记·教淮南列传》。归途遇外姑,欲去剪布,因导行至拍卖场,已闭幕矣。又遇孙君叔海(仲容子),旋牵其小儿入项馆。叔海,系项主之第三妹夫也。散馆后,送《杂著》还图书馆,换借季刊三本归。晚馆,课英文法。又得三弟寄来花笺二刀,以修补旧书用。记日记毕即睡。

十六日　晴

晨起,点《左传》昭四年上竟,入馆教罢,继读《逊学文·李太夫人寿序》,其末句自比太史公执笔,以纪一时人臣之盛,态度壮皇,令人朗咏不置也。

下午，陈府庙演新剧，为上海男女合作班，余遂偷闲一往观之。其正目描写某家恶姑虐待贤媳事，最足动人。散幕已灯明矣。晚馆，教化学金属，至决属止。归学翁帖数纸，睡。日来夜月极皎洁，可以赏也。

十七日　晴

晨起，点《左传》昭四年下终，入塾教后，再点《逊学文》，《代人寿钱枢部子密之母八十寿序》，亦可诵也。午后，先学翁帖六纸。入塾，教《史记·淮南王列传》，讲说后翻读前面各文，深有所悟。余固欲为《史记》作注疏，惟参考书不易备齐，其法拟仿孔颖达之疏《诗》与《左传》然，并参看孙诒让《周礼正义》等体裁也。《史记》为史部最古之书，二千余年于兹，板本刻画，造相误漏，整理维艰，虽有此意，姑俟异日。

晚馆，归后往观新剧，正目《张汶祥刺马》，为记清咸同间洪、杨之役，有马知府新贻与曹二虎、张汶祥结盟为兄弟，入曾府从军，破虏有功，新贻位晋江南总督，开府南京，为爱二虎妾，设计而夺之，并杀二虎。汶祥激于交谊，遂刺死新贻，为二虎报仇。其事哄动一时，审者许多人，我乡前辈孙琴西时为皖臬，素与新贻往来甚密，曾蒙提举者，亦亲审此案，见《逊学斋文集·马君神道碑》。余谓新贻自失人格，贪恋女色，丧命于刺客之手，实自作孽也。闭幕在十二时许。归来，览苏老泉《上欧阳公书》一大篇毕，始睡。

十八日　晴

晨起，点《左传》昭五年上竟，入馆教后，检《逊学斋集》中有《马端敏公神道碑》，亦记被刺事，顾措辞隐讳，谓以睚眦微故遇害。新贻出身进士，官我浙巡抚，后升任两江总督，有大勋劳。为贪迷女色，竟致丧身，官场黑幕，固皆如此。往岁余在杭州，闻人言张载阳省长与乡老潘鉴宗师长,亦为争一女色吃醋交恶云云。午后,先学翁帖数纸。入塾,教诸生古文,为明下午作《孙氏遗书序》(墨庵亦有此作,载《骈文集》内)示以诸家遗书叙例。

散馆,过图书馆,假得《管子校正》一书,为德清戴望子高纂。戴望为吾师中甫道镕之大父,与曲园老人同里,亦俞之老师贻仲之子。戴、俞同时游曾公门下,皆文学之士也。《管子校正》集各家说,如孙氏星衍、王氏念孙、俞氏正燮、顾氏广圻、宋氏翔凤、张氏文虎、俞氏樾、日本安井衡等。又征引前代各类书,如《群书治要》《艺文类聚》《太平御览》等,决疑补正,理董成书,实考证家法也。其书刻于金陵书局,板式清晰,与《舒艺室集》同。余友陈绳甫亦正集注《管子》,将脱稿。

晚馆归,再去观新剧,为杨乃武奇案,亦清末实事。乃武,余杭举人,以被诬通奸系狱,受酷刑伤足,积十三年,始由其姊入京,告发获释。当时过审三十余官,事白,皇帝追究审官,革职下狱者,不乏其人。剧情写真,乃更堪醒目。用是可知清代刑法残虐,令人发指。然今民国刑失太宽,亦未为善也。归睡,二时许。

十九日　晴

晨起,点《左传》昭五年下终。入塾教罢,后教爱雪读孙《逊学文·谭青崖提督之大父寿序》,叙青崖以异军从曾相国起家,与衣言同僚甚相契。文中亦述爱好事情也。下午文课题为《孙氏遗书序》,诸生颇感难作,遂改为其先大父通议大夫《项府君墓表》,并示以其父骧所作《通议君圹志》中所记事迹。骧少得从父茗甫先生资五百元,助游学美国,入哥伦比亚大学,学政治文学,归国后殿试第一成进士,入翰林,亦善古文词,盖学于上海张经甫先生也。

五时归,得泉弟快函,寄五十三元来,转奉堂上,欣甚。晚馆,教终电学。出到家，鉴弟在座，嘱将《经史百家杂钞》《十八家诗钞》二书退换《临川文集》，鉴遂为余送杨仁大试还之，十一时睡。

二十日　晴

晨起，学翁字，兼览《管子校正》数页。然后入陈馆教物理，至十一时归。向父亲取小洋十七角，送陈绳甫解书费，遂与陈坐谈补旧书法。陈能于旧书周围各出几许，向后倒折，天地宕粘以糊，待燥截成，甚整洁。陈后出自订就《管子补正》书，示我以法。又言此书为日本人猪姓作，实吾国所罕见本也。

既归，又作复函与泉弟，适鉴弟来约，实即写《临川集》，以杨仁大肯对换也。下午，陈馆早出，在家补书，至夜深一时许，始寝。（于《曾集》书中检得孙诒让、黄叔颂二先生便条。）

廿一日　晴

晨起，点《左传》昭六年终，而信局送到三弟所寄红格纸贰百张，为余钞《乡先辈遗作》及《清代学者传志》之需，即余初欲辑《永嘉学术源流记》及《清儒学案》稿本也。入馆，教罢，又为爱雪点《逊学文·翁文端公墓志铭》。文端为余所学翁同龢之父心存，始家贫，后迭升为朝廷大官，吾乡孙前辈锵鸣亦出其门。此志为其三子同龢嘱衣言作者，文中述翁遭遇甚悉。下午，《史记·淮南王传》终，领悟处极多，所谓教学相长，于今可信矣。晚馆，归来学翁字，至十一时后睡。（项生言孙仲容先生于下月初九日安葬。）

廿二日　晴

晨起，点《左传》昭七年竟，入馆教，居已午时矣。既归，承黄琼秩卿来访，与语旅杭情况，并党纲民哲，以此子亦在党执事也。黄前岁与余同学工专，未几转医专，至今夏卒业，任军界卫生队。

下午，《史记·淮南衡山列传》毕，约明午后考试。散馆归，天色已暮。少憩，入陈馆，携《管子校正》，得间窃视其数页，看出著书方法，颇极考据家之能事，广搜参考书籍，然后可以下笔。但余则拟趁此三十岁内，泛览群书，依曾公所定目录为之。九时出馆归，学翁帖，又读《史记》方睡。

廿三日　晴

晨起，点《左传》昭十年终，入塾，适馆前项延炯家葬其母，诸生多往送，不便教，姑图书馆一坐，并借得《学衡》二本，以其中有登雁晴兄所作《墨子间诂校补序》，又陈柱作《中学生研究国文之方法》，取之项馆，为诸生一开示之。陈谓读经史计页限日（半日读经三页，半日读史二十页）。上智者三年可毕（每日只发四点钟功夫）。

兹移录其应读书目与研究方法之大略于左（与余往观章太炎所定《中学国文读法》颇相似，见《华国杂志》）。应读之书籍分为七类：

经类（宜参考正续《皇清经解》、《通志堂经解》及近人名著）

《周易程传》（金陵局刻），约二二、二三页。

《尚书蔡传》（同），约二九四页。

《诗经集传》（同），三四五页。

《春秋左传杜注》（姚培谦学金陵本），七〇七页。

《礼记集说》（金陵本），五〇四页。

《大学章句》（同），一五页。

《中庸章句》（金陵本《学》《庸》原在《礼记》内），三一页。

《论语新读本》（唐文治著）

《孟子新读本》（唐文治著，民六印行），二三六页。

史类

《史记》（涵芬楼影印本，参看梁玉绳《志疑》），一二四五页。

《汉书》（同上，参看王先谦《补正》），一五五一页。

《后汉书》（同上，参看惠栋《补注》），一〇五三页。

《三国志》（同上），五七九页。

《三通》（文英阁刊本，或泛览《三通》原书），九一页。

《历代史略》（江楚书局刊本），七一〇页

　子类（下列数子外，如《列子》《吕氏春秋》《淮南子》亦属要书，上智者可以涉猎）

《老子》（浙江书局刊本，参看《老子翼》及马其昶《老子故》），三九页。

《管子》（浙局刊，参看太炎《管子余义》），四六三页。

《庄子》（浙局本，参看《庄子翼》或王先谦《庄子集解》），三三九页。

《荀子》（王氏《集解》，光绪辛卯刊本，参看刘光汉《补注》），四三〇页。

《韩非子》（王先谦《集解》，光绪丙申刊本），三七一页。

《墨子》（孙氏《间诂》为最善，近人郑文焯著有《墨子故》十五篇，《墨经古征》上下篇，尚未刊行，藤县苏时学著有《勘误》，其精华者，孙氏收录殆尽），五三七页。

《法言》（浙局本），七五页。

《论衡》（鄂官书局刊本），三三八页。

　小学类

《说文徐铉注》（陈昌治篆本，参看段《注》、王《释例》），七八八页。

《尔雅注疏》（广东书局重刊，或英殿本），三七一页。

《顾氏音学五书》（思贤讲舍刊本），六六三页。

《杨子方言》（《小学汇函》本），九六页。

《新方言》（浙局刊，章太炎氏《丛书》本），一四一页。

　名学类

《名学浅说》（商务印行，百六十二面，参看穆勒《名学》甲乙丙集），八七页。

文法类

《马氏文通》（商务印行，六百九十六面），二九八页。

参考要书　《文心雕龙》（新化刊本），一九八页。

　　　　　《经义述闻》（学海堂本），一二一〇页。

　　　　　《经传释词》（学海堂本），一五三页。

　　　　　《读书杂志》（金陵局刊），一一二四页。

　　　　　《国故论衡》（浙局本），一六二页。

集类（除顺性读专集外，须读《文选》及姚选古文）

读书方法：每读一书，将其疑难之处，钞于笔记，书明某书某篇某页。再读下去，读毕之后，再读他册，倘有与前书相发明者，后钞之于前书笔记之次。读毕两三部后，再将笔记中疑义比勘研究，要义大义，皆可以涣然冰释也。

下午，令诸生温《史记》，余因以观书过度稍伤目力，觉痛，但小暇仍取书朗读不释手。晚归，检《曾全集》整理之，去其残破，再装存藏之。十二时始寝。

廿四日　晴

晨起，整理《曾集》。八时入塾，教《左传》昭七年，刻归后整理，至三时罢。独游利济医院赏菊。园主潘志雅，初为我四姨父家种花佣（四姨父叶涛如与子奇膏皆好菊）。后为陈栗庵、吕文起二先生所邀去，艺菊终身，特具精技。余入院遍览，心快莫名，计园中共有四五百樽，各为一色，院中堂悬有邑名士赠诗屏条，为宋燕生、黄叔硕、王啸牧、孙季芃、池云珊诸人之作（又有薛储石作《花佣传》，已剪存一份）。志雅小厅上，首供陈介石、醉石、栗庵，何志石诸人之象，即此院之旧主人翁也。

出后访绳甫，不晤，欲借观马叙伦《天马山房集》及《平阳新县志》，以此二书中，皆有燕生先生传状，原为明后日文课题曰《宋恕传》也。今早交来，如美文卷作，其王考墓表，亦尚可诵，饶古文腔调，殊难得也。又过老屋，探心兰书社何日竣工，可得任览所藏书也。晚馆，令陈生钞物理竟。归后检书阅，至十二时许睡。

廿五日　阴

晨起，学翁帖数纸，入塾稍迟，教《左传》昭七年竟，后与林生解说《翁心存墓志铭》（见《逊学文》）。下午，为作宋恕（平子）传。先过绳甫家借得《平阳新志》《人物志》，载有此子轶事。入馆，为讲录一番，归途即送还。时项君莆民在座，正闲谈间，而张宋顾来，二子皆好文学，与余游较密者。旋绳甫出《经义考》《白虎通新序》等旧书相视，盖即此二人所托售也。余前得《曾集》，检其中有便条，为孙征君仲容致洪某者，想书从洪家流出无疑。今绳甫处《经义考》六十册，亦善本也，则此家必尚有别种宝贵之书矣，余决加意求得。又《临川集》以鉴弟未来，仍无寄下。晚晤洪小萍君，以所作《祭李叔缄文》视余。余于四年前晋省，待轮船于郡郊，李亦寓此，始相见，蒙称评，遂为书联，以相勖云。夜馆教英文，出过内家，谈近时事，甚惊慌。大舅方于昼间回郡店，其时众皆睡。坐半晌归，至十一时亦睡。（又县志中载平子《上李相国书》，自述处境之苦，与苏老泉《上欧阳内翰书》同，未免讥其志之卑下也。）

廿六日　晴阴

晨起，点《左传》昭八年终，入塾教后读《逊学文·湘佩墓志铭》。湘佩，满人，为孙公同年。初不相识，得杨季涵绍介，始相从于京师。文中多叙交情语，余既点读后，已过午矣。归学翁字十余纸。下午文课题为《宋平子传》，诸生皆能将昨录纂另为排比之成传体焉。余独坐摘《逊学斋集》中有关永嘉学术语，至暮方回去。晚馆，教化学有机类。

既毕后，取案上近世中学用本《国史教科书》，览清季文学，知乡哲孙诒让先生亦名列俞氏樾之次。至论变政，有康南海有为、梁启超任公倡之，而在朝大臣如翁同龢、张之洞与吾里前辈黄仲弢绍箕应之。（近人汤志钧编有《清戊戌政变人物传记》。）今黄氏子孙生长于鄂州，而蓼绥阁藏书悉移存温属图书馆。仲弢弟叔颂绍第，即余友芑孙之大父，文名与仲弢齐，故世称二黄先生也。话桑楼为先生家所建别业，为漱兰学政致仕归游憩之所也。楼上横匾，仲弢先生致题飞云阁三篆字。有绍第跋，称先兄鲜庵书，此等字样可征也。

灯右，览杨嘉《哀挽录》，诵宋慈抱所作《传》，其赞语似为自发泄。曰吾乡谭学问者，皆以年龄名位分高下，无公论也。言则刚，赞叹其为骈体文，可与孔㧑轩（广森）、洪北江（亮吉）诸老并。然后，知宋君之学得力于此二氏也。宋君果以骈文名，惜意度太狭，好自矜伐。所作《墨庵骈文》及《古文》，颇为人所厌视。至著《三国志乐府》一书，则早脍炙人口矣。惟薛师储石谓其窃自他人成品，仅附注其解释耳，恐未必然。宋又有《瓯海轶闻续编》及《贾子音义》《吕氏春秋校正》等趋时之作，时尚考证，稍稍嫌其识小也。记此毕，十二时始睡。（鉴弟归《临川集》，仍未带下，以电话催，想明后日当到。）

廿七日　阴雨

晨起，为鉴弟书喜联及镜屏字数纸。后送书还图书馆，坐其楼上取《学衡》五十余册检视一过，别笔记出，可续借。阅者中有数篇，为驳清季文学家之善劣，谓康、梁之文系报章体，章士钊、严复辈又极诋。近时胡适等之提倡白话文。盖《学衡》此志，由清华、东大吴宓、柳诒征辈所主编也。余既取归五本，并《华国》二本，以其中载宋慈抱作《孙氏遗书序》，与余前日在项馆所命文课题同，将以示诸生，开导法门而比较之也。又一本登章太炎《中学国文用书目录》，可与前钞陈柱所拟者相比云。

《尚书孔传》（选诵选讲）

（孔本有《伪古文经》二十五篇，宜简去，其称孔亦是托名，正当称枚传，今不用段、孙二家《尚书》者，以段只考证文字，孙编次古注，未有裁为故。参考书：惠氏《古文尚书考》、刘氏《书序述闻》、胡氏《禹贡锥指》。）

《诗》毛传郑笺（全诵全讲）

《诗》多与国政相系，不得以闾巷歌谣视之。郑笺稍短而《诗谱》最要。参考书：胡氏《毛诗后笺》。

《周礼》郑注（全诵全讲）

《周礼》为官制之原，历代不能出其范围，不限于封建郡县也。《唐六典》《明会典》《清会典》编次之法，皆依《周礼》。杜及三郑注并精善，后儒不能加。参考书：惠氏《礼说》、江氏《周礼疑义举要》、孙氏《周礼政要》。

《春秋左传》杜解（选诵选讲）

《左氏》详述行事，括囊大典，前代史志暗昧，至是始明征其辞。汉儒牵附公羊，动成违戾，故后代以杜解为正，本非蔑古。参考书：《杜氏春秋释例》、顾氏《春秋大事表》。

右经部。唐时以九经并列，宋以来合《论语》《孝经》《尔雅》《孟子》则为十三。今只列《书》《诗》《周礼》《春秋》《左氏》者，以为经本古史之流，法制莫备于《周礼》，《仪礼》《礼记》其细也。三古大事略具于《尚书》，东周以上《诗》亦以韵文补之，春秋大事莫备于《左氏》，而《公》《穀》不具也。若《论语》《孝经》《孟子》，则诸生多已诵习，不烦重举。《周易》则义旨渊深，不可猝解，《尔雅》则今与《说文》《广韵》同编，故此只取四经为主，观其经法行事，足以识古。犹惧义训奥密，篇第杂乱，事状深隐，故特存参考书，以备讲习，然皆依于大体，不流于琐碎也。略夫今文古文之争，汉学非汉学之辨，此专志于经，皆所有事，非学校教授所及也。

《史记》（选诵选讲）

《史记》为诸史之宗，文章虽美而用在实录，勿以文人之见求之。参考书：梁氏《史记志疑》。

《资治通鉴》（选阅选讲）

《通鉴》考定正史之误，且多补苴阙轶，故独为信史，非专以贯穿纪传为能。

《续通鉴》（选阅选讲）

此书不如《通鉴》甚远，然舍此亦无他书可代。

《明通鉴》（选阅选讲）

述明征抚东夷及明清和战事，亦有曲笔，大体可观。

清五朝《东华录》（蒋良骐，选阅选讲）

此书虽简略，以直笔不讳为美，清初事状，或有缘饰，则仍实录、方略之谬尔。

史部地理总参考书：顾氏《方舆纪要》、洪氏《乾隆府州县志》。

《老子》王弼注（全阅略讲），河上公注出于伪托，不足观也。

《庄子》郭象注（选阅略讲，亦可选诵）

《天下篇》为庄子自序，依此可得指归。

《荀子》杨倞注，同《韩非子》，同《吕氏春秋》高诱注，同《中论》，同《申鉴》，同《颜氏家训》（选阅选讲）。《文中子》同，《二程遗书》同。

《王文成公全书》《传习录》《文录》等（选阅选讲）

《颜氏学记》（选阅选讲）

右子部，诸子非纯粹哲学，取其可施于身，可施于国者，若《管》《墨》，文义艰深，转写多误，《淮南》文艳而用寡，《法言》语短而理诎，故并置之。

《古文辞类纂》(姚氏,选诵选讲)

读此可见文章义法,至数典、纪事、谈理三件,非此所能尽。

《续古文辞类纂》(王氏,选诵选讲)

《古诗源》(同)

《古诗纪》太繁,近人《八代诗选》,犹患其多,惟此书简而有法。

《唐诗别裁》(同),以不失雅正。

集部取此四种,使知辞尚体要,诗归正则则止矣。至文史诸书,如《史通》《文史通义》等,恶其语高而长傲也。

《说文句读》(全阅全讲)

王氏是书简要易知,改窜文字太甚,得大小徐旧本可校。

《说文段注》(参阅间讲)

此书精求音韵训诂,然后知《说文》非《九经字样》之流,然间有误,亦不伤其大体,可取大小徐旧本校之。

《尔雅义疏》(参阅间讲)

郝书胜邵二云,视王氏《广雅疏证》,则犹未逮,然广陈五雅,为专治训诂者事。

《广韵》(参阅)

《广韵》本辨音之书,考迹古音,非《广韵》无以窥门径。

《经传释词》(参阅间讲)

右训诂音韵之书,古所谓小学也,研精此事,非十年不为功,然不识其原,于旧籍必多窒碍。读书而不识字,识字而不能举其正音,是冥行索暗而已。

《世说新语》(同)

魏晋间精语妙论多在此书。

《梦溪笔谈》(同)

《困学纪闻》(选阅选讲)

《日知录》黄释(同)

《十驾斋养新录》(同)

右诸书本诸子类,所谓儒、杂、小说三家书也。《纪闻》以下,包罗深广,读诸书者,咸有取资,而《日知录》独举大体,其《世说》则多存名理,《笔谈》则兼综艺事,非诸说部所拟,是以分出诸种于子部外,为学者博其趣尔。

《中华民国宪法》(全阅)

《中华民国刑律》(检阅)

《仪礼·丧服篇》(检阅)

《清服制图》(同)

午刻,在内家留餐,任意览《学衡》。归继览,至夜,知论诗文区别,并中西诗体相同处,我之所谓平仄,犹西诗之轻音重音,或发音长短分部,所谓长短,音律轻重,音律也。英诗皆轻重相间,其音律之单位四节,每行四句,积数句曰首,然皆以字之尾音间节,或句相押也。篇中所言皆有至理,故纪其一二焉。一时许,始睡。

廿八日　阴

昨夜雨,至天明止。晨起,点《左传》昭九年终,入塾,未教而诸生以检得各残本示余,曰《子史精华》《刘子全书》,惟《历代诗话》最佳而有用也,钟嵘《诗品》为学诗门径之书。其中又有沧浪(严羽)、石林(叶梦得)、六一(欧阳修)等,皆可观。

余既教罢《左氏传》,又为诸生言章氏《中学国文书目》及墨庵《孙氏遗书序》。至午后半时始散馆。下午,《史记·循吏列传》,文较短,然亦至暮方归,日短可知矣。《曾家书》近几星期来皆未点,惟文课未间断。今诸生作《宋恕传》,又能明晰可诵,年少若此,诚非偶然,可佩服云。

晚馆，得暇览《学衡》，末页记张文襄《广雅堂诗》，详其师友，为诗文者，有李莼客（慈铭）、宝竹坡（廷）、张幼樵（佩纶）、黄漱兰（体芳，为我乡前辈）、陈宝琛（弢庵）诸名流，其弟子则樊樊山（增祥）、易实甫（顺鼎）、袁爽秋、杨叔峤（锐）、顾印伯，皆一时俊彦。即如陈伯严（三立）、郑太夷（孝胥）、杨惺吾（守敬）、郑伯更、梁节庵（鼎芬）等，亦出其幕中也。张公颇诋沈子培、王壬秋。翁常熟以诗分南北派，北派以李高阳为魁，率张文襄与张幼樵辈，其党徒也。南派以翁常熟为盟主，盛伯熙、文道希、王可庄、张季直，其党徒也。（康长素有为、沈乙庵子培为翁党，而梁任公竟每得张公资助，办《时务报》于上海，并聘主讲两湖书院焉。）于此可见当时之情势与张公之遭遇矣。余前曾借得张公所作《书目答问》阅之，后又得张公之遗像藏之，皆所以志仰止也。归来，学翁帖二十余纸，始寝。

廿九日　晴

晨起，点《左传》昭十年终，入塾教后，又为林生读《逊学文》，领悟其作法及腔调也。下午，《史记》教《汲郑列传》全文，至电灯明始归。少坐，用晚餐后，起赴陈馆，得见《王静安传》并其遗像于《东方杂志》中。王先生名国维，静安其字也。工金石甲骨之学，为上虞罗振玉弟子，相从研讨数十年，著书甚多，任北京清华、北大教习。其治学初无系统，好读西洋哲学书。中年从罗君至日本，始治经史，其考证古籍文字诬舛，皆依据新出土之甲骨拓片所记载也。今年以南军将来京，惧，自沈水死。一岁中连丧二大文豪（康有为、王国维），国故学前途大受影响焉。

既归，读欧阳修文数篇，试与曾公文比较，然后知曾文实得力于欧阳氏也。余性酷嗜古文，每寝前必读一二篇，或看翁相国墨迹，然后就席，亦自云奇矣。故此二书常置枕边，以便随时取阅也。（昼在馆览《诗品》。昨晚，至王友佛陀家，为近人某作，并加新式标点，与此书稍稍异其面目也。因怪近时著述，汗牛充栋，何其滥也。又李君行状，为平阳刘次饶先生作。余前得《陈孟冲传》，亦是此老作也。刘次饶学问渊博，与孙籀顾年相若，曾数次长十中，《平阳县志》亦为其专移之本也。余已从林公铎处借来读之矣，知其所集《文征》一门，尽多宋恕之作，其《外编》，盖多吾乡前辈中作品也。《文征》分内外编。）十二时许睡。

三十日　晴

八时起床，不及点《左传》，即入塾，令诸生温旧课。下午，《史记》考《汲郑列传》，至暮散馆。过内家，挈内子归。再入陈馆，教英文法，二时出，归读欧文数篇。睡。

十一月

朔日　晴

晨起，点《左传》昭十一年终，入塾教后，复教林生读《逊学文》为《张磬庵墓志铭》，开宗从文学说，至交游，然后论其事迹，此与欧公作尹师鲁等墓志铭同方法，真堪反复朗诵也。下午，停课往老屋一游，为鉴弟初三日完婚，故遂带《古文辞类纂》欧文观之，至夜归即睡。

初二日　晴

九时许起床，亦停课，在鉴弟家相帮料理喜事。午前归，遇金养初君，知早晨曾偕励生来访余于项馆。二子皆知文学，奔走宁、杭间，而励生尤为余故交，其学问造诣甚深，只限家境，未得上进。金亦书家子（前京金氏）。近族稍衰，依人作嫁，殊可怜也。下午，学翁帖数十纸,至夜十时归睡。(又与陈仲芬姑丈谈国学,间论池老学问,叹其聪颖绝顶,惜为文多集孙逊学之成语,所作楹帖较工耳。)

初三日　晴

晨起,即赴鉴家为照料喜事。午前一出,欲过内家而晤萃夫于途,知已归数日矣。姜君为余盟弟,近供事郡城电报局,其少时即喜读英文,并研西学,甚著声誉云。此后筵散,又过内家,再入鉴家,至夜二时始归寝。

初四日　晴

八时起,稍稍充饥,即入陈馆,虑太迟也。到馆时,陈监狱员雅堂方候余于门,以县党部人来讲演,请余作陪。此辈党人皆余同校友也,至有低余数级而毕业者。余素以年少无知藐视之,今不意冒然为新士绅,任县党部(常务委员)及中校教员、图书馆馆长、通俗讲演所所长、建设慈善各机关领袖,是实莫明其真相者。总之,此辈小子胆气较大,只好露锋芒,从皮毛上求所谓党务常识,以为治国之道尽于此,更可笑也。嗟我中国,有此大好河山,悠久历史,究不知作何结局耶? 其分合循环,理乃其然。今之时势,不啻战国、汉末纷纷扰之。

晚入馆,剪《新闻报》所载中华书局将售之《清史列传》豫约,关于《儒林》一部,全目登出,其末节亦载我乡先生方成珪名,而怪未列孙诒让也。孙先生卒后,有钱塘吴士鉴上表朝廷,已得列入《儒林传》矣。此殆原稿转录,未免遗失云。(孙名未见近出历史教本中)十一时睡。

初五日　晴

晨起,点《左传》昭十二年终,入塾教罢,已午正,即归。下午,《史记·儒林列传》只教其序,计二页余。是日爱雪未到,故《逊学文》调为晚馆,课化学。

得间取阅《王静安传》，知其初治学无系统，惟取科学及西洋哲学书注览之，中年游学日本，始知整理国故，读乾嘉大师如戴、段、钱、王作品，悉心攻读，乃悟考据家方法，治三《礼》，次及各经，并能利用古金石发明经史原意。十六岁时，在杭州崇文书院，将所积万钱购前四史读之。又读藏书家之书（一为大云书库，一为乌程蒋氏汝藻藏书），为编藏书目。尤工词曲剧本，为文得本自然，有《观堂集林》三十卷。其余关于考订甲骨金石文者，更不胜举也。上虞罗振玉、振声兄弟，长沙叶德辉及吾乡孙仲容，皆结文字缘。惜乎，其遽轻身而沈于颐和园昆明湖死也。我国何多厄运，三四年间连丧大学问家数人，如张季直、林琴南、林长民、王闿运、盛竹书、沈子培、钱能训、康有为等。

薄暮，有吾生李宝林结婚搬嫁妆，极丰饶热闹，厅堂、寝室、书房之设置皆备，为余从未见过者，人言约值万余金。并随嫁田亩亦值三万左右。李生前岁从余读英文，习算学，人尚纯人焉。一入中校，与众恶少相征逐，后遂不安心读书矣。午间，改文卷，以如美所作较佳，给以最多分数。夜十一时睡。

初六日　晴

晨起，点《左传》昭十二年竟，入塾，知如美往王家坐筵，而弟锦裳亦随往，故《左传》不得教也。下午，以诸生未到齐，在家学翁帖数十纸，间出游第二巷竹林斋裱画店，览俞陛云《庄蕴宽对联》。陛云为俞樾之孙，某年探花。余前在杭时逛西湖，在俞楼中见曲园居士像之旁立一小孩，盖即陛云也。陛云获隽，吾乡前辈孙琴西贺之以诗，见《逊学》之《诗钞》。

晚馆，教毕，陈生剪报端所载《清史列传》（儒林、文苑）二全目以赠，其中所载方前辈成珪工小学，著有《集韵校正》《韩文笺注》二书。其曾孙宏源早与余同学，年未三十即死。时杨嘉尚在，为作传，今嘉亦下世数年矣。即夜为伯母迁居大沙堤,拟于五时便起,一往贺之。(昼间览《学衡·谢灵运文学》一文,多录《诗品》《文心》各文评书成句,加以自己断语,末附年谱,颇简约。)是日为余生日。

初七日　阴

晨起,已过八时,急用早餐,入塾,而诸生待余至久,即将昨点《左传》教之,至午正归。及点《史记·儒林列传》下半段毕,但入塾仍不得教,以锦麟、锦裳兄弟俱往王家会餐也。因先教其姊弟以姚鼐作《刘海峰八十寿序》,既毕,约三时许,麟、裳来。布告诸生,明日放假,其辞曰:"明日系乡哲孙先生仲容归圹之辰,先生学问渊博,著述等身,为此给假一天,使诸生知所仰慕,亦以表愚私淑之意也,允辉白。"等字样,并为述仲容先生学行。闻明午后,有送葬者数千人,其热闹莫可以状云。

(温属学校公团,皆派代表八人以上来送葬,而学前籀公楼下又设花祭,顶马约数十头,旗帜新鲜,执事不知其数,实为邑中破天荒之大葬礼也。)

晚馆,令陈生钞完物理稿本。余只自缮,并阅览《学衡》杂志中《隋唐史学》一章,有述其图书分部之来历甚悉。归来继览,至十一时始睡。又当薄暮,途遇黄兄宗苣,邀游其家,承许借观缦庵所藏书(缦庵为其祖绍第之别号),并与谈学字方法。黄兄近字体大进,盖由上年与余辈相聚学习而成就也,佩服之甚。余约得暇即去整理云。

初八日　阴

晨起,点《诗经》"小雅""大东"二章毕,赴内家归后,读疏点书。至午后,铨弟来访,与谈治学方法,并告此日告假来由,为纪念孙先生仲容出丧之故。

一时许,孙氏出丧队伍分为十组,过我店前,第一、二组牌伞,参以花亭数十座,中置籀公遗著(题曰《经微室杂著》若干种)、手泽、墓表、《清史列传》及奏折等,此最为难得者。第三组挽联。第四、五、六组饰顶马及花圈、僧道等。第七组为城乡各学校代表,共数百人。第八、九、十组为灵柩及女客所坐轿,士绅跟随者近千人。至于道旁观者,人山人海,不减清明时节迎神赛会之热闹也。

余观罢,牵铮弟又从后街赶至学前看花祭,即在县高小前,张幕置菊花数十樽,上座安放孙公像,由孝子等齐跪,祭止客。既毕,余与铨、铮二弟及邻舍王国光共坐籀公楼,畅谈书馆教书程序及方法。余为言项塾诸生读书情状,并驳论楼中所悬联之佳恶,称胡调元、池云珊、张枫之作为最体贴,吴之翰、王冰肃二联颇失神意,不配悬此文雅地也。胡撰以此楼齐俞楼(俞楼在杭州西湖上,余曾一游其间,得见俞公像及墨迹隶书联数种),张作谓孙等承陈、薛,可推为祭酒,横匾题曰"经师人师"四字,项廷珍写。此楼落成在去年春间,值时大雨,送入祀者亦不下千余人,有宋墨庵为文致祭,亦极热闹也。余实心慕之,欲尽力法其读书,为世闻人然后快,因时时以此自勉。晚馆,教化学,九时归。灯下,记此毕即睡。

初九日　阴

晨起,点《左传》昭十三年之一,入塾教,至午后半时始归。下午,《史记·儒林列传》说至《尚书》一节,当时参取吴汝纶作《今文尚书序》及《曾家书》中有言《尚书》古今文学分派事,详为陈生解释一番。余前辑《清儒著述表》亦已如此分目矣。顷余又欲先令诸生纂《汉儒经学传授表》,再示梁作之表(为余从《饮冰室集》中抄得者)。

明午后文课仍不能行,以诸生明晨往孙宅接主,而爱雪又未来也,如此明全日无形放假矣。项氏生有半数较肯认真,余常以孙仲容之为学勖之,并为析言其父品位之尊,已陵驾仲容之父太仆公也(骧任财政部次长，即古之户部侍郎，亦即六部缺次，而太仆卿反当九卿之职也。又其父骧庚戌返国，以第一人入翰林，意即前代所称状元也。惜今民国，位高不显耳）。

午后，项主以所作挽李叔诚联嘱书，其文曰："博通经世，旁及方伎，似亭林、青主其人，惜乎天不假年，民族思潮谁鼓吹；精窣义理，摅为文章，继止斋、水心之后，尚已我犹有恨，永嘉学派失家传。"余书此联毕，教书，亦至电灯大明乃归。

晚馆，于教后览报计一时，见有载蔡元培撰《五州烈士墓碑文》一则，知蔡作庸劣，多近时俗语。蔡曾任北大校长，五四运动之先倡者，与吾里陈介石称执友，皆著文望，何其笔意卑落如此，盖深中学白话之病也。（又昨午铨弟取余所习翁字纸一束去，欲以临摹作参考。）十时即睡。

初十日　阴

晨起，点《诗经》二篇后，改如美古文《宋平子传》。并检阅杨嘉《曝书随笔》，知其于目录校雠之学潜窣颇深，又其中引玉海楼及项、黄二氏藏有传钞本甚多。嘉年甫二十余已能著作如此，可羡也，惜其年不永者。《墨香簃遗著》为其父志林先生在世时发刻，计上下二册。嘉治学宗孙诒让、方成珪，尤喜金石拓刻，与宜兴刘承干、杭县黄鲁以及罗叔蕴（振玉）、褚礼堂辈常以书札相致问焉。

近午刻，孙公返衬（俗称回山），又极热闹，过我店前，计费一时之久始毕。实为邑中空前之大安葬仪式也，想所耗在数千元以上矣。过伯母新居，顺便访镜如，与共游心兰书社，知将开幕。再过竹林斋，得见曾公联语（木印）文曰：石床润极琴丝静，玉座尘消砚水清。又孙太仆：诵诗读书，尚教古人。联皆雅品也。当时墨庵父亦在此，言墨庵初得官监督，鹤亭招至瓯隐园中，与储石师读书，称为"瑞安二生"，月给计元为膏火资。后又为钱塘吴士鉴所赏识,介绍苏州某氏家教书。储石即归长西山图书馆,并任中学国文教习。

余既与镜如别,欲归。又遇张君宋颐毓祁,偕至其家,登楼取视孙氏《温州经籍志》,记其体例。欲于明后日赴苣兄家,检点缦缦庵藏书(缦缦庵为前辈黄叔颂藏书处之名),移录其序跋,拟作《藏书志》也。又余早存杨晨《敦书呢闻》,又从雁晴处得观《滂喜斋藏书记》,皆与此体例相同也。又张君景夫①有钞胡调元榕村《补学斋余草》初稿。

晚馆,教英文法,当时钟鸣已九下,灯右览《孙诒让传》并《哀辞》,皆章太炎作,以之参对项生文卷,未尝不叹项生年稚如此,可嘉也。《哀辞》中又发见宋平子之为人,麻衣垢面近都人,与太炎交最密。并悉章氏所以与孙通信,亦由平子介绍而来也。前年章闻孙公安葬,欲来送葬,惜乎今不在国内也。欲移钞《王国维传》,以体倦,姑先睡。

十一日　阴

晨起,入陈馆教英文法。十时回家,移录《汉隋间之史学》,为清华国学院教习郑鹤声作,篇幅尚多。余只摘出有关《四史》统计表。余前拟辑之《群书集解》亦有取《史》《汉》二书而整理之。至所引各注解,特限于乾嘉诸儒名著耳。兹录此表,俾知前朝大儒之述作而无别作用也。

下午,出馆继录之。薄暮,过内家,在刻石店内见到蒋君墓碑,为嘉兴金蓉镜(七十余岁)撰文,自邑池志澄书册。蒋为余友物时之尊人屏侯先生也,碑中记其大父廉石与平阳金晦遁斋共治颜元、李塨之学,有布衣派之称,想即池老自序所称东瓯布衣,是屏侯为某年进士,发黄岩知县,与今省警察厅厅长夏超甚相善。物时得任瓯海监督署

----

① 景夫,原文如此,不可解,疑为"翼父",为张宋颐号。

秘书，想亦得夏之势力扶植故也。晚在家观书，并读《仲容哀挽录》中有述及孙锵鸣家之藤花馆，实藏书之所，此为余所素闻者。继任意取《国语》汪氏远孙《考证》本，并钱（大昕）、段（玉裁）二氏之序文阅之，至十一时睡。

十二日　雨

晨起，点《左传》昭十三年及半，即入塾，教罢，诸生为余言孙家事，并所挂寿屏各对联，皆当代名作（寿序为乡老胡调元榕村撰，对联为吴昌硕、吴让之等书），玉海楼则仍长闭也。午归，点《史记·酷吏列传》三两页。下午，以锦裳又赴孙家燕饮，停教。与如美读，示以《王静安传》及《孙仲容哀词》，《王传》为其弟子徐中舒作（徐系清华院学生），《孙哀词》则为章太炎作也。而《哀词》开宗，略述宋平子为人，麻衣垢面，五、六月着棉鞋，等等，与诸生所作之传赞大意相同。

暮归过内家，并过姜萃夫处，与谈时事、新闻焉。晚馆余暇，览报知吴先生昌硕逝世，年八十四（十一月初六日晨六时）。先生工书画、金石，为当代艺术泰斗。余前在杭州，友人郑某购得其作品，亦影印者见视。后又于西泠印社岩中见先生石像，颇多名士气概也。今剪其临终时一段记载于报间。灯下，检点藏书竟，忆及诸拟作者，如《清儒著述考》《清代经学家传记》《孙氏遗书录要》等三种，它日若得参考各书，当一一成之耳。又在陈馆抄得治小学家法于《曾氏家训》中。

十三日　阴

晨起，点《左传》昭十三年终，继改诸生文卷及笔记三四本，入馆教后，爱雪来，又授以《逊学文》，为《张磬庵墓志铭》。磬庵，本永嘉乡间人，卒于乐清梅溪书院，与孙太仆交最密，故太仆叹其文学，为鲍作雨、项几山、方成珪及其师曹秋槎后一人也。曾摄镇海、定海等处教谕，佐某某办水师有功。既以主管撤职，先生亦归。归二十余年而死。时孙在京，有林太冲寓书使知之。余前已读其《介庵集》，此篇所述层次清晰，情韵风生，遂与爱雪反复诵之。午餐后，又改文卷，而林生为余作梅、曾、吴三家文醇序，较有进步。

晚馆，教罢得暇，览杨晨所为《教书呓闻》一书。杨为孙止庵侍郎之女婿，黄岩人，与仲容游，亦知校雠学，此书中多发明古善本语，书眉又有李雁晴识语数处。归学翁字，乃睡。

十四日　阴

晨及午刻，点《诗经》，在馆教读《左传》昭十三年，又为林生点《逊学文》某君墓志铭。某君为孙公少时同年，交情极疏，此文为应酬塞责者，似无言可说也。然孙公文辞雅洁，总饶古文腔调，读之仍津津有味也。午后，继昨记《钱大昕小传》。五时散馆，送书还图书馆，换来章炳麟《訄书》及《国故学讨论集》各一本。

又从胡鹰扬君假得其大父榕村前辈诗稿抄本，曰《补学斋梓余吟草》，即与余前在张宋顾家观得之传抄本同。携归后仔细阅览，知多乡哲酬酢之作。胡为里中以诗名者，出身进士，官宝山县知县，颇著政声。然诗名素闻，家藏图书甚富。鹰扬亦能用功，更喜习医，故与陈毅夫游甚密，亦任县党部秘书长，年甫二十耳。灯下观书，至十时即睡。以天气骤寒故，未睡前坐被间，读胡诗上编终。

十五日　晴

晨起，点《左传》昭十四年终，入塾，先命诸生为余缮胡诗（《梓余吟草》）计十余张，然后教读《左氏传》。下午，使诸生将《儒林传》按类绘表，并示以梁任公绘《汉儒各经传授本师表》，甚复杂费时。

薄暮散馆，即过内家。晚饭后入陈馆，教后续抄胡诗，归亦继之，至十二时始寝。

了胡诗中多发扬我乡老辈轶事，其记观书玉海楼并怀孙籀公，尤足为余所兴感。玉海楼尘封既久，杨知事君述承孝偕胡老共登其上，想由次镠先生导之也，他人无得涉足焉。如李友雁晴在他乡任教，妄言登玉海楼读所藏书致笔讼，经年始息，实则大背其祖公之志也。

十六日　晴

晨起，点《左传》昭十五年终，入塾教罢，为爱雪课《逊学文·马太恭人墓志铭》。太恭人为马侍郎新贻之世母，其写恭人妇道及家势甚详，文之结局亦清可学。

下午入馆，道过迈师家，适项荫翁在坐，与寒暄数语后，承相约明年馆其家，盖已知余久欲教其子读故也。往岁余在杭读书，荫翁为迈师介一助余资。逮后余以病辍学，是深有负二先生之属望者，故亟图此，聊以报答之也。今荫翁言"如微尘家停馆（因诸生皆年长，拟转入学堂续书），余当厚聘汝"，闻之感甚，遂各别出。

到馆考《史记·儒林列传》，其第一题命诸生述西汉经师之传授，诸生皆能列表以答，简洁有体。晚馆，教英文，并为作答案十余句。九时归点《左传》昭十六年终，始寝（恐明晨不能照常早起，因天气骤寒故也）。

十七日　晴

晨起较迟，改锦裳古文一篇毕，而时已将八下矣。亟往塾，教《左传》昭十六年，后又为爱雪解说《马太恭人墓志铭》，至正午始归。下午文课，题为《瓯隐园瑞安二生读书图记》。二生为薛储石（钟斗）、宋墨庵（慈抱），甲寅岁①得如皋冒监督广生之招，读书于署后瓯隐园内三间楼上。盖广生特建，以居二生者，并月助膏火费，使专其志。广

---

① 甲寅岁为 1914 年，误。宋慈抱明确称"丁巳岁，余与储石同客瓯隐园，意相得也"，见董朴垞《孙诒让学记》上册。

生为黄叔颂观察之快婿，其远祖冒辟疆系清初名士，与侯方域、吴次尾辈游最密。广生能承家学，酷好文事，广致异书，于此更可证明其志趣矣。余既以此命题，所以扬二君之名，亦以表彰乡邦之文献也。

至灯亮归，少憩后入陈馆。终日奔走，用心兼用力，亦自云憔悴矣。虽然于学问一途，确信进境不鲜云。继得三弟信，知换书事，折半可代售。灯下草复照此去办，十一时睡。内子归宁数日，尚在家。

十八日　晴

晨起，即入陈馆教英文法，并于案边自阅章氏（太炎）《訄书》，知太炎虽工汉学，然于时势亦有发挥。余固将其中清儒颜、王诸篇反复视之，略窥治学方法。

下午，在家抄胡榕村诗稿（《梓余吟草》），为续《补学斋前集》也。上年其从侄简曾贻余一部。旋为阮友抱山借去，迄今未还。四时许一出，过阮家，问抱山近况，知仍在杭垣供职，大慰而归。又过竹林斋裱画店，涉览书画，知无名作，遂回，继览《訄书》。晚馆归，又继之，竟一册即睡。（并剪其书面上小像，插案前，以志敬仰云。）

十九日　晴

晨起，继点《左传》昭十七年终，入塾教罢，已正午矣。归后，知李友卓真将牵其新夫人林芬来游吾家及诸亲眷也，即打扫房间，整折被褥以待诸。余仍点《史记·酷吏列传》数纸毕，入馆解说。

后又与诸生谈观《訄书》心得数则，谓《左氏》内外传（内传《左传》，外传《国语》）为起史迁作本纪、世家而贯及列传者，极与余教《史记》，应先读书，末《太史公自序》，次及本纪、世家，如项羽、高祖二本纪，作有系统之教法同（章氏以本纪、世家为纲，列传为分目）。《史记》方说毕，而时已薄暮矣。诸附学仍无得，一一教之。晚馆出，点读《曾集·遵义黎君墓志铭》一篇竟，即睡。

二十日　晴，晚雨，入夜大雨

晨起，点《诗经·谷风之什》，然后入塾，教《左氏传》昭十八年，至午归。是日，爱雪仍未到馆，遂自取孙《逊学文》三篇朗读之。下午，《史记·酷吏列传》，言张汤等事，颇饶趣味，如小时具鼠狱而磔堂下，此与余早岁闻人言某人亦如此，想即张汤其人也。夫年少所为，往往为终生之始基，如孟轲氏然。故自余幼时与诸弟妹嬉戏，每每以开学堂教书为事。今既稍知文学，未免亦有此征也，为之大感。

晚改如美古文，尚佳。携至内家诵之，所以示我内子也。余以一年间，能教彼等作如此大文章，自云教法有成效，惜自从未遇此等老师也。惟前年在杭工专，受学戴中甫师（德清戴望之孙），获益较多耳。夜归，续抄胡榕村遗诗稿（《补学斋梓余吟草》），至十二时后始睡。（睡时前又检点《后汉书》，意欲续治之，未决。）

廿一日　晴，入夜微雨

晨起，点《左传》昭十九年竟，入塾教后归。得三弟函告以四史已找到，大喜，遂复彼即为购来也，价在七元以内，似甚便宜。继而点《史记·酷吏列传》再数页入馆，教至灯明时始回。晚馆，得间续抄胡诗稿，约十张红格。睡前犹展阅《翁文恭手札》，盖常置床间，以便随时取览也。

廿二日　阴，微雨

六时起床，点《左传》昭二十年四之一。入塾，适锦麟请假，到孙家送葬，遂改授其余诸生以古文，一为吴敏树（南屏）《别抄震川文后》，一为吴定（殿麟）《紫石泉山房记》，皆饶文章气也，读之甚觉有味。继教爱雪以《丁濂甫墓志铭》，孙公琴西作，亦极雅驯。中述与孙公同年成进士，上者有江宁寿昌（湘帆）、武陵杨彝珍季涵、仁和邵位西懿辰、德清俞荫甫（樾）辈若干人，后皆成文学大家也。

未午刻，先归。过姜萃夫处，挽来为堂上二亲摄影，以备余它日出外想念时观也（余上年在杭，每念长上，至寝不安席）。餐后点《史记·酷吏列传》终，入馆又教，至灯明而归。晚馆，与陈生讨论代数难题（方程式）。既回后，抄胡诗稿数纸睡，时方十一点钟。（又林生言芭孙之妹欲来附学。）

廿三日　阴

晨起，点《左传》昭二十年小许，继朗读《毛诗》十余章。至八时入塾，教《左传》后为爱雪点《逊学文·丁濂甫墓志铭》，甚简粹。人谓孙公文学震川，信然。午刻，到家餐后，得三弟所寄《四史》全部，喜极，其价果在七元左右，尚称廉也。下午，携二本与诸生阅，并开示《史》《汉》文不同处，诸生皆有所悟。但入门时，忽闻其母言项主信归，称诸儿学问大进，余颇为之大慰。微尘先生又言将归来，春馆地大概仍在此。《四史》既购到，则余一生所欲读之根本书皆备矣。（如十三经、四史、《战国策》、《国语》、《通鉴》、《文选》、《古文辞类纂》、《十八家诗钞》等。）晚馆，早出展读《史》《汉》二书，并相比较，大有心得。至夜深始睡。

廿四日　阴

晨起，点《左传》昭二十年终，入塾教后，又为爱雪读孙《逊学文·丁濂甫墓志铭》，过午始归。下午文课，为《瓯海集内外编序》，述杨君（志林）著书之意及其出处之节与子则刚读书事甚悉。诸生皆能领会，自出心裁，下笔立就，颇饶古文腔调也。

薄暮散馆，过内家用饭，牵内子同归。归检书于箧中（以日来内子回母家，我房内书籍乱堆，未加整理也），遂不暇再入陈馆矣。旋人来言，大妹姻事（搬亲），出于唐突，已择得大定日为十八，婚娶日在下月十四。余初不赞其议，既堂上允许，只好顺从之耳。妹夫李云龙，妙手工画,历任杭州、宁波各机关秘书事,人尚温雅。夜即与二亲谈嫁妹事,至一时许睡。

廿五日　阴,夜小雨

晨八时起床,盥漱毕,入陈塾教英语。午刻出,续检所藏书,至一时许,再往馆,以陈生外出,遂回坐楼上,抄胡诗稿数纸。晚馆,学习代数,并自阅《曾家书》数页。回来灯下又继抄之,十一时睡。(今日天气骤转凉,日间大舅来访,余方往老屋,为大妹嫁事告诸亲族人云。)

廿六日　晴

晨起,点《左传》昭二十一年终。入馆教罢,又为林女生点读《逊学文·苏源生之母墓表》。源生,字菊村,为孙公同年友,好学,善古文辞。既不得志于礼部,试归,遂奉母教授终生,文中写莫可乐处,情甚真挚,一旦哀耗到京,孙公为痛心不已。文末发挥议论,谓世之溺名利者往往弃亲不顾,无使亲享福而久恋禄位,获罪憾家,反累其亲者,比比皆是,其语亦极恳切。余前读《曾集》寿序,类多有借此议发挥,不意与孙公文合也。

下午,锦麟请假,《史记》停教。并嘱其余诸生续作《瓯海集内外编序》,仍以如美文卷为最佳,诸生皆能知在永嘉学术上滔滔谈论,可观也。晚馆,似陈署内请酒,即出。

过义父徐菊森先生处,览所存旧画,一约徐鹤樵家秘藏《列仙传画》十二幅,为林纯贤从徐渭(文)长青藤原本临摹。又有王云西题识,以及近人王小牧、宋慈抱、李笠等诗句。又有陈宝箴、孙衣言所写对联,及邑人曹应枢秋槎所题诗,原迹横幅三四张,皆佳句也。

旋后过内家,访大舅,托购青田石,欲学篆刻也。余前在杭时,曾览得赵次闲、金罍、吴昌硕、赵之谦诸人印谱,对于此道略有所知。惟以学问未成,姑置之耳。归来,继抄胡诗原稿毕,决于明午后去还之,然亦成一厚册矣。又鉴弟归，带来焵孙三弟所印信纸一大札。吾兄弟相爱之情，非他人可比，大慰。十二时睡。

廿七日　晴

晨起，点《左传》昭二十二年终，入馆教后，为林生读《逊学文·曹先生墓表》。先生名应枢，字秋槎，为孙公之老师，与端木国瑚、董仲常、二项先生同时，有诗集曰《梅雪堂》《燕古堂》等行世。《梅雪堂集》，琴西为之序，可读。余昨甫见曹先生墨迹，其字体颇似端木氏，饶书卷气也。

下午，《史记》教《大苑列传》五六页。既毕归来，往图书馆换取《宝研斋吟草》一本，方成珪作。书末有跋，亦述端木氏论诗曰：观理不精，则无以深其旨趣也；读书不富，则无以壮其波澜也。外编识于古今之体裁，则无以通变化，非静调半阴阳气派，则无以养其中和云云（书中又有与林敏斋培厚、钱泰吉警石、周守一贯之、鲍林堂作琦、蒋生沐光照）。余既取来，夜带张荔园骏数十人跋语，陈馆读四之一，至八时出。在家朗咏之将毕，以天寒甚，先睡。

廿八日　阴，夜雨

晨起，点《左传》昭二十三年终，入塾教后说《逊学文·曹先生墓表》，爱雪能心领无误，至午刻归。续点《史记·大苑列传》五六页许，教至灯明始回。又出游竹林斋观画，有孙家付裱之杨沂孙、丁蓝叔之篆书联，极佳，余皆池老近写各大幅也。便道过老屋，与鉴弟晤，问三弟《四史》付价七元三角，尚为合算也。晚馆，出览《珍研斋诗》，乡哲方成珪作，为家刊本。近其家大落减，书散亡，多为杨嘉则刚所得，今则刚亦死矣。方著书又有《字鉴》《集韵校正》《韩文笺注》等。独《集韵》刊入《永嘉丛书》中，传于世，余书见绳甫及则刚所作序传文中也。此书面署"方教授珍研斋诗"等字样，其笔迹近似孙锵鸣蕖田学士，疑从孙家散出，而图书馆又有大本《文选》朱笔点述，盖有经微室藏书，即决为仲容先生之读物也（孙氏著述处名经微室）。览将竟，以体倦先寝，时方十二下矣。睡前犹点《左传》昭二十四年、二十五年三之一。

廿九日　晴

晨起，点《左传》昭二十五年三之一毕，入塾教罢，读《逊学文·曹先生墓表》。午刻散馆，归途遇苏伯镠君，抽阅项生锦裳文卷，称赞不置，谓年少能为古文词，难极。并述及其父微尘先生少时亦然，家学渊源甚可叹服，然非得尔教授开导得法，恐未必如此进境速也云云，余心亦大慰。

下午，《史记·大苑列传》教毕，计五六页之多，诸生皆能领悟，至灯明而后归。晚馆，出晤林柏庐，言在郡办事情况，且言萃夫为朋友谋事之忠（林事实萃夫介绍）。因感叹吾辈少年友好，皆邑中佳子弟也。今诸子各任事在外，独余落落穷居，退读古书，殊自怜也。别归，点读《史记》各世家至夜十一时睡。

卅日　冬至　晴

晨起，读《史记·孝文本纪》，继点各世家后，学翁帖。既毕，至东郊访何励生，途遇芑孙，云甫搭轮晋郡，遂与芑孙同回到其家，上楼观先祖叔颂家藏书，约四十余书厨，皆善本也（有二十四史同文版、《王船山全集》全部、《惜抱轩文集》、《通典》、《古文习典》等）。并约余入春暇来此检点一过，汇为书目。又言玉海楼、蓼绥阁所藏，将出卖与北京东亚图书馆（东亚为日庚款退还所建，基金一百三十万元），故玉海子弟日来曝书甚勤，而蓼绥子弟即黄君之叔兰孙（住湖北），正来提书去，但未见事实也。余遂商黄兄，函郡图书馆，将蓼绥阁书流通假余读，已得准许，即刻致函通知矣，未知复信如何。芑孙出示颜碑及孙过庭《书谱》，翁临此《书谱》，赏玩久之而归。

下午饭后，一到内家，坐少顷归，仍继续读书。四时后，写对联，为大妹出嫁用也。晚，独坐点《史记》各世家，随点随读。至十二时方睡。（上午，畴九来访不值。）

十二月

朔日

晨起，点《左传》昭二十五年终。入塾，为诸生入祠祭祀，久候未到，遂归，点《史记》各世家。至九、十时许出访演嘱孙友，以前托言玉海楼晒书事，时黄宗芑、孙延晨二君皆在，固同到演嘱书室坐定，室左凿壁，筑书厨五行四格，满置二十四史（洋板殿本）、《渊鉴类函》、《读经解》、《柏岘山房集》、《相台五经》（残）、《史姓韵编》、《天下郡国利病书》，皆石印本，或洋板小字本也。余于其间检得乡先生书，为泰顺周丽辰作《欠泉庵文集》上下二卷，演嘱遂举以赠余。

又其父莘农先生所抄《庄子义说》中，采近人俞樾辈说。又有《佩文韵府》《说库》《永嘉丛书》等，皆乱杂而置于其中者也。旋莘农先生来问余名姓，即见称许，盖与项主骧成姻娅，时相往来。故又问余在项馆所教何书，其程度若何，余则一一举实以答。莘老言切勿早教学诗，以诗实穷人之辞，年少时不可使作抑郁语，其言诚有理。莘老长于写字，结体猖狂，类其人也。

下午归，餐后，稍读《史记》及所赠《周集》，首有池云珊、陈介石、宋平子之序及传，然后知周君苦学之状与池同，其致书孙仲容乞事，吐词悲哀甚，池序言与彼共从学太仆公于治善祠塾也。

下午，仍停馆，往某处观剧，写为善获报事，甚足劝世人。上午，当外陶尖迎灯时，神象驻驾屋后林府坦。余与大姨母曾选此目以演，台下人无不称叹，以为有意劝善也。班名新连昌，角色尚佳，薄暮闭幕。归即用晚饭，复入陈馆，带《周集》，置案旁读。既归，灯下仍点《史记》外戚、孝文两世家毕睡。（午后，作书致泉弟，告以娥妹纳婿事。）

初二日　晴

星期日。晨起，读《史记》各世家（五宗、外戚等）。继入陈馆，至正午出，学翁字几半日无间。薄暮过松林斋，观张謇、王懿荣诸名人书画，皆苣兄所托裱者，其叹写叔颂先生，即为苣兄之先祖父，曾充河南乡试主试官，与从兄绍箕仲发称为瑞安二黄先生，各有诗文集存于冒镌《永嘉诗人祠堂丛刻》，与张謇状元同时。又有吴大澂跋金石拓本数张，亦黄家旧物也。余甫登张颂公楼，观其一藏书，已得闻苣兄言先德遗事甚详，并许余向籀园借蓡绥阁书，甚盛。归途，遇卖旧画人，持诸小品，惟有方成珪信草较为古致耳。晚馆，出散步，归读《史记》，至十一时许睡。

初三日　晴

晨起，点《史记·三王世家》毕。入塾，教诸生《左传》昭二十五年之半，又教爱雪《逊学文·枌梅花馆记》，此馆为孙公官京师时所居处也，在澄怀园内，叙其风景，曲特有致，甚精雅，文饶赋体味，盖集《尔雅》释草木类字也。园内又有所谓仓笋斋，亦孙公辈值上书房时退憩读书所，与此馆相对望，此记余曾见于黎选《续古文辞类纂》内，想必可采，末附评语曰：孙此文大仿归震川。信然。

下午，《史记·游侠列传》教终已暮。晚馆课署，自读梅伯言文数篇，悟其作法，清淡多致，诚佳构也。归来学翁字，继游心伟书馆，谈读书事，心伟又从余借去颜碑一长幅，盖余亦由黄兄君舜借来也。时其从兄幼卿亦在座，并嘱余觅蒙师，余举洪君子林以荐，已承诺将成事。既别来时，十一句钟，即睡。

初四日 阴晴

晨起，点《史记》各世家，所以凑读书传，而明其来历如何耳。入塾，教《左传》昭二十五年终，继与诸生讨论学字，临帖执笔法，一本于《广艺舟双楫》等书。下午，《史记·佞幸列传》，说至四时即归。过竹林斋，观苣兄所存裱之各联，有张謇书小对联一幅，又梁鼎芬跋钟鼎拓本四幅，又吴大澂跋瓦当八幅，吴士鉴对联一对，皆题其祖叔颂先生，叹称同年。此数子者，文名皆振海内，其墨迹久为世所宝。黄公为江南学政时，想常与此辈相交往也。晚馆，归点《史记》数篇，然后睡。

初五日 阴晴

上午，为娥妹定亲，项馆停教半天。下午，即往教《史记·滑稽列传》，诸生竟与余相辩论，甚有所得，归时天色已暮矣。晚馆，在案前翻阅《中山全书》，知其少时已读过六经，尊崇孔学也。何今之国民党徒，极端打破礼教，大反中山先生之所为，所谓背本弃源，自生枝节耳。出后点《左传》昭二十六年终，时十二下，始睡。天气转大寒，有降雪状。

初六日 早微雪，旋晴

上午，《左传》教昭二十六年后，为爱雪读《逊学文·孙敬轩行述》。孙为邑中有名之词馆臣也，其学行孙公述之綦详，惟言其文祈祷圣井山许府庙事，略有神异之嫌，然父老相传皆云有此事也。余去秋初得项馆，即以此类乡邦轶事，命诸生作笔记，而孙太仆之所编《瓯海轶闻》一书，想亦有此意焉。

下午，《史记·货殖列传》说三之一，已暮，早归。今得心伟言，项氏仍聘余来岁续教也，一慰。晚间文为胡友质民荐林馆幼卿，以洪子林不肯来教，但未与林说实，即入陈馆。既归，读书片时乃睡。

初七日　晴

天气寒，晨起较迟，饭后入馆，课《左氏传》昭二十六年竟，又为爱雪说《孙希旦行状》，至正午归。下午，《史记·货殖列传》亦说至薄暮而归。晚馆，教英文作法。

继览报知有《金坛冯蒿庵事略》一节，遂命陈生剪赠我，其记冯氏政绩及读书甚详。冯为池老云珊之友，时同受业于金陵钟山书院也。余前读池作自序中，有言及此，故早知之矣。今剪得存书中以阅。到家，点《左氏传》昭二十七年终即睡。五时许，汇六元与三弟办大妹嫁时用物，便道过内家及父处。

初八日　阴

上午少晴，在馆教《左传》昭二十七年。毕，又为爱雪说《敬轩行状》，并高声读之。既竟归，已午刻矣。继点《史记·货殖列传》终。下午，以如美不到，令诸生温书数小时，不觉天色转暗，未几即近黄昏矣。晚馆，出学翁字数十纸，至夜十二时许睡。

又午刻，在心伟处得观魏碑字，甚古致，但未详何人书也。心伟方致力寻颜字，所收得颜碑亦多种，其从余借去者，张诸壁间，时临摹，又有《麻姑仙坛记》(颜平原)、《争座位稿》等，皆佳拓本也。

初九日　晴阴

是日新历元旦。陈馆给假，在家改项诸生文卷，仍以如美为佳，持以视江阆仙先生，亦甚称许，兹时中学生在江家请业者，见之皆为惊叹。余辄从三方听江先生讲《史记·范雎列传》，知多解说未妥处，不及余远甚。

午饭后，过裱画店，见有项氏黄、朱两夫人寿序，为孙琴西、锵鸣兄弟作，此文未见于《逊学斋集》中。首述雁湖、几山事，有及《且瓯集》水仙亭词，欲笔录之。旋又过一店(松竹斋)，览张謇《书魏碑》，疑题叔颂观察，系苕兄所存裱也。又有题省园，疑为陶时亮、朱为弼二人书，不知为何等人，但览其字体，皆不平凡也。晚从内家归，点《左传》昭二十八年终，时十二下始睡。（又午后铨弟来，出所藏书示之。）

初十日　阴

晨起，改项笔记毕。入塾，教《左传》。至午过始回，晤金正中，告余已带到存法政文凭，感谢甚。下午，先有胡简介绍林氏馆地。入塾，知何励生兄已先在久候，余与之登楼，检视诸生所读书，并谈一切事。励生善刻石，见锦裳戏刻各石，叹许之，即索观印谱，无有。顾余前在杭已阅过赵次闲、金罍、赵之谦、吴昌硕等印谱，稍稍认识其佳劣也。今励生之求，余早与项生一谈之。逮去后，诸生颇感余亦能知其大体者，然费时已久，亟教《史记·货殖列传》竟，犹未解说而日暮，电灯明矣，遂归。

转入陈馆，携《春在堂随笔》，得间自阅。陈生知余喜文学，又为余剪报端登有聊城杨氏以增藏书将出售外人消息。潘又电告山东省长阻之，并嘱设法保存一则，甚可嘉也。灯下，点《左传》昭二十九年终即睡。

十一日　雪

晨起，见飞雪极寒，二馆遂停课一天，在家读《后汉书》及《左传》，又为娥妹嫁事照料，亦忙碌。晚即早睡，坐床中读《左传》半晌，至九时即蒙被睡。

十二日　晴

八时入塾，教《左传》昭二十八年终，命锦裳自点《逊学文》某传一篇，无错误。项生继临南园帖，亦善。下午，《史记·货殖列传》教毕，散馆归。知金正中已送来余之中校毕业证书一纸，上两盖工、法专入学钤记，又教育部验讫印，一慰。晚馆，出与三弟共谈家事，所以为调排一切也，十一时许睡。

十三日　晴

为娥妹出嫁，停馆三天，在家调排一切事，每至深夜睡。

十四日　晴

是日为纳婿良辰。午后，并得二弟信，大慰，在外安好。晚间，妹倩、宝生（字云龙）来与大宴，至十二时后散。月色清亮，甚似秋夜光景。当时人来观礼者，拥挤异常，亦云乐极矣。

十五日　晴

此日，为妹倩同娥妹共归澉村拜翁姑，至晚七时返，备馔，请妹倩、云龙小酌。

十六日　雨终日不止

陈馆仍无往，伴妹倩谈有顷，并杂取书架各书示之，彼为澉村人，因为道宋陈傅良止斋轶事，傅良读书成材，名闻天下，称永嘉学派，与叶适齐，集首有叶序可参阅。下午检书，得所钞《畏庐文》，对三弟一读之，以其中有言纾弟秉耀客台，资助其兄读书事，与我二、三弟相类者，恨余独无纾才也，然其终生愿读之书，如《毛诗》《尚书》《左传》《史记》，皆余曾读过者，甚自慰识见之相同也。

继泛览《三国志》，此书为余前年在曾馆（剑霄）随课其子瀚清读毕者，当时余无书册，只就彼书中详加批点。陈志笔法谨严，较范书似为简略易懂也。盖《后汉书》受六朝风气渐化，文趋骈散。余谓史部惟马班二书可细读，余只一涉览之可耳。晚馆归，点毕《左传》昭公至三十二年，再朗诵一遍，到十二时睡。夜仍雨。

十七日　阴晴

晨入塾，教《左传》昭三十年终，又为爱雪点《逊学文·马府君墓表》，叙新贻侍郎之父读书行义，文末略论世俗报应之说，谓马氏世德，故有此子新贻出也。中正述孙自与新贻交谊，盖孙公之为皖臬，皆新贻、文正二人扶掖力也。下午，《史记·太史公自序》，说六家要旨甚详。且悉文之上半，议论风生，神韵亦富，健壮可诵。

晚归与林心伟、林幼卿、林心农兄弟聚谈于心伟书室。心伟云，明正学校教本改用白话文，如教员仍读文言文则罢职，校长不劝止该教员，亦撤职，其严如此。然单为文学者，亦可得考学士、硕士、博士，与其它科学同，所以使各成专门学科也。

夜入陈馆教几何，令做一二题，彼能解悟。继而览案头所置报，载有商务已印出《湘绮楼日记》全书事，欣慰之至。明日，当告项氏生也（项生已得余指示，预约订购一部矣）。灯下，览王祯缘《哀挽录》，因检书便出之，有李乐臣、宋墨庵二君篇传、挽联。王皆亲受业于此二君，读《文选》《易》《诗》《书》《春秋传》《大小戴记》《尔雅》《说文》《三国志》《晋书》《世说新语》《华阳国志》《水经注》《史通释》《文史通义》，并《老》《荀》《墨》《韩非子》以及《八代诗选》《文心雕龙》《庾子山集》《徐孝穆集》，又清儒汪容甫、王闿运二家诗文。

雁晴自言曾与共校《史记订补》误缺处，此兄得评也。王君与余素相识，其兄毓珽相交结较密，近亦从北京大学毕业矣。王君之卒，年甫二十二，余亦请陈姑丈作联挽之，曰：马帐潜穷经，风钦国学宏深，侪视符充追许郑；虎林旋返旆，忽见故人溘逝，感怀桑梓忆苔芳。时余正从杭州归也。阅毕，钟已十一下矣，即睡。

十八日　晴

晨起，读《史记·太史公自序》。至八时始入塾，教《左传》昭三十一年竟。又教爱雪读《逊学文·庞子方墓表》。子方先世皆治经，而子方尤好文字训诂之学，此篇所述皆关于音韵一门，其详传授源流，有为余素所知之者，如自婺源江氏、昆山顾氏、东原戴氏、金坛段氏以及高邮二王氏、庄述祖、张皋闻辈，皆小学上最有功人也。至其中述音韵部分，余实未涉其藩，无从悉其详也。已对林生声明，删去之矣。

下午，《史记》继教自叙（司马迁言作书）本旨及文篇小旨，至八书止。晚馆，教几何。后又与陈生共读《文选》赋类数篇，以此生有意从余学文也，拟明春教读陈寿《三国志》云。归来，翻阅有关《史》《汉》参考书，并拟就《左传》试题数十条而睡。

十九日　阴

天寒，极欲雪。上午，课《左传》昭三十六年终。下午，教《史记》自序亦终，本年功课结束，定后二日大考一次，始放假也。林生《逊学文》教孙氏《盖竹山阡表》，盖自述其父鲁臣一生善事，开端洁体，与欧阳氏、曾氏《泷冈》《大界》二表同，篇末亦然。午间，自读《汉书·司马迁传》，用比较法。

晚归，薛执中兄来访，述二弟所托带口信，二弟嘱余来沪觅事，勿可家居，自馁志气，兄弟相顾之情可见矣。并云二弟近状，人颇壮伟，为之喜慰。薛去后，胡友简来索林氏关约，报以说实，将自送去。晚馆，教陈生读吴南屏古文三两篇，皆扞格不能入也。又与辨论新旧礼教之优劣，反觉极有兴趣焉。既归，点《诗经》二小时睡。

二十日　雪

晨起入塾，令诸生温《左氏传》并预答试题，又教爱雪《逊学文·苏菊村墓表》，多韵致可诵。下午，大考《史记》《左传》，为感天寒不堪，提早结束也。晚馆皆停，在家点罢《毛诗·小雅篇》，至十时即睡。

廿一日　阴

晨起，读《史记·孝武本纪》毕，往内家送什物还外姑，小酌而归。下午，欲访绳甫，途遇之，遂共至雁晴家，登其楼，抽观藏书，有《何义门读书记》、卢抱经《群书拾补》、王念孙《读书杂志》、赵翼《陔餘丛考》、俞正燮《癸巳类稿》、钱大昕《养新录》、顾亭林《日知录》、鲍廷博《知不足斋丛书》、黄丕烈《士礼居丛书》、顾修《汇刻书目》、严可均①《全三国文》以及各类书经总解（《皇清经解》）、诗文集等，约二三十书厨。继而与李君谈厦大内容（国学馆事）甚悉。

陈君又言玉海楼书，闻有出卖与嘉兴图书馆消息，数在一万二千余元左右，现在检书中，此余前闻黄兄芑孙说尽售与东亚图书馆事相似，何孙氏子弟之不肖若是！自其祖琴西太仆蓄书以来，逾仲容，只二代而即散出，其间为时仅有四五十年之久，可叹也矣。前日，余欲为整理其书，嘱其宗侄师觉介绍，旋得复不允许，此可见孙氏之太吝啬，不顾长乡人之智，又于雁晴称遍读玉海藏书一节，已知其忌才太甚矣。玉海楼固为雁晴所未得游者，即孙氏宗族子弟，亦无从观，以此楼长封闭。余幸交其幼子季文，得一登其上，涉猎大概。若来岁捆载而北去，则与蓼绥阁书同流他乡矣（蓼绥阁书闻亦卖与东亚图书馆，从其后人谋也）。

五时归。一访邹某不值。晚馆，与讲史学目录校雠事，陈生愿从余读《三国志》，余喜甚。生又举报载河南庆旧历及张作霖做皇帝二奇事告余。归后闲谈一小时睡。（余在雁晴家看得归震川、冒辟疆、毛西河等画象，载《国粹学报》中，同时绳甫言有《震川集》《永嘉丛书》数种，为陈穆庵购去，皆善本也。）

廿二日　晴

晨出，访邹君敬杕，适于途中晤到，共至其家坐定，谈西湖图书馆情状，并言文澜阁四库全书皆钞本（为遭兵燹，杭州一再陷落，文澜阁

---

① 原稿作"孙星衍"。《全三国文》，指《全上古三代秦汉三国六朝》。

被毁，后赖丁丙收其残缺，更从文溯、文源二阁中再抄补之，至去岁始毕役焉。余前年在杭重九日，曾往西湖公园赏菊，一过其处，见有御碑，为乾隆题"文澜阁藏书"字样，惟未一睹四库抄本也。今邹君皆一一为余述之）。

及与余别后，所以入此馆来历，谓得于同庄先生相助为多。近在馆与同事某共编书目及馆板。又言此同事欲作《史记集解》，与余所拟作《群书集解·史记》体例、编法俱同，但兹事体大，难从着手耳。邹君并述湖滨王宅克敏所藏之善本书三四百厨，皆移置图书馆，正在整理编目云。当时邹君又以携来《浙馆保存类图书目录》二册见贻。

乃相与共出游，至大放家，观案置金陵局刻《三国志》《水经注》。转入孙延晨家，憩于其父诒泽书室（蕉天墨雨斋），谈墨庵馆其家前事，闻来岁又继续云。室间安长棹一，大砚大笔筒，筒中大笔二枝，中长锋笔四五枝，次中锋笔亦数枝，小楷纯羊毫一二枝，皆杭州邵芝岩或北京名店制，棹上盖以各呢毯，为垫纸之用。室凡三间，上横嵌玻璃窗，之外植芭蕉数十，此所以称名蕉天墨雨斋也。余因问其家止庵公所称藤花馆在何处，答在九房季芄家，亦有海日楼，取名与沈曾植子培之楼同，但无实处耳。

既归，闻家人言项生二次来访，以余不在家而去。继而又皆来，携《湘绮楼日记》二大函以视余，乃相与共上我楼观书，至二刻始去。余当时并指明所藏书内容大概，独锦裳能静听而心领之也，林淞生亦附焉。

后余与洪小萍共到王佛陀家谈治国学事。王君言余欲教《礼记》无用也，余耳之如无闻，余固依自定课程为之而已（余读书法及次序，一循曾文正公所拟订者）。晚馆，教陈生读曾文《邵位西墓志铭》，至十时许出馆，又与魁兄谈前朝掌故，甚有趣，乃信科举时代，得功名不易，读书总觉为可贵也。惜乎今之世，即在西渡毕业归，亦不过如此。

是夜，余家做年糕，大人入碾米处料理，故余独坐读书，至一时后始睡。

廿三日　晴

晨起，入陈塾教梅伯言文，至旁午即出。下午，到药师处，与言孙氏玉海楼曝书事，蔡言出售事恐未必然。又相与讨论，李君学殖有限，考据功夫未深，所著书皆窃袭而成，须知欲考据功夫深，必先熟习小学。李年只三十余，从未一涉《尔雅》《说文》一类书，何至征引如繁博，其所以得大名，皆因假名系仲容前辈之弟子故也。仲容《墨子间诂》名满天下，李为校补数十条，另装成书，付商务印行，其名遂大振矣。亦其命运，至于如此耶？继与曾生瀚清谈项馆教书程序颇久。

既出，一访绳甫，适陈穆庵（介石先生之侄孙）亦在座。又相与谈论治学大概，并欲观代著书之易，力驳仲容学术之误，其出言立异，盖闻于公铎先生者。陈、林甥舅旧姻，所言不无相肖也。陈亦善古文，为人作墓志极多，其书室案间有《荀子补释》，刘申叔光汉著，为余友邹君敬栻从西湖图书馆所藏《国粹学报》中录出成册者，亦世所未见。邹既有志搜辑，可嘉也。

又余昨夜在陈馆泛读吴南屏文数篇，欲将其间论文句汇出，成《乾嘉学者论文粹言》一书，以便后生学文一助，想亦甚善。余甫在李氏横经室（雁晴书室名）觅得《文学研究法》，即采集各家文评语，分类讨论之。

（在陈绳甫处，又览得近人黄侃季刚所著《文心雕龙札记》，较李详且精。季刚为太炎之高弟，吾师公铎之莫逆友，性傲兀不可一世，人有以五百金请作寿叙，不见，平居好谤议时流，现任北京大学教授焉。）

晚归入塾，教曾文毕，告陈生停馆，九时回，十时即睡。（薄暮，在自家读曾诗数首。）

廿四日 阴

晨起,点《毛诗·小雅·鱼藻之什》并读之。下午,读书毕,一过江阆仙先生家谈文学。既归,项生遣仆来嘱缮函致江南官书局购《前汉书》四部,约廿元,此为五局合刻本,价较廉,而板亦较精也。项生又欲听余言记日记,但无事可发挥耳。

薄暮,迈师过我家,立门前,约余向雁晴问明陈骏通信处,入夜当余在楼间学字,竟承抱山来访,既相与话旧,片刻去。抱兄自入黄埔军事政治学校,已三岁矣,顷从杭州归。自谓先任省党部秘书,后出派宁波市党部,搞商运,为特派指导员。人颇敏活,而文笔亦善,尤工诗及书牍,以其性素喜酬应也。此归省亲,并邀故知黄苣孙等偕出做事,意气洋洋,贫儿得志,为之大喜。

既去,金来(金永高,前与同校读书,近入厦大化学系)。谈厦大近况,又对近事发感慨,此子喜新,竟亦不满现政策,谓少年干政乱国,女子解放,反生野合,伦道日坏,大背中山原旨,如此潮流,殆与宋时新政相似。安石初试行一县内,极整肃。及为宰相,用吕夏卿等人饱私囊,以贼人事,仍不得善终。至于委员制,政由多门,难见治平,此之谓也。灯右学翁字,至数十纸,临摹甚有心得,十时始睡。(又阮约余明早共谒迈师及江阆仙先生云。)

廿五日 晴

晨起,学翁字十纸。候抱山来,过时,无踪迹。乃出访苣孙,于其家与项生晤,继而游林淞生家。先是,在苣处检视所藏《通鉴》及《汉书》,皆佳本也。归后,又邀共到抱山家小酌,相与走访励生、佛陀诸人,不值。最后访郑女士燕(晓庐先生之第三女)。余独立门外候之,仍不在而退出。世风一落,男女界溷,殊可叹也。晚点读《诗经》及学字,凡数刻而睡。

廿六日　晴

晨起，读《史记·孝文本纪》，继点《毛诗》，终《小雅·鱼藻之什》，而励生适来，遂共出访阮抱山，不值，先憩于天王寺，谈作客他乡苦状，至午仍访阮君，时迈翀亦从其家出，遇诸巷口，与励生言借抄《永嘉集》，送存杭州同乡会馆。迈师好交文士，余与抱山、励生尤见器重，约来正长八日，共游仙岩。既而别，我二人入访，与孙季文晤，重提玉海楼曝书事，已为余言之，其兄孟晋将允许。

下午，与何、黄、阮三人共至王冰肃先生家。冰肃前任邑高小校长，亦即我辈老师也，近抱病闲居，工诗，与余辈述普通学堂故事，称仲容先生博学，为校中诸国文教师蔡贻仲（念萱）、池仲麟（虬）、杨志林（绍廉）所尊奉，时有以疑义就质先生，先生谓翻某书某卷某页某行，如其言检之无失，然出言拘拘口吃，望之不似有学问者。与黄仲弢、叔颂二先生同以办学，有功乡里，冰肃能一一述之，盖冰肃亦当时一优良学生也。将别，冰肃出近作《泪词》一纸付余辈征和。夫冰肃本不能诗，自从余友抱山游后，得抱山教导，得力不鲜，以成此作也。

又往芑兄家少坐，视所裱陶时亮、李为弼、张謇、吴大澂诸书画，并留用点心。时抱山已先出，为得有电报，我二人遂过胡孟昭家，登其楼，览壁间有志林书小行楷横幅，详读书法程，盖教其子纲也。孟昭亦以好学称，今视其案头，无一册书，惟置古瓷瓶而已。晚过励生，索石刻即归。灯下，读《史记·留侯陈丞相世家》毕，遂睡。

廿七日　晴

晨起，读《史记》，继临《翁叔平手札》十余纸。会项生送一函，嘱再寄江南局购书（林女生以自有书故）。去后，余亦出欲访孙季文，为玉海楼曝书事，尚睡。先在陈安林家谈治国学途径，安林系世家子，其先陈虬（志三）以文学名一时。父宗易，近馆竹溪张玉书家（张为李生宝林之丈人，饶于资），教《史记》《文选》，皆余素闻其名者。安林承其家学，颇知书，然未得门径。余因一一开示之，言间闻胡孟昭来，与其父赞余学行，并及何励生，盖我二人皆贫士也。

既归，学字，而迈师遣人来请书春联。当时检案间，有俞氏（樾）残书梅伯言某等，余遂假梅集以归。下午，项、林各生携《湘绮楼日记》一束古本，因共过邮局汇款购书。

途遇林公铎先生，为寒暄一别。林先生学问为近时国内所罕有，余心最宗仰之者，亦甚器余，勉余向学，曾为书《自作诗》二首，并题余书斋曰困学，实知余所处境，故用此二字相勖也。

灯下，览《湘绮楼日记》，知其喜读史书，亦记读史心得语。独怪其记末一册，记阅史已数种，如此不至十日间，能尽一部大书，何其聪敏若是也。旋点《毛诗·大雅·文王之什》毕，读《梅伯言集》序跋类数篇睡，时已十二下矣。

廿八日　晴，夜雨

晨起，点《毛诗·文王之什》，继学翁帖。至午间，读《梅伯言集》。午后读诗。访旧友胡顾言（愭）于其舅氏家，顾言五年卒业东南大学，未获机遇，为母校教员，以犯精神病，与同事意左，遂见斥。今潦倒，至不容于家，而寄寓舅家破楼上一间，独坐，案积尘土数寸，不出交一友，亦不读书，衣衫褴褛，不似人形，与余言，多感慨。胡愭本好文学，前在温中教书，竟取清文而涂改之，大胆诽谤古人，此即精神错乱之举也。别后，途遇林公旦，亦胡君之密友，余遂以胡近状告。晚，许成远来访。去后，点《诗经·大雅·文王之什》毕，十二时睡。

廿九日　阴

晨起，点《毛诗·文王之什》终，继学字书联，至午过一时许，答访许弟成远与珪国，是适其姊夫孙君经枋亦来。经枋颇知余读书者，遂以扶持国粹为勖，但所述治图书馆学事，未免旧话重提。孙曾肄业东大，观孟芳馆藏书，又闻诸大名士讲演，故所得独多。又言玉海楼书将出售，约三万元，日来正在检书中。归后续点《毛诗·生民之什》。薄暮，萃夫来，以对联嘱书。晚过其家，出所撮金陵、杭州诸名胜片见示，并说明某处某处情形，盖皆萃夫所亲历亲照之品也。出过内家，与外姑辈谈家常琐事。十时始归，心闷，即睡。

三十日　阴微雨

晨起书对联。至午刻，继点《毛诗·生民之什》。晚得心伟邀，商项馆关约事，即入内家一游。八时出，与鉴弟谈片刻。去，读《梅伯言集》数篇，甚有心得，越三时方睡。

戊辰（1928）

正　月

元旦　阴

早起，读《曾集》（文正公）《陈仲鸾七十双寿序》及杂文数篇。继点《毛诗》，终《生民之什》。后携幼弟往拜祠堂（在西河桥老屋旁），便道过老屋及大伯母家，拜大伯母，言大伯父之事。归后，点《诗经》数页。午后，先去内家贺年，旋偕妹倩、云龙到魁兄横街旧庐而回。点读《诗经》至夜十二时后，已讫《生民什》，至《荡什》矣。深悟《诗经》大旨，盖独衷于毛、郑二家意也。间学书，刻题孙公语"修辞立诚，躬行君子，诵诗读书，尚友古人"十六字，为开笔之始，而余内子亦能从旁教读清文一篇，甚可乐也。

初二日　阴

晨起，点读《诗经·荡之什》。至午后，一往高塘头观剧，剧目《搜和府》，演清乾隆时宰相和珅专权，有谋国意，家藏王者宝物，有薛驸马某，三次奉诏搜之而后获，珅遂去职。当时吾乡孙先生敬轩希旦，亦为此吞金死。希旦初以联名送幛，贺和珅寿。至是珅败，希旦早归休，不悉此幛已为某官所焚毁，顾朝廷欲以希旦继珅职，圣旨数下，希旦不知，畏罪自裁，可哀也。此乡老遗传，录于此而系以感慨。晚继点《毛诗》，终《大雅》各篇，已去大半本矣。十时睡。

初三日　阴

晨起，点《毛诗·周颂清庙之什》。游林心伟书室，知项氏托书关约。午后，由林政相送来，而项生锦裳随至拜年。逮去，一往项荫轩先生家贺年。且为馆地事，与荫翁说明理由，项翁亦早探知之矣。其时叔轩先生亦在座，与其言水仙亭藏书事，而荫家所储又不少，厅中悬寐叟联，为由林同庄代求得者，盖荫翁颇以蓄名书画为意。旋项午田、林心伟皆来，余遂抽身先归。归后，往老屋与堂兄弟谈一室中，而六婆来，言心畬叔欲访余以事。晤之，始知以六婆六十寿序嘱作，并以黄石斋所书尺牍见示，谓近时人皆学此，有子培、孝胥、子贞等跋尾。既持归，乘夜作文，至三更才睡，而初稿成矣。夜微雨。

初四日　晴

晨起，读所作从祖志谦公继室《蔡太孺人六十寿序》，清朗饶古文气味，急特示江师阆仙及张中表范，皆许以为可用。旋与范周游本寂寺，沿途谈办教育事宜及李雁晴故事。雁晴廿七岁时，与范同事江上学堂，雁晴时尚不肯读书。今竟如此，令人健羡也。夕送所作文，心畬叔言，当转视林公铎先生，并求郢政。

前岁，心畬叔任职在京，余曾以所作《大姨母六十寿序》寄京请教，心畬叔不意为公铎先生所获睹，归遂邀余去，斟酌文词，甚有所得。余之识公铎先生，实亦以文故，林先生固为余所愿从学者也。归途过裱画店，见有阮抱山所为书及王冰肃所作《泪词》，皆可观。晚以体倦，先睡。大雾。

初五日　晴

晨起，点《毛诗·周颂·清庙之什》终，继读《梅伯言集》。即去与苣孙、西震同游孙仲恺先生家。孙为邑中书手，镛鸣前辈之第三子也。坐小厅间，览壁悬镛鸣七十寿序，为黄公绍箕所作，并书骈体，计十二张小幅，上横有张廷济叔叔书联，两旁有镛鸣老人玉照，又合肥李相国鸿章像，皆披清朝制服，见之起敬。仲恺先生知余治古学，盖闻诸项家也（孙、项世姻）。旋与仲恺老三人到苣兄家，详览书画。孙、黄二氏各藏名书画甚多，惟子孙不肖，不能继承祖武，终日嬉戏，以饮酒赌博为事，可惜也。

午在内家小酌，大舅岳生甫归，与谈时政甚悉。岳生素颇热心党务，至今亦有叹其失民心者，暴政苛征故也。问余事业，余以续教旧馆对，惟所得脩脯有限，反不如尔辈商人，然固余所不计也。余愿乘此一二年内，将六经三史卒业，然后出门谋事，求为文学界中人耳。

昨所作寿序，颇为林公铎先生所奖借。林性骄傲，不妄称许人，独器视余，亦云奇矣。余间至其家，即留谈至夜半，不使归。所谈读书事极详，尝为余书一横幅，立尽一大碗粥，挥毫即就付余。饮酒百杯不醉，酒愈多而所为诗文愈精粹。好骂人，虽孙诒让之博学，亦不在其目中。不管尊贵卑贱，有否其意者，即面折，独不少贷，人或谓与宋平子相类。连年任北京大学等处教授，所得脩金，尽作以蓄书。曾对余言邑中藏书，除玉海楼外，惟彼家叔苴阁耳。人皆以为狂言，远之。余之识林师，以文字故。林师自去冬归，只从途上一晤，未特走谒。其归,心畬叔为余言也。

晚游剑甫家,坐楼上,与林公旦三人谈颇久而归。灯下,点《毛诗》"臣工之什""闵予小子之什"毕,就寝。

初六日 晴, 夜雨

晨起,点《毛诗·周颂·闵予小子之什》。后访抱山、苣孙,皆不值,因二子即将宁行,欲与之作几日游也。继而与何励生、曾勉共游杨式勋家,览案间所置《中国通史》,记周秦两汉至唐时学术甚详,盖京师大学堂用书也。上数页载读史方法,与余素所主张同,谓马班陈范四史及《明史》五部,不可不先读。又有朱批《文选》大字本,残三册,余皆非正式书也。杨氏之兄式炎,以文学人自命。今视其案头所陈列书籍,既无系统,又不能称多也,余固噫叹,徒有名耳。既归,用餐后,出谒林师公铎,晤其表兄林尧民及陈穆庵,云已出拜坟,遂转诣迈师家,又已出门去矣。晚读《梅伯言集》及点《毛诗》,终《周颂》,读之至十时睡。

初七日 大雪

自朝至午,读《曾集》及点《毛诗·鲁颂》。饭后,稍睡,醒则苣兄送孙书一联来,去后览翁相国字迹。夜续点《毛诗·鲁颂》,至十时即睡。

初八日 晴

午后二时,仍大雪。晨起,读《诗经》,为苣、抱二兄宁行,出为相送。至则苣言其大妹将来从余读于项馆。既别,余游裱画店,与墨庵之尊甫遇,谈久之,遂随至其家,观所藏书,凡六七书厨,分类储之,以集部为多,丛书次之,余如乾嘉考证、参考书亦不鲜。壁间悬章梫书横幅,冒广生书小对联,又有冒广生、吴挚甫、林琴南三人合撮之影,陈书满室,案上随置笔砚外,无长物也。余检其书,皆无有加朱墨者,甚可疑也。前公铎先生云,余之蓄书,皆自阅过,非性为雅观者比,余信此言。往来邑中诸文家,几多具空名耳。余年二十七,已点过六经、三史,胜彼辈多矣。

未几,墨庵来,得其父介绍,与畅谈治学事。墨庵自谓古文宗清阳湖派(恽子居、张皋文)及龚定广、汪中四人,盖墨庵之学,从骈入散,与其道同,故奉之,然与余意稍异焉。时雪花渐飘起,遂归。午后,以昨作《六婆寿序》送示陈姑丈仲芬,烦见称许,略去一二句,以求紧凑,昌其气势也,乃再奉心畲叔,照此稿书于屏上。

去,又在墨庵家览得瓯隐园读书图片,分三格,上格为冒广生题辞六字,中格如渊作图,图中画一楼,楼上置书,楼下坐二生读,墙周围遍植芭蕉及竹,甚清雅也。第三格有王少牧岳崧题诗,此图已有我项氏生为之记,尚可读,墨庵未之见也。晚点完《毛诗·商颂》,即《诗经》全书卒业,大慰。继览《畏庐论文》二三则,以天寒极,十时即睡。

初九日　晴

昨夜四更即醒来,至天明起床,访苣兄与抱山,共到瑞丰轮船定舱位。后得迈师之邀,遂往,知为催励生,取杨作《永嘉集》内外篇抄之,并托请陈仲芬姑丈任贾宅啸梅馆地事。贾氏连年欲聘余而不果,兹为蔡师嘱,故走商陈姑丈,仍嫌途远,不肯接交。午后,以失眠脑昏,一睡至暮。夜在心伟书室,览《吴稚晖文存》,有记少年同学,皆一时绩学者,又记检查清宫什物事甚详。旋项鸿滨来谈党务并商情,归即睡。晨,承宋墨庵来游我家。下午,与林公铎先生遇于途。

初十日　晴

昨夜睡时仍少。晨起,为迈师写挽联,送竺雅周先生者,写毕送去。再入图书馆(开幕日),借《水心别集》(有论《史记》《三国志》文),

《说郛》（新出版者，为张宗祥道尹发刊，序中有及孙仲容者），《民铎》（《民铎》中记《俞曲园年谱》，与余前年所次略同）。又得薛师储石《游北雁荡记》一节。归后，祥夫叔在舍候，为贾馆荐二房姑丈姜中啸梅，仍以选书繁难（《楚词》、《文选》、前后《汉》），年迈不堪远出（贾住小港澄头）为辞。下午，入乡（莘塍会市）游，至夜归。

灯下，览《民铎》，有周予同作皮瑞锡《经学历史序》，及周云青编《俞先生年谱》，即《吴稚晖文存》之编纂者，云青为无锡丁仲祐之高足，年与余相若，而文笔清雅，好搜集杂文简册，可谓目空一世，大胆之极也。午，与张毓祁同访励生，为迈师子，不值。张亦欲邀余代荐贾馆，以年大不允。夜十一时睡。

十一日　晴

晨起，读《曾集》，又为迈师抄《永嘉集》事，走访励生，坐其楼上，谈乡哲黄漱兰、仲弢父子读书为官事，甚详。漱兰为襟婿宗涛之三太公，同光时为殿前御史，尝以施粉事诬奏西太后慈禧，顾承赞扬，只降官二级，时人言称矮脚虎，盖身长与晏婴等，亦循吏也（国史有传）。子仲弢官湖北学政，仲弢又为戊戌政变受嫌者，六君子殉难，太后召仲弢，仲弢知不得免，已分嘱诸子，就道入京。太后明其事，且言汝忠臣后，必无其事，近有谗言，余决不听，汝幸善为国任事耳。仲弢退朝喜极，父子所得介俸，尽散给贫寒者，其清廉至今尚为人称道也。当漱兰死于家，仲弢归，至东门航埠，即自航埠铺草荐，至家门口，匍伏而入，行古礼也，其孝思又可敬服若此。同时孙氏琴西、镱鸣兄弟亦以魁科为大官。孙、黄二家，即为邑望族，势倾一时，海内皆闻名也。今则衰败，书声不继矣。

下午，宋墨庵（慈抱）来游，谈文学事颇久。余视以《民铎》载《俞曲园年谱》，且诮其太简略。墨庵则自言《孙氏年谱》近亦有所添增。

其载太仆公死之时，稍有不符事实处，已为孙氏子所大训斥矣。

继而大舅至，而镜如表弟亦至，皆少坐而去。

余遂起访公铎先生，林先生与余言治三《礼》之门径，尤以《礼记》为入手，所谓礼意、礼事，礼事固不适于今，而礼意则不因时势而有所更变也。注本独称郑氏注疏，而孙希旦《集解》以无家法，不足观。又言考证为事易，中智之人皆能为之，如书多功夫多，尤易也。至词章一门，非具天才，必不能有佳作。遂出所作《蒋母林太夫人寿序》，对陈穆庵及余开导之，谓第一节托起全篇大意，中间用复笔及用典（四句十六典）法甚悉。又讥桐城义法太恶，如吴南屏日记，为许孝子传，篇末凡十易，知其性钝而无学也。余言梅氏伯言文皆议论托空起处，可见其学力。先生则斥为空谈，然自为文，虽引古书成言成理，皆狂渺无有归宿，远不如梅氏文之气机分明也。凡为文多讥评，尤非桐城义法所容许（文以载道），直如嘲文耳。余读八家及桐城派古文颇多，细心体味，皆平浅有意，机轴清而可寻也。

薄暮，励生以刻毕印三颗还余，并盖三年前存刻之物也。励生邀我共访抱山，便途过雁晴家，游览其新居之建筑，上楼，见案堆旧书，有《国语》《战国策》《后汉书》，皆已点过，想新从别处购得也。后与抱山晤于苕家，至九时出。励生羡余教书以当读书，亦欲觅一馆地自修。余遂举贾馆为荐，商迈师，得允许，计束脩壹百六十元，可谓丰矣。励生到余家小酌，谈论林损诗文，其言与余同。去时十二句钟，即睡。（是时邑中绩学士，余皆有会面，心大快。途行又与洪小萍晤，时余方从公铎先生家归来也。）

十二日　晴

晨起，读《曾集》。九时许，得二弟信，知尚在原厂，月薪廿八元。其时洪友小萍在座，并附来一札，荐其友陈某事，甚知急，余遂与洪君共游东郊告之。顺路游绳甫家,绳甫方为人作寿文并书。

余与小萍独坐书室内,览雁晴新出《文学述评》一书,盖雁晴近二年间在广大与中大自编教本,中间搜集资料,较谢无量辈所著《文学史》为详且有条理,实便初学作参考也。小萍述其缀辑方法,如会计学之有系统法也,凡编此类书,先定此书纲目,依其性质,遍检文史评书籍目录上,说其有关系处,以便随手移录也,故非多藏书不能也(亦即考据家编书之简便法)。

午归,闻有叶某来访,知为幼欣先生,遂往一晤。承聘余教女子中学国文、历史课,并其家夜课。余既允诺,遂与女中校长林宇侯三人攀谈,少顷归。下午三时过内家,先翻书择教材,决从古文入,以曾(涤生)、归(熙甫)、欧阳(永叔)、韩(退之)等为度。晚,内子归,以脑昏早睡。

十三日　阴雨

晨,读曾文,旋出剪马褂料,费洋五元四角七分,已由内子先付三元也。日中,洪小萍来谈。继而出,过老屋,欲向祥夫叔借《辞源》,然终不果,可知借书之难也。是日,闲游到晚,以昨夜心乱欠睡,未八时就寝。

十四日　阴

晨起,点《左传》定元年至四年半止,巳刻接春。下午,一过内家及伯母张表兄家,少坐即回。灯下,学翁字十余纸,写信答泉弟,未十时睡。

十五日　雨

晨起,点《左传》定四年竟,入塾(今日开馆),得诸生之父兄拌礼后,教《左传》定元年至四年,并添教黄生仪华,为余友芑孙之长妹。仪华已在北京某中校卒业,程度似较高,与林爱雪同桌坐,读曾文《答刘孟蓉书》，欲藉此解述为学宗旨，并在黑板上写四大字"读书行善"，为诸生倡。黄、林二女生既读此文毕，又教锦西读《论语》及学堂书。午刻，请至敬西宾，陪者有其家五祖父方纲公（涤秋）及孙叔海君（仲容先生第三子，亦项氏之姑夫也），余为项二生与林生淞生也。

下午，仍教《左传》定四年，欲速完此书，再治《礼记》及《汉书》也。六时后始散馆，黄、林二生亦随余同道归，皆诚笃异于时俗者。余既应女中聘，欲以旧礼教感动之，不知能顺余意否。灯下，点《左传》定至七年毕，即睡。（写信致三弟，托觅购《汉书补注》作参考。）

十六日　阴

晨起，点《左传》定八年毕。入塾教之，又教二女生以《逊学文·跋邵位西诗册三首》，位西仁和邵氏，讳懿辰，与自邑项几山、孙琴西友善，所著《四库全书目录标注》，有孙仲容为序，言及几山、仲弢诸乡前辈者。余前在杭州图书馆曾览及之。

下午，仍教《左传》，并记戴东原小传，至五时散馆。晚送内子归，为小姨下月十三日定亲，闰二月廿二日迎娶故也。后仲璇、祥夫二从叔父来，嘱余向陈先生雅堂处借脚铐，为从伯父玉璇疯狂伤人也。灯下，点《左传》至定十年而睡。

十七日　晴

晨起，读《曾文正集》及《左氏传》数遍。入塾，为锦麟择坟去，遂暂课诸生以古文，人各一篇，如美《台州二先生祠堂碑》，为孙逊学作，述永嘉学派及徐温节、季节二先生之治学。锦裳《琴西外公祭曾涤生文》，孙公自比以苏轼，而以曾公比欧阳修也，故此文之首尾句皆用苏祭欧阳语也。黄、林二女生同课，以序跋类文为题，《马生其昶及姚慕庭诗卷后》，其昶为今时之最善古文者，昔为孙公学生，今则孙公从侄孙公达转为其昶所器，人以一千元请马君为寿文，马君即令公达先为之，以二百元为酬，而自得八百元也。慕庭为其昶之外舅，桐城姬传之后人也，与孙公善，亦工文，得其家传也。下午，《史记》读《陈涉世家》，与黄生《汉书》相对，各间有差异者。灯下，改笔记四本，至九时独睡。天寒降雪。

十八日　雨

晨起，读曾文《圣哲画象记》，为蔡亲家翁写纸挽联，毕，入塾，教《左传》定七年，并教黄、林二女生读《逊学文·徐惇士墓志铭》。惇士，乐清人，与外公同年拔贡，文多述交情语，末载同考十人姓名，惟泰顺董文帜教谕交最切。近传泰顺大族董氏，想即此人之后裔也。下午，《左传》定八年，继记金榜小传，至六时灯明始散馆。夜点《左传》定十年终，览翁帖，睡。

十九日　阴细雨

晨起，点《左传》定十一年至十五年终，入塾教后，为二女生点《逊学文》序跋类二篇。下午，《左传》，教后又相继读，至暮归。而女中聘约及功课表已送来，知为每日晨一时国文，月付仅六元，一慰。又林淞生与吴大勋（友龙局长之子，皆中校学生）来，以喜联嘱书，送贺余友王圣征结婚也。灯下，读曾文数篇，所以为女中觅教材也，十时始睡。

二十日　晴

晨起，读曾公文，并为林生淞生书喜联，毕，入塾，教《左传》后，再教二女生，读梅曾亮文《书叶耳山遗集后》，颇简雅有法。下午文课，定题为《书朴庄先生旧本止斋集后》，诸生皆能自出心裁为之也。《止斋集》，原本已无见，所传为嘉兴钱警石校本，涵芬楼藏明刊本，又今通行之孙刻本（孙前辈琴西刻，《永嘉丛书》中之一），而项家祖几山先生曾一为校之，余此本则乾隆时刻也，其板已毁于火（见《瑞安县志》

经籍项中）。晚赴内家饭，闲谈费二时，始归。未半晌即睡，以脑力弱，不堪久坐也。

廿一日　阴，夜雨

是日星期日。上午，在图书馆阅览书籍，为《王静安专号》及《学衡》，中有王遗作、挽诗词等。又有张尔田孟劬与黄节晦闻书，亦述与王（国维）交好事。归时，借得《文学概论》《中国文学源流》，视毕，知为抄袭功夫居多。

继而，出游竹林斋，览书画。遇周先生鲁轩，余同门友予同蘧之父，亦善古学，而为郡馆童蒙师者。以其女亦在中校（称高材生），名蘧，为言教授法一二则，以参考焉。薄暮，曾生瀚清来，坐余楼上，开示以玉海楼观书事之本末。去后，一访李友卓真于蔡亲翁家，并谈家常琐事，少顷返。灯下，点《左传》哀元年终即睡。

廿二日　雨晴

晨起在六时许，小酌，即入女中校授课，当时有郑师晓庐之女公子（权）出为接应，延余入第一年设讲堂。余点名罢，先讲教法原则并研究学问途径方法之大概。为时未久，将退班，遂草草为读文一番。时项馆数女生皆来旁听，与之同归。到馆，旋以如美赴郡，于是分教，各以古文。下午，命诸生各自温书，五时后而如美返，六时散馆。过陈绳甫处，欲购《汉书补注》（王先谦著）一书，无有，与之谈，至暮始归。夜承外姑之邀，赴酌并谈，计费二刻，归即睡。（午刻，学翁字，计七八张纸。）

廿三日　晴

晨起，即入女中校，赶第一时功课，接上章申说源流（《欧阳生文集序》，曾作），未明澈，而限于时，草草退班。转入项馆，教《左传》定十五年至哀元年，继教黄、林二女生读姚鼐《刘海峰八十寿序》。海峰名大櫆，一字才甫，为姚鼐之师（姚言学经等于其世父范，学文于刘先生），文中叙其少时授书景况甚悉。与梁启超作《康南海七十寿言》同结构。南海亦梁之师，初在学海堂讲学，启超从之。后南海倡变法失败，六君子死难，而康、梁远窜海外。康所著有《大同书》《春秋董氏学》《新学伪经考》等行世。余时又得俞荫甫先生遗象，欢喜之极。以此物求之多日，颇费心力。俞氏固为余所私淑之人也。在馆为教《左传》及记小传，已至暮矣。晚从内家归。点《左传》至哀四年终即就寝。

廿四日　晴

晨起，改如美文卷一本竟，入塾，教《左传》哀四年至六年，又为黄、林二女生选梅曾亮作《赠孙秋士序》一文，其结局稍有不同。余为提醒一番，首犹言一切作影射，而后逼入本题，其相接处又甚挺健，而意境亦高可学也。余既纵读之，遂悟因声求气焉。下午，女中国文二小时，故先将项馆停讲半天，即夕在班上，遍命诸生读，识其程度优劣，皆尚佳，其中惟周蕖、邱淑、郑英数人较为高材者。

四时归来，知有蔡师迈翀、夏鼐君二信到。一为励生馆事，一为述清华内容与报考经过。旋出游竹林斋，览有孙琴西书小条，曰止斋之学得力《史记》，文赞，故其为文逼肖。又有止庵、仲容、杨晨（定夫）、黄体立（卣艿）等名作。第一间裱店见到志谦公书、二房雨亭公寿联，亦甚佳也。后游老屋，少坐而归。晚点《左传》至哀八年终即睡。（是日，从铨弟借得《四部精华》。）

廿五日　晴阴

晨八时起床，而父亲暨小弟云龙皆已用早餐，将往梅头外家赶会市云。余点书毕，即入女中学。离上课时尚早，又坐点《左传》一二年。今日课文为《湖南文征序》，曾文正作也，为述学文法及书源流甚详。午刻，自项馆回，知铨弟正来候，因取余作六婆（志谦公继室）《寿序》一阅，甚蒙称赏，且携之去。下午入馆，项生捧金陵局刻《两汉书》来，系新寄到者，板刻尚佳，计值拾元余。授诸生《左传》及古文（吴敏树《屠禹甸夫妻八十寿序》）毕，时已暮矣。归后，游江师阆仙家，与谈文事。晚游内家，坐谈，至十时出，将睡，展览《四部精华》中近代人文章，如吴挚甫、林纾、王湘绮、章太炎、梁启超、马通伯、张裕钊等，再记日记。

廿六日　晴

廿七日　晴

晨起，点《左传》至哀十四年，入塾教罢，又授黄、林二女生古文，颇悟梅伯言文境甚高，出语雅健，且富议论。与诸生言，甚有所得也。下午，《左传》教哀十二、十三两年，至暮归。

晚王佛陀、洪小萍二君来谈国学，劝余蓄小学书（如《说文段注》《广韵》《尔雅》《经传释词》），谓治经当从小学入手，皆余早知之者。论文称郑樵、顾炎武、万斯同、章实斋及近人顾颉刚，一时余退然若无知之者，所以探其言论，是否与余相合。继又索余作《六婆寿序》以观，盖问诸洪君云，一见余文，颇蒙赞许。别后改文卷四五本，至十时毕，读吴挚甫文片刻即睡。

廿八日　阴

晨起，点《左传》哀十五、十六年终，入塾文课题为《颐园春宴图记》，图为孙氏兄弟（衣言、锵鸣）退老时所作，有胡调元为之诗。余既以此命题，作记并为述孙氏生平出处事迹甚详。十二时散馆，送书还图书馆，而时已过，只付书馆役阿池。余归，方点书，而项生来，与共访何励生，不值。励生喜余徒，愿授篆刻术。继游高小学校，登籀公楼，指示所悬对联，其中一联谓此楼与杭州俞楼齐，胡调元作也。又有一联为张桐作，池老志澂书，较为雅洁有体，神龛两旁联语云：岂独吾乡推祭酒，愿从此地择先生。

晚间传轮渡肇祸，溺人无算，为询吾舅事，奔走探消息，颇久得平安信，一慰。既归，知家大人偕妹夫云龙、表弟汝犟，携《水心集》已到家，更大慰。灯下，读曾文正文数篇，至十一时许睡。

廿九日　晴

晨起，读曾文，先入女中，教《湖南文征序》。后再诣项馆，课《左传》至哀十五年，而黄、林二女生以事未到，略阅项生交来之文卷，皆佳。午刻，携归。方食时，叶君幼欣来，为聘余夜课其子俋国文事，约明晚起开讲。下午，《左传》教哀十六年终，即归。似较它日为早耳。乃过老屋，心畬叔还余所作寿序草稿，知已为林先生公铎所削改，心畬叔述公铎谓余此文稿发句有似孙逊学，余喜极。持归录副，以原纸再递心畬叔。晚点书毕，改女中生笔记一则，嫌其文不成体，殆沾染报章杂志之气也。未十时即睡。

二　月

朔日

晨起，点读《左传》哀廿、廿一、廿二、廿三年终，先入女中校。教罢，有人进项馆，教《左传》，并教黄、林二女生以张裕钊文《复黎莼斋书》，述学问之道甚详。裕钊为曾氏幕客，与桐城吴汝纶同以善古文名，二家文余皆喜读之。下午，《左传》教毕，时尚早，即归备课。晚赴叶馆，叶生程度尚可，余试教以《史记·项羽本纪》，参看《汉书·项籍传》。夜归，点《左传》哀廿四、廿五、廿六年竟即睡。

初二日　晴

晨起，点《左传》廿六年后，先入女中校，仍课《湖南文征序》，以此文中有畅论学文语。九时退班，假道西南小学而赴项馆，教《左传》，至哀廿一年。下午,继教至廿四年,未五时即散馆,为诸生别往其戚家饮酒也。余时便道过内家,知内子入乡会市(王家庆舅公家),数日未回。晚馆,继教《史记·项羽本纪》。至十时归,遂睡。(午正得三弟信并吴挚甫文选本、《续古文辞类纂》,并言《汉书补注》郡店存有二部,余即托购一部来。)

初三日　晴

晨起,点《左传》哀廿七年后,入塾教之,而《左传》全书已教完矣。当时项生嘱余书便条致孙孟晋(仲容次子)乞赐《礼记集解》及《逊学斋集》,皆孙氏家刻本也。下午女中文课,题为与友人论学书及述志,令任取其一为之。薄暮,检阅文卷,唯周蕸、邱淑为佳,而孙、许诸生居次,可见乡邑文献将由大姓传商家矣。灯下,改周蕸卷,费一夜功夫,十时即睡。是晚,叶馆即不去,以体弱不耐久坐故。

初四日　晴

晨起,到女中课曾文《重刻茗柯文编序》。《茗柯文编》为张惠言皋文作,皋文少贫困,余昔读其所作《先妣事略》及恽子居作《张君墓志铭》二文,已知之矣。茗柯堂即皋文读书处(言小而坚实,如茗林之柯也)。余教此三篇,为有学术关系,岂无微旨哉?是日,项馆诸生为黄戚善事,皆请假。余则尽一日改女中文课。间出游裱画店,见小品数件,有曹秋槎诗句残条,黄体芳漱兰一信,述为京官(御史),存银五百元,祷天后,度之度岁,亦大难矣,故以清节著闻也。灯下,点《礼记》孔颖达《正义序》及原文《曲礼上》。至夜深始睡。(即夕,内子归。计在家十余日。)

初五日　晴

晨起,改女中学生文卷数本,皆文言也。余意黄氏喜事末了,故偷闲一天,为表弟购郑苏戡《千字文》帖。与何励生遇诸途,因共到迈师家,一为贾氏馆地,一为借抄《永嘉集》。下午,改卷后,又访励生,不值。过图书馆遇之,而陈友安林亦在座。余时借《张濂亭文集》《漪香山馆集》二书,遂游励生家,谈久之,并在其案头检视所汇《报端碎锦》,皆学问中语也。励生善刻石,自言日昨过项馆访我,因与项生锦裳谈篆法,甚颂项生聪颖可教。天暮,余归。在灯下,读《濂亭文》,继点《礼记》,而内子亦在旁,读《女子尺牍》第三册,甚清楚,能解释,可喜。

初六日　晴

晨起,读张濂卿文。旋入项馆,教《礼记》。先将此书内容及源流详述一番,《礼记》在汉时注疏家有二,曰戴德(即《大戴记》),曰戴望(即《小戴礼》)。《大戴》为八十五篇,《小戴》原为四十六篇,后以马融发见三篇,共四十九篇,即今所欲读之《礼记》也。《礼记》为孔子讲礼时门弟子笔记之书,十三经注疏本,即汉郑玄注,孔颖达疏之本也。

下午,改卷(女中学生用白话),兼阅《国学专刊》:《林纾传》、《陈石遗衍年谱》、《庄子校补》(刘师培遗著)、《史汉文学研究法》(石遗作)。陈氏研究《史》《汉》,专汇文法,殊无多趣味。又有《小说月报》(商务出)、《中国文学研究》专号刊物也,可以观。旋游裱画店,知有端木国瑚所书"高扬无尘"四字真迹,闻为孙氏藏品,惜无跋语足征。灯下,点《礼记·曲礼上》四页,点《汉书叙传》六七页,又读《张濂亭文》。至十时后始睡。

初七日　雨

晨起,阅女中学生课卷半晌,入校稍迟,分卷甫竟,即已一小时矣。至项馆教《礼记·曲礼上》四页。午刻散学,读张濂亭文,并检点《汉书》(王石臞《读书杂志》、赵瓯北《廿二史札记》、杨树达《汉书补正补注》)到塾后,以学生课本未备齐,改为文课,题曰《卓忠贞公祠堂碑》,先述其人行事。卓公名敬,吾邑室卓呑人。幼读书,骑虎归。明初为建文臣。及燕王棣(成祖永乐)靖难事起,建文出亡,卓公与方孝孺、齐泰、黄子澄辈力谏,受腰斩刑以死。之时血流变碧色,事后成祖觉悟,奖其忠贞,赐谥立祠祀,故邑间有祠,已数百年矣。今中学校设在其中,孙氏、黄氏皆制有长联,悬于堂上。其大门联云"学承陈叶,烈抗方黄",指实事也。灯下,读张濂亭文,仍以高声朗诵,以昌其气,为治古文法。继点《礼记》三四页,就睡时已十下矣。

初八日　晴

晨起,读张濂亭文后入女中,课罢转赴项馆,教《礼记·曲礼上》。下午,《汉书》,先课《叙传》,使诸生知作者自身学历及时世背景,然后研究其学术也。余读后,锦裳起问,谓《汉书》文不及《史记》之饶情韵。余答以《汉书》去虚字之故,又为述《史》《汉》异同处甚详。

晚过老屋,知林公铎先生著作《陈方母寿序》(为其舅母,陈穆庵之母也),来与吾叔心畬相讨论。其文颇浩荡,有《庄子》文章气,嫌少往及也。林先生博闻强记,文中引古书语极多,至或以原句化为自己笔墨,不识者视之,大为惊骇,余实不赞成此方法也。余遍读各大家文(从桐城上溯八家、《史》、《汉》),其气机情韵,莫不有轨可循,眉目清晰,读之易解。今读林文,如骏马疾驰,无可制驭,中间撞语太繁,盖气机未清,与人相类耳。

灯下,点《礼记·曲礼上》、《汉书》叙传,再放声读马其昶、吴挚甫文,所以揣摩桐城文法及腔调也。余谓学文取法,从近入境宜高,故每读明清文后,更读唐宋文,则有一番气概焉。十二时始睡。夜雨。

初九日　雨

晨起,改如美古文《颐园春宴图记》毕,入女中课《茗柯文编序》,

诸生还读甫终即退班。在项馆教《礼记·曲礼上》，颇费解，自觉有心得也。下午，《汉书·叙传》至《幽通赋》止。正午大雨，薄暮天气稍清。入夜，即云散月出矣。

灯下，点《礼记》，并改女中学生笔记，将睡，读马通伯其昶文，悟桐城文腔调。通伯为邑先辈孙琴西之高足，其外舅姚慕庭即姬传之宗传也，亦好古文，与其昶同。余前岁在杭交一友，名汪岩虚，好古文也，常与余言珂里文学之感受，姚先生感化为多，实与我郡风气相类。今其人更不通问，不知何在也。（晚从内家归，过姜萃夫门口，知其祖父作古，年九十。）

初十日　晴

晨起，点《礼记·曲礼上》甫罢，而萃夫之弟送纸，嘱书丧联，即为草草写就还之。余入项馆课《礼记》后，至十二时归。下午，女中国文课梅曾亮文，为讲明文章气势，格局甚详，诸生似有心领者。退班后，与女同事郑权谈往事，郑为吾师晓庐先生之长女，嫁余友蒋辅铨为室，读书明理。余早岁游其家，谒先生，已见其勤学异于常女子。今阅十余岁，一家四女皆长成，执行地方事，颇著声誉。郑权既与余谈教材，余总执守旧派（桐城古文），不管其适潮流与否也。

四时散学，过内家，知岳生已归。为小姨纳聘将至（十三日），调排一切也。晚吊萃夫祖父，森老先生与其姑丈黄植民晤，并云王子祥家藏书有出售消息，余遂托为留意，拜祭后即返。灯下，点《礼记·曲礼上》少许，以体倦就榻假寐，内子促醒，乃解衣睡。

十一日　晴

晨起，点《汉书·叙传》"幽通赋""答宾戏"二文，皆班固得意之作，《文选》中已载其《答宾戏》矣。《幽通赋》仿《离骚》体，亦自述志事。七时入女中，课梅伯言《舒伯鲁集序》。项馆教《礼记》，至十二时许才说罢,散馆。下午,《汉书·幽通赋》亦然,教至电灯大明始归。

晚送内子回娘家。又过义父处,览孙氏手札、墨迹,盖琴西、止园昆弟述家务,买田宅祠产、设塾延师等甚详。置祠产,为子孙谋久远计;开祠塾,教子孙读书,为大官以再振家声。其前后汇银归,有几万两。至仲容手札,则论说文字学,又诒让三四札,亦言家事,皆致其姑丈子衡先生(琴西称妹丈),不知如何流到人间也。

十二日　晴

晨起,点《礼记·曲礼上》毕,入项塾教之,时尚早,乃自取古文,读三两篇,欲为女中择教材也,最后得吴敏树《欧阳功甫文集序》,此文为结前二篇(《欧阳生文集序》《舒伯鲁集叙》)事,借伯鲁而论欧阳功甫,双关文也。午归,致锦裳文卷,并读姚鼐文《食旧堂集叙》。

下午文课,续作前题《卓忠贞公祠堂碑》,视以县志所载《吊卓公诗》及薛邑令作记,皆平淡无事迹,一览置之,至暮交卷来。归遇林幼卿,取如美卷,读之叹为绝佳,非近时女子或中校毕业生所能为。此时,洪友小萍亦从旁称赏不置云,余亦谓如美年甫十五六,成就如此,真可嘉也。晚过内家,与岳生谈时局,至十时归即睡。

十三日　晴

晨起,读张濂亭文数篇,其志唐端甫(仁寿)墓,多述桐城宗派及曾公、李公在冶城山开金陵书局事,参与者又有汪士铎(江宁)、刘毓崧(仪征)、莫友芝(独山)、张文虎(南汇)、李善兰(海宁)、戴望(德清)、刘慕冕(宝应)辈,皆一时英俊也。余前读《逊学斋集·唐仁寿墓表》,亦略言之,而张集中又载吴育泉(挚甫之父)墓志,其昶之祖墓志,又自父母墓志,各文皆多韵致,称为佳辑。

读罢,出送《国学专刊》还许君,又还《漪香山馆文集》于图书馆。

时尚早,掌书者待久未来,遂记数字插书中,放门根处,令自见取收之也。乃入内家,为小姨此日定亲故,在途行,遇项荫轩、叔轩二先生。午留内家餐。下午改卷,点《礼记》至暮,一游伯母家,少坐。晚,续点《礼记》,睡前读张裕钊文数篇。

十四日　雨晴

晨起,取案前韩文读之,大有所悟,以为其文得西汉气味,多出入经史语,托空而驾,异常生动,非如宋元以后清朝及近人所作气下格卑者然。并悟读古书之所以运化,法昌黎之务去陈言,语皆出乎经史,益可知矣。

入塾后,对诸生言,并举一譬喻,曰后辈学文,当从低处着手(读清文)。稍上,至于唐宋两汉,此如望山而行,先至其下,然后仰其高而登其巅也。如不先至其下,则山之高险不可知。如不先读近代文,则文之工拙莫能辨,山之高险即唐宋两汉文之谓也。按此读之,正谓取法低而入境高,此余心得之言云尔。

上午,女中课吴南屏《欧阳功甫遗集叙》,为关注以前二编而选也。项馆《礼记·曲礼上》终。下午,《汉书》说《叙传》中《幽通赋》毕,读《答宾戏》一篇,未六时即散馆。

后与墨庵遇,共至其家,坐书室谈文事,其言皆本章学诚《文史通义》书中意,谓读书须才学识三者,并讥评吾乡前辈出语太卑,无嘉、湖、台、处一带之激宕高雅,皆识之系也。如齐召南不及朱竹垞,地气钟毓,影响学问态度如此。论文又称引阳湖派及汪容甫辈,与前述同,盖其心所服也。在座有南雁图书馆长陈小文老辈(七十有奇岁),请作寿序。宋善骈文,闻名颇久。只为气质顽固,不容于时,人皆畏与之交,甚可惜也。晚过内家,与大舅话家常琐事,归点《礼记·曲礼下》。十一时始睡。

十五日　阴雨

晨起，读濂亭文。后入女中教吴敏树作序文。继入项馆，知黄仪华请假，致命诸生先温《礼记》，定明晨篇章考试（《曲礼上》终）也，自亦放声读此一过，再取《逊学斋集》一读之。一为《书桐城马其昶文》，后评马生其昶之文，秋气太重，时其昶年甫二十，宜以多春夏气为是，盖当时马文简古有体，今马果成家，名一世矣。

下午，《汉书》说《答宾戏》，至暮归。晚览《中国文学研究专号》（《小说月报》特刊）记宋时诗人词人及历代文学之变更趋势，皆白话体，征引繁文，不觉目花脑昏，未终篇而置之。时已十下矣，即就寝。

十六日　雨

晨起，读韩文，并思索文课题目十余个，皆入时也。入女中稍迟，令诸生读甫，数人即退班矣。项馆以黄女生未到，先考《礼记·曲礼上》。如去年方式，分四类（一、问答，二、析句，三、填句，四、辨正），皆提纲著实，自信尚多意味也。此种考法，原参酌工专、东大，并自出心裁以融化之，所以启迪学生，甚善也。

下午，《汉书》教《叙传下》，为班氏自述作书大指与凡例。班书未完而死，妹昭（即曹大家）续成之，为表志（如《天文》《地理》二志），然《古今人表》《艺文志》，则固自作也，其功用亦较大云。余教此书，欲截自司马迁传以后至以前各篇，皆增损迁书。余生平已读过《史记》，如重温，觉无多趣味，然又不及迁笔之健雅也。晚改彭雅兰文卷及项生笔记四本，欲整书，以体倦先睡。

十七日　晴

昨夜大雨直注至天明，余起床时始止，燃烛读韩文，并览《畏庐论文》，深有所得。继而入项馆，便道送《中国文学研究》一书还许叔霞君。上午，《礼记·曲礼下》。教后览《湘绮楼日记》，知所作诗词、挽联等俱甚佳。湘绮读书，凡六十年，寿至八十余。余家心畲叔有其墨迹小对联，为在京时求得者。有正方朱文印，刻"湘潭之湘绮字壬秋，年八十三长"寿印，字画浑厚，有寿者相。

下午，女中文课，命题《中国青年论》《自由与自治》及《孙总理底民主观念》三题，独高材生周蕖能作第二题，余皆为第一题也。散学归过内家，知已备办妆奁矣。晚间张友宋廎为购《四史》事来回信，计值六元。既又与洪子林君谈教书事。别去后，点《礼记·曲礼下》及《汉书·叙传》毕，睡。

十八日　晴

晨起，读韩文后，入女中，课国文《欧阳功甫遗集序》，为诸生解文法，参及英文法，皆为符合。因悟幼时在薛友元熹楼上，曾览《马氏文通》一书（马建忠著），知分析古书句子甚清晰，卷首有严几道序文。前年在杭，又购得俞氏曲园《古书疑义举例》及王氏引之《经传释词》等，皆诠释中国文字之后出书也。

项馆教《礼记·曲礼下》，至午归。途遇张宋廎，说购书事，还价五元，未得首肯。午后又特访，遂相约候讯飞云阁（图书馆）。入馆后，教《汉书·叙传》，参考《司马迁传》。继览项主微尘所作诗文稿，虽寥寥数篇，然皆可喜者。项自言幼从上海张经甫学古文，其留学美国，实得族人茗甫先生之资助，有《二叔父茗甫六十寿序》，可见其底蕴。又有《池仲琳之父九十寿序》，述学文派别及评论，亦称引当时名家，如吴敏树、邵懿辰等，盖皆其高祖几山先生之莫逆友也。读至暮始归。灯右改如美文卷，并纵声读梅曾亮文，约十一时后方睡。

十九日　晴

晨起，读韩文《平淮西碑》，而悟其文体及脱胎法，其上半仿《书经》，下半仿《诗经》体也。继点《礼记·曲礼下》毕，入项馆课之。下午文课，题为《俞曲园传》，先录其《年谱》，俾知大概情节，诸生能自贯串之以成文。至暮归，晚游内家，谈三时许归。读文三篇，睡。

二十日

晨起，读《汉书》，并改项生各卷。入塾后，命续作文课，为思索传赞数句，读《逊学斋文》，知有与濂亭文中事相符者。下午，改女中学生文卷两三本，觉脑昏，即出门散步。至县党部览挽联，晤项氏女生如美与林女生爱雪共游心兰书社。如美素性贞淑，不趋热闹，作小儿女征逐也。唯时闻余言心兰缘起为前清乡先辈读书会，并多藏书，因特来吊古，诚雅事也。余既别归，后改女中学生文卷。又独游利济医院，览赏花卉，园丁潘志雅对余述先辈故事及雁晴在此读《文选》经过甚悉。

出后遇季文，挽至其家，将与其次兄孟晋谈玉海藏书事。孟晋亦知余为读书人，承奖许不置。昨岁为葬其父，从京归。整理书籍，言容毕工，嘱余重校。又言《逊学斋集》当印一部东赠。孙氏子十人，独孟晋好学，叔海、次镠未闻用功于此事也。别时，送至外门，谦让之极。其大门联题"颐园松菊，玉海图书"，大厅横扁书"兄弟重游泮水"，陈彝所献也。晚到内家，引内子归。继改卷六七本，睡。

廿一日　晴

晨起，改女中学生文卷二三本，点《礼记·曲礼下》，入塾，教至午。是日，为孙总理（中山先生）逝世三周年纪念，机关学校皆放假，闻县党部开会极热闹。日来国民党声浪沉寂，对民间集会结社，皆在禁止之例，此为后活之嘉会也。

下午，《汉书·叙传》教终，对司马迁传后各条，骤读皆茫然，故留待它日解说之。晚改卷数本，点《礼记·曲礼下》竟，始睡。

廿二日　晴

晨起，读《礼记》，检点女中学生文卷，入校教古文。后在项馆考

《礼记·曲礼下》,续教《檀弓》。下午,《汉书·司马迁传》。晚,继点《汉书·司马迁传》。又点《礼记·檀弓上》四五页,睡。

廿三日 阴雨

晨起,读姚姬传《食旧堂集序》,女中国文教材也,入校解说毕,已一少时。急入项馆,教《礼记》,至午归。途遇女中学生辈。下午,《汉书·司马迁传》。课毕散学,过内家。晚,点《汉书·严助朱买臣传》及《礼记·檀弓上》四张后去睡。

廿四日 晴

晨起,点《礼记·檀弓上》少许,并改如美作文《俞荫甫传》。入塾,教《礼记》。下午,女中国文二小时,项生皆来旁听,余点各生名。散学后,赴图书馆,检览《县志》,为女中欲旅行仙岩事,得王叔果作《仙岩记》一文,甚周密。又览《花信楼采访稿》,为民国初元时,浙省通志局委采各县城乡土志,其人物志记乡先生遗著,多采录《逊学斋集》中语,并《永嘉丛书》(《水心》《止斋》)二集中事。其记近时乡闻,颇足醒目,如人物志中录孙、黄各家事迹,有李明章作《孙锵鸣寿序》(详金钱匪乱)及孙衣言《六十寿序》四五篇(详永嘉学派事)。又有孙诒让为其父衣言作《行述》,为上国史馆,皆可读。又项方葀作《黄绍第叔颂传》,宋平子作《孙锵鸣传》,以及黄体正、体立、体芳兄弟为官清廉事。绍第为体立子,而体芳子则绍箕、仲弢也。项主骧庚戌廷对第一,亦列入。

以上所列各条,其体裁皆余前欲整理者。余决意仿吴挚甫《深州风土记》例,作《永嘉耆旧传》一书,其采集材料亦如是,备它日邑中修志参考。最后览得刘宝楠《论语正义》残本与《舒艺室杂著》,皆南京书局所刻板也。其法与孔疏同,前疏本文及注,参今乾嘉各家说以成书,余当时借来《中国文学指南》,归视之,乃评文诗汇语。灯下点《礼记》，至十时睡。

廿五日　晴

晨起，点《礼记·檀弓上》二张毕，入女中教梅伯言《叶耳山遗稿书后》。在项塾课《礼记》。午归，得泉弟信，时方作书复械弟，遂将此附去。下午，《汉书·严助传》，读罢淮南王安上书谏止诛越事。安自著书称《淮南鸿烈解》，简称《淮南子》也。晚来鬖发。灯下，改锦裳古文，未十时即睡，因日来咳嗽较甚。

廿六日　晴

廿七日　晴

晨起，点《礼记·檀弓上》，并阅《中国文学指南》，录出名家要语，以为学文之助。入塾，教《礼记》后，与项生共读张裕钊《王觐臣六十寿序》一文，悟其作法高古，亦托空写来，轻轻影射本题（主人翁）。究按之，无一非说实也，文章之妙可知矣。前闻墨庵言，文中有物，其此之谓乎！

下午休息，余将往内家，途中与吴国华晤，登其楼，检览桌上各书，皆同于国学，盖录自《国粹学报》中也。国华为学生时善文，近随国民党为党徒，奔走甚碌碌。继以失败退居家中，交游颇广。时有林某辈来访，坐谈少顷即去。余亦起，往陈绳甫家，购孙氏（诒让）《墨子间诂》一书。又陈存日人作《古文旧书考》，方苞作《史记注补正》《左传义法举要》，与之谈至暮，借书归。灯下，览《左传义法》及《旧书考》，知日人井氏对中学颇深，与经学大师俞曲园游，亦知吾乡孙公（仲容）、黄公（仲弢）二人者。余皆录其作品数份，随录随读，至夜分始寝。

廿八日　晴

晨起，点《礼记·檀弓上》将竟，匆忙入女中校，教国文梅作《叶耳山遗稿书后》，退班时分散《仙岩记》，系永嘉人王果梁作，以为向导也。下午，《汉书·朱买臣传》，情节韵致皆极佳，为班氏得意笔。六时散馆，就灯下读，夜半而睡。

廿九日　晴

晨起，点《礼记·檀弓上》一二页后，入女中课国文，为揭示文法。所谓事与物也，物言文中有理，事则专从情韵处描写，与前教曾作《湖南文征序》中所述"曰理曰情"同理。即物情即事也，文无此二者之一，则不能成体而传远也。六经诸子，说理文多物也；《离骚》《史》《汉》以后，则文尚事也。

项馆课《礼记》，亦多见解处，所谓礼嫌太繁，于此可知矣。下午，《汉书》严、朱、吾丘等传，课至徐乐。散馆，一游竹林斋观画，多近时人作。灯下，录方望溪《左传义法举要》、《中国文学指南》中语。十时后睡。

三十日　晴

晨起，点《汉书》及《礼记》。后入项馆，以女中为植树节放假也。下午，《汉书》教《严安传》，得间为如美讲《文学指南》，摘录各名家论文语。灯下，点《礼记》，阅曾文正文。早睡。昨夜梦祀孔子。

闰二月

朔日　晴

晨起，读《曾集·送周荇农南归序》，知文章奇偶之道。继点《礼记·檀弓上》终。入塾教罢，先时散馆，为妹倩宁行，随父亲共送，至东郊轮埠，余独归。下午，女中文课，题为《民气说女权的解释》，候诸生缴卷，至五时许始归。灯下，点《礼记·檀弓下》，十时睡。

初二日　晴阴

六时起床，用饭小顷，即入女中，课欧阳永叔《苏氏文集序》，为讲文派事。入塾，教《礼记》。旋得金陵《两汉书》，为项生所寄购者。下午，《汉书·终军传》读毕，记出边事。灯下，点《礼记·檀弓下》。至八时睡，睡前作书复迈师，告以《瓯海集》得陈绳甫许借钞。又述晨传城隍木耦为人揭毁，可怪事，城隍钟为邑中极灵感者，何至不能自全其身？与欧阳修记樊哙庙神同，可叹也。

初三日　晴

晨起，点《礼记·檀弓下》后，入项馆，课至午。午后文课，题为《书会匪记略后》。《会匪记略》，为孙公琴西所作，在《逊学斋集》中，系长篇文，所述与黄洗马漱兰《钱虏二友书》多相似。孙氏当时处境甚窘，赖锵鸣门下李相国鸿章等从旁闻说得免（见李作《孙锵鸣寿序》），至今里中老人犹能言之，盖已七八十年矣。

诸生作法颇多议论，谓事起至微，道府不省，致蔓延不可收拾也。贼魁赵启、周荣、蔡华，蔡华为南乡富人，事平后家产充公，即今高小学基金宾兴学田也，每年出息约数千元，犹可补助其他小学也。散馆归，便道过内家。晚改女中学生文卷数本，睡。

初四日　阴晴

午后四时，雷，小雨。是日上午，项馆休讲，为迈师托钞《瓯海集》，往其家检来数册，展读之，知多论乡邦文献者。

时有乡前辈张枬，灵轩汀田人，来访迈师，与谈文学，并孙仲容、宋平子、王子祥辈之轶事，余在旁闻之甚悉。盖张老少教于孙家诒善祠塾，时孙琴西、锵鸣兄弟尚在，述其时邑中学风之盛所以盛，由于孙、黄二氏之提倡。张老五六十岁，曾为十中国文教员，一生学问，尤工《史》《汉》，以治祠字学称名里中，甚推后生林公铎不置。又述孙仲容学问深博,但甚谦虚,其著《周礼正义》《墨子间诂》二书,初不欲传后,盖戏笔也,不知至今推为绝学矣。所述诸文学事,或有为余所素知者。余遂以学古文请教,张老能举成家数及不成派者以言(龚定庵文称别家),并勖余治旧学及保存乡邦文献。谈至午始去,而其神色不倦(年已七十),真寿者相也。

余时大喜,急归用饭。下午改卷。六时许往内家,知内兄已到家,晚送内子归。此日,为小姨将出阁,备嫁妆也。灯下,点《礼记·檀弓下》一页余,倦甚即睡。

初五日　晴

晨起,点《礼记·檀弓下》后,入女中教欧阳永叔《苏氏文集序》,苏氏亦以赛神事遭祸,先为一述,因命诸生作《城隍庙史记》。在项馆课《礼记》时,颇多费解,叹古书不易读也。下午,《汉书》教《王褒传》。灯下,改周薲笔记,读《曾文正集》而睡。晚游内家。

初八日　雨

晨起,改女中学生文卷三四本,入校较迟,为讲说未终篇即退班入项馆矣。上午,《礼记》教《檀弓下》,午后,《汉书》教《贾捐之传》。灯下,点《礼记》《汉书·东方朔传》,至十时后始睡。

初七日　晴

初八日　晴

初九日　晴

晨起,点《汉书·东方朔传》。入女中,课国文,项馆课《礼记》。下午,课《汉书》,皆多心得处,甚自喜。晚游内家,少坐即归。灯下,点《礼记·檀弓下》后,与三弟久谈,共榻睡。

初十日　雨

晨起,改如美文卷,并点《汉书·东方朔传》终。入塾,知黄女生以病未到，改教古文，如美选归有光《沈贞甫墓志铭》，锦裳选王安石《王深甫墓志铭》，爱雪、锦麟分选欧阳永叔、吴南屏之作，独于归、王二文大有心得，王文架空立论，然笔笔贴住主题而言，归则饶情韵，深究之，殊可诵一时。为诸生言之，甚明晰。张先生楚玉亦来，在楼下，想能听到也。下午，《汉书》，教罢时已暮矣。便道过内家，承外姑诉大舅把持状，甚感触。归知心畬叔在我家与父亲谈债事。既去，余乃点《汉书》少许而睡。

十一日　雨

晨赴项馆，教《汉书·东方朔传》后，与诸生快读一过。下午，独游松林斋，知项沆同存裱各书画，已装就取去矣，为明日项大宗祠修祠落成展览故也。

十二日　阴晴

晨往女中校教国文，只令诸生读说，甫罢，退班即出，过内家少坐。归后，为械弟向蔡师家取郑孝胥挂联，双钩之。至午后二时许共出，入项大宗祠，饱览各名人书画。有任渭长画雄鸡立梧桐上，丁蓝叔文蔚书对联，赵悲盦画水仙，王时敏山林，王云西古梅树，张景祁隶书联，胡龠山水，吴永康临伊墨卿钟铭，满幅画，沈子寿古梅，孙希旦小对联，俞樾隶书，沈葆桢对联，伊念曾大长对联（篆体），端木国瑚对联，张瑞图（二水）大行书小挂条，梁同书大幅屏（行书），胡宝仁山景二张，集汉隶字对联，郑燮（板桥）行书四幅，赵光对联，赵之谦对联，江湜（弢叔）大幅屏（字象山谷），黄菊渔行书，何子贞行书，赵之琛（次闲）隶字，曾国藩（涤生）对联，梁山舟（同书）对联，□□画美人，周龙窗（珑）篆隶，恽元庆、观澜二人行书，蒲华墨竹，瘿瓢画老人，周左工笔画雉鹤等四极大幅，刘基、林士傅（可舟）字屏，戴醇士（熙）墨迹，大约如此，皆佳品也。时观者甚众，孙氏叔侄（莘农、孟晋、滨万等），项姓族内(葆桢、叔轩)以及地方中之好书画者,无不来观。祠外演剧,项氏男女生亦皆来。余时对三弟略述各书画优劣。游至四时归,仍继续双钩苏戡字,夜间时即睡。

十三日 晴

晨起,点《礼记·檀弓下》,入塾教后,至午归。下午,《汉书·东方朔传》,课毕考试后即散馆。余再游项大宗祠(土名项宅墓)观书画。与其族子成赓遇,成赓为子余方蒨先生哲嗣,以资雄邑里,且多藏书。子余先生善古文词,学梅曾亮,余前闻蔡师说有《梅集评本》。兹与其子谈久之,劝其再蓄书,成赓大赽余言,因共去赏画。时有项先生葆桢,独以笑颜来接余,盖奇余貌庄重云,遂得相识,成赓绍介也。后又与项氏生三四人遇,待戏演毕,牵之归。是夕,读马通伯文,又点《礼记》,终《檀弓下》,乃睡。(女中从今日起放春假三天。)

十四日 晴

晨入项馆,课《礼记》。下午,教罢,作篇章考试,所以于节前得小结束也(原定朝读经,夕读史)。归时知已扫街,为迎城隍爷。大街纷纷张幕,有清明气象矣。余到内家坐谈颇久,至电灯明方归。晚复往,适大批小中闹学生在座,其中有与吾舅岳生相熟者。待去后询知为内家姻亲,邀日学来作春游,皆永嘉人也。将睡,读《汉书·东方朔传》。

十五日 清明 晴

晨起读韩文,知城隍爷仍不得迎赛,只绕城外一匝,即回宫,为之大失意。继入内家。午后一点钟,乃与大舅、内嫂、吾妻五六人共游愚溪本寂寺,尽半日闲暇,览景而归。归途与项生锦裳遇,知与洪新孙作伴,一怅。晚以体倦,点《汉书》数页即睡。

(往例:城隍司出宫,半月或一月勾留在外,有三日路祭,五日清迎,一夜游幕,一夜归庙。在此期间,小沙巷设神厂,连续演戏。大街上张幕,摆设猜灯谜,唱曲,开留声机,间年迎老灯,热闹异常,小民生活亦好过矣。)

十六日　晴

晨起,点《礼记·王制》五六页,然后入项馆,附学生未到,故改课古文,并录《湘绮日记》中挽联,欲汇而时习之。下午停课,在楼点《汉书·霍光金日䃅传》,终霍光。间出看戏,班名玉声(取玉振金声之义),京调,与大声同,然尤多趣味,一往即归。归为鉴弟书扁额大字十七八个,有行气,殊自慰。并为成赓书横幅对联,款为"张耘德敷",书成,赓遣人送来也。灯下,改项诸生文卷四本,女生中周薳一篇题为《城隍庙灾记》。又得迈师及云龙函,迈仍以《瓯海集》事催余顾人钞。遂为访得手民,断酬谢三元,此书昨方从械弟处寄下,亦一慰。

十九日　晴

二十日　晴

晨起,入项馆,课《礼记·王制篇》,时黄女生(仪华)未到。下午,又为内家喜事调排而停课。是夜在内家,大舅与外姑胡闹一场,余从中劝解,至子刻始归寝。

廿一日　晴

晨起,入女中校,课欧阳文后,即入内家,直到午刻。赴姜友萃夫家,因其祖父之丧,并小酌而返,仍在内家为照料搬嫁妆事,夜归在十二时许,尚读古文(马其昶作)数篇睡。

廿二日　雨

晨起,览《瓯海集·黄绍第传》,知其一生学行。旋到内家,为送小姨出嫁。正午,花轿上门,陪黄家押轿者为胡姓子,其中表也。轿去,入女中校,课欧阳修文曰《释惟俨集序》二小时。时雨后大晴,叹为小姨之福，而大舅与外姑已稍稍转和为故，一慰。薄暮，过松竹斋，观孙诒让作许松年之子墓志铭稿，系藏于金子兰家。又有黄菊渔书诗札（菊渔，为余连襟听秋之祖父，工书。其弟卤艻、漱兰二先生，后皆为大官，称邑望族）。项葆桢托裱孔子大像及古刻碑拓片，皆佳品也。晚复游内家，至十时归寝。

廿三日　晴

上午八时，女中课国文毕，即来内家游，且读韩昌黎文不释手。午后，一过图书馆，与陈绳甫、张宋顾遇，向馆借《文哲季刊》，以其中载《归有光之文学》一文。览罢，中有为余早言及者，皆文法语也。既出，三人同行至陈家，少谈而别。余时便道过老屋，知心兰书社将完工。继又与连襟听秋晤，约即晚赴其家会亲。遂于是夕偕岳生、心穌同往。听秋端厚，名公子，余为介绍小姨婚事，今始完成。新婚夫妇甚相得，乃大慰。夜归，览翁松禅墨迹而睡。

廿四日　晴

晨起，览《瓯海集》，其外篇所录名家文皆可喜。继游内家，与内子谈洪某可恶，有嫁祸于余意（前日项生锦裳从彼游，余稍诮之，以谓不肖之徒相征逐，无益也），余固未之惧，只愿成名后，歼厥败类为快。当时又畅论礼法言善，而叹今世风之不古也。午后，在内家听盲词，晚牵内子归。并写信二封，一致泉弟与云龙也。将睡，读孙《逊学文》。

廿五日　晴

晨起，点《礼记·王制篇》，入塾教至午。午后，以锦裳不到，姑令诸生温书。至四时许，得家君召，为听秋来游，检书归。少候，即会晤。余举外姑苦情，一一诉之，所以互勉为佳婿，以慰之也（外姑为陈家侧室，无子，惟生两女。余妻其长女，次女即新嫁听秋之小姨也。大舅为堂侄过继，与外姑稍稍龃龉，似觉有异心相视，故间引起胡闹也）。后遂与共到内家闲谈，历二时去。余归，晚餐，又去访苣孙，同往黄家，与听秋谈。时小姨亦在座作陪状，甚喜悦。余乃以兄妹称呼，欲视如手足，所以慰外姑也。灯下，点《礼记·王制篇》五六页睡。

廿六日　晴

晨起，读《逊学文》后，入女中课罢，入项馆，教《礼记·王制》，稍稍费解。下午，《汉书》教《霍光传》。散馆后，过内家，与大舅谈有顷。晚点《礼记·王制》尽一卷，再读《逊学文》，睡。

廿七日　晴

廿八日　雨晴

廿九日　晴

晨起，选女中教材数篇，皆记事文，且富情韵。入馆，课《礼记·王制》将终，以余假抄王湘绮所作挽联，以为自己揣摩之资也。散学过内家，与外姑久谈家常琐事，总怪大舅以二心待我辈，为可恨。下午，女中文课，题曰《我的社会改造：谈重民说》《亭林先生以士大夫之耻为国耻论》。命题后，自览《现代名人新文选》，知皆为蔡元培、胡适等人之作（载《学艺》《新青年》中），又有林纾作文深斥白话家，以谓不识古文佳处者，并质如韩昌黎未知佛学之奥妙而妄为辟佛也。又所论古文宗派及古文善处甚详。余皆为移录，以自赏玩。晚访听秋，时淞生、子恺（子恺，听秋之兄）皆在座，纵谈时事及文学常识，二人颇有见地。逮归，晤苣孙，别返，竟与洪新孙遭于途，洪面赤，似浸于酒，突语余。甘以败类自蹭蹬，地方恶党十余人，今吾项生亦落其中，可畏亦可怜也。午间，为迈师钞书事，过其家索工钱，计洋一元。灯下读《论语》，兼为家人开导。关于新孙事，余实自善而善人，未免仁者之居心也。十一时许睡。

三　月

晨六时，起床，读韩文。入女中，课欧阳修作《圣俞梅客陵诗集序》，为解释作诗法门及原委甚详。夫诗起于《三百篇》，因六义：风、赋、比、兴、雅、颂。《诗经》一书，十五国风皆托之盛兴之作，今风、比、兴之义；赋、雅、颂则君行相宴，宗庙祷祝咏歌颂德之辞也。屈原以后，赋自成传，秦汉至今，其体杂出，派别亦特繁，览钟嵘《诗品》可以知矣。又欧阳之作此文，首几句发明作诗原则，余故选此以教诸生也。

项馆《王制》课。下午，《汉书·霍光传》亦毕。时尚早，令诸生稍温习之，而自继抄王壬秋挽联十余首，所以为取法之资也。

晚散学，与张宋顾晤，共游其家，憩于楼上。宋顾好古籀文，取仲容前辈《古籀余论》刻之，书眉列有评语，盖录自阮氏（元）、吴氏大澂诸家书中者也。（阮元《积古斋钟鼎彝器款识》、吴大澂《说文古籀补》）案头又有《汉书补注》，余展览一过，知其间考证颇详，可作校读用，惜价昂，不可即得也（石印本十贰元，木板廿余元）。宋顾又为余述其师雁晴教读书之事，其著《史记订补》在项朴如书馆，校补《墨子间诂》在王伯舒家塾，皆戏笔也。后经多次改易始成，亦不意收此高名也（李近任厦门大学国学院主任）。

灯下，点《礼记·月令篇》，方动笔，即欲睡，遂学翁字数纸，以开悦心情，似觉有所得也。薄暮，谒心畲叔，知卧病已半月，沪行因中辍。便道过裱画店，览得林纾手书《致仲殳学士信》，甚简雅。林氏墨迹，余从未之见，故欣甚。又有杨绍廉书各短幅，皆录《文心雕龙》中语句，亦极清晰，饶书卷气也。

初二日 晴

晨起,点《礼记·月令》毕,入项馆教《礼记》,至午正刻归。下午,访听秋,先在其家览古名人对联、横幅,有嘉庆皇帝御笔中堂,及阮芸台、梁鼎芬二人题砖校勘语(为汉平阳侯),皆赠其三太公漱兰侍郎者。听秋又为述所藏明祝枝山、清张裕钊诸人墨迹,手卷甚多。正堂悬林敏斋培厚、潘霨(鼎彝)诸人行隶,亦甚善。右偏挂四幅工笔画花卉,验其着色,有非近时所有,想皆古物也。继与听秋共出,过内家剧谈,听秋亦能如余,致孝敬于外姑,为大慰。四时后,携手出北城,散步河滩上。听秋既为大家子,所言皆文事,余告以郑剑西得其祖菊渔公所用私印,为之可惜,落于他人手。入城,游心兰书社,后别归。余遂便道过松竹斋,再观书画,有胡宝仁、陈某某画山水及小品,因感当地人之字画皆平淡而常见云。晚往内家闲谈,至十时回即寝。

初三日 晴

晨起,点《礼记·月令》后,入女中校,课欧阳修文,项馆课《礼记》。下午,考《汉书·霍光传》。晚游内家,小谈归。知仲璇叔来候久,已去,闻嘱览沪来一函云。灯下,读《逊学文》数篇睡。

初四日 晴

晨起,即往女中课欧阳修文,入项馆课《礼记·月令》,讲析天文、律数事极详,然后悟物理书中所论音学及天体间日月星辰之运行种种道理。计半日功夫,仅说书前六句,每句亦只三四字,诸生乐听无倦容,益信古书之深奥,读之觉多趣味也。

下午,女中校之杜宇侯(大经)结婚,余往贺,留酌,至三时许出,即在内家游至暮时。小姨湘君(为余取名,以其大名宗涛也,后自改为中翼云)初归,与外姑、听秋辈谈甚久。晚即在内家聚餐。归来,在灯下为鉴弟书屏幅廿余纸,又布横披一面字体,自称入帖,至十二时许睡。

初五日　晴，午后四时阴

晨起，读韩文赠序类，入女中课罢，在项馆教《礼记·月令篇》，较昨日解说为省力。下午文课，题为《补学斋梓余吟草序》，此书即余前命诸生共抄得者，为邑先辈胡榕村《补学斋诗文》刻后集也。当时余又从图书馆借得胡作二种参阅之，诗钞序为孙诒让、宋衡作。孙言交游，宋述诗理，皆佳品也。

四时左右，听秋来馆，盖即其四姑母家也，与谈诸生课事。至散学，余先归。而听秋尚留，余既过内家，坐内子床前，朗读胡氏诗文，至灯明用餐后始归。访仲璇叔，取信阅之，并问心畬叔疾，知已稍退。灯下动笔，书就三封信，缄讫即睡。

初六日　雨阴

晨六时起床，燃烛点《礼记·月令篇》毕，入女中尚早，览雁晴《国学用书撰要》中多附会语，并自己所欲作之书，实未见其可行与否也。最后讥评梁、胡二先生，亦出勉强。胡适因为年轻之新进人物，梁启超则多年治学，亦由于阅历，为康公长素有为之高第弟子。所著《饮冰室全集》，从前从舅父家读之，服其通博。雁晴何人，竟夸口与争辩不休，徒招讥笑耳。然雁晴所以受此名望，乡先辈孙仲容之故也。雁晴前对外地人习称孙仲容弟子，后为仲容次子孟晋所揭露云。

项馆课《礼记》，有余闲，抄王湘绮所作挽联（即从《湘绮楼日记》中录出），散学后，游各裱画店，未见佳品，归。为客地人书横幅三张，临翁瓶生字也。灯下，改女中学生文卷，未一本，以体倦极，先睡，时钟鸣甫九下耳。彻夜雨。

初七日　晴

晨六时起床，点《礼记·月令》，读林纾《先妣事略》，入项馆，课

《礼记》毕，录王湘绮挽联。下午，女中国文说林文，兼谈前朝掌故甚详。林文摹仿归熙甫，为善读《史》《汉》者，其写家庭琐事，情致毕露，令读者不觉心酸，为之泣下，所谓阴柔派之文也。盖林氏琴南处境甚窘，殆与余同，故余读书学文，欲一仿之。近读韩文，亦即依其语而推究，颇有所悟焉。散学归，改女中学生文卷六七本，至晚，以体倦极，灯明即睡。日间曾一过内家，与内子辈聚谈片刻，劝其读书，欣然而回。

初八日　晴，夜雨

晨起，点《礼记·月令》，读韩文，皆有所深得。入女中，课国文（林纾《先妣事略》）。转入项馆，课《礼记》毕，继录湘绮楼挽联，至正午归。归，点《汉书·赵充国传》三页竟。后入塾，教《汉书》。晚归鬌发，后往内家，即夜改女中学生文卷，留宿。

初九日　雨

晨八时许起床，点《礼记·月令》。入项馆课罢，继抄湘绮挽联。午在家用餐，点《汉书·赵充国传》。入馆，试诸生白话文，题为《现代学生的责任》。项氏生日来颇受外界思潮影响，有不安于塾内读古书矣。乞余教以各科学，将去应学校试。余为开示入学法门甚详，白话粗浅不堪，言本无称为文也。然今时势所趋，有非知白话不可闻。自高小学以至大学校，一律授以白话，其办法甚严苛云。晚散馆，又过内家，读所抄毕湘绮挽联，夜即在此宿。

初十日　雨

晨起，改女中学生文卷七八本，皆白话体者。入塾，教《汉书·魏相传》毕。下午，在家改卷，出遇陈绳甫，与共游其家，谈文学事。陈从孙诒让作《周礼三家佚注》，及李孟楚君作《屈宋方言考》见贻。孟楚，名翘，叔缄先生之冢嗣，亦有文名，与雁晴交，近在上海持志大学任国学科主任。余曾一见之于绳甫家，未接谈而去。项绳甫为穆庵托购韩集（商务涵芬楼据东雅堂本铅印），面积装订尚好，价仅二元半，余见之，亦欲购置一部。薄暮入内家，至六时归。灯下，改女中学生卷，点《礼记·月令》少许而睡。

十一日　晴

晨起，点《礼记·月令》，入女中尚早，读韩文数篇，深有所悟，韩发语豪荡，富经史根柢，确非以后各家所及，所以曾公同读之也。项馆《礼记》课毕，时已过午，即归。饭后，点《汉书·傅常郑甘陈段传》，入塾，仍教《丙吉传》，以塾课稍缓，余只自从书顺序点毕耳。

晚散学，过内家，为家君成会，几与内子意相左。内子内行果贤，至言及金钱，则别有一种态度也。余诚感外姑照顾之恩，抑制心情，报以笑容，然余已极感贫穷之苦矣。晚餐归，转游听秋家，小姨嘱余为致其母，办黄家分爨礼数事，听大舅应付耳。其言甚有理，黄家虽衰落，有子颇贤，可一慰吾外姑也。灯下，改女中学生卷，又仪华、爱雪古文。继翻阅孙仲容《周礼三家佚注》毕，就寝时方十一下矣。

十二日　晴雨

晨起在五时许，点《礼记·月令》，入女中课张皋文《先妣事略》，项馆教《礼记》。下午，先点《汉书》，约二时后入塾，教《汉书·赵广汉传》。晚过内家少坐，归，继点《汉书》，至夜十一时正始睡。

十三日　晴

六时起床，点《礼记·月令》，入塾后，知如美得疾请假，遂停课，改命诸生温书。下午，《汉书》亦然，遂自在家点《汉书》数篇。灯下，续点《汉书》，睡前览孙仲容《周礼三家佚注》。

十四日　晴

上午，如美疾未愈，分教诸生以古文，为言其发句结局之法甚详。

下午,女中文课,题一为《学生与政治》,二为《养士论》,三为《弭兵论》,皆有感而出此题也。在内家用午餐,与内子、小姨、四弟共席,外姑亦在旁也。小姨既嫁黄听秋,听秋家官气太足,规禁不严,时时集族戚妇人作麻雀戏,余甚厌之。小姨此归,余与外姑共诘之,谓于分爨后,当除此恶习也。小姨颇知人事,闻言欣然久之,一慰。午后,女中归来,访听秋,初不遇,至晚,顾来与共食之,后听秋牵小姨归。夫妇相恩爱,一乐也。余即夕留内家宿。

十五日　晴

为五四国耻纪念日,中小学校皆放假。余时从内家出,入项馆,将九时,锦裳辈已在塾久待,余至,以颜色相见,且诘何以来迟也,余心怅然不乐,草草教罢《礼记》,归,不食而睡。过午二刻,初不欲去,即此告止,决外出求上进。醒后一思,古人成语,忍小愤而就大谋。即强往馆中,课《汉书》。

尹翁归,传闻项生言其父微尘部长四时晚轮到家。教罢即散馆,牵诸生共到船埠一候,接项主也。至时欢然,与余相揖,致敬西宾礼。到家店,坐书室又然,余始知师道之尊。时同时接行者,有孙叔海(仲容三子)、项济臣,张楚玉(项生在京时蒙师,后着充吴大帅幕中办文牍)、项葆桢(山东长青知事)与黄子恺、听秋兄弟,林淞生数人,相寒暄,谈京局近情,有言山东、济南已为南军所得。时锦裳来,视余以《临川集》(涵芬楼本),盖其父新购来者。五时后归。承微尘主人送至门外,甚恭敬,如此心稍稍释然,但总不忘教书为居穷生涯也。晚,点《汉书》《京房翼》等传,且读大苏文数篇,睡。

十六日　晴

十七日　晴雨

下午,游听秋家,得览张裕钊行书联、陈元龙正楷联,皆佳品也。

元龙为清乾隆皇帝之父,海宁人,为当时相国,私以己子相易者。后乾隆成长,闻人言,故屡下江南,拜陈氏墓。余前年游西湖,西湖公园内有乾隆御笔石碑,知已到过此地云。既别后,到裱画店观画,知有林纯贤画卓敬少时读书骑虎归事,甚奇。灯下,点《汉书》,至夜分始睡。

十八日　阴雨

十九日　晴,夜雨

两日来,除女中课张皋文《先妣事略》外,项馆以如美病未愈,《史记》《汉书》皆停授,惟教其余诸生以归、姚二氏之作。下午,令锦裳点《临川文集》,其父甫自京购来者。间又点《汉书》,亦无大遗误,可见又大进步也。晚游老屋,为鉴弟写横披。并问心畲叔疾,知已渐痊,一慰。灯下,点《汉书》一本毕,睡时在十点钟左右。

二十日　阴雨

是日,点《汉书》萧望之等传,收篇。在项馆,得孙孟晋(仲容先生之次子)邀请,陪项主(微尘)酌。孙固与余为一面之识,何重视余一至于此,其请帖上有郑剑西(闳达)、许素夫诸人,皆邑中老辈之能诗能书画者,余谦谢之,然已自慰矣。晚,心农林君来,为剑西之子道镕附学事。既去,在灯下,点《汉书》,至夜分睡。

女中国文教归熙甫《先妣事略》,述母事迹皆琐屑,无惊人处,然失母者读之,痛不可止,以其富于清韵故,林琴南一生极一力摹仿此,所谓文之阴柔派也。

廿一日　阴雨

晨起,点《汉书》盖宽饶等传十余页,入塾,选课古文三两篇,并为锦裳校点《临川集》,锦裳能自加圈点,无错误,已见其于学有大进境也。继为改文卷,亦多情韵,饶古文腔调。午归,览林纾《畏庐论文》及方苞论各家文法语,皆有所悟。下午,女中国文说归作《先妣事略》。一时退班,即入图书馆,借得《新文学概论》及《现代论文》二书,所以为女中点白话文作教材也。时郑君阔达剑西牵其子来访余,付余以其子读书事。既别去,余挟书到内家,即夕又留宿。剑西为邑间善书能文词者,顾亦深知余。已而说项主微尘,约廿六日开始来馆附学也。

小姨湘君与其夫听秋人来,商分纂办贺礼事。

廿二日　晴

晨,从内家起身,入女中校时较早,读《汉书》萧望之等传,并选定白话文二篇付印,以应潮流也(一为胡适与陈独秀《讨论文学改革》,一为《女子与文学》,周作人作,二子皆近代文豪)。上午,如美来馆,遂后教《礼记·月令》毕。其弟锦韩方自北京来,操京语,亦从读,课方字,以年甫五岁也。下午,《汉书》教《韩延寿传》。五时归后,欲去观剧(同福班),至则已完台矣。灯下,点《汉书》,甫一动笔,觉体倦,即就寝。

廿三日、廿四日　连日晴

为点《汉书》及《礼记·曾子问》,无暇暑,至延数日未记日记,惟廿三晚与听秋谈内家事,大舅近与外姑意见分歧,似有欺余四人者,以四人皆外姑一派也(外姑为外舅席儒先生侧室,正外姑李氏也)。夜游天后宫观剧,为双义节,时小姨亦在观。余以台下空气极恶,有促余肺部无畅者,甚足畏,即归,点《礼记》,至十二时后始睡。

廿五日　雨

雨日夜不休,久旱得此,田事顿有起色,可喜。上午,女中课白话文,项馆课《礼记·曾子问》,而项生又要求余添教科学书者,其父意也。下午,《汉书》教《张敞传》。晚过刻石店,知有郑苏戡所书碑文数幅,遂请售于余,得许,于十余日后来取也。灯下,检白话文中以唐诗典故,无意识,又费时,万恶。

廿六日　　晴

廿七日　　晴

廿八日　　晴

三日来,点《汉书》几及半本。在塾课《礼记》,终《曾子问》。下午,女中国文,教刘才甫《章大家行略》,皆传状文也。余教书以归纳法,为开示诸生治古文途径。晚,洪小萍来,亦称余所选文甚得体。去后游听秋家,时小姨夫妇皆在,与谈内家家事,甚怪大舅作事太辣,余辈只以忍气求上进,为答外姑属望之意,遂与听秋共勖之。听秋家分爨,在下月初三日。余家从店迁旧屋,在下月望日,已请小姨来此,与吾家人相会(余成婚五年,外姑仅来一次,小姨则从未来过云)。顷之,偕听秋共到内家,知事已得大舅转圜矣,何苦何苦。

归时,得陈绳甫为购来《抱润轩文集》(桐城马通伯其昶著)、《经义述闻》(高邮王引之伯申著)二部书。马文为余久欲读者,亦古文派也。乡哲孙琴西集中已有言及桐城马生其昶一语,知为其所赏识也。今孙之从孙(止庵侍郎之孙延政,名宣,字公达)公达在其门下,亦好古文有声,京中人常以千金求马文。其昶不肯自作,辄命公达起草,而自润饰之,付二百之以为谢,其见器重如此,孙氏可谓有后矣。

又此约剑西之子名道镕来附学,朝读《左传》,夕讲《说文》(段注本),颇悟造字之理,盖《说文》书所言,兼字形、字音、字义也。两日夜皆出,往三港庙观剧,班名品玉,剧情皆佳,处处皆见精神也。寝前,朗诵马氏文数篇。(棫弟已将《十八家诗钞》改面,就寄到,其信字体大进,可慰。)

廿九日　雨

是日,点《汉书》《礼记》各数页,一游老屋,为外姑索债事,归来过三裱画店,所见大都小品,皆数十年前物,无足奇。晚点书未终页,以体倦即睡。

四　月

朔日　雨

晨入项馆,锦裳生以父意嘱改教科学书,下年子欲转入中学云云。项生前日欺余太甚,故余悻悻然,对之发牢骚。今既如此,只求先结束,作外出谋差计。上午,遂课算术诸等数,兼教爱雪、仪华二生以欧文。下午,《汉书·萧望之传》。教毕,电灯已明,过内家,知小姨分家送礼办好。夜,点《汉书·翟方进传》,未几遂睡。

初二日　阴晴

晨起,点《礼记》终《文王世子篇》,入塾,教《汉书》,至午刻归。下午,为听秋来访往答,明日其家分爨也。出后到内家,少坐,即往观剧,并访陈绳甫,知将开书店于温州。晚在家检曾公手札典故,读《礼记》及马通伯文而睡。

初三日　阴晴

上午,自女中出后,到项馆课《汉书》。未午,而项主请求先散学,为诸生赴听秋家也。旋余亦往贺,即晚留酌。时项微尘、郑剑西、许达初数名流作陪,在席谈国事,并鸣琴为寿。剑西琴手名动京都,与殷伯海之弹琵琶比美。有胡某亦在座,极称余字体似剑西,皆学翁也。而蔡某亦云,然余乃知书名稍定矣。

夕在苣兄家，承赠以黄照片，得间后览其藏书（叔颂瞵瞵庵所藏），叹黄氏书声失坠为可惜。苣孙好富业，操电气轮船事业有年，余劝其读书继家声。不久即归，学翁字，尽四五纸，皆可善者。夜十一时睡。

初四日　微雨，晴

晨六时起床，点《礼记·礼运篇》，入女中，教曾国藩《致刘蓉书》，其间详述为学大指，读之方明学术系统及评判，故非多读书人不能教此文也，亦可见曾氏文章气势之盛焉。余为讲上古造字之原，示以《说文》大意，诸生皆能心领云。项馆教《汉书·孙宝传》，余恨日来教学失系统，诚以锦裳心变，随众相逐，甚矣风气之移人也。（锦裳近与中学生相征逐，不肯专意经史，请余改教科学者。）

午归，先点《汉书·翟方进传》。然后入项馆，教《匡衡传》，以余暇后课剑西子道镕《说文》段注，颇有心解处。薄暮，与胡质民（简），余同学也，谈治国学事甚详。胡云诗文道重感情，诚曾公之诗缺之情趣，故无动人感想，所谓理学先生之诗也。文章则大妙矣，以之比孙琴西《逊学斋集》，适相反。胡又自言，所读之书亦且富，但未加圈点，卧榻上观之而已。余疑其心得必甚少。夫古书自点自阅皆甚易，但一经教学，遇疑难处，顿觉非深思不能领会也。以余智力所及，其费解处无日无之，幸得与诸生共研讨而后得解决。如余读马其昶集，熟读十三经，费十几年，而胡君言已读前后《汉书》及《史记》，其费时宜何如也，想彼所谓读过此数书，实翻书耳。胡又言玉海楼售书，日本人事亦未必信。余前晤孙孟晋，知无其事，后闻他人言亦然。未免中止，不成事实也。年代尚近，孙氏家又未至大落，故决其无所事矣。晚游孙群家，与朱显权同学谈久之。转入内家，得外姑之命，往视小姨，嘱其孝养亲家母也，归览翁手札，十一时睡。

初五日　阴雨

初六日　雨

是日，为项氏生锦麟定亲，孙家莘农之女经镛，余女中生也。上午，停课。下午，女中国文，授课二小时归。正午过内家，访大舅，即出。到刻石店看刻碑文，乃郑孝胥书，吴庆坻作，平阳杨氏所存刻者。文中有叙及孙太仆之于钱匪事，盖杨之祖先仲渔先生与有战功也。灯下点《礼记》，终《礼运》篇，遂睡。

初七日　雨

晨起，读韩文，并选女中国文教材，为吴南屏《与篠岑论文派书》，韩愈《答李翊书》，姚姬传《与鲁絜非书》，又吴挚甫与杨某论方、刘二集书，皆发明学术文也。入塾尚早，以停教即归，学翁字，凡廿余纸，赴外姑家书对联数副。未几，家人来促归。归知二弟汇百元来，午后，往邮局领取，奉堂上，甚喜。下午，项馆《汉书》教《张禹传》。灯下，方动笔点书，觉体倦，先睡。

初八日　大雨

大雨一日夜，晨往项塾，课《礼记》。下午文课，本作《二黄先生传》，顾以黄、林二女生不到，遂改示如美辈以马其昶作《项太淑人墓表》。又方佑诚《项太淑人墓志铭》，此二文古气较佳，然多袭辑孙琴西所作墓表语也。晚观书，至十时即睡。

初九日　晴

晨入项塾，试诸生文课，题为《二黄先生传》，当时向图书馆取来《花信楼访稿》及《瓯海集》内编中所载关于二黄先生事状并传，为诸生一详述之。二黄为邑名前辈，去世只有十廿年，其子孙与余时相往来，或成姻亲者，其学问事业，久为世所推重。余它日作《永嘉耆旧传》，当尽汇入之。兹编为叶尔恺、伍铨萃及胡镕村作，叶、伍均为国史馆编辑，胡则以私人作传。

余下午自听秋家出，过访苣孙，知家无胡原本，想未通过本家而作也。时听秋赠以其三太公漱兰先生及三公绍箕先生传，合印一本，又出示家藏明祝枝山草书横春四幅，诚世间不易得之物也。薄暮，游松竹斋，得见四姨父叶寿如先生家出裱象赞十余份，皆邑中名士，如孙仲容、宋平子、王小枚等作，又有黄绍箕、王咏霓书篆体联。绍箕篆学顽伯邓石如，王篆体与莫子偲同，俱甚适余意也。似此种篆法，施于图章石上，甚雅。归后，游外姑家，途遇中表张畴九、镜如昆弟，同回自家，少坐而去。是日，读书时少，游散较多也。灯下，点书亦觉倦，遂睡。

初十日　晴

十一日　阴，夜雨

两日来点《礼记》《汉书》，并读《抱润轩文集》，在塾时讲书，皆有心领。又钞孙诒让作《先考行状》，知孙氏之治学与事功。其先世务农，居集善乡潘岱，与孙希旦敬轩所居桐干甚相近，弟锵鸣亦能以文学为大官，我邑之名声，为之振起点。同时，城中以沙堤黄氏漱兰体芳、卣芗体立兄弟，亦以循吏著称海内。近在巷口，尚留一匾曰"比户书声"，旧为黄菊渔体正所书。某年大街失慎，火自公用桥边延烧至巷口，原匾遂毁，嗣由池老云珊补书之。可知当时吾邑读书之盛也。昨项生作《二黄先生传》，亦有及此者，事关地方掌故，殊可记载云。灯下，学翁帖，至戌刻睡。

又，薄暮赴内家，经过刻石店门口，知杨碑已取去。

十二、十三日　阴

两日间点《礼记》《汉书》。

十四日　晴

上午，入塾，教《礼记》。下午，为自家迁住后，进老屋调排一切，并整顿书室，费时，至夜深始睡。夕时，畴九来。晚过内家并听秋处。

十五日　大晴

今日停教，巳刻迁居，诸亲族皆来贺。小姨夫妇亦来午酌，后听秋登楼，上书室坐谈，余出械弟所书扇面示之，叹其学孝胥字甚肖，为难能也。即夕客散，余与械弟共论文学事，并举前得孝胥楷书碑义（《杨仲滔墓志》）付之。此次械归，亦有带廿元奉堂上，吾兄弟贤孝，皆可嘉。如此世局，亦不易得，颇自慰也。

十六日　雨

上午，入项馆，教《汉书·诸葛丰传》。当时，项生出视谭泽闿书扇叶，并托裱成长幅，余带归。欲待临摹后付还，置桌上，就睡。不意从弟窃取，涂抹不堪视，逮余醒而察觉，恼怒甚久。从弟何愿如此！但此物不易求得，泽闿学翁字极肖，项主亲若拱璧，将何以偿还也？急付械弟去其污处，然已大失真面目矣。

十七日　阴，细雨

晨入女中，续说曾文。在项塾，对生言明扇叶携郡裱，欲延时日，设法去其污点云。午归，特商裱匠即存之。下午，《汉书·刘辅传》。晚散馆，再过裱画店，知裱匠不在，遂一览壁间书画而归。灯下，点《礼记·礼器篇》上卷终，时已十一下，即睡。

十八日　晴

晨起，点《礼记·礼器篇》。后入女中，时已过半，急嘱学生读曾涤生文。继教吴敏树《与篠岑论文派书》，专讥桐城立派之失，其言甚骄傲，实则桐城派为古文嫡派，如曾公言。余既读诸家集，略知别派文腔不相似也。

午后在馆,为如美、锦裳姊弟改赞语。如美赞说古学校制度,意境极高,锦麟叹黄氏藏书亡失,亦饶情致。至锦裳,则纯言孙、项二氏世泽之显荣,与黄氏埒文句,总带傲气,盖其天性也。午归学字,至数十纸,大有心得。晚游竹林斋观画,并催为扇面污迹想办法。时墨庵父来谈廿四五都农民倡义事甚悉。灯下,点《礼记》,以体倦不耐坐,先睡。

十九日　阴晴

上午,《礼记·礼器》教终。下午,《汉书》教《薛宣传》。五时后,送《花信楼稿》还图书馆。再借《瓯海轶闻》,为孙太仆琴西作,中分名臣、儒林、文苑、忠义数类,为录各集成,文末加杂悟,似考证家法也。灯下,点《礼记·礼器篇》,未多时即睡。

二十日　晴

两日晨起,皆点《礼记·郊特牲》。入塾教罢,为诸生讲古人读书心得及其运化方法。在女中与洪小萍晤,知来代郑权(素侠)女士国文(乙组)课,郑女士为省妹病往申也。即晚,洪从陈绳甫处购新出文学书数册特示,为陈柱尊、高语罕、江亢虎数子作品,皆抄袭而成者。晚过听秋不值,旋到内家,知小姨与听秋皆在此,盖小姨已有身矣。私心窃贺,未免吾外姑为善之报耶。明日为先外舅生日,外姑约余来祭祀,且食馂,遂牢记之。归来,改女中学生文卷,并点《汉书》,终《杨雄传》,又于闲暇学翁瓶生字。至亥刻始睡。

廿二日　晴

晨起,点《礼记·郊特牲》,入塾教罢,至午归。点《汉书》“儒林”“循吏”二传。下午,教《薛宣传》。晚过裱画店,知未动手去污迹。时从旁闻人言,南乡农民倡义,知林去病、叶辅、郑馨等确为共产党人。

数子前为余同学时，人颇端厚诚实，可胜浩叹。灯下，改女中学生文卷，并学翁帖，夜未央即睡。

　　览报知张作霖中弹，黎元洪去世，宣统逃大连，孙传芳下野，齐燮元加入国军得活。京中老政客皆与政府要人携手，真奇事也。

廿三日　　晴

　　晨，往项塾，命题作文为《太仆孙公墓表》，即取仲容所为行状，又《逊学斋集》中《先大父行述》《鲁臣丁太淑人墓志》《盖竹山阡表》等为底本。并指导诸生以古人墓表之作（如欧阳文忠、曾文正）研讨，时于己甚有心得也。且悟欧公之学《史记》处，其笔意极肖。

　　下午，照例停讲，在家改女中学生文卷及项生古文。未几，而锦裳独持嘱刻图书石来游，登余新屋楼上，谈文学，评定女中生文卷颇久。去后，余检封《瓯海集》八本，还陈绳甫，时陈不在，闻赴郡，即付其家老仆收藏也。归途，访张中表（畴九）镜如，镜如出，黄纸嘱书"凤屿养猪场"五大字，盖彼同事合作农业也。近世风气大变，士多不务读书，反为此微贱事，殊可怜也。即晚，镜如来取纸，与少谈，并读余作《六婆寿序》而去。余继读曾文正文《答陈右铭太守书》，方睡。

　　访陈时，一过利济医院，见到孙仲容诒让、吕文起渭英信二通，皆替人作荐者，时渭英文起观察粤省，以文学名起，家有于园，多植花木，甚精，余曾一往游焉。

廿四日　　雨

　　上午，点《礼记》，终《郊特牲篇》。入塾教罢，至午归。下午，以大雨睡迟，即不课往，在家点《汉书》"循吏""儒林""游侠""酷吏"等传。未几，乡下大舅公来，引登传经楼，与言乡邦故事及端阳龙舟比赛来历甚详。去后，申刻，知内子感冒，发热卧床上，为之一怅，即夕伴睡，无点书矣。

廿五日　阴，下午晴

晨起，视妻疾似渐轻，遂检书入校塾，然心总留恋于家。又因如美头痛，不上楼读书，遂早散学。下午亦然，经史二书皆停授，归为内子看护，至夜忽晕绝，强醒，为抱喂，坐床上，盖日来为移居整理什物过劳，致体变耗损云。薄暮，延胡昭先生来诊，谓为风湿交作，病尚轻，一慰。

廿六日至廿八日

连日晴，惟因内子染疾，看护在侧。除女中去上课外，项馆停教。两夜间，外姑来视，余得间仍点《汉书》，至《外戚传》，又点《礼记·内则篇》。廿八日，内子体热全退，已食粥少许，乃大慰。此次女中文课题为《本校生活：我的国文心得》《谈旧礼教应否有存在的价值》，当时诸生齐言可打倒，余心殊怅之，奈潮势所趋，徒唤奈何。

偶看报，知国军北伐完成，北京以政治手腕接收，一时国老如汪大燮、王士珍辈皆出京，顺附南派。张氏作霖、学良父子正逃出关，遇炸，生死不明，至潘复、吴俊升数人，已确证炸死矣。然日兵梗阻山东，强占青岛、济南等要地，殊为可恶之极。昨夜听秋来，为我内子病与外姑晤，少坐即去。余既送外姑归，遂转回家，睡时将十一下也。

廿九日　晴

卅日　晴

晨起，点《礼记·内则》。入塾，课《汉书·翟方进传》。午归，点《汉书·外戚传上》，三时后，蔡淑（女中生）来阅卷，为道学术甚详。薄暮，洪小萍来商量女中教材，余固执自己主张，不从人议，洪则投从时势，改课白话也。灯下，读《汉书·朱买臣传》及《逊学斋集》，以内子病愈则大喜故也。十一时睡。

五 月

朔日

上午,女中教国文。项馆《礼记·内则》,讲说未竟,诸生为看龙舟,停教者再。散学,归点《汉书》。至二时,入馆教之。晚归,继点《汉书》。餐后,一出访听秋不值,与小姨晤,知日来健甚,一慰。时太亲母亦在,与女姻戚辈雀戏,余心恶之,叹世风日变,一下如此。灯下,读《汉书》,并改女中学生笔记,渐觉小倦,欲睡,然时已十下矣。(薄暮,铨弟来,登楼少谈辄去。)

初二日　晴

晨起,点《礼记·内则》,入女中课毕。入项塾,教《礼记》。又为项生篆图书石,吾弟炯孙所托刻也。下午,《汉书》教《翟方进传》。散馆后,还书图书馆,换取桂氏(馥)未谷《说文解字义证》二本、《古史讨论集》一本(曹聚仁辑)。灯下,读《汉书·霍光传》,至十一时睡。

初三日　晴,午后雷震

晨起,点《礼记·内则篇》终,自本日起放节假三天。点罢书,出访陈绳甫,解偿书费(《逊学斋集》二元,《墨子间诂》贰元,《汉书》六角三分),钞票三元,余数欠过节后。当时又取来《左孟庄骚精华录》一部,林琴南所评选也,为学古文必备之书,亦余久欲购而不获者,项以小洋三角得之,喜甚。

别归,便道过内家老屋及父处,以炯孙弟所书扇面呈视,甚蒙称许。先是,炯孙以所临杨仲渔碑孝胥书寄改正,余得视甚肖,为之慰,遂复书勉之。下午小睡,间出散步,至四小时,突闻龙舟鼓声,立往欲观,至则无有。归途晤听秋于门前。又午前,项生、郑生共来访余,不遇，去。灯下，改女中学生文卷三本而睡。

初四日　雨阴

晨起读《抱润轩文》数篇，继改女中学生文卷，整日坐书楼上。午后，点《汉书·外戚传下》，至夜十时许而睡。

初五日　立夏　晴

晨起读《抱润轩文》，后牵小弟铮游老屋，与心畬叔谈片刻。归途遇项氏二生兄弟，知西泠印泥有正印谱，皆寄到，余约来游，不肯而别。下午，天色欲雨而游兴甚浓，于是独出至东郊，时游人游船甚众。余得荫轩先生邀，登其公司楼上，与沈公哲、王敬甫数先生晤谈久之。座间有孙诒让（仲容）、项申甫芳兰二前辈遗像，盖皆系此公司之创办人也。且瑞安之有轮船，以此公司（通济）始。三时后，余先辞回，至内家借伞，而游于塘根等处，观龙舟比赛，舟凡五六只，游船多至数百什，又两岸间人几千。六时散湖，遂归。晚读八家文，至近十时即睡。

初六日　雨晴

晨起，读《抱润轩文》，后改女中学生文卷十余本。午后，点《汉书·外戚传下》终。出游，过刻石店，与石匠谈旧礼教。时石匠方刻碑文，为王岳崧撰，孙诒泽书，字体清晰有劲健气。石匠亦知书，谓近人读书不识礼，又不能身体力行，大为斯道叹也。因出前余所欲购之《郑苏戡书碑文》墨迹以付余，遂向内家借小洋贰角以得之。急持归，展阅而细读之，知为苏戡子垂代笔也。字体极相像，系赝品。又与张元纯先生遇，一往其家，登楼谈片刻，共出到裱画店观画。薄暮到大姊家，与其三叔国梁游，见其案间有海宁邹寿祺辑《论文要言》一册，知所辑为韩退之、苏老泉、曾涤生、梅伯言、吴南屏、张廉卿辈之作，然皆余所知以敬人者。晚间，坐中庭纳凉。少顷，读欧阳修文数篇而睡。

初七日　晴，晚雨

晨起，点《汉书·元后传》。后入塾，课《礼记·内则》，并得览《悲盦印谱》，盖新从上海寄到者。《悲盦印谱》，余往年在杭州图书馆得见之。其时又有赵次闲、金罍诸人印谱，皆可喜者。午归，点《汉书》，终《元后传》。下午，《汉书》教《翟方进传》，亦终。晚归学翁帖，灯下读欧阳修文，在寝室中，未几睡。

初八日　晴

上午，点《礼记·内则》终，入塾教之。下午，《汉书·谷永传》，散学归。为扇叶游竹林斋，与墨庵之父晤，见墨庵所书扇面字甚工整，饶学者气味，诗亦自作，为题黄梨洲集后也。灯下，点《汉书·王莽传上》，继在楼下读欧阳氏文，至十一时许睡。

初九日　晴

上午，点《礼记·玉藻》，入塾教，后与诸生谈林纾读《左传》法，为求作者自意所在，如剥笋然，余取而按之，颇有心解。下午，女中考国文，余先时往候片刻，考罢归。阅卷而女中生周蔼、彭雅兰二人来，延至楼上坐，出项生古文示之，极承称许。项生今年十三岁，其上几篇皆去秋时作也，实为难得矣。二生去后，与家人评论今世社交公开，男女礼节不拘，为之一叹。即夕，点《汉书·王莽传上》终，读欧阳氏文而睡。灯下写二信，分致泉弟与妹倩、云龙。

初十日　晴

晨起，点《礼记·玉藻篇》四页。然后入塾，尚早，教罢，已午矣。归后，用餐，小睡。及入塾，教《汉书·谷永传》，至六时归。晤鉴弟，以所得假郑孝胥碑字托寄三弟。遂与出，过裱画店，再访黄听秋于家。听秋出林大同、刘景晨诸人所书扇片以视，皆佳品也。时小姨亦在旁，啖以甘蔗。听秋自言月半当北上，并欲得三弟郑苏戡字，谓三弟学得甚肖也。出后，便道过老屋，欲谒心畬叔，不在，但晤仲璇叔、祥夫叔，皆椅坐矮凳桥上，不像正人君子，颇自丧族气也。晚在灯下，读欧阳氏文，知孙琴西学文得情韵处，读古文，此种体格，甚觉境高也。继点《汉书·王莽传中》，至十时许，稍稍纳凉即睡。

十一日　晴

晨起，点《礼记·玉藻》。入馆，少待，课罢时已午正。遂归，稍睡，醒后读林纾选《左氏精华》数篇后，去教《汉书·谷永传》。五时散馆，往水心庙观剧，适明太祖之起身时，尚在寺为僧徒，能以帚挥泥佛，使移其处，为僧主所觉，逐出，卧寺门外，伸手足睡，状若天子二字，刘基伯温适过，见而奇之。候其醒，遂牵与共事，击破陈友谅，终至代元而有天下。太祖姓朱，名元璋，俗称朱元隆也。

晚欲继去观之，途遇曾生瀚清，与谈项馆教书事。曾与项生时相从游，近方卒业瓯公，欲外出入大学。正谈间，忽闻人言平阳农民惨杀警察二人，手皆持刀，势甚凶之。自邑遂戒严，演剧亦随之停止云。别归，点《汉书·王莽传中》，至十一时许睡。

十二日　晴，下午大雨

晨起，点《礼记·玉藻》终，入塾教罢，至午，归女中校处，来取文卷。饭后睡醒，大雨。项馆不去，在家点《汉书·王莽传》中、下。晚读欧阳永叔所作墓志铭，其写情处，音节响亮，极饶情致，疑孙琴西学此体也。将睡，又读之不释手。（有泉友来访，余授以一函，烦转达。）

十三日　晴，下午大雨

晨起，点《礼记·明堂位篇》终。入塾，项生以新到科学书嘱教，余遂放弃《礼记》，而课以代数、英文法二科。总之，项生用志不坚，令余难于应付耳。下午，仍课《汉书·谷永传》，终。

散馆后，闻人言，昨夜隔岸农民暴动，焚去土豪劣绅赵仙生、伍宙非二人屋庐,殆以共产政策试行于吾邑耶? 余前在塾,如美生传言,数十年前,端午日为夏至钱仓事起,今年亦适如此。薄暮,为买书厨,一过畴九中表家,不值。与姑父一谈昨夜肇祸事。晚稍稍在邻家览报,知北京改为北平,蒋某北伐已成功,在此训政期内,欲实行孙文三民主义、建国大纲也。灯下,点《汉书·王莽传下》,至十一时睡。

十四日　晴,午后大雨,至夜不休

晨五时,尚未起床,闻喇叭声,知省防军自温到。醒后,知党魁林某及一老妇捕押入县署矣。街巷传说,甚形惶恐,有资者纷纷迁移它乡以居。下午项生来,亦云此事,其外舅孙莘老筹议办团练,或拍电请兵,已极紧张忙碌云。城中热闹场所,停止演剧,一概戒严,殊可畏也。薄暮,三弟为感同者归调摄,遂出示以所得郡碑原迹,相与研讨,至夜深始睡。午前已点毕《汉书·王莽传下》,则《汉书》全书从此终矣。

十五日　晴,大雨

晨起,学翁字,为铨弟、械弟释郑氏书法。入塾教《礼记·明堂位》,既归,闻人言土绅林某以共产嫌疑被捕,不久即枪毙也。是夕,省防军陆续到地。下午,教《汉书·杜邺传》。晚,正谈时事间,外姑来,迎入坐数刻,为夜深戒严,先送归,然道上颇寂寞矣。正午,读欧阳文。

十六日　晴雨

晨起,翻读《战国策》《国语》二书。少顷,入塾教《礼记·明堂位》毕。下午,《汉书》教《何武传》。

归后闻人言,薛幼经、许叔霞、胡准等,亦为共产嫌疑被捕解郡,或抄家也。如此时局,甚可畏也。薛君数日前尚昂首出入衙门,意殊自得,许君、胡君、项君(季千)皆奔走于县党部,似甚忙劳也。时局如风云变化,此辈人实不守检,好露锋芒,其取祸也宜矣。晚传林某等四人已枪决,闻之为寒心。十一时后始睡。

十七日　晴

晨起,点《礼记·丧服小记上》。入塾,教书罢,诸生以事露凶恶相,有求改课科学者,余颇怅怅。下午,《汉书·王嘉传》。教后过林漱老,谈项馆学生欲入学事情,且为乞函致其父微主也。如项氏闭馆,余亦决出谋事。当时林慰言,当遣儿心农一问清楚也。

既归,又出过裱画店及阮友家,知抱山近回宁,未得事。又午入馆,便道过蔡师家,检得《瓯海集》旧稿三四本,并留观《梵天庐丛录》,悉其中记清代名人轶事,尚可观也。农民起义事稍平,诸被捕者皆解郡,县长方树雷亦有共产嫌,为军警帮扭司令部。而薛幼经闻鞭笞三百,始罢手。晚课小弟铮英文字母及拼音诸法,读之能顺口,可喜。睡时未十下云。

十八日　晴

晨起,点《礼记·丧服小记》终。入塾教,只去其三之一。下午,《汉书·王嘉传》说毕,散馆。过图书馆时已停阅,想为其嫌风潮故也。坐览报,知浙大设文理学院,稍起予向学之心。转念,近日学校所治文科仍著杂,未能专一如余心中所欲读者,愿意遂消去。归途,访法校老友金德明,得悉此校初办,校址为旧盐道署,与工专毗连,地甚清雅也。晚点《后汉书》,始《刘玄传》五页而睡。

十九日　晴,薄暮大雷雨

晨起,点《后汉书》六页。入塾,课《礼记·丧服小记》。余暇览《湘绮楼日记》,记读两汉《书》,前后贯通,并加批评。其他所记,多及交游,课儿著作等事,文辞艰涩,不易读也。与翁文恭公《日记》稍殊异。同龢为清朝大官,故所记多政务。余上年曾从荫轩先生处借阅其一二。后复在杭州省图书馆仔细览之,凡三十余册。午归,点《后汉书》三四页,睡。醒后入馆,课《汉书·师丹传》,后继览《湘绮楼日记》,五时散学,向竹林斋取来项扇琴条,其污处仍难去净。晚点《后汉书》四五页而睡。

廿一日　晴微雨

晨起,点《后汉书》三四页后,检书曝诸庭,遂续点《后汉书》十余页。午餐罢,稍睡,时天微雨,内子与妹急舁书以避,至余醒,天复大晴,仍出曝之。晚始下雨,亦云幸矣。雨后往老屋,为四房尝新,便道访听秋,不值。闻小姨安好,即回。灯下,与家人谈少顷,就寝。

廿二日　晴,午后雨

晨起,点《礼记·大传》一篇毕,入塾课《丧服小记》终。时黄、林二女生又来,同馆人数复齐。下午,《汉书·杨雄传上·反离骚》文,极典雅可诵,可谓登上乘矣。每散馆归,必点《后汉书》十余叶,始睡。(夕归,过内家,知外姑诣神农庙听讲经。又迈师托钞《瓯海集》,已毕役。)

廿三日　晴

晨起,点《礼记·少仪》五张,然后入塾,课罢《大传》。下午,《汉书》继教《杨雄传》,为《甘泉赋》,其点缀宫观山水之胜,有非后人所能拟作也。文格特高,引用生字,皆原于小学云。余力顺览《湘绮楼日记》,知诵经读史皆极敏捷,年仅三十八岁,已竟十三经、十七史矣。生子女七八人,亦常从旁读。湘绮老人尝自言心境极乐处即课儿读,此正所谓读书人也。晚归。得林漱泉丈召,遂往述项馆事,仍请继续教古书,不入学堂也。又为谈林心伟家世,心伟盖衔恨于漱老故,至数时始回。灯下,点《后汉书》十余叶,而睡。

廿四日　晴

晨起，点《礼记·少仪》三四叶，学翁字七纸。又点《后汉书》四五页毕，入馆，为锦裳病，遂命诸生温书，而自阅《湘绮楼日记》，终首一本，知王氏自三十八岁起从事著述，并遍读诸经史，中间评文学识，皆能贯通全书，终生以课儿为事，子女八人，皆能文词。下午，即在家，点《后汉书》约二十叶。五时后，出游陈绳甫家，与谈购书事，至暮始归。陈君购书之癖与余同，惜其积多而不阅，为学亦无系统也。言间谓余所得郑垂书碑，垂为孝胥之子，余悟而大喜，亦可贵也。晚纳凉中庭，与家人谈星象，内子指示牛郎织女星，然总难辨明之，十一时睡。

是日本为隆山会市，照例有打拳演剧之举。近因时局关系，地方戒严，致暂停止云。夜丑时雨。

廿五日　晴

晨起，点《礼记·少仪》一篇终，又点《后汉书》数叶而入塾，教《少仪》。下午，《汉书》教《杨雄传》，终《甘泉赋》。又课郑氏子道镕以《说文》段注至《足部》。锦西《大学》毕，续教《中庸》数张。

晚散馆，访听秋，承出视其三太公漱兰暨三公仲弢父子遗像。漱兰公面赤似鹰，露出二门齿，凝视确似一循吏。仲弢先生清鹤如书生，皆披狐裘、戴红顶也。既获展览，心甚敬仰。听秋又取其所作科场朱卷，以付余携归读之，文中论及经史目录等，非博学不能为，何前辈读书，其程度如此深湛耶，一叹。夜寝在亥刻。

廿六日　雨晴

晨起，点《礼记·学记》，入塾课后，与诸生谈建国以来政治、人势甚详。下午，为行家试新之期，对学生说明停教半天，在家点《后汉书》十余页。薄暮，外姑、听秋相继至，与听秋登楼谈颇久。听秋嘱余撰挽联，余谢未能学此也。即夕饮罢，览报知梁任公为谋反革命事被缉拿，文人至此亦可怜也。又郭秉文及时接收清华为校长，又蒋致段祺瑞，劝其归心总理，服从党治，勿事活动，为新中国努力。其语至长，皆怪事，记于此，以为考览。

廿七日　晴

晨起，点《礼记·学记》终，入塾教《少仪》毕。下午，《汉书·杨雄传·河东赋》，且携还托裱扇叶，得项生原谅，无言受之，喜慰。午时，外姑归。是日，除学翁字外，未无别事。惟闻雁晴已到家，及往访之，因询浙大文理学院情况。暮送资给竹林斋主，时周老晓秋在，对余述昔日中学初开办事，国文教习蔡贻仲、杨志林、池仲鳞、张震轩，皆邑中文士也。夜纳凉庭中，与家人团聚纵谈，甚快乐也。

廿八日　晴

星期日。晨起，点《后汉书》五六叶后，读《汉书·班固叙传》。出访李雁晴，不值，闻偕其往陈绳甫赴郡商刻书字。后过心畲叔，与共访林公铎先生，又不值。林家书堆满案上，闻先生此归，大作悲时之叹，以为后生无知者，每每居高位、秉要政，已视国事如儿戏矣。然先生自能永保学人态度，托酒以销愁。

余归，点《后汉书》，稍午睡，醒后，又续点之，至五时许，项生锦裳来，久坐，启示以治学术涂径。继及偕访雁晴，绳甫师弟，为项生购书事。既而又与项生共过其姑父孙叔海家，欲约再登玉海楼观书，以孟晋赴郡，楼门锁被带去，更约后日也。项生遂留，而余辞出，过内家，知内子与小姨皆归宁。薄暮，到蔡心甫亲家翁处，与其子国梁三人谈治国学事，心翁并为述前清考场作八股文方法，余心甚郁之，然心翁亦自知为此魔，徒费一生心血耳。是日，械弟回郡。灯下，点《后汉书》七八页睡。

廿九日　晴

晨起，点《礼记·乐记》，入塾课《礼记·学记》，至午归。点《后汉书》，小睡后，入塾教前汉《杨雄传·羽猎赋》。晚过内家，纳凉，闲谈家务，颇快意也。晚饭后归，点《后汉书》七八叶遂睡。

六　月

朔日　晴，午后有微雨

晨六时起床，点《礼记·乐记》。入塾亦教《乐记》，即午留馆用餐，稍睡，起教《汉书》，至五时归。点《后汉书》数页，晚游内家，问内子痔疾好未，知痛稍止，遂与若辈谈于庭，至夜半，小酌归。归时，家人皆睡，余独挑灯，坐庭间点《后汉书》五六页而睡。

晚饭时，云龙寄到扇叶四面以赠，皆已绘毕。云龙画长花卉，从汪香泉如渊学画菊。

初二日　晴热

晨，点《礼记·乐记》，后入塾课诸生，至午饭时归。往访李雁晴笠，登其楼，与谈，并阅所新购书。未几，其徒陈绳甫、张宋顾二子来。余时检架上书，得雁晴昔年所点过之《史记》及《墨子间诂》，于书端皆填有校语，注明书中字各本异，能引证，颇丰富。案语有见地，而李友即以此二书获名，宜也。顾林师公铎独讥之，以为如此读书，筹抄骨耳，比如药贾撮药，东鳞西爪，费时费力，毫无趣味也，其言亦有理。雁晴藏书满楼，又无一部圈点过者，皆原封不动，何道至此，奇甚。

在馆闲暇，览《湘绮楼日记》。是日为如美生日，馆中唱盲词，嚣闹之至，先刻散馆。晚谒林公铎先生，先生开示为文之情，盖先生一生学力深厚，惜其多讥前贤，太失于傲。继而去，视所作寿言及诗，谓能据一二事而辨驳之,格高而辞典雅,是非读书多不能也。余顾识其七八,皆经史中语。余旋问其读书化法,遂举譬以喻,其言皆有根据,然极讥桐城文浅不足学,似甚忏余之志焉。当时知余方读《后汉书》,遂出赠以《史地杂志》,又苏戡书扇拓纸。至十时许回,过内家,又与听秋会,少坐皆归。归览《史地杂志》,十二时后睡。

初三日　晴

点《礼记·乐记》终,又点《后汉书》十余页,在塾教后,览《湘绮楼日记》《庄子·骈拇》各篇,稍稍悟其文章之豪放也。郑生《说文》,教至第二本三分一。晚归,过内家,及裱画店,览谭延闿所书对联,亦翁派字也,有大度行势,与泽闿相上下,叹其善学矣。时晤张宋颇,手持李作《女子与文学》一文,皆抄集妇女文学史语,遂与宋颇游其家,观所藏书。灯明归,点《后汉书》数卷,睡。

初五日　晴,夜雨

晨起,点《后汉书》。入塾,课《礼记》并《汉书》。晚归,先游裱画店,观谭延闿书翁字,又有高尔登、张宗祥书草篆二体。高氏曾派充吾温监督,张氏曾任吾瓯海道道尹,皆有省中知名士也。到家,知张中表畴九来久候,乞书扇叶,遂执笔为一挥还之,日入后往牵内子归。而三弟亦寄到《震川文集》及日记簿、花笺等,喜甚。灯下,点《后汉书》七页,睡。

初六日　晴

星期日。晨起,点《后汉书》五六页,遂出,偕畴九共到图书馆,知正整理各书,与馆长邱岳卓峰闲谈,卓峰举近时国文难选择为言,又谓小学书馆存太少。有王子祥先生之子来商以书税阅[①],如能办到,

---

① 以书税阅,就是把书拿去租给别人读。

极佳。子祥治学过宋平子,为孙氏西宾七载,其著书曰《墨商》,已刻行于世。下午,浴后,点《后汉书》。晚亦继之,终一本,为第五十四卷云。又于月下读《归集》寿序三两篇,睡。

薄暮,过老屋,知涛伯于三日前作古,心畬叔已得县党部聘任为秘书。归途,访芭孙,知邑男女中校有改组说,继长者为薛济明,东洋留学生也。

初七日至初十日

三日间,点《后汉书》一本半,至《班彪传》,又点《礼记》至《杂记上》,在塾余暇,览《东方杂志》《中国考试制度考》及《洪北江哲学》,皆有所心领。尤其在初九日下午,改项生课卷时,读欧阳永叔文,大悟六一风神处,反复诵之,不释手。今晨起,感父亲为人欺侮,发愤作书报二弟,勖其相与争气也。夜寝皆在十二时后。

十一日　晴

竟日点《后汉书》。晚在内家尝新,饮罢,至十一时归寝。

十二日　晴,午后雨

晨起较迟,即检书入塾,为如美病,停教《礼记》,然余已点终《杂记上》。余暇览《瓯海集》孙、黄二氏文,深有所悟,盖皆多读书使然也。下午,温《汉书·严朱传》,悟其记事饶风致,且觉归氏学之所以毕肖处。暮归,得姜萃夫来访,少坐雅谈,且约游郡中名胜地。灯下,点《后汉书》十余页睡。

十三日　晴

竟日点《后汉书》,夕访李雁晴,与谈近世文学派别及治学方法,皆为片面之研究,如治地理者,则遍读正史之地理志,其他天文、经籍亦皆如此。李君始专治国故,顷亦转习此髦,用为白话腔调行文,盖易获利故也。

别后，又访陈绳甫，时陈穆庵亦在座。穆庵学古文，与余同道，亦同师也（皆请教于林公铎先生），与之谈，甚相契。时案间有《天马山房丛书》，为杭县马叙伦作，其中有《陈先生介石墓表》及《宋平子别传》。余读过，知叙伦少从介石先生学，师生情谊极笃。后介石先生索教北京大学，叙伦亦随之。介石先生以史学称当时，与里中孙诒让以治经小学齐名，而出身则大侔矣。孙以佳公子善读书，介石先生则家甚寒微，与陈志三、何志石、金遁斋、许拙学、周炳辰、池志澂、弟醉石十余人结求志社，筑心兰书院，大讲其永嘉经制之学也。穆庵与又为余述前年侮辱宋慈抱事，以慈抱为文讥求志社中人，穆庵因而报复。后宋、李二君又以笔战涉讼事，其起因殆缘此欤？夜归，又点《后汉书》而睡。

十四日　晴

晨起，点《后汉书》。入塾，课《礼记·杂记上》。下午，《汉书》教《武五子传》。归来，浴罢，赴听秋家尝新。灯下，点《后汉书》。

十五日　晴，午后大雨

是日，为项馆尝新，停教一天，在家点《后汉书》。至傍午，谒张元纯，登楼谈读《后汉书》事。元纯又述自邑在前清时无人读史书，故当时阮芸台元来督浙学政，求省中四史书，则无有。逮后孙琴西致仕归里，始携来《史记》归方评本一部，召里中高材生，教于其家诒善祠塾，由是传诵移录，相习成风焉。元纯又谓国学衰绝，六十年后，当聘日本人来教国文矣。闻日本政府已令国人出取中国旧书，且在中学以上添授中国文学一科，其爱重我国文化如此。午后，睡起点《后汉书》，至夜分始止。

十六日　晴，薄暮大雨

晨起，点《礼记·杂记下》，入塾课后，读《天马山房丛著》，其文存有记章太炎从事革命,被清廷逮捕甚急,幸叙伦上书袁项城,始得免。又谓从介石先生治文史,故能论评文章义法,有见地,不让畏庐之论文也。下午,《汉书》教《公孙贺刘屈氂传》。灯下,点《后汉书》。至十一时睡。

十七日　晴

晨起,点《礼记·杂记下》。入塾,课至午,留餐。睡醒后,教《汉书·车千秋传》,五时许散学,送《天马山房丛著》还绳甫,坐漱漻斋谈片刻,而张宋颙来,闻瓯海书店已闭歇矣,书带存张家。归来,点《后汉书》,至《杨震传》。是夜,月清如镜,家人皆睡,余时独持书,映月视之,甚觉心神愉快。

十八日　晴,午后大雨

晨点《礼记·杂记下》终,入塾课毕,留午餐之后,览《性理格言》,甚有补益,欧公云为善无不报,而迟速有时,信然矣。夕课《汉书》杨敞及子恽传。晚归,与雁晴晤,谈文事间,而张中表镜如来访,镜如又述其家失睦情状,有分爨意,余闻而大骇。夫张氏兄弟素相亲爱,其兄畴九,前年以所作《百忍堂记》示余,甚以张公毅九世同居百忍之意为勉,余曾为斟酌一二字以还之,何至今各立业后,为妇人所间如此哉!

张去,余在门前听唱盲词,至夜一时罢。将睡,又得闻邻父述心兰书社成立原因,皆一时贫士好学者十数人所集也,置田购书之有二十厨左右,悉存陈介石家,已十七年矣。为其子孙所保管,多遗失,可惜。夜月如昨皎明,忽闻有声自西来,疑为飞艇括耳,再听始知为港轮从申到,放水汽所传音也。

十九日　晴,暮雨

睡迟起,入塾,改教《汉书·蔡义陈万年传》。午后文课,题为《书归震川集后》，项生锦裳此次下笔较敏捷，发句亦雅，文渐成体矣，大慰。余以余暇读马通伯文，知其笔意劲健，得力于《史记》处甚多，所作墓志墓表尤酷肖，因悟读史学文之法也。晚归，点《后汉书》，且学翁帖。灯右亦如之。十一时睡。

二十日　雨阴，夜又大雨

数日来雨水时至，河涠者可大满，民人称秋收有望。是日，早起点《后汉书》，至午刻稍睡醒后，走问外姑起居，一星期未过其家，知大舅已回郡店矣。继而出，途晤金友永高。知初从上海归来，永高肄业暨南大学生物系，此子能刻苦，有志气，为余述校中近况甚悉。便道又访林公旦，为余工专时同学也，近充瓯中教员。再访张中表畴九，与共归家，余以日来用功过度，致头脑稍混，故暂抛书册，出外游散也。灯下，仍点《后汉书》，至《张平子传》，读《思玄赋》而睡。

廿一日　晴

上午，在项馆课《礼记·丧大记》。下午，感暑归。归遂卧床，发热，大泻。

廿二至廿四日　晴

余病稍减，然已由暑湿转为痢矣。

廿五日　晴

痢止，体渐清爽，读逊学诗，以自快心，惟脑力薄弱，食味未及，承听秋四五次来问，而项馆竟无人来，殊为贫贱书生怜也。誓明春外出谋事，不再作此无出息之教书匠矣。

廿六日　雨

休养竟，日间学翁相国字，读孙逊学诗以自遣。

廿七日　晴

日间,学翁字,读孙诗。午后,项生与姜萃夫(英)共来问余病,姜又以赵悲盦正楷请教而去。晚间,李卓真来,述其兄伯驹被捕事,殊为怅然。卓真项自北京中国大学毕业,研究商业,凡七年。

廿八日　晴

晨八时赴听秋处,知将北行(定下月初二日动身)。归来,点《后汉书·孔融传》。夜游内家,又与听秋晤到,至十时偕归,即睡。

廿九日　晴,夜雨

晨起,点《后汉书·蔡邕传》。八时,游裱画店,与墨庵父谈甚久。午后,剪发,览报,知五中全会已闭幕,中国政局又大变。晚得二弟信,欣悉已升主任职,遂作复札三通,一致炯孙,一致云龙,一即复泉弟也。又泉此次函来签字,已改用争气二字,吾兄弟同心做主,何患家道之不蒸蒸以起耶。

七　月

朔日　晴

晨起,点《后汉书》。入塾,教《汉书》,至午后四时归。

初二日　晴,午后雨

上午,课《礼记·丧大记》。下午,课《汉书》,归来点《后汉书》,至夜十时睡。

初三日　阴雨

晨起,点《后汉书》。入塾,课《礼记·丧大记》。至午后,《汉书》,教罢归。知父亲为犬啮处发瘇,卧床惊寒,为挂心,取药敷治之。

初四日　大雨

大雨竟夕，项塾遂不往，在父亲床前照视一切，并闻人称，塘下前庄医生岩梅祖传此科，服药甚灵也。

初五日　晴

晨起，问父疾，并雇人请前庄医生。入塾，课《汉书》，未午即归，以挂虑父疾也。下午在家，间点《后汉书》，然后终不专一耳。

初六日　晴雨

竟日停课，看父病。午刻，请到前庄岩梅先生诊过，云感毒尚轻，其毒至七日后直入小肠，用药进小肠，而排出更痛苦，遂取已合成药丸两包，第一包分二次服用。当早晨甫用饭后，即以米汤送服。第一包卅一粒，如于四时后，尿出如满，即为毒来也。若至正午未来，即于午饭后加服第二次，亦卅一粒（即第一包六十二粒分作二次服），如幸第一次服后即来，可隔日用第二次之一药也。再如第二次药亦未来，遂于次日追用第二包药，一次服之，总有尿出也（第二包用后，隔三日服第三包，再隔三日服第四包，不可差时。若至用后无尿来，即止药，以中毒去尽，切勿再用，有损肠胃也）。并谓尔父病，可用药四包完功，以离发滋时尚早故也。（自六月廿五午后四时，在南岸乡间被新产后母犬咬伤，至七月初二日下午，感寒卧床，次日发热心燥。）稍慰。午陪小酌而去，此人颇惠实，有济世志，非如庸医只贪钱耳。自言由祖父家传，治人不计。然余从父感病后，遍访于人，皆云前庄有此先生也。薄暮，承外姑饬人，要余去问父疾如何，感谢感谢。

初七日　晴，午后雨

晨起，上楼问父病，知已坐起，甚平安，为喜慰。早餐后，照先生言服之。至午，尿来，乃大喜释然。时时听问父病，知尿出呈焦黄色，间半晌续来,来之终止时五住,如此至暮,稍稍稀疏,尿亦渐长。夜寝亦甚安,只起旋二次,尿如平时状。余间从旁读马通伯古文,以解其心。下午,洪小萍来,知女中已并入男中校,问约已发,余恐不列其间,洪君甚叹余所授课又甚高,而学生程度太低,不能领受也。余旋示以项生所作古文《黄绍箕传》《孙太仆墓表》,皆蒙赞许。并颂余教法得宜,言李雁晴亦不过此(洪君曾从雁晴读书王氏家)。余既心宽。晚乃点《后汉书》,至《董卓传》。夜十时睡。

初八日　晴

父疾稍愈,竟日在塾。

初九日　晴,夜雨

晨起,上楼问父疾后,知安睡,毒尿至晚即止,夜阆出长尿三次,如常态,乃慰。点《后汉书·董卓传》毕,入塾课《礼记·丧大记》。下午三时半始睡起,往课《汉书》梅福、云敞传。灯右点《后汉书》半页,即往内家,问外姑安,与谈至九时归。归,伴父谈故事。时四叔母、大伯母皆来视疾也。十一时睡。

初十日　晴

晨起,问父疾,知安眠。尿出如常,大慰。点《后汉书》,至《吕布传》,午归,继点至《循吏传》,在塾课《礼记·丧大记》《汉书·赵充国传》。晚往老屋,途遇黄志凯,知其弟听秋已抵申,将搭轮北上矣。旋在仲璇叔家,与谈男女中校合并详情,闻有地方父老来请求分班者,否则女生渐少数,以习俗未更新故也。灯下,点《后汉书·酷吏传》而睡。

十一日至十三日　连日晴(十三大雨)

自塾归,皆点《后汉书》,并看护父疾。晚间,得二弟信,知已升主任,月薪四十元,嘱转禀堂上以慰。

十五日　　晴

晨,搭小火轮到前庄取药,至午返,云服此如无尿,第四服可勿饮也。

十六日　　晴

卜午,入塾,课《礼记·祭法篇》。午刻,往玉璇伯父家吊祭,与诸亲族晤到。

十七日　　晴

是日,为父亲服药,即不入塾,在旁看护,竟日无一毒尿来,乃大慰,遂为蔡某及械弟书各屏幅,并点《后汉书》全书毕。

十八日　　晴

晨起,点《礼记·祭义》,入塾教罢,午归少睡,醒后点归有光《震川集》,为评点行间,反复读之。下午,《汉书·赵充国传》课毕。晚,屋旁唱盲词,洪小萍来,与共坐听之,以牙痛,先就寝。

十九日　　晴

晨,点《礼记·祭义》毕,入塾教之。下午,《汉书·傅介子传》。晚仍唱盲词,与家人共听之,至子刻睡。

二十日　　晴

晨起,点《礼记·祭统》毕。午自塾归,过内家,为岳丈死忌日,祭后留小酌。下午,《汉书》常惠、郑吉传。数日来,父疾渐愈,惟气升,不知何故。晚,三弟寄十二元归。

廿一日　　晴

上午,教《礼记·祭统》。午睡中,忽闻父亲气骤喘,甚着急,速去延医师夏家芝叔岳来诊,用热茶下气解痰,痰出,稍稍神定及原,然举家皆已慌得神不附体矣。父亲平生以善为人称道,是时左右邻俱来相助,买药延医,甚可感也。即夜,余祷天保佑,数许天恩,于本年冬还之。无何甘泉下降,人民叫喜,而吾父之命,实天佑之,大姊、鉴弟皆来。

廿二日　晴

晨起,点《礼记》"哀公问""经解"二篇,上楼问父疾后,即入塾,课罢归。读欧阳氏文,少睡。下午,《汉书》教陈汤、甘延寿传。薄暮归,一访李小亭先生,问为病犬所伤详情,当时余举堂上气喘急状以询,李云:药毒亦须排出,勿蓄于肚,致生后患(当饮解毒剂),气喘疑或夹症,非狗毒也。晚,夏叔岳医师来诊,云尔父疾稍愈矣。并为余开牙痛方(为生杷叶四,杏仁四,丝络四,鲜石斛八,生草三,连召四,炒枝四,赤芍四,竹茹四),为服。此牙尚痛,可改石斛为四。夏先生为邑良医,故特录此为后日牙痛人告也。

旋游李雁晴家谈文学,承为余留心教事(外地如大学助教之类),雁晴属余治古文词外兼善学术,如宋学性理之论,或校勘文字修辞等。独余心欲继治我永嘉功利学,进而研究近时所谓经济学也,甚善甚善。欲俟此《归集》点评后,遍读《永嘉丛书》及《宋史》《宋元学案》等书,观其系统及主义云云。

又在夏叔岳家,与其弟鼐谈治国学事。鼐方肄业北京清华学院,专学西洋文学,颇端庄,绝无嗜好,居家唯以读书为事。其述梁漱溟之善宋学说义理,与李雁晴所谈同。察现今文学趋势,偏重学术,较易显名。夜十时后,与洪子林在路间,谈旧学而归,十一时睡。

廿三日　阴雨

廿四日　晴雨

廿五日　晴

两日来,点《归集》,晚看傀儡剧,在屋边空坦。在馆课《礼记》,至《仲尼燕居》《孔子闲居》,《汉书》于定国、二疏传。父疾似全愈,已入店经商矣。

廿六日　晴,午后小雨

晨起稍迟,点《归集》后,出游各裱画店,知无多奇作。旋入老屋,坐片刻即归。午后,继点《归集》,读之知得力于经史多矣。薄暮,过内家,便道访萃夫,不值。晚间,与家人聚谭即睡。

廿七日　晴

廿八日　晴

两日皆在项馆,课《礼记·坊记》终,又教《汉书·王吉传》。即晚,送内子归宁,余时点归《震川集》。

廿九日　晴

晨起,赴东郊,买舟偕父共载,至前庄视犬伤疾,知仍未退,配药一服,加麝香。归时过午,是日项馆遂不去。

卅日　晴大风

晨起调药,奉父吞服罢,候至午刻,尿来,仍有毒,数数不已,直到更深,天亮时始止。即夕,承林心伟来问,心伟亦带病方,从杭州归。并示以《验方新编》一书,中有载犬伤解毒方甚多。余于灯下阅之,大意与常人所说相似,然余总信前庄药为灵也。同时,又有五人从别地来求药,可见其药圣矣。夜过内家,知外姑、内子于午后游神农庙,听经许愿,点宝莲灯甚佳。又时得黄听秋来信,云将谋上海铁路事,现寓京中六叔公馆。余间时点《归集》。

八　月

初一日　雨

晨起,点《礼记·表记》毕,入塾课之。下午,《汉书》教《贡禹传》。散馆,在灯明时,继钞验方数条。点《归集》,睡。

初二日　雨

晨,点《礼记·缁衣》,在塾课《表记》将终。午归,知项馆送来修金鹰洋叁拾圆。暑假,教书订在其中也。下午,《汉书·贡禹传》。晚游内家,为取袜,坐至十一时归寝。

初三日　晴

晨未起,得人告,内子在家感寒,甚惊慌,即往延医视,留伴过一夜归。是日本赴乡取药,遂暂搁。午后,妻疾稍愈,乃大慰。灯下,读韩昌黎文。

初四日　晴

晨,从内家用餐,即出搭轮至塘下,置舟前渡,到前庄,云再服一剂半,当收功。回路以汽轮已过,而道上积水不能行,欲候晚轮,殊觉耽误吃药时间。正在踌躇,幸遇一农夫,肯负余涉水,至莘塍,滂步而归。(因日来大风雨为患,河水满河亦数寸)到家深睡。入夜过内家,喜妻疾已全愈,外姑以酒面食我,稍稍醉,遂留宿,酣睡达旦也。

初五日　晴

晨,归视父饮药,竟日点书,书五信,一致项主微尘乞事,余分致听秋、云龙、庆生、炯孙,皆无紧要言。下午改文卷,过内家问妻病后状,知已食粥,惟父药服后无毒出,甚虑,但医者谓无关紧要也。晚在内家小酌,归寝。

初六日　晴

晨起,点《礼记·缁衣》毕,入塾,教其半。下午,《汉书》教两龚(胜、舍)传。归时,点《震川集》。晚,又过内家视妻状,夜回,寝。

初七日　晴

晨起,点《礼记》"奔丧""问丧"二篇毕。入塾,仍教《缁衣》终。下午,《汉书·鲍宣传》,余欲于此暂停课《汉书》,而毕《礼记》全书也。决于节后,上午读《汉书》,下午教科学,强应主人之意耳。晚归,在江阆仙先生家,与一胡君辨论新旧文学之争点。胡辞每屈于余,其所言皆袭胡适常谈,皆余前已览过者。盖胡君方从高中文科毕业,似略知新文学也。夜自内家归寝,时还十一下矣。

初八日　晴

初九日　晴

早晨,点《礼记》"服问""三年问""深衣""投壶""儒行"各篇,入塾,皆教之。当时,学生以《瑞中创刊》见示,知多教员之作,如周彧甫之《国学常识》①,为采录文学史中语,以科学方式布列之,嫌其似虎头鼠尾也。又有陈燊所作题词、剧本②、白话诗,及项颋所作古体诗,二子皆曾从余,学本无足称者,今竟列名册中,殊怪甚。并闻瑞中新添国文教员,如李孟楚、伍叔傥,其教法与余同,皆重笔记,举示文体等。二君皆前在沪间各大学教授,有著作行世,想今无头路,而来应瑞中聘也。

---

① 查阅瑞中校刊创刊号,作《中国文学常识》。
② 指《辛亥革命》剧本。

初十日 晴，天气转热

晨点《礼记》"冠义""昏义"，在塾闻其父又来上海，余函恐寄不及矣。郑道镕《左传》课毕，从一节后起教《战国策》，以便它日读《史记》书也。晚自内家，归点书半晌即睡。

十一日 晴

晨起，点《礼记》"射义""燕义"毕，入塾教罢归。午餐后小睡。下午，仍教《礼记》。晚点《礼记》"聘义""丧服四制"二篇，如此则《礼记》全书毕业矣。

十二日 晴

晨起，开始点《尚书书序》，知此书有古今文派别，以及篇数之研究，伏生二十九篇，疑加《秦誓》一篇，本二十八篇，余所读为孔安国《古文尚书》，伏氏为今文，以隶字写之，古文则用科斗文也。其间讨论，可观梁任公《清代学者整理旧学之总成绩·经部》，余藏有其本。

入塾，教完《礼记》。晚为孙季文，许赠书一访之，不值，而与陈安林晤，共谈治学方法甚久，陈并述其叔父言，赞余字体颇佳，殊自愧。又午时，在林心伟家，得览钱南园行书，盖取法颜手原体，末有二谭（泽闿、延闿）题跋。夜游老屋，出过小沙巷坦，驻听唱《西游记》，少顷，以不盛兴趣即归。学字十余纸，睡。

十三日 晴

晨起，点《尚书·尧典》，属《虞书》一篇，入塾教《汉书·韦贤传》。下午，续教至薄暮。为讨孙氏书，便道访陈安林，得与其四叔毅夫先生畅谈。毅夫先生谓其祖志三虹，善经世学，与宋平子、陈介石、醉石兄弟相善，著有《治平通议》及各医书，时余见其案间置有陈著《上张宫保十策》一书，读之，服其文气旺盛，笔势雄俊，中间亦自述少时读书情状。陈氏在邑间亦大姓，世世以读书为业。毅夫既承家学，称近时里中名医,其天资超特,惜连年不得志,稍杂神经病也。彼又赞余善学曾文正公,能背诵曾氏《五箴》,不遗一字。余亦劝其侄安林读《曾集》及太史公书。陈言家藏《汉书评本》,为虬所读也。是夜月明如画,别来过内家,携妻同归。灯下,学翁字至寝。

十四日　晴

自今日起放节假二天,竟日,余点《尚书·舜典》及《归震川集》,外学翁同稣行书,占十分六七时也。下午,先访孙季文,在大厅上,览得章棱一山所撰《国史孙诒让传》,文长四万余言,中间节录《周礼正义》及《墨子间诂》二序语。时季文取来《间诂》一部见诒,余持访陈绳甫,换《述林》四册,并缴清欠费,与兴初家弟晤。兴初名权,近在瑞中任教体育。去后,绳甫又以近出《韩集笺正》视余,知为邑前辈方成珪之遗作。绳甫从其孙宏源处检得,或谓方家儿女将出付焚,绳甫幸见而取之。(午刻,得椷弟寄来拾元解账。)

中秋日　阴,晚微雨

晨起读《尚书》"尧典""舜典"后,出游老屋,知心兰书社定廿一日奉宣入社,顷已布置就绪矣。与心畬叔谈,所委教育局长沈公博,本为邑间一闲游者,得宗叔剑豪一函之荐,遽为局长,可鄙亦可叹也。时局如此,难怪俞伟臣抢孔子神主而沈海也。即夕赏月,与家人团聚痛饮,学字至十一时睡。

十六日　细雨

晨起,点《尚书·大禹谟》毕,入塾课《汉书·韦玄成传》,诸生责余来,旋以上祠堂节祭,要求续假二天,许之。午归,点《震川集》,学翁字,夜十时睡。(晚姑丈来,述其家人纷难状,甚悲惨。)

十七日　晴

晨八时起,点《尚书·皋陶谟》,后学翁字,至廿余纸。出访张畴

九、镜如兄弟,于其家三人,共诣利济医院,余劝喻以孝道甚详。二子颇为所感悟,愿自今后不再有胡闹之事焉。既相率回来,禀明姑丈以改过之情。当时姑丈怒气仍未息,余终劝告,始稍稍转圜,由是与二子商善后办法,各以不听妻言为戒,使家庭渐趋和睦也。

晚读孙太仆为《孙希旦传》,希旦,号敬轩,盖读三《礼》后,有感而取此号也。余心慕之,因亦以"敬庵"二字作别号,愿终身从敬字上下工夫,即礼乐不可斯须去身之意也。再与三弟谈学字法,至十时睡。

正午,三弟归省父足疾,似痊。午后,游图书馆,借来《清史纪事本末》及《新文学论》二书,览其大半。

十八日　晴

晨起,点《尚书·益稷》毕,入塾课《汉书·韦玄成传》。午归,览《新文学论》首篇,载林琴南纾与蔡子民元培函,力诋蔡氏提倡新文学之非,且谓六经为我国之粹。近各列强于正科外添续中国文学,而我国人反自弃不读,殊足奇也。林之所言,与余私意适相合。惜林氏已死,新文学趋势乃日张。求自邑间,如余之日抱残篇,往来道上者,无第二人,其世风浇薄可知矣。灯下,与三弟讨论书法,至十一时睡。

十九日　晴,晚雨即止

晨起,点《夏书·禹贡》,甫及什一而时已迟,急入塾中,教诸生《汉书》眭孟、两夏侯(始昌、胜)传,并教郑生以《战国策》。此为余研究《国策》之始(上年在中校曾得教师抽读此书数篇而已,今则加圈点而整理之)。

两日下午,皆课以科学,昨物理,今代数,旧书仅重温耳。不禁感触,往年在工专时,读书幸无全忘,可为诠释,尚有条理也。归途,遇林公铎先生,知方自广东归,想吾道穷矣。时同行者有程石仙、何

□□，皆林之师友（程为公铎之师，何为志石之后），亦邑中文学人也。晚餐罢，偕三弟到老屋，谒九叔，告以公铎先生已归里。雨作，返家。学翁字十余纸，三弟亦在旁学孝胥字，其进步似较余为速，乃大喜。又得二弟信，述姊丈过彼处，留宿三天，并借二十元去。此子操行不检，素蔑视余家兄弟者。其家固饶于资，然宅心不善。余辈恨之入骨，何二弟一瞢而不知也。夜寝，在十一时半。

二十日　晴

晨起，点《尚书·禹贡》。入塾，课《汉书·京房传》。下午，教物理。归后，与三弟共游心兰书社，盖明早举行入社仪式也。社中已布置完竣，屏后刻池老云珊作《心兰书社碑记》，发起人有二十四位，皆邑中好学之士。为联会读书出资购书，而组成此社。文末仿《玉海楼藏书记》，亦称愿社外人可来社读所藏书，余心喜甚。晚点《尚书·禹贡》，至十一时睡。

廿一日　晴

是日，为堂伯父玉璇归藏之日，余已告假送葬。初疑在上午，后知为午后一时。遂在家，先点《尚书·禹贡篇》，文句固不多而注释颇繁琐也。有顷，心兰书社入社各社员，后人捧主，结队而过，伴以鼓乐，烦形热闹。余出视之，悉队中林公铎先生亦与焉，余面礼之。继牵弟共到老屋观之，与心畬叔辈久谈而归。下午，送葬回，闻人言，公铎先生与林幼卿传绶在筵间相争闹，公铎笑幼卿腹内空虚，由是各以恶言相詈骂，殊违其先德亲爱之意焉。

四时点书出，送还陈君志三书与安林，不值，遂访陈绳甫，告以二林胡闹事。因共到心兰书社，再到陈穆庵家。穆庵以公子派横行乡曲，余久耳其家多书，今视其书斋，案上寥寥几部，陈旧《王梅溪》《归震川文集》而已，似不成求学人格局也。灯下，点《尚书》"甘誓""五子之歌"二篇毕而睡。

廿二日　晴

晨点《尚书·夏书·胤征》毕，入塾，为锦裳晋郡，改命诸生自习。余时一至图书馆，借《新民丛报》数本览之，此报为前清光绪时梁任公所主办者，其间亦皆任公所作论文为多。文苑栏有八贤诗记，当代名人，如章枚叔（炳麟）、严几道（复）、蒋智由（观云）、黄公度（道宪）及我乡宋平子（恕）等，其余论著学说，政治史地多门，皆有名作也。

下午，又令诸生温习，自独坐览《新文学概论》，知胡适在美时有意提倡文学革命也。然其友梁某辄为诋其非，谓它日神州文学断送于汝之手，今果然矣，为之浩叹。散学后，送书还图书馆，与平阳蔡君孟平邂逅，知为前日偕王国光来访余者。蔡从同邑刘老次饶问学，三年已读过《左传》（刘老专长）、《礼记》、《毛诗》诸书，近方治《荀子》，人颇纯雅，与谈久之。归途过访大舅，到家知听秋有信寄归，小姨邀余往为缮复函也。又过老屋，迎父归，父以足疾已痊而出门故也。灯下，览《新民丛报》，悉吴汝纶赴日本调查教育时，曾与留日学生相胡闹云。睡时十一下矣。

廿三日　晴

晨起，点《尚书》"汤誓""仲虺之诰""汤诰""伊训"四篇。入塾，仍令诸生自习，午后亦然。散学较早，偕锦麟共访其族兄成赉君，登其楼，览所藏书，凡卅七厨，皆普通版本，惟《曾公全集》《四库全书提要》及《惜抱轩集》《史》《汉》诸书外，较称完善，余皆为虫所蚀，不堪入目。《史》《汉》二书中间，间加圈点，如归、方二氏所为。尚有医书，占三之一，此为其祖方蒨志瑜先生所收藏，盖有水仙亭之章。志瑜先生善古文，以梅曾亮为法，与项芳兰同，衣言太仆为之作《项先生墓表》，甚称之。晚游张宋顾家，亦谈此事。张君欲以征求乡先生遗著缘起嘱作，余力辞不能而回。所以暂避锋芒，勿汲汲求名也。灯下，钞《玉海楼藏书目录史部》，亦借自张君也。

廿四日　晴

晨点《尚书·太甲》三篇毕，欲访公铎先生，过其门，知有喜事，不便入，遂转道到图书馆，借来《新民丛报》及《涵芬楼文谈》诸书而归。归后，钞《玉海楼藏书目录》。至午餐罢，谒九叔，与谈琐事甚久，最后出示严复（几道）墨迹便条一纸，可宝也。严复为叔世古文家，与林纾齐名，称桐城嫡传，其翻译赫胥黎《天演论》，语奥妙难识，余前在法校已读之矣。晚钞《玉海楼藏书目录》，并读《涵芬楼文谈》，此书亦余前在杭时从洪君孟节处借览之，中间所述学识，未能通晓。今重视之，则了然于胸中，自知学问有大进境矣。十一时正睡。（母亲夕时往老屋，为堂弟楷明早定亲纳聘。）

廿五日　晴

晨起，点《尚书》"咸有一德""盘庚上"二篇毕，入塾，教《汉书·京房传》。下午，教化学。散馆，归途遇蔡君孟平，与共游至陈绳甫家，为绍介相识，各谈所学甚久。余送之归，并指示玉海楼所在及藏书详情，遂别。晚游老屋，贺二伯母一子（即楷弟）纳币之喜。二伯母守寡几二十年，有子成立，固大欢欣。余诚家人，当往为增光，且以慰伯母心。少坐回，灯下，钞《玉海楼藏书目》，览《涵芬楼文谈》。至十一时睡。

廿六日　晴

晨起，点《尚书·盘庚》中、下二篇毕。入塾，教《汉书·翼奉传》。下午，代数教罢，归，得云龙自甬寄信，知与友从组织肥料公司，为股员，喜甚。继而览《涵芬楼文谈》，有心得，与前在杭时所阅见地迥不相同。

廿七日　晴

是日，为国庆纪念日，即双十节（阳历十月十日），机关、学堂皆放假。余以诸生要求，亦从俗休息一天。故晨起，点《尚书·说命》上、中、下三篇后，牵四弟铮到明伦堂欢庆祝礼。与心畲叔晤，心畲叔言已为余谋农村学堂教事，余含糊允之，实欲为吕表弟俊超谋也。但未知成否，何如耳。下午，观木偶剧（即傀儡戏）《为之义结》，颇足感动人，叹其有一技之长也。夜继之，三出后，在灯下，点《尚书》"高宗肜日""西伯戡黎"二篇毕即睡。

廿八日　晴

晨起，点《尚书·泰誓》上、中、下三篇毕。入塾，为如美往戚家，正拟改课古文。适蔡君孟平来访，延登楼上，与谈颇久而去。蔡君约余于下星期日共游平阳南雁荡，谒刘次饶前辈。盖次老年垂七十，入山读书，不问世事已久矣。下午，余到馆在二时后，独坐钞《玉海楼藏书目》毕，未五时即归。竟日令诸生各受新课。夜接微尘项主复函，久为力谋差司，其言甚谦逊，自谓其子女得余裁成，必图报答云云。同时，又得听秋信。将睡，读韩文数篇，知其立意运笔，中间书牍类有为余同发感慨者，知求事之难也。

廿九日　晴

晨起，点《尚书》"牧誓""武成"二篇毕，入塾，课《汉书·李寻传》。并于言间，探得其父住址，为上海法租界仁吉里卅四号。归，遂再缮一书以复之，文词简雅可读，不与世俗信同。又以单挂号寄去，恐遗失也。下午，物理讲力学物性篇。晚归，知为林宇翔熹来访。以夜课事，待其后来接洽妥当。顾时久未到，乃出观傀儡剧，三出毕回。灯下，览《新民丛报》及《涵芬楼文谈》而睡。览报，知将举行祀孔礼，甚喜慰。

◎ 甲集下

八 月

朔日　晴

晨起，点《尚书·武成篇》，并写信复听秋，同时将项函共付邮。入塾，教《汉书·李寻传》，文涉天文、五行、灾异，诸生以其理深奥难识，颇厌读之。下午文课，题为《跋韩集笺正》，《笺正》为邑先辈方成珪雪斋作，近由余友陈绳甫刻行。归后，持项函谒心畲叔，研究其是否诚心为谋差也。夜与宇翔晤，商实夜学事，但教英标，似非所愿。晚餐罢，外姑来游，陪谈久之，送归。外姑患内子体弱，并疑其体虚，恐难受孕也。灯下，读《曾文正公集》。

初二日　晴

晨起，点《尚书·洪范传》，皆关天文学说，注释虽详，然尚难明其道理也。点罢，读韩昌黎文、苏东坡文。乃出访林公铎先生，纵谈学术，费四五小时之久。先生讥林纾文修辞不雅驯，无安贴语，又气械未清，不当享高名。余意公铎先生固不喜唐宋以后文章，实则桐城古文机轴尚属分明，惟发句不如秦汉人之高妙耳。又引典处，颇能呈显。读书多，积理富之状态，与庄子同气味也。

午后，从图书馆借得《国学丛编》数册，中有薛师储石钟斗论文及通讯。储石为发扬乡邦文献，成书数种，曰《永嘉学案》十四卷、《东瓯词征》六卷、《明卓忠贞公遗集》一卷、《宋薛常州年谱》一卷、《清孙仲容年谱》一卷、《永嘉诗课》二卷。其《仲容年谱》，较宋慈抱所著为详，慈抱亦自叹不及也，见宋《书后附语》。灯下，览《刘厚庄诗文钞》，厚庄为次饶刘老字也。

初三日　晴

晨点《尚书》"旅獒""金縢"二篇毕，入塾继教《汉书·李寻》。午归，改锦裳文卷，题为《瑞安三家藏书记》。睡后，往教化学水之分解章。晚读《厚庄诗文钞》，稍稍知其平生雅事概况。自言从孙诒让仲容、金晦稚莲（即遁斋）二先生受学，又与陈介石、吕文起辈为莫逆友。次饶晚年，为编《平阳县志》，采集材料，一登玉海楼钞书，有"往岁怡园披架轴"之句。其舅氏杨仲愚，亦平阳文士也。卒后，孙琴西为作墓表，见《逊学斋文钞》。灯下，览书至亥刻睡。

初四日　晴

晨，点《尚书·大诰》毕。入塾，继教《汉书·李寻传》终。下午，代数教罢，自览报。欣知祀孔礼得恢复，已由内务部通令全国，定八月廿七日为孔诞纪念日，于山东、杭州、伦敦（英京）等处尊孔会里举行释菜礼。又张学良、林森辈皆入南方政府，为中央委员，革命事业大定，人民可暂免兵灾矣。午归，写信复云龙宝生。晚得管狱员陈祖谋之请，书法院屏上中山遗嘱，费三小时始毕。灯下，仍览《厚庄诗文钞》，少顷即睡。

初五日　晴

晨起，点《尚书·康诰》。后入塾教《汉书·冯奉世传》。下午，物理教平衡合力数节。归来钞摘《涵芬楼文谈》中语，正夜深十一时，睡。

初六日至初八日　晴

日来，点《尚书》"酒诰""梓材""召诰""洛诰"诸篇，与改文卷。上午，《汉书》教《宣元六王传》及《王商史丹传》。下午，教物理化学二科，皆有所悟，所谓敩学半，教学相长也。初八下午文课，题为《薛储石传》，以《国学丛编》中所载《薛君墓志》及各书函为底本。薛君系玉坡明经之子，妙手著书，皆关乡邦文献，自作者惟有《樵园残集》中几篇论文耳。

午后，从图书馆借得《罗阳诗始》，为泰顺董霞樵所哀录，卷首有孙锵鸣、曹应枢诸人序，皆极言吾瓯文学之盛。此书所汇集作，亦多董姓前辈，有董鉴（字文明，号讷斋）、董约（字博之，号省斋）、董泆（字饰之，号庸广）、董秩（字汝庸，号霞山）、董大爵（字汝修，号霞东）、董培（字汝材，号雨峰）、董天乐（字汝智，号霞南）、董大臣（字希道，号慕南）、董永孚（字隽公，号恒广）、董兰桂（字同芳，号绳广）、董旋（字伯矩，一字士范，号正村处士）、董旅（字叔振，号鲁斋）、董正扬（字眉伯，号昙柯）、董正榆（字引叔，号文华，晚号泯翁）十四人，盖皆泰邑文士也。余前读邑前辈文，亦有述及泰顺董仲常（游贡）士，殆即其族人欤？ 容它日一访其后裔也。《厚庄集》及《涵芬楼文谈》皆览录毕，送还图书馆。（午刻，父亲牵小弟到舅家，为表妹说姻事。）

初九日　晴

竟日点《尚书·洛诰》，间出访姜萃夫，萃夫托余询陈雅堂以被贼攀赃事，余素以不涉官场为戒律，欲作一个清白儒生也。顷通姜友情面，姑为之一询，幸不久事即解也。便道过通俗图书馆（在旧女中校址），借《胡适文存》览之，

《胡定中学国文教材》：

甲，选本从老子到姚鼐、曾国藩，每一个时代之重要作者，俱应选入，其中包括古文学史性质者。乙，自修古文各书；A. 史书，《资治通鉴》或《纪事本末》等；B. 子书，《孟子》《墨子》《荀子》《韩非子》《淮南子》《论衡》等；C. 文学书，《诗经》之外随学生所定，选习两三种专集，

如陶潜、杜甫、王安石、苏轼等。

下午教化学。晚往观傀儡剧。归来，读《罗阳诗始》而睡。（篆约已谢，不能践。）

初十日　晴

晨起，点《尚书·洛诰》毕。入塾，教《汉书·儒林传》。下午，物理教终物性篇，圆体类，皆至灯明始归。晚又往观剧，为两班赛演，人山人海，叹为生来未见之热闹也。直至夜深，归寝。（父亲于午刻已回家，知表妹亲事，大姨母不肯许也。又得三弟信述，郡锦纶布店请郑孝胥题额，笔资七十元。）

十一日至十七日　晴

连日点《尚书》"多士""无逸""君奭""蔡仲之命"与"多方""立政"诸篇。点《汉书·儒林传》易书诗文家。改卷。为文题《永嘉学派述略》，取《永嘉丛书》及系统表，《宋史》周（行己）、许（景衡）、陈（傅良）、叶（适）各传，并皆为详读道，因感组织洛社，以东程来学说，为挽今时势，且振及我永嘉派也。

十四晚，在江阆仙师处旁听教《逊学斋文》。江师为人糊涂，教书将文句一读一说便了事，未能开以作古文方法，将无以明了全书内容及作者历史耶。余心窃笑之，当时余为讲说甚明，从学者皆中校卒业生也。总之，数日来，读书用心过多，遂致不耐久坐，只好出外散步，以保养身体。间写信，答二弟、三弟及听秋、敬栻诸亲友。又为萃夫、志钦书中堂大幅。十六日下午，为徐姑丈送葬，归来问六婆疾。六婆折足不能起，年正六十，余曾为作寿序，即心伟叔之继母也。十六日，父亲又入乡收帐谷矣。

十八日　晴

点《尚书》"周官""君陈"二篇。在塾览《曝书亭集》，为秀水朱彝尊竹垞作,其文多涉考证,即序跋书记,发端必详制度,引用古书,或三《礼》或《书》或《诗》,各有所本,以显其学之广博也。余随读随悟,不啻温书,并为诸生一言之。下午教化学。晚出外散步,以舒畅精神。九时睡。

十九日　晴

晨起,点《尚书·顾命》一篇。入塾,教《汉书·儒林传》毕。下午,代数,令诸生演题目,而自览《曝书亭集》。晚游内家,知听秋将米上海谋事矣。(午后,途遇宋慈抱。)

二十日　晴

晨起,点《尚书》"康王之诰""毕命""君牙"三篇后,入塾教《汉书·循吏传》,又自览《曝书亭集》。午刻,在内家隔壁徐姓饮会酒。稍迟,即归睡,不往塾教。适铨弟来谈久之而去。去后,访成远,成远方病愈,因相与论时事。余大作感时之言,自述欲组织洛社,以救世风。成远颇笑余为迂,彼云当以谋生为急,谈不到传圣道也。余亦阳诺其言,然中心不稍往,所谓道不同不相与谋也。

旋又访陈绳甫,与共赏菊于利济医院。秋菊初发,风景欠佳,即返其书斋(曰潹湫斋),坐谈文学,又李雁晴欲办图书馆事。雁晴现任厦门大学国文系主任,函约李孟楚(翘叔威之子,亦任中科大学国文教员)、陈穆庵(介石前辈之侄,为温中校长)与陈绳甫诸人,各出所藏书籍,有廿余厨,买地北郊,筑屋贮之。至灯明始归。晚,学翁字十余纸睡。

廿一日　晴

晨起,学翁字一小时,入塾,因锦麟赴乡祭坟,遂改命诸生温课或钞书,而自览《曝书亭集》。下午亦然,晚游林心伟家,心伟对余言,当代文豪如胡适、陈独秀诸人学问渊博,嘱余须参阅此数家文,以新知涵养也。余颇诽笑之，何其识之浅陋，不学如此！《胡适文存》《独秀文存》，余在四五年前已读过。归来点《汉书》，至十时睡。

廿二日　晴

晨点《尚书》"冏命""吕刑"，后入塾教《汉书·循吏传》。下午，教物理。晚继点《尚书》"文侯之命""费誓""秦誓"三篇，而《尚书》全部终矣。计三十三篇，为古文学也（孔安国传，孔颖达疏）。

廿三日　晴

晨五时起床，点归《震川集》书牍类数篇，颇怪其成近平易，乃取《史记》及昌黎文读之而后悟，所谓阴柔之道也。盖韩为善学太史氏云尔。早餐后学翁字，至十时，一出访宋君慈抱，不值。转游各裱画店，知无大作品，独有端木国瑚楷书横幅一纸，末有邑举人李漱梅跋语，极简洁，有古文风味。漱老前辈为二叔祖雨亭公作寿序，以稿商洪演畴蓉轩先生，余时适在旁，心讥其文句未老练，却与今作大不侔矣。

下午，点《归集》，览《中国文学批评史》，为陈氏钟凡之新作品也。余假自图书馆，甫一日览竟，欲访陈安林，观其先人志三虬所著书，亦不值，绕道访张中表畴九，出游北郊，坐路旁古冢上，谈时事。会项氏女生如美，随家人十余人结队过，皆识余，相视而笑去。意若辈从愚溪游览归来也，余旋起背道行，至隔河归，已暮。灯下，仍点《归集》，半晌睡。

廿四日　晴

晨起，改项生文卷，题为《永嘉学派述略》，而以锦裳之作为最佳，其修辞典雅，气势洋溢，因评之曰辞雅气盛云。入塾后，教《汉书·循吏传》毕。午归，阅《翁松禅手札》。下午，代数教两三页。

晚游宋墨庵家，谈文章作法并当代文人优劣，墨庵大称汪容甫

（中）、龚定盦（自珍）二家文及张惠言、恽子居阳湖派文章，以为由经学入词章，其用字发句皆有来历，不妄加毁誉于人也。至谈及李雁晴，则极力诋斥，谓窃孙征君（仲容）名，以眩世求售。宋与李始于前年打笔墨讼，以前固相知友善。墨庵云：李君未遇时，曾一言近时黄侃，认为太炎弟子，则享名天下，如己能称仲容为师承，当亦如黄氏。然今果对人称如此，可鄙也。遂取《记李雁晴事》一纸指示余，余阳不知此事，唯唯诺诺而已。宋君近治经世学，欲以应时势，盖有激于李君而为之也（李自为大学教授后，新造所屋，一人购古书，洋洋自得）。出新著《太平刍议》一册见贻。余即比以陈志三作《治平通议》，宋平子作《六斋卑议》，宋君大悦。又谓江南符璋（客寓温州）以所作《无题诗存》请为序文。符氏前为自地知县数年，有文名。墨庵虽一介书生，所交皆天下名人，如章梫（一山）、冒广生（鹤亭）、刘承干、杨承孝、林鹍翔、刘次饶辈也。谈三小时，始归。归读《太平刍议》至睡（《太平刍议》引古书以讽时政，正中其弊，不啻为余一吐胸中郁积，其头脑甚陈旧也）。

廿五日　阴微雨

晨起，点《归震川集》，继学翁字。入塾，知项主携苏妾并二子归。行李数十件，堆积于庭间，锦麟遂导余入见，与之寒暄数语。项主即言卿事已函商，待其回复耳云云。余别后，登脂学楼（即书馆），课《汉书·循吏传》毕。下午，英文法，教纳斯斐三册，为讲析句子种类，尚能顺口，无阻滞也。晚游内家，坐二时许，归读书，睡。

廿六日　晴雾

是日，五时起床，学翁字数十纸，颇称快，自喜有深得。入塾尚早，教《汉书·游侠传》。午归，稍与内子龃龉，余实有感时世污浊而然也，内子果贞顺之人，事后乃大悔。欲于他日得志，必以挽狂澜、矫薄俗为务,如朱熹晦庵之治阁县邑,一绳以礼教也。下午文法,说八种词。数年前旧书重读,殊觉背道而驰,然迫主家分配,不得已耳。灯下,点《归震川集》,天寒冰之,被褥间读苏明允《送石昌言序》,叹孙琴西集中赠序,大半仿此腔调,盖多谈交游,以情韵胜。日来,夜睡不安,疑此为失眠症,由于神经衰弱故。晚出,过义父家,谈游北雁荡事。

廿九日　阴

晨起,点《震川集》,学翁松禅帖。将八时入塾,教《汉书·游侠传》毕。下午文课,题为《永嘉耆旧传叙》,盖余欲作之书也。以大旨发扬乡邦文献体例,仿马氏《通考》之作,分为名臣、循吏、忠节、孝义、儒林、文苑、列女数目,为它日修志之参考焉。诸生皆能纵论吾永嘉之学,而为此叙文之开宗语,似有情致也。晚游内家,少坐归。点《震川集》。

卅日　阴雨

晨,点《震川集》,学翁松禅字帖后,出访郑剑西(阆达),未起,转到图书馆,借《国风报》,末载前朝名人轶事以观之。再过郑宅与晤,甚欢。郑君新从巢县归来(充巢县酒捐局局长),出在巢所作诗,读之甚清雅,然余固未知诗,独喜其书法可观。盖郑亦学翁,久为邑人所称赏,又喜篆刻,余乞刻数颗,承允许。归为鉴弟写大字,作照牌,约十余个,颇能顺手也。午后,一游裱画店,无佳品,旋以雨作,遂归。读书写字,尽一日欢乐。灯下,又读韩昌黎文,深有所悟,愿终生学韩、学太史公之文也。

又览《中大校报》文艺栏载某某作《史学与史法》。

十 月

朔日　阴雨，夜大雨

晨，点《归震川集》，入塾坐定，项主微尘牵其妾生二子来学。问之，谓已读过《论语》与《孝经》也。项主听言辅助余管理，遂于室外空间置一案，作自修、会客用，便随时来此督察小儿女也。下午，代数教至暮归。仍点《震川集》，且温《尚书》数篇而寝。

本日为孙中山诞辰，机关学校皆放假。又为林漱泉老仙逝，三时入殓，项主亦去，系其母舅也。林啬于财，子姓间亦隔阂，平生无用心，惟丰其衣、美其食而已。持杖容兴道上，真若神仙人也。故死后无人悼，惜之。然于余读书，逢人即称许，可感也。

初二日　阴

晨起，学字十余纸。入塾，教《汉书·佞幸传》毕。下午，未到馆，途遇郑剑西，约余来馆其家，余谢以出门，遂罢。因与其谒项微老于塾，时方教儿女英文，既晤，牵剑西到别室谈，余教英文法，至暮归。晚游内家，知大舅来，与谈国事甚久。寝时钟鸣已十下矣。

初三日至初七日　连日阴晴，间夜雨

项馆《汉书》教至《外戚传上》，将终科，亦顺序教，云项主或将自来助教英文法。星期六，文题为《送某侯调任杭州道道君序》，盖虚设也。诸生于序跋、传记、碑志诸类，皆已试为之，独赠序类尚未动笔，故为开示作法，以为揣摩。余亦点《归集》赠序类。

初六晚，与萃夫谈心事，述在项馆教书之苦衷。

初七夕，得心伟一语，云项主称余旧学有根柢，人品亦高尚，真所谓道德兼文章者，今世不易得之人也。余闻言颇慰藉，作谦逊语而

退。旋林君以挽联嘱书,为挽胡决夫,其语平凡。胡君即一月前与余在江阆仙先生家辨难新旧文学者,为张元纯先生之女夫。将婚,竟卒,殊为可惜。灯下改文卷,读八家文及《叶水心集》,皆有所得。意将点完《归集》后,专读叶书,为趋时评,研究永嘉经学。

初五晚,得蔡师函,极称三弟字体得苏戡之神,项生文亦为难得之至,皆大慰余。越至阻我出门,引项主为例,是殊感不然。项主以曾作大事业,为国人所注目,直系色采太重故。而余初次作事,后来希望已从此起,而时势与昔亦不同。年青强壮,正当努力,岂可以老成自误一生哉?

初八日　晴

上午入塾,教《汉书·外戚传上》。下午,为赴郑剑西家,送葬其母氏。归来时暮,不入塾,稍睡至四时。醒后,往访陈绳甫,与谈及宋慈抱《三国志乐府》事,以谓从林从炯家人买来,遂摘去其名,而窃易为己作。又谓所作小文,多涉卑贱,有伤文体,亦无价值也。

初九日　晴

晨八时,郑氏回堂荣归。余与陈毅夫共到三港庙迎接,座客二三百人,皆邑绅也。下午小酌,归后稍睡。薄暮过听秋人家,知已来上海矣。

初十日　晴

上午,《汉书》教《外戚传上》毕。下午,物理讲皮义氏律,压力与体积成反比。灯下,点《归震川集》,睡。

十一日　晴

上午,《汉书》教《外戚传下》。午后,讲化学查理士律,体积与温度成正比,中间与皮氏律相关系。余能为之说明公式成立原始,至暮归。晚点《归集》赠序类,归作文,固以寿叙胜,然其引经典处亦足法也。邑前辈孙公琴西，一生用力于此书，故其为文毕肖之。今之池老云珊，亦每每袭归氏成句，且摹仿其格式也。余谓归氏常有以王临川语入文者，如此文人相袭，已成恒事矣。

十二日　晴

是日，为项主微尘五十生日，余晨刻挟书入塾，先登堂拜贺，后教其子女《汉书·外戚传下》，班婕好《伤悼赋》，未二时，即告停教而出。过图书馆，借《学衡》五本，中有林公铎先生作，曰《政理古微》《伦理正名论》二篇。取归启，稍稍翻阅，知皆哲学言也。是夜，至听秋家及老屋，知六婆足疾渐愈，心畬叔不在家。归后，点《震川集》，将卧读马通伯古文数篇。

十三日　晴

晨起，点《归集》寿序数篇。入塾，教《汉书·外戚传下》。午后教英文法，至电灯明而归。晚游宋墨庵家，与谈文学及乡前辈轶事，至三时之久。墨庵又以所作《墨庵二十以后古文》见贻。余取归读之，皆平凡之作，略胜我项氏生，恐气机犹不及我项氏生之清也。何怪陈绳甫辈之讥议。虽然，其引经典处，颇能自然凑合，显亦才学也，可佩可佩。午刻，作书欲致李雁晴知事，中附寿文一篇，以过重，与邮局相龃龉，局长朱君夙与余善，大叱邮差，余遂取信返，先寄与三弟转去也。

十四日　晴

晨起，点《归集》，学翁字，出贺金友雅训新婚，至时尚早，坐堂间，与其父丹甫先生谈久之。雅训睡起出，余道贺毕即归。金氏父子疑余来视新人，嫌去速，有怪意，是实不知余心者。余上年与金友同学，今当其来，既未致礼仪，又不往贺，它日相值，将何以为情欤？故一往贺之，所以行古风耳。下午睡醒，往观同福，正目为《合莲花》，剧情甚佳。归时已晚，灯下点《归集》而后睡。

十五日 阴

晨起,学翁字十余纸,入塾,为锦裳病,令诸生温书钞文卷。下午亦如之。余自间读《司马温公集》及《资治通鉴·后周纪》,为昨日观剧有演柴荣世宗、赵匡胤等事。又感《通鉴》一书,为余所定应治书之一,俟明正陆续点读之。灯下,点《归集》,终四册,十时睡。

遇陈毅夫,告以曾文正联语:粗蔬淡饭布衣裳这点福,老夫享得;治国齐家平天下那几字,儿辈安排。又述王阳明联语:水绿山青,任老子婆娑风月;天旋地转,看儿曹整顿乾坤。皆不易得之句也。

十六日 晴,酉刻月蚀

晨起,点《归集》,入塾,仍以锦裳病,令诸生自习,余坐览《学衡》林损《劝学篇》,知其征引广博,几集经子语以成文,何其烂熟如此也!晚归,途与林生淞生晤,问听秋近况。餐后,得二弟附来尧埙函,示余以机缘,云《上海民国日报》,林炎夫为经理,即商项主乞事,余时依其言往商,亦承首肯,约明早来取信。余欣甚感甚,当夜遂不深睡矣。黄君为少时同学,交谊至密。其弟在中曾由余弟介绍工厂为学徒,故特留意余事也。又有平阳二妹友菜来游,一别逾五六年,今已长大,极肖诸弟矣,为之大喜,惟初时付与陈姓作假女耳。

十七日至廿一日 阴晴

连日点《震川集》寿序类毕。项馆《汉书》停教,然只少两篇未教也。依主人意,讲地理及理化诸科,以余致函报馆谋事,有将离此之意故也。

廿二日 阴

廿三日 晴

上午,讲地理,使明本国决路经过及各省名山、大川、气候、物产等,参览地图。下午,教英文法纳氏三册,此为文法书之最详者,并收得项生文卷副本,存余处以为纪念也。灯下,点《归震川集》,读韩昌黎文,叹为后人莫及。又昨朝向图书馆借得《花信楼采访稿》人物类,余欲录一份,为它日作《永嘉耆旧传》底本也。

廿四日　阴

上午,教《汉书·元后传》。下午,为旧友王绍祖燕孙来访,共到探花楼闲谈。王近任职军界,此归省母,母为蒋屏侯先生女弟,寡居二十余年。余昔日曾登堂拜之,甚承优礼矣。晚游听秋家,又与黄母谈其家世事,知三太公漱兰前辈清直之风,为御史时余百金,尚置庭中,似告天而存之度岁,故死后无一垅之植焉。归来,点《震川集》,睡。

廿五日　阴

日来昼渐短,晨起亦较迟,读韩文,点《归集》后方入塾,续教《汉书·元后传》。下午,化学教炭酸气。灯下,继点《归集》,学翁帖三四十纸。睡前又得迈翀师自宁寄写挽联,为致洪绶林先生者,其行状为池老云珊作。

廿六日　阴

廿七日　阴晴

上午,《汉书·元后传》教毕。下午文课题为《王莽论》,盖为项主命,改试作史论文也。夜游姜萃夫新开容光照相馆,与林柏庐、童公粹二君谈。童君举吴中风景以告,且言曲园之胜,为俞樾大师读书处。又述李雁晴少时读书之勤,与今老辈池云珊同,每夜总尽一灯油,读书而后睡也,其刻苦如此。余闻言而内心笑之,然余固于每晚餐后,即坐观书至寝,几尽数盏油,似较胜于池老及雁晴矣。

廿八日 晴

晨起，学翁字十余纸，即起出为送姜君照相馆开幕礼物，绕道入松竹斋览画。下午睡醒，又学字至三四十纸，搁笔，立店前闲眺，遇祥夫叔，与共到老屋，欲钞心兰书社（在老屋傍）池作碑记，顾门闭不得入，徘徊而归。

午后，晤张中表畴九。又正午时，访黄苣孙，少坐回。黄初为大家子弟，其祖父叔容，为前清某地盐法道，家多藏书，曰缦缦庵。今其子弟束书不读，而习电机工程事，可惜。其壁间挂有董邦达山水、邓顽伯篆书，皆家传物也。灯下，点《归震川集》，学翁松禅字，至十时睡。

廿九日 晴

上午，《汉书》教《王莽传》。下午，代数讲与几何有关部分。晚游萃夫照相馆，在家时读马通伯文及学翁松禅字。

卅日 晴

夜五时，阖家迁回前店如原状，即日辅父亲搬箱搭床，甚劳忙，项馆遂不去矣。薄暮，一出访萃夫，与其姑父黄植民先生遇，先生即问余来正如何进行，并言项馆束脩过薄，有为余请增加意，甚感。然余答谓谋事无消息。黄乃牵余至其家，谈久之，并嘱借其名，致信项佛慈先生，就近代推荐。其高谊难忘。余以一个寒士，何得乡里前辈器视如此，殊自愧恧也。灯下，作一函致项佛慈。既毕，就寝。

十一月

朔日 微雨

晨起，读吴挚甫文，继点《归集》。入塾后，知锦裳病，不上楼，遂命诸生温书,而如美钞文课副本数份,然皆一如余日作笔墨也。下午亦然。散学时,特早过莘夫照相馆道贺,与黄植民先生及孙君、童君聚谈有顷,归时已晚矣。灯下,向四弟方讲东坡故事,而义父菊森先生来,嘱书小挂条,并称余字体极肖翁松禅,为邑人郑闳达所不及也。去时,取余所可字纸一束,甚欢喜。余点书至睡前,览《曾公日记》,颇有所感动云。

初二日　晴,夜雨

晨起,点《归集》,画小对联及方块数纸。入塾,仍命诸生自温旧课。下午,催如美赶完文稿,至晚五时后始归。归来即往老屋小酌,为楷弟完姻事也。饮罢即返,点《震川集》,睡。

初三日　阴雨

晨起,点《震川集》,入塾,教诸生读韩愈作《张中丞传》及序,叹其得太史公笔意。午归,览《曾文正日记》,知曾公评文分气势、情韵、风趣、识度、机神五种,余亦拟以五色圈点识别之,为学文之助也。又参以归有光评点《史记》法,将经史诸子当文读,细心考索,以示后世途径也。下午,入塾自读马通伯文数篇,至其中志矣。挚父墓文,述其少时家贫,得一鸡卵不食,换松脂,以照读书云云。想古来有志之士,皆如此刻苦也。

晚游林心伟楼上书室,观池老作其母传,尚可诵。其大体结局与项氏生所作相似,惟下段记选举闹事甚详,盖与池老自身有关系者,故多袭《七十自叙》文中语也。未几,吾叔仲璇偕洪莘孙,以反日会事来商心伟。莘孙为邑狂生,其所谈论,皆捣乱口吻,余实不欲卒听者,私叹社会中事,每每见坏于此辈人手云。并言明日上午举行卫生运动,知事执帚,学子持畚,游街讲演,作一番大扫除之善事也。灯下,点《归集》六册终,九时睡。

初四日 阴

上午，为卫生大会，余自晨起，书小挂条，后特偷闲往新安小学（即前善通高小学校）一睹盛况，时县长、法院长以下至各学堂学长皆到会。县长金宏建演说毕，全体整队出发，各机关领袖，手执笤帚，作大扫除游行。余从旁观之，殊觉好笑，且为长太息也。彼辈治国事如儿戏，国安能得治哉？

下午入塾，文课题为《礼让为国论》，所以慨时世也。暮归，访王佛陀君，闻其论史学本章氏实斋说。又称近时大同主义派，语虽多哲理，要不出政治、经制二途耳。灯下，点《震川集》，将睡，读马通伯文。

初五日 晴

早起，书大匹挂条十余幅，皆为郡人托三弟来求也，极称意，自问可贡献于世矣。后遇黄苣孙，且谈且行，直至东郊造船厂。黄因近作轮船事业者也。归途独遇童君汝涂，字公粹，因共到其家，观所藏书，凡四五厨，皆平常当用书，大半为余已有，惟《明夷待访录》《平阳新志》《汉魏丛书》为余所亟备而未得者。其书床上，悬孙征君（仲容）所记某县志序，稿甚雅贵。其尊甫西园先生对学诗文法，谓义当读古书，至《史》《汉》而止，顺性相进，专读一家，泛阅各家，使有派别轨道可循。诗可先读古乐府云云，似甚有理。间举乡先辈太仆征君轶事。又言与余从祖志谦公同学，称莫逆，述平生读书事甚详。别来过内家，留午饭，日昳，转赴听秋家及老屋，钞录《心兰书社碑记》。灯下，点《归集》墓志文二篇，再读马通伯文而睡。

初六日 晴

是日，为余生日（十一月初六日卯时），故起来读曾公所为寿序数篇，以余一生从齐曾氏之为人也。继点《震川集》。入塾，教《汉书·王莽传上》。下午，代数演题。

晚游萃夫处，与其尊甫谈家常琐事。归途又逢陈绳甫，绕道而过其家，览新出《吴挚甫先生日记》广告，知此书廉价发售，只需十元，由其子闿生分类钞辑而成也。全书繁富，多关经史诸子，有涉义理，辞牵训诂名物，以及时政、邦交、学术、教育等作品，想较王（湘绮）、翁（松禅）二氏日记为详而有用也。陈又言，何励生近得雁晴之招，赴厦大司编辑事，为之一喜。何君家贫好学，连年奔走海上，未得知遇。顾父老边，亟待供养也。

十时归。睡前犹读章太炎作《仲容哀词》中，引平阳宋恕（平子）在生行动，及治学情况，殊可诵也。太炎经学词章，皆卓绝一世，为孙君后一人也。余往在杭州于广座中一睹其丰采，后以遭时忌，逃往日本有日矣。

初七日　雨晴

晨起，点《震川集》。入塾，教《汉书·王莽传上》。下午，物理讲热学。

初八日　晴

点《归集》，晚塾归。闻四弟言，知听秋已得事上海法院，为之喜。

初九日　晴

晨起，点《归集》，已过大半部，然后知吾孙前辈琴西文章全摹仿归氏也，甚至结体发句皆逼肖之。余又疑归氏之学《史记》，独得其描画情致处，与韩昌黎氏之独得其气势同也。林琴南谓归文学《汉书》，或有道焉。入塾，教《汉书·王莽传上》。下午，以体倦稍睡，醒来已过入塾时，遂留家学翁字，点《归集》，并出鬙发。又昨夜丑时许，母亲分娩，幸举一小妹之，彻夜不得眠也。

初十日　晴

晨起，点归文一篇，撰小妹之名，曰香雪，盖昨暮游裱画店，觉锵鸣孙前辈所书联,有"桂花开时香雪海,月轮高处广寒宫"之句,因取其中香雪二字,以纪时也。在塾终日课,《汉书·王莽传上》毕。又上海林某回信已到,谓目下谈不到用人也。晚过萃夫处,与其姑父植民先生晤到,亦云余来正谋事久,于明午后,代告项主,索介位置。当时在广告,闲谈世界文化,颇为国是叹惜,至十时归。睡。

十一日 冬至 晴

上午,得三弟友人托书各件,书毕封好,交鉴弟带上。下午,点《归集》,游萃夫照相馆,与其舅公粹童公共到利济医院赏花。公粹亦好文学,所谈前朝掌故,甚有本源。别归,学翁字至十余纸。灯下,亦继之翻《辞源》,知香雪指梅花而言,盖觉所撰合理,何孙氏比为桂花也。

十二日 晴

终日点《震川集》,并学翁字。晚方改项生文卷,适洪小萍来,出学生古文共斟酌其字句,间有缺失处,然大体尚佳,承赏叹不置,并推余馆为自地第一。

十三日 晴

上午,教《汉书·王莽传中》。下午,如美患口病,停教,令诸生自习。又项生言昨发《林漱泉墓志铭》,题为其父骧作,实则骧老师池虬代撰也。灯下学字有兴趣,大书特书,至十时睡。

十四日 晴

晨起,点《归集》,终第七册。入塾,以如美口病未愈,仍令诸生自习,间取古文相讨论。下午亦然。晚归,过内家,知内嫂产一子,为道贺而返。灯下,学翁字至寝时。

十五日至十七日 晴

连日课《王莽传中》,下午,教理化如常。接厦大雁晴兄来信,知久为设法，并购近著《文字学讲义》一书，多以新眼光整理旧文学也。即夜写回信寄去，李君可称难得之益友矣。又何兄励生确由雁晴介绍，任编辑校刊云。

十八日　晴

上午，《汉书》教《王莽传中》。下午文课题为《论史汉异同》，诸生翻《后汉书·班彪传》为根据，参以己所知者，尚能成文。晚牵少弟游中校，闻开演古剧。至则承旧同事林君宇侯（前女中校长）招待，少谈即归。当时对乡前辈孙（仲容）、黄（仲弢、叔颂）、项（中甫、若甫）数公像，为少弟述其历史。日来为缺乏红珠粉，停点《归集》而读韩文，并作复答李雁晴，始脱稿，余自意此信近昌黎书牍体也。

十九日　　晴

竟日学翁字，并书小挂条，终嫌未惯手，行气难称意，甚自愧也。将暮，从林生淞生处览得谭延闿书大屏，知其笔意，深得翁相国神髓。加以驰位高，胸顷开展，已不像郑剑西矣。回来过裱画店，见壁间有剑西所书对联尚佳，余皆叹为不及也。

是夜，往瑞中操场观剧，为学生庆祝阳历十九年元旦，称游艺大会，剧名《故乡青春梦》，书文明结婚，受旧家庭攻击，致入空门，或投井死。又演《桑园寄字》，亦颇可观，然终讥其失人格也。时势至此，付之浩叹。归来时十二刻，读韩文有深悟焉。遂继读《孟子》一二篇，觉韩氏之得力《孟子》，在气势方面也。

二十日　阴晴

晨起，点《归集》后，出吊林漱泉先生，为余外家姻盛也。又为余上年介绍项氏馆者，其待人刻薄，好交结邑绅士，此时到吊客甚众，大抵皆识余，而称余读书，颇承青眼招待也。下午，再往送葬，与项主微尘晤，微尘其外甥也，故讣书后有项作墓志铭，实则项老师池虬

（仲霖）所代撰云。晚得三弟寄书件数份，乘兴挥就，甚合程序，自喜慰。

廿一日　晴

是日，新历元旦，停课一天。点《归集》后，游老屋，与心畬叔晤，约月杪来书寿屏云。又为楷弟书婚联大小二十余对，皆惬意。晚又得萃夫嘱书横匾。夜寝在十许，有庆阴历说。

廿二日　晴，夜雪

廿三日　晴

竟日教书有心得。晚过义父家，与乡老谈时事，颇为叹惜，且言自地四十年前文学之盛，今竟无人肯读书，老辈中惟汀田张震轩先生能日夜读经史，不问生产。其记日记正与余同，心大慰。诸乡老皆以余肯读书，期余保存国粹也。归来，表兄兆祥送宣纸，请书挂联。余之书名，想从此起矣。灯下，点《归集》，对铮弟讲解之，将寝，又读马通伯文。

廿四日　晴

上午，为林漱泉回山，项氏生皆往接室，余停课半天，在家点《归集》，并为鲍某书挂联二对，即祥兄所托也。下午，醒后入塾，坐等未来，仅教锦麟古文一篇，即归点《震川集》。晚餐后，往内家牵内子归，甫坐定，忽闻人报邻居九成堂火起，大骇，继又报即在对门大同南货店厨室，更大骇，不知所为。时吾母产小妹仅半月，尚卧床上休养，幸时尚早，街头人云集，共扑灭之，不然真不堪设想矣。事定后，走商林心伟，共起为禁此街水果店熏莱菔事，到管吉浦先生处，盖管、林二君，为本里间长也。管先生遂作一函，致警察局，嘱转警告之云。归点《震川集》。

廿五日　晴

晨起，点《震川集》，学翁松禅帖，即到宗祠陪客，为仲璇叔葬二婶母也。送至城隍庙而归。当时绅士约二百左右，皆识余者。余独与孙莘农谈国学，孙为仲容前辈之犹子，在邑间稍稍称好学者，余以乡老礼之。去岁余到其家，与其子演嘱游，见所藏书亦五六厨。演嘱举《欠泉庵文集》以赠，为泰顺周丽辰先生作品，周老学不遇云。下午，点《震川集》，学翁字，灯下亦如之。

心畲叔约余明早往老屋书寿屏。

廿六日　阴

上午，点《震川集》，学翁字毕，欲谒荫轩先生处，途与陈绳甫遇，遂共到其家，览所藏书，并《永嘉丛书》，末附薛钟斗（储石）著《东瓯诗人祠堂丛刻校注》，知储石文字苍劲，有学人气，颇心服之。绳甫近刻李雁晴所著《中国文学述评》，六七百本，余前已见其原稿，称能汇集各家评语，科学式有系统叙选为合时也。

晚点《震川集》全集毕，其《别某毕科场文》，不欲读，读之亦无用，故余既读罢此集，知其间多为闲情眇状，摇曳其声，盖长于情韵也。嫌其太弱，欲进读唐宋八家文，以讲究气势，俾得刚柔相济，如曾氏国藩之文，为得体云。

廿七日　阴

塾课授毕，归学翁叔平正楷，有心得。晚得雁晴贺年信，后出游老屋，知心畲叔已排好寿屏草底，嘱即书之。

廿八日　晴

竟日在馆，课《汉书·王莽传下》。晚留老屋，与心畲叔共划寿屏墨格子。

廿九日　晴

竟日在心畬叔处为书寿屏，至夜十一时归。以颜字书之，极称意，此余第一次执笔也。又承陈仲芬姑丈嘱作寿序，姑丈盖深知余者，余之学古文，亦自姑丈，因时时送所作文相讨论。姑丈有高足杨嘉、方宏源，皆邑中好学士，今已化去，可惜。归后，知械弟寄花笺来，给余学字云。

卅日　晴

连日天气热，如二三月时，穿棉衣似不称身。在塾课《汉书·王莽传下》，将终。晚，到老屋续书寿屏，毕役。

十二月

朔日　晴

上午，教《汉书·王莽传下》。下午归，得二弟信，知转入美斗厂充技士，年内恐无钱寄归云。灯下，读《归集》寿序，拟为陈姑丈觅体式也。薄暮，访黄苣孙，托荐邑中校教席。

初二日　晴

上午，教《汉书》全部毕，自得力不少。下午，物理教力学，至奈端律。晚作陈姑丈仲芬寿序，稍稍合体，有声调，与桐城派古文相似也。

初三日　晴

星期日。读曾国藩所作寿序，与归氏比较后，往老屋，为楷弟完婚调排一切，间取马通伯文读之。

初四日　阴晴

竟日在老屋帮忙。下午，看搬嫁物来。

初五日　阴

八时，花轿出门，至正午进门，余留助心畲叔为布置一切。是日，戚族鄙人来贺者甚众，见后堂所悬寿屏，皆称余书作俱佳也。楷弟年二十一，与三弟同庚，任事商界，人亦纯实。此次与李氏女结婚，可称一对嘉耦云。晡时散筵，合族亲人等聚于心兰书社（屋边），为六婆六十寿拍照，甚盛举也。夜十一时许归睡。

初六日　阴

入塾，教算学竟日，又为诸生讲应考学校题目。晚游老屋，为会亲陪客。顾未几狂生群来闹新房，出言粗糙，余为痛心，大愤，而比为禽兽，愿它日得志，极力制止之，以消除此恶习也。经堂上劝助，遂归就睡。

初七日　晴阴

竟日教算术，至四则杂题。余初不解算法，至此亦略有所悟，所谓教学半是也。晚散学，归途与蔡君孟平遇，与共访叶幼卿先生，少坐返，谈时事，共伤之，拟与组洛社，阐将圣道，以挽颓风云。

余又过访萃夫于其照相馆，承黄植民先生关照，向项氏丐事，项氏可云太不讲情理矣。幸余早知依赖人为非，固自顾勤读经文，厚树根柢。虽连年在项馆作蒙师，实则全为自己读书也。今果不出所料，必使无遗憾矣。黄先生去，余留此视萃夫以电光放大照相，而悟物理学中之光学凹凸镜作用。晚归，读马通伯文。

初八日　细雨，阴

在馆教算术捷算法。午刻，得何励生信，承为留意教地，云已托沪友矣。灯下，读《归集》。

初九日　雨

晨起，读欧阳修文，觉归氏学之甚小同，皆偏于阴且柔者也。入塾,既课算术后,对诸生宣布提早放假,且作怨语,自谓忠信将不施于今日矣。何也? 余以丙寅秋间来馆汝家,循之教诱,有所成就,可谓为人谋而忠矣。当送关约时,言毋席附学,并不计较脩金,只望日后得到提携。至今三年,余守此约,中间几次抗绝人加倍待遇而争聘余,顾此刻汝父犹大意,不欲为余谋一事,使余真有悔心焉云云。午刻散学,其父立门旁,邀余入上座,说明两方艰难状,使各得以善结束,其辞有理。余意此老亦忠孝人,必能为余帮忙,乃尽兴而别。归来,遂往谢荫轩先生,说项馆请余蝉联云。晚游老屋,持照片对家人指明此片为六婆六十祝寿合照也。灯下,读书而睡。

初十日　雨

上午,在家开始作《永嘉耆旧传·林培厚先生传》,属名臣门,至晚脱稿。又读欧阳修文,甚有所悟。午后,稍睡片刻,来访大舅于其家,并转到听秋家,览其壁间陈某对联。陈为乾隆皇帝之父,海宁人,官内阁。又有梁鼎芬、阮芸台之孙某等人团扇面,皆书奉漱兰太公也。灯下钞《林培厚传》。

十一日　雨

晨起,读欧阳修文,其书友明交谊处。竭尽情致,声意铿锵,如振金玉然。入塾教算术,至比例。晚作《孙锵鸣传》,至十一时后始睡。

十二日　雨

晨,读欧文墓志铭类,入塾教算术,至午后,全书毕,对诸生言明停馆放假,遂归。晚以体倦,早睡。

十三日　阴

晨,读欧文,继抄孙传,出游陈绳甫家,坐谈过午归。下午睡后,与张畴九共到教育局、新安高小、法院诸机关游散,藉广眼界也。灯下,作《陈步云总戎传》。十时睡。(报载梁启超病危,奉天拟印《四库全书》事。）

十四日　阴

晨，游陈绳甫家，少谈，而洪小萍亦来。小萍自言近有《文心雕龙集注》之作，与陈君《管子集注》同，皆汇集各家注释而成书，盖晚近著书之通法也。如支伟成、陈柱辈，皆年未逾四十，而著书多至三十余种，非抄集，何至如此哉？至李雁晴兄，近又有《中国文学述评》出版，其前作《史记订补》，销路甚广，可见此子为得势也。

归时览报，知梁启超已逝世于北平（旧北京）矣。我国文豪又弱一个，可深悼也。梁氏方编《中国图书大字典》，得政府等备费一万金，其一生著书极多，有《饮冰室全集》行世。古文嫌其芜杂，近报章笔墨。灯下，作孙诒谷、邹钦尧、杨毓奇、陈以达诸耆旧传。

十五日　阴

晨起，读欧文后，作许岳中、锡麒兄弟传。下午继成之，转钞罢，一出览书画于义父家，皆佳品，如许启畴、孙仲容、王香谷、王鸿诰、林纯贤、李肇元、王声木数子，共四十张，托卖十二元。

十六日　晴

晨起，作《吴仕德传》，出取《耆旧传》，即于寄瓯，付三弟印稿纸。适过内家，与舅晤，闲谈国事。午归钞吴传，稍慢二时后，方续抄吴传，而故人蒋益贤来。蒋与余同学凡七八年，在中校时，日共读书于洪寓，有《皇清经解》作参考，颇相得，称益友也。近蒋任双穗高小校长，谈久之，偕游西郊，登探花楼，时已有数友人在，乃共坐谈治国故，中有名薛吟松，似能用功旧学者，初欲从余学。闻余尚在项馆，作罢。盖知余颇久也，乃指示治学法门，尽兴别归。

余归至家，学翁字，并写信答二弟及黄听秋。二弟言明年转进美新厂为主任，其规模较老厂大十倍，惟无钱寄归，难免堂上之责望也。

听秋任上海租界临时法院差遣，月转六十元，足慰小姨矣。灯下，读梅、曾二氏文，皆清雅有气势。将睡，再读马通伯文，闻内子言，日间项氏生来访。

十七日　雨

是夜，做年糕，至一时后睡。

十八日　阴雨

两日间，作《永嘉耆旧传》数篇，并学翁字，甚欢乐。再偕洪小萍君到陈氏潀湫斋，与绳甫辈谈治国学。此二人自从雁晴学得考证法，实未尝用功经史根本书也。下午，独往裱画店，饱览团扇面，有黄氏兄弟菊渔、漱兰二先生楷书、行书，孙衣言、诒让父子、王荫衡、李肇元辈，平扇叶数面，皆可喜者。别店有端木百禄、包楷之书画，百禄为国瑚子彝之子，工诗，诗多致当代大人物者，如吴县潘祖荫，某县杨岘见山等，亦善。过老屋，归读欧阳永叔文三篇，为晏公殊、王公旦、范公仲淹神道碑，皆壮严，有《汉书》气味，其铭语仿《诗经》《书经》，可学也。灯下，读吴挚甫文，抄《耆旧传》，至十时许睡。

十九日　雪

二十日　雪

廿一日　阴

连日作《耆旧传》五六篇，皆前朝伟人，如项雁湖几山、孙琴西、黄绍箕等。间出游裱画店，亦即归，所见有明姜东溪立纲书柳中书墓志，书法雅洁，与余前存储石拓本（立纲行书）不同，东溪当时以书闻名东瀛，今日本东京国门有姜书扁额在也。过老屋，少坐。灯下抄《耆旧传》，后读梅伯言文，睡。

伯言文学王临川，一篇之末必夹有论断语，其体式较别家为劲健。又览报，知梁启超死后，舆论极恶。

廿二、廿三、廿四三日　连阴

作《耆旧传》数篇，以仲容、平子二传为最佳。

廿五日　立春　晴

上午作《传》后，游蔡师家，知年内不归。又访雁晴，亦未到家。转谒林公铎先生，适九叔及何介夫君皆已在，听先生谈新京局面与同乡窘状甚详。当时，邮差送二信来与先生，先生拆视，知皆聘先生为中央大学国学系主任及金陵大学史学教授。先生统辞之，不去，盖先生此次已允任交通大学国文系主任矣。先生取柳翼谋近作《江苏国学图书馆年刊》示余，其末附住馆读书章程，云得学术家介绍，即可住馆，先交保证金廿元，以后每月缴膳宿费十六元，而保证金仍发还也。午归用饭，出，从公粹处借来《平阳志》《人物》《文征》，又与公粹谈前朝伟人轶事甚悉。灯下，钞《耆旧传》，读马通伯文而睡。

项馆及附学诸生束脩皆送来，又递新关书，脩金全年七十元，颇悒之。

廿六日　雪

竟日读书，温《史记》《孟子》。一出，偕外科医生到小姨家，视乳肿疾，小姨拘束不肯，医遂回，但此医生亦年老矣。余乃大嘉小姨之节操也。灯下，对三弟讲《孟子》，睡。

前日晚间，余翻书，得墨庵所赠《三国志乐府》，因题数句于其端，所以讥宋君窃书之原，并疑其注间所露痕迹。次日，得胡简便谈，亦以此注为疑。余心喜，有识地矣。然宋君自印此书后，颇改之向学。今其学则大进，决非乡里其他后辈所能及云。

廿七日　雨阴

作《耆旧传》，读欧文，是夕分岁。

廿八日　晴

读欧文出，问小姨近况，知已全痊，甚慰。即过内家，告外姑，亦慰。归途，见池虬前辈，办中医国学社招生广告。池本善医，工文，为福建某县知县，及普通中学国文教习，于经史颇有根柢，推为吾今国学祭酒也。近以家居无事，为保存国粹而设社，造就后进，殊与余心相符，欢喜之至。后访李雁晴，知为谋事无望，付之一叹。灯下，读《史记》数页，睡。

廿九日　晴，晚雨

竟日辅父亲理店务，书对联。夕时，许成远来谈久之。又棫弟送十二元归。而泉弟亦从友人陈某移一百元，稍稍能节账矣。

卅日　阴

上午读书后，与周某龃龉以店事，不堪忿，誓终身念此勿忘，且图雪此，用是呆想大半天。午后游内家，晚游伯母家，均以此事举告也。又友人黄苣孙、金振铎以对联求书，尚称意。在途晤陈定夫先生，告以项馆强留余续教情状，陈亦称许余教书得法云。灯下，学翁字，贴门对后方睡。

是夜，满街开市，士女如云，与上海平日局面同。

己巳（1929）

正　月

元旦　晴

晨起开笔，读曾公为《陈仲鸾父母七十寿序》。继点《易经》，知其分篇定名及传授大意，参读苏洵老泉《易论》，甚有所领会。《易》理固幽渺,非深推难明也。点毕,出拜祠堂,归。适项生来贺年,述王老师教算术,古法太劣。去后,余牵少弟铮到萃夫照相馆一游。萃夫强邀余同铮弟拍照,少留,与孙延东、林世芬二人谈,当时生意极盛,余为之喜。及归,读书至十时,睡。

初二日　雨

晨起,点《易经》乾坤二卦毕,赴内家拜年,便道过义父家。既归,读《易经》,至晚,续读《史记·太史公自序》,十时睡。

初三日　晴

点《易经》,学翁同龢行书,为姜萃夫书照相牌字,与游二小时,归。

初四日　大雪

点《易经》至比卦,坐被褥中,读苏子瞻作《司马温公神道碑》,见其笔意壮严,高古近《诗》《书》。

初五日　阴

点《易经》,为何陶庵书中堂对联。

初六日　晴

点《易经》后,访李雁晴托谋事。李出宋慈抱文一篇,为攻李论孝中之孝字,云须给酬金一百元即毁稿,否则付印,于李教授名誉,不无少损也。此种骂詈,殊失人格,李欲诉诸法院,以求解决。即起搭轮赴郡,商律师张明东。李固于旧学未深造(近所治皆希世盗名之作),而宋亦不应作如此敲诈术也。

旋逐林损先生处问读《庄子》法门。先生为述庄子其人身分及言论,伟则伟矣,恐无此人也。观史公传庄周,擘首云与齐宣王、梁惠王同时,似与孟子同时矣。但于《孟子》书中,并无及庄周者,而于庄子书中,亦无一语及孟子者,以此证明无庄子其人也。又言庄子书所描写,皆空中楼阁,与《西游》《封神》二小说同结构,大有研究之价值。林先生对余留心其章法、篇法、句法、字法,以为学文之资云。未几,杨小林、李孟楚二君来,皆邑间读书人也,共谈国事而去。余归,学字,读书至晚,早睡。

初七日　阴

点《易经》,至同人、大有卦。承赏,议员啸梅来求聘。前两年,曾屡邀余去教书者,余辞,既受项约,应顾信用。贾处束脩六百六十元,而余不为动,乃别为友人王国光绍介,遂相与谒过贾先生于南乡会馆(打绳巷),察其言,似欲延聘之。下午,贾氏又来说实,时唐同学耀文在座,又胡简林馆地,亦为余所介绍,胡来取实信。余因访林幼卿,坐谈项氏人格低劣,夙以骗人为技,劝余改就贾馆,并嘱杨小林成余事。余即时谢绝之。睡醒后,郑氏生道镕来贺年,知仍欲附学,一慰。去后,张中表畴九及铨弟来谈,张出寿文见示,语重复类讼辞,未入格也。是日,学字时多。

初八日　晴

晨起,学翁字,出欲访王君,接洽贾馆事。途遇宋慈抱兄,与共到其家,初谈雁晴事,继相讨论国故。慈抱举《瓯海轶闻续编》数册示余,自作品也。书仿孙氏轶闻法,余昔年已见诸报端。后至内家,与项微老及其子女晤,云到照相馆摄影。余归,又与林世芬晤,夕往听秋家,晚承李雁晴、陈绳甫来访,少坐即去。之后,宋慈抱来,假余存《黄体芳传》(仁和叶尔恺撰),时已将十下,遂睡。

初九日　晴

点《易经》,览新购《庄子集解》,为本年教本也。九时后,出游张中表畴九家,方起床,俟用饭罢,同访李雁晴,问宋君事,知已向法院起诉矣。宋固深于学问者,惜自负太高,失之骄傲,结怨者众,此次为雁晴说孝未妥，揭书指斥，且索洋一百为酬费，于理似甚缺欠，字据落雁晴手，亦不自觉，常对余言其误数处，皆余所已知而不便言者。余自去年教附学生郑道镕，点《说文段注》，固悉孝字之义，为人子善养其亲之谓，其书作𦔣，而雁晴误以教旁之从爻从子者，释孝作𡥈，载诸《厦大周刊》中，为宋所瞥见，遂成此勒索丑事也。宋告余，有郭奇元者亦为文攻之，欲登沪报，稿寄与其子鸿飞，诚以鸿飞与雁晴有旧，不便披露，稿仍转回作罢，则李之谬讹显然矣。当时闻李既与宋涉讼，余即从旁劝解，不允。余心窃笑雁晴多事，正所谓文人相轻，自古而然。归点《易经》，至晚后八时睡，夜雨。

初十日　阴晴

上午，点《易经》。正午，搭河轮，独游莘塍，观剧三出毕回。到家，知有黄植民先生来访，为项葆桢知县夜馆事，而项馆开馆，改期为十五日，因稍宽慰。读书寝。（闻有雨声。又午刻送《平阳志》还童君。）

十一日　晴

晨点《易经》。后谒黄植民先生于其家（系姜萃夫之姑父，长者也），谈第二项氏馆地，为慎初知县自动请余者，脩金六十元，供晚餐，余当时允许之。及归，学翁松禅字数十纸。下午，与洪小萍访陈绳甫，不值，憩于利济医院，赏花有顷。回家整齐书籍，老友施剑甫来，翻阅各书及项生文卷，甚见称赏。施项得雁晴荐，任厦大史地教授，闻余治史法，余既详言之，且举《史地杂志》以赠。灯下，读梅伯言文数篇，夜大雨。

十二日　晴

点《易经》后，检《花信楼访稿》四本，还图书馆。又从借得六本，内有《瑞安百咏》一本，为黄叔颂前辈作。又有《十花楼诗存》一本，为永嘉曾赤城焕著,有孙锵鸣为序。余既取归,快读一过,皆记邑间事物也。

又途中见共产党告白云:打倒土豪劣绅,实行苏俄政策,继续广州运动,甲日开始工作。分四行写,下署"中国共产党瑞安委员会"等字样。录此以见时势焉。

下午,点《易经》上经,共三十卦终,至离卦,而眼花太甚,乃起出游雁晴家。至则张畴九、王佛陀二人在座,李开动留声机,使大家听梅兰芳唱戏。梅兰芳为当代名伶,虽南面王不易其乐,曾游欧美,得其国卿相热忱款待,用钱如粪土,亦已荣笑。灯下,作《耆旧许松年传》毕,时十下睡。

十三日　晴,夜雨

点《易经》,至家人卦,因有慨焉,其于正男女之道,适与今时相反,求家正天下治难矣。继学翁字数小时,出游裱画店,与周老先生晓初遇,谈宋、李胡闹事,殊为士林惜,闻不日开庭审判矣。下午,入山扫祖墓,在西郊礁石岙底。

十四日　晴

点《易经》后,出访张畴九中表,坐谈片刻。归,得洪小萍邀,访李雁晴于家。又与畴九晤,时洪子林方留钞宋慈抱文,为攻雁晴《孝中之大不孝》者。俟小林钞毕,仍相率到余店中坐谈。时墨庵数次过,余然亦有话说,甚难为情耳。下午,点《易经》至暮,到萃夫照相馆,归途遇陈绳甫、张宋颐二君。余托绳甫购姚惜抱、方望溪二文集,余决意学古文,故于此二书不可不一涉猎之也。

灯下,点《庄子·天下篇》(亦称自序)及《困学纪闻》中记庄子书事,知《庄子》初为五十二篇,经郭象删存为三十二篇,或云郭象注,窃自向秀之遗,二篇未注而死。郭象既窃得之,能继成刊出也,后向之副本亦刻出，世人始知其事云尔。此与宋慈抱窃林某《三国志乐府》同，继搜集苏瞻、王安石、姚姬传、梅伯言、马通伯辈之读《庄子》书后观之，皆有所悟，并一经点过，则知曾氏为文，多袭用庄语，以其熟读《庄书》故也。（见曾定日课，在《家书》中）夜十二时睡，夜雨。

十五日　阴

晨未明起，点《庄子·逍遥游篇》，深有体会，庄周之此行，真奇诡宏肆也。入塾，诸生行拜师礼毕，开始教书。锦裳以父意，勿教《庄子》，改读《通鉴》，使知中史常识。余虽阳允之，而心仍不赞同，以为学无步骤，则诸生难见进步也。夕刻请酒，余坐首位，当时陪客有项慎初先生、项葆桢先生、项荫轩先生、孙叔海先生辈，有今日始知教书之尊之感。酒散后，教代数，暮归。忽忆荫翁家无塾师，拟送其子入学校，余乃兼教夜课，正走商荫翁，先访黄植民，告以此故，植民先生甚重余人格道德也。即去与荫翁、慎初商议，余实因上年赴杭求学，承荫翁从通济公司取来百六十元资助余，感激难忘云。在内家小酌，归，至十一时睡。

十六日　阴

晨起，点《易经》后，入塾教物理。午归，访黄植民先生，知慎初先生馆事已谢绝，遂转到荫翁家，嘱其购书，为《曾文正公诗文集》《家书》及《嘉言钞》三种，欲使其子女明曾公之为人读书，甚有裨益，于富家子作模范也。时荫翁往乡间淀粉厂，只由其族人大澄先生传语耳。下午，教代数一次方程一式。晚归，一访李雁晴兄，不值。灯下，点《易经》，为贾馆事往周宅接洽。

十七日　雨

上午，项馆教代数。午归，点《易经》。下午，教化学于原子量、分子量及各定律，皆有心得，始信学问待教而大明也。散馆，便道过荫翁家,用晚餐(请酒式),一有慎初之父,宁傅老太爷作陪,颇见礼重,余心欣悦。餐罢,教曾公五箴,并为开示治学做人方法甚备,盖余之教人读书,其大旨重在学做人也。至十一时许始归睡。

十八日　雨

晨起,点《易经》萃升二卦毕,入塾,教几何。午刻,散馆,过内家,知外姑失足,自楼上跌下,筋络受伤,尚讳言不痛,为款待余少坐,而小姨来贺,今年盖自去腊产女后,初归宁也。余旋归,用饭罢,往西门项同学咏舒家,从其尊甫取足伤药,拿外姑治之。便道,访李雁晴兄,知讼事已得孙莘农、胡醉民、杨小林三老先生调解,和酒三席,登报道歉,其措词哀且贱,何墨庵厄运至于如此耶? 计彼所费约二三十元,反自损失。时雁晴甚欢乐,颇有傲色,以帖请余来共酌。余遂谢以项家夜课开始,未便与陪,实则余亦不愿饮此酒也。二君皆余初交者,情尚融洽。夜课归时约九点钟,途遇胡质民、鲍储西,告以时变,令人骇悚云云。回家后即睡。

十九日　阴,夜雨

晨起,点《易经》后,入塾教物理。下午,教古文,散馆极早,转到荫翁家,课《圣哲画像记》,至十时归。昼间,便道问外姑足疾,似稍愈。

二十日　雨

上午,在塾以一二学生因事别往,遂不教正课,令其姊弟学字温书。下午,为接洽贾馆事,又停教,而与锦裳遇,引到自家少坐。转访李雁晴兄,登其楼,观所藏书。既去时已晚,以体倦,夜馆遂不去,即睡。

廿一日　阴,晚雪

连夜寝不成寐,脑昏不耐省记,学翁字以解闷,甚欢乐。继作函复励生,送李家托带,知未动身,时林宇翔、洪小萍在座,因道墨庵道歉,报未注销。李乃别余辈,仿其消息后,再与遇于学前。下午,张畴九有以此事访余,皆称李君做事老练,否则几为宋所负矣。薄暮,为外姑伤足往叩二次,又到黄小姨家,问听秋信,又借衣服与内子穿也。夜早睡。

廿二日　晴,雨雪

孙氏分家,项生皆往贺,盖与其四子叔海成姻娅也。是日,余于学字外遍游各亲戚家,并为蔡二房押轿,搬嫁妆也。下午,锦麟来,言间自怨不是亲生子,盖已明为庶出也(微臣得意时,又纳花馆女伎,产儿后,逼于正房而弃去),余为举范文正公(仲淹)故事勖之,颇为动容,泣下。锦麟近为孙莘老之快婿,莘老工诗文,称孙氏能读书者,它日当能教会此儿也。夜寝尚早,仍不成寐。

廿三日　阴,下午晴

晨起稍稍迟,以脑昏,学翁字。入塾教物理。下午算术,命诸生演题,未五时即归,归到内家,知外姑足疾渐愈,而岳生、小姨皆来。余转过照相馆,欲访黄植民先生,商谢绝荫家教书事,顾不值。而与项生遇,项生其时默然,率友人走,不告余一声,殊太不敬,余心耿耿,叹师道丧久矣。灯下为铨弟书对联,铨去后即睡。

廿四日　晴

晨,去送金某葬父,与项慎初知县晤,谢前日夜馆不去之意,仍无言,作罢。转归,学翁字。下午,一访张畴九表兄,谈雁晴登报事。归后,送寿序奉陈姑丈仲芬,其年甫六十,姑丈称余作合古文格调,盖知音之言也。当今善此学者,池老外,吾姑丈间时为之,因相与谈能治国学,只数人耳(宋墨庵、李雁晴、洪小萍、李孟楚、乔育之、陈骏)。惟陈姑丈之高材生杨嘉、方宏源最好学,为世所称,惜早夭折。杨有著述曰《墨香簃丛编》印行。又便道访绳甫,不遇,为托购望溪、惜抱二文集也。夜牵内子归。

廿五日　晴

竟日游散，与黄植民先生言荫翁家夜课事，余自谢绝后，尚耿耿于怀。黄先生则极力沮余，谓当以保身为安，项氏亦已早谅宥之矣。余心乃安。午后，到内家问外姑足疾。灯下温书学字，至十时寝。

廿六日　晴

早晨，雇船，偕内子、小妹到梅头外家拜年，且观花灯也（即会市）。

廿七日　晴

是日，为梅冈会市之期，在外家嬉游度日。夜放灯，迎大纸龙，闹声震天地间，扮台阁，高矗半天，数童子旋转于秋千架上，诚壮观也。游人数万，所费不资。夜寝在一时后。（是夜，贼入我室，窃去外衣一件，因当时即觉，遁去，否则所失当更大矣。）

廿八日　晴

上午九时，从外家偕表妹秀超及内子胞从二妹、小弟等同归，途中用船，亦有上岸步行。庶后四时许才到。灯下检书后即寝。

廿九日　晴

入塾，教几何、代数，诸生到者只三人。午刻，过邹友敬杕家，取其照相，拟为表妹秀超作伐也。秀超今年廿五岁，以大姨母爱惜，故迟迟未许人，其才色皆足称，虽身处梅兰僻乡，然多饶城市风趣，识字知医，盖得于大姨母之教也。灯下，作书致邹友，至十时睡。（早起，读韩文《平淮西碑》，甚悟韩学诗书得力处。）

二 月

朔日 晴

晨起，点《易经》，入塾后教几何、代数、物理。灯下作书致炯孙，为购翁松禅扇册，以余甫见《申报》所载，系取于谭氏家藏，计数百份，尽稀见之品也。时局又稍乱，自地大轮船多扣留运兵。晚睡尚早，内子往王家庄舅公家去。

初二日 晴

上午，教代数及令诸生演题，颇得教学半之益。余初以数学不近性，致工专中途而废。今于教书后稍稍有所了悟，始明此非十分难事也，故谓学校中功课，总以国文为最不易求通矣。子刻，往乡舅公家会市，承款接其殷勤，即留观剧，至晚餐后归。归时便过萃夫照相馆，并与林伯庐晤，知仍到原局（温州电报局）任事，系萃夫所举荐也，喜慰喜慰。灯下，点《易经》至丰卦，未十时即睡。

初三日 阴

晨起，点《易经》至未济卦，如此六十四卦点毕矣。入塾，教代数。午刻，送书还图书馆，与陈大放晤。陈方在阅报，余因问时局如何，陈答尚扰乱，未能统一也。下午，古文选苏东坡《代张方平谏用兵书》，所以教诸生，知用兵之无益，可与淮南王安《谏伐闽越书》同读也。苏氏文气条畅，于此篇更醒目，实经制之文也。

晚归，游裱画店，见刘石庵、翁叔平之石印联，皆可喜者。又有邑人蔡朝呵写颜帖，甚工妙。蔡学多宝塔碑，以字太污浊，每试钞卷逾格外，故不得售。后藉端木国瑚之表格，世人始重之。灯下，点《易经》整系辞,知为孔子作,即十翼之一也。睡时钟鸣十下。

初四至初七日　连日晴

点《易经》全书毕。与宋慈抱晤,谈治国学,甚详。宋近作《太平刍议》,仿陈虬《治平通议》、宋衡《六斋卑议》,论当时之政得失,颇中肯綮也。宋又善卜算,为余推命,称近几年及四十一、五十一之间,运行至火地,当发也。余命为三奇格,属人为贵,且水归冬旺,宜读书,利出门,所至得人扶助云云。

晚得三弟信,言已汇钱上海书局,购翁松禅扇册,下班轮当寄到。又在宋处览黄前辈仲弢著《中国教育史》,其间叙述多引经史。仲弢学问渊博,仁和叶尔恺已为之传,载《清史稿》中。夜寝在十时正。

初八日　晴

晨起,点《庄子·齐物论篇》,知其所言皆超妙,与释氏同。余固不愿学其人,独学其为文也。梅曾亮曰《庄子》,文工者也。余历观古之文士,多读《庄子》,可想见矣。入塾,教物理圆周运动、振动、波动公式之成立。自在项馆教科学后,似比前日有所心得,正自慰也。

午时,三弟信来,言翁扇册已汇购,吾兄弟能和气互助,可嘉。又于前日,余称蔡耀东曰蔡贼,其子彤(余之姊夫)从上海泉弟处窃阅之,归告其父而大怒,人有传语于余者,余因作书诫三弟,善保存余信。盖余常为环境所逼,而出此怨恨之言以相励,今三弟亦云长铭诸心。吾兄弟既如此督求上进,何患家之不振起耶!

下午,几何方详说练习题,而项生性鲁,难能领会,余乃尽心解之。时王国光来馆谈,知荫翁家夜课接替有人,一慰。王为余邻友,近从高中卒业,学行皆足称,家亦贫,艰于上进,但能自修,欲从余学文。即晚又来深谈,甚快心也。去后,点《庄子·齐物论》毕,睡。(内子体欠和,至夜分发热。)

初九、初十日　晴

两日间，点《庄子·人间世》一篇，在塾教理化、算术，皆有所悟，惟项生公子气太重，往往不率余教诲也。余教此馆四岁，兹能忍耐之者，以其父面情，亦欲为自前程计耳，否则不可朝夕居也。常诵东坡称张良能忍小忿以就大谋，今余实以此措意焉。

内子病愈，欲薄粥，遂下楼治厨事，喜慰。夜到老三房，为明晨安葬二伯母于沙塘底某山之原。至则有张亲家公醒俗先生在座，探怀出所钞祭文，余从旁视，发现有不通句，心窃鄙之，谓前清老生多未读书也。归来观书，至夜分始睡。（有小雨。）

十一日（缺）

十二日　晴

晨起，点《庄子·大宗师篇》，即往东郊迎宝归老三房，已逾半日工夫矣。然与人谈，皆国家近事。午后，到大伯母家，贺友照妹出嫁姜姑丈之子毓藻。时九叔、麟叔共留赞礼，告庙毕，皆往老三房饮酒。余后又到大伯母家来嬉戏，至夜深十一时归寝。

是日，余家独留母亲，以小妹幼，须哺乳，不便去也。

十三日　晴

晨起，点《庄子·大宗师篇》终，入大伯母家，为照料从妹出嫁事。午刻，花轿起驾，入姜家。余稍留即归，归后少睡。又点《庄子·应帝王篇》，至夜十时毕。

（昼得二弟及听秋来信，知二弟又转往别厂，为其友李某介绍，盖新建之厂，聘二弟去主持也。听秋尚在法院。）

十四日　晴，夜雷雨

七时起床，点《庄子·应帝王篇》，内篇终，入塾讲文学史。我中国文学分为四期，自三代至秦为第一期，曰上古文学；由汉至隋为第二期，曰中古文学；由唐至明为第三期，曰近古文学；清至近时为第四期，曰近世文学，亦自然成界段也。余方讲毕上古期，其引证亦经诸子之处，多为余前所知者。下午作文，题为《论革命之波折》。晚为大伯母家新婿来会亲，作陪客也。至十时后，始从姜家归来，适会大雷雨。先是，余行遇陈绳甫，告知方望溪、姚惜抱二集已寄到，须自领去。

十五日　阴晴，晚雨，夜雷雨

晨，点《庄子》"骈拇""马蹄"二篇。入塾，教物理，为能原动机等，皆余前所愧得之学问者，故为诸生讲剖尚详悉。放学归，便道过陈君，取方、姚二集，心喜不置。展览数过，尽中余意。然后知清朝古文家，读此实有得力也。《方集》附年谱，知在卅年以内，亦授经某馆作蒙师也。灯下，点《庄子·胠箧篇》，睡。夜大雨。

十六日　阴雨

点《庄子·在宥篇》毕。入塾，教代数、化学，讲原子价、当量构造式等。归来览报，知湘事愈急，赣、皖已有开衅讯，如此大局似有巨变。灯下，点惜抱轩寿序三四篇，睡。

十七日　阴，夜雨

是日，体倦，温《庄子》数过，并任览方、姚二集。灯下，点《方集》寿序二篇，知桐城派文气、格调所在，何谓渊雅、澹远、简朴等风格也。

十八日　阴雨

晨起，学翁松禅字数十纸，皆小幅也。入塾，教古文选，贾谊《过秦论》，悟西汉人作文方法，确为唐宗以后所不能及。同时，又选昌黎《与孟尚书书》，其间气势急激，如长江大河之水，滚滚而来，盖得于庄、孟二子之笔意为多。又悟文章之难学，始信苏子由之言，曰文不可学而能,在字养气也。后代文每不如前代者,正因薄殖而识度狭故也。

晚游竹林斋,观孙仲容、黄仲弢二前辈之墨迹。黄氏时办地方教育,与孙氏同出力,近县学前门,独供孙氏栗主,殊为不合理矣。灯下,读《庄子》而睡。(饭后览报,知湘事将大变,冯玉祥已出兵武胜关矣。)

十九日　阴雨

晨起学字,写给三弟信,以勉其学孝胥字大有得力,能神会贯通,虽蔡师迈翀之久学,无此成就也。入塾,教代数一次方程式。项生性鲁钝,仍不能尽解习题。又教物理,讲能力不灭。回忆往年在工专,曾去听周昌寿讲演相对论以及有关物理学之常识,今皆更得明了解决焉。

晚再游竹林斋,与黄小谷之子谈其泰山王兆藻老辈读书事。王老字星华,前清廪贡生,称乡间有学问者,与汀田张枫震轩齐名,今岁七十。二月初二日,余往箟笘舅公家,屡进谒,适外出不值,怅回。今闻此子言甚详,至灯明始散归。灯下,点《庄子·天地篇》终,读三四遍而睡。

(昨夜,以《花信楼访稿》七本,《瑞安百咏》一本,《友十花楼诗》一本,还图书馆,馆役阿墀代收。)

二十日　阴

晨点《庄子·天道篇》未竟,入塾讲两汉文学。下午,教算术。

方讲授间,忽有人来访项主,视之则郑某少年。此人为余幼时同学,长来废书不读,专事奔走豪绅之门,且工赌博,人皆以赌徒贱之,惟善弈,有微名,故得与项主相亲近以此术。项主本为国大员(任财政次长),自退居于家后,其人格一跌如此。又有洪氏子,年方十七八,平素横行乡曲,盗跖之流也,今亦来与项主对弈。夫从术干人,当于以学问相投合,此正世风日下之明征,可叹。

晚归,游老屋,有陈某请余书大屏条。灯下,学翁手札十余纸,读《庄子》而睡。

廿一日　晴阴

晨,学翁字,导小妹、表妹到容光照相馆拍照。归后览报,知湘事愈激烈,南政府明下讨伐令矣。下午,牵内子、小妹、表妹、小弟游北郊本寂寺。途中,与三女教员遇,妖氛飘发,心殊鄙之。归途,过裱画店前,见有朱熹所书一联为"忠孝传家宝,诗书处世长"。藉使人皆依此做了,何患家之不兴,国之不振乎!灯下,洪演畴蓉轩老先生来,与谈国事,浩叹久之,盖此老性情与余相同也。学翁字数纸,睡。

廿二日　阴

廿三日　晴

两日点《庄子》至《秋水篇》(中为《天运》《刻意》《缮性》三篇)。入塾,教理化。散学,过容光,与萃夫遇。归后,知向上海商务购翁常熟扇集已寄到,皆折扇,有四体字,为临各碑帖之跋语也,爱不释手,大慰我心。同时,接三弟来信,知已为余购得方、姚二集,价只二元,七折。三弟字体既大进,而文词又非前比,盖深得为余看《家书》也,为之喜。灯下,点《庄子》,终《秋水篇》而睡。

廿四日　晴

晨起,点《庄子·至乐篇》未半,已逾九时矣。入塾教几何,下午教算学。散学后,特访刘鹏君于利济医院偏轩。刘为平阳人,与王国光友善,余前闻王称述其学行,早识之矣。今始与接谈,察其人品学问果然,遂相结如平生欢。时有项君榆孙在座,榆孙为沆彤之侄,家饶资,颇好学,余虽识而未会谈。继而榆孙问余读书状,余详告之。榆孙去,余独留,与刘君谈此处故事。往年李雁晴曾在此读《文选》,李现为厦大教授。又胡润芝医士亦学医于此。旁有陈介石、醉石,何志石,陈志三、粟庵诸前辈遗像。余乃开示刘君以各人事迹并治学法门,介石长史,志三长经制,余皆工医,有声也。晚游听秋家,归知姜萃夫来访,不值,余遂牵小弟回访,承嘱书照坪大字。既归,览翁扇集少许,睡。

廿五日　晴

晨,点《庄子·达生篇》,继为萃夫书照牌大字,入塾,教几何、代数,归后游萃夫处。灯下,览《方望溪文集》,知方氏幼时家微,从其兄读经学,治古文。兄名舟,字百川,亦有集行世。方氏笃于友爱,其文多发明义理语,所谓文以载道也。十时睡。

廿六日　清明　晴

晨起点《庄子·达生篇》。竟,整衣冠,入西河桥宗祠拜祭。罢归,翻阅《庄子》。下午,游萃夫照相馆,知余所书照牌字,已剪粘于玻璃上,尚可观。未几,项馆学生姊弟三人来拍照,见余不称师,反视如途人,余心又耿耿然。以余之教授,尚不能感化之,况他人乎?

相传邑前辈黄漱兰先生,当其致仕归时,特叩其师蒋某,跪于堂下。师叔出,扶起,不见,直待师出而许之,而后起。其持弟子礼如此,宜其作大官,享大名也。傍暮,访宋慈抱墨庵于其书室,纵谈时事及治学方法。墨庵语间称邑中孙公达之贤能,又余心识欲访之。既归,伏案点《庄子·山木篇》两三页,睡。

廿七日　晴

晨点《庄子》"山木篇""田子方篇"后,即起访苣孙,欲纳交孙公达也。至则苣孙辞以午后,余别出,再访孙演嘱(莘农先生之令嗣),与偕往,晤公达,与谈于其家书室。余先以治古文法为问,孙乃详言,多读古书,自能豁然心悟也。孙公达为琴西前辈之侄孙,年来与京中大师马通伯(桐城人)、王树枏(新城人)、郑苏戡(闽侯人)相周旋以古文也。曾为徐树铮元帅之秘书,其交游广而学问博也。马氏在京时,有人求作寿序者,马必先付公达起稿,而自润色之,马则取润笔资千之八百,余数悉给公达也。可知其文名,早已籍之,推为邑后辈中佼佼者。公达述马氏言作古文当本自然,宜无痕迹为贵。如姚惜抱晚年所作文皆平淡,如出自心灵,毋做作也。至后之作者,如吴南屏、张廉卿、吴挚甫辈,始稍稍讲求摇曳其声,以符合桐城义法,斯体降矣。公达又谓马氏有近刻《汉书四本》行世(可从京都购得)。语间便许林公铎先生文从子书出,得于其舅父陈介石先生,嫌未能纯粹也。谈二时许。归,点《庄子·知北游》。至晚游竹林斋观画,有曹某画九如图,以九尾鱼绘成树景,尚古致。灯下,读《庄子》少许,睡。(并读马通伯文,深悟公达之言谓马文纯属阴柔派,似与余性相近也。)

廿八日 晴

上午,点《庄子·庚桑楚篇》,学翁字十余纸。至午刻,牵少弟铮出东门,欲贺堂妹夫徐佰威之弟完婚,并喝喜酒。然时尚早,乃先游其附近十老祠,为邑间许蕖村、吴志侠、竺旦等十老人所新建,凡三间。有楼曰听雨,登其上,可远观万松山景,眼界甚壮阔也。楼前有李漱梅孝廉为联语,颇体贴有致。更前往游城隍庙,二宇尤富丽堂皇,而庑对联皆足称者,旧有孙琴西、黄叔欢、陈周斋、周珑诸先辈之作,新作有池云珊、童煜二先生,尚佳。以上联语,余友何励生皆已录成小册矣。游毕,到徐家饮酒,几醉。归后,乘兴学翁行书数纸而假寐。灯下,读《庄子》,检书,至十时后方正式脱衣就寝。

廿九日　晴

晨,点《庄子·庚桑楚篇》竟。入塾后,知锦裳为牙痛,偕父诣郡医治。余乃选古文,教如美、锦麟读。下午,适仲超表弟来,与共入山,谒祖父、外祖父墓,以二墓甚相近,在礁石山间,同行者犹有父亲、长妹芃兰、表妹秀超、少弟逢铮、表弟仲超与余六七人,一到山下,余仰视外祖父墓甚高,心怖,不敢上,待于祖墓。有顷,始共来祭罢。归,晚食馂后即寝。

卅日　晴

晨,点《庄子·徐无鬼篇》,甫及半而时已九下,趋至项馆,教化学电离说。下午,读古文,览《曾文正家训》,知治古文方法,伊子纪泽深得渊源,亦成文学政治家,著有《曾文襄公集》。余一生最心服曾文正公国藩,遵其教子读书程序,已治毕十之七八,如四书、五经、《史》、《汉》、《庄子》、韩文、《文选》、《古文辞类纂》也。惟《通鉴》《十八家诗钞》二书稍待异日耳。又《说文段注》《文史通义》《史通》《文心雕龙》等,亦皆已涉览之矣(《文选》虽未全读,但读毕四史,则其间大文章,多为《文选》所采入,亦如有过目者)。

散学归,途遇项成赓,自言取其祖父寿序,供余作《耆旧传》底本也。成赓饶于资,称邑中第一家,藏书不下四十余厨,即其祖父春榆方蒨先辈所置也,曰水仙亭藏书。今亭废,移置老屋楼上,余曾登楼遍观之矣。晚,偕表弟仲超,欲往观剧。至则以时局关系,遭警察阻挠,皆散去。归后,点《庄子》,未几睡。

(补注:《通鉴》后在厦门集美学校教书时,费二年工夫,全部阅毕。《十八家诗钞》则在前年教书衢州横路化专,已以色笔圈点一过矣。《文选》为后来在温中教书,又几次在亲戚家教书,皆采作教本。除诗赋外,亦可谓全部读过云。一九六二年五月,朴垞记。)

三　月

晨起,点《庄子·徐无鬼篇》终,入塾,知锦麟别往,遂改命诸生温书。旋生以其祖姑诗集曰《脂学楼》及《秋容阁》,合刻曰《墨缘室》,有会稽马一浮及杨岘等署签集端,又有项主微尘序,言其祖姑嫁林用光辑甫之为室,夫妇唱随,于闺闼中有至乐也。

午后,偕弟等游东郊后垟,观忠义辅正庙神,扫墓。神即东汉蔡公敬则文庄也,为邑令,有善政,建城设郭,平虎除患,赈灾济民,等等,故殁后,地人为立庙祀之,迄今不衰,称为五显南,事迹具县志中。余留观剧。至暮归,过内家,视外姑,亦云方自游公坟归。晚又去观剧,正目《月台会》,情节哀惨,观者动心。完台后,返家即睡。

晨起,读《庄子》后,入塾,仍以锦麟、锦裳入山谒墓未回,乃令其余诸生温《史》《汉》,而自坐览《湘绮楼日记》,知王氏壬秋自幼辄喜读书,记日记,越六十年皆不间断。所著《湘军志》,为纪曾公之平粤事始末,盖亦曾幕府中人也。是时吾乡孙仲容前辈甫十余岁,曾随父,参与文会于京都,即极称赞之。王氏晚年治考证,守公羊学。有弟子廖平,四川人,经学尤著名。至其文章,逼肖西汉,即日记语,亦非浅学者所能看明也。下午,少读书,即散学。又往后垟观剧,夜继之,归遂睡。

晨起,点《庄子·则阳篇》毕,入塾,教化学,至金属钠族,知钠氯化合物为食盐,即吾人日用品也,其人工制得者,如吾乡间梅岗双穗一带,皆煎海水晒成者是。下午,几何演题。散学后,游仲璇叔家问迎灯事,知又作罢。何县党部之告示如发屁,此种骗局,决无久存之理也。(告示原定初四、初五、初六三日夜迎灯)晚过内家,省外姑游坟后有伤足否,至则见其欢喜如常,心慰而归。灯下,点《庄子·外物篇》,未数行,倦极欲睡,遂置之。

初四日　晴

晨起,点《庄子·外物篇》毕,入塾,讲中国文学史,为司马相如、司马迁二子文学,又古诗十九首之起原也。下午文课,题为《太平天国与曾国藩》,盖当今之人多讥曾氏,以汉族人而助清戡定大乱,煎荳相迫,实为民贼。不然,则洪、杨平命早见成功,无待孙中山之颠连辛苦,费四十年流血也。余故出此题,命诸生议之焉。观曾为《讨太平天国檄》,叙洪秀全、杨秀清、石达开等以行伍起身,攻克十五省,所过焚宇庙,毁佛像,打破伦道,废除尊卑,行动自由,无有法纪云云。于是国藩出,尊重礼教,以拾民心,办团练,鸣救及之。晚间,南堤学校开会演剧,有中学生来观,与士兵冲突,致各受伤,此亦可以概见目下之情势矣。学生如何可以演剧,而士兵如何可以打人,噫!灯下,点《庄子·寓言篇》终,然后睡。

初五日　晴

星期日。起床后,点《庄子·让王篇》毕,偕表弟仲超、少弟逢铮共游图书馆(在小东门外飞云阁),借《皇朝醒世名编》文学、学术类,又《瓯海轶闻》(孙琴西前辈著书之一)、《辛白论文》。辛白为陈氏孟冲之字,即介石先生之犹子。介石治文史学,闻名当时,而辛白从学久,亦精焉。此书为其在北京大学教课之本也。辛白死后,子谥穆庵刻之。余前日晤公铎师,云此书出世,颇为北大学生所讥评。余因取视之,其中间果有不通之句甚多也,其裁剪法,一遵章学诚《通义》,首篇总论亦肤浅,尽人可知之。

午后,游萃夫照相馆,与其舅童君及余谱兄林世芬柏庐谈颇久。二君皆称余学翁字极肖,请为彼书联幅,赠郡城友人云。归过内家,知小姨来省亲,言听秋久无信钱寄归,家用不支,促余为写信。余到家照办,后点《庄子》"说剑""渔父"二篇。晚又继之,点《列御寇篇》,遂将全部《庄子》点毕矣(《天下篇》提前读,以即自序也)。然后知子家学说,纯驳杂出,非正道也。十时睡。

初六日　晴

是日,舅家表弟妹皆归。晚作信与三弟,览《经世文编》。

初七日　晴

晨起,点姚姬传《惜抱轩文集》。姚氏桐城人,私淑其乡前辈方侍郎望溪之所为,而受法于刘大櫆海峰,又从其世父、编修姚范姜坞受经学,故其文纯朴简洁而不流俗,时人称曰桐城派古文。余治此颇适性,愈读愈觉有味,顾终生工古文,以此求成就也。

入塾,教理化数学,亦皆有所心领神会。下午,散馆过萃夫处,见报载美国纽约通信,云中国文学远胜西方,拟于国内学院中添设中国文学,取经史子集移译之。余览罢,不禁长叹,我国国粹,国人反蔑视如土埂,而见重于异邦,奇矣。

傍晚,与洪小萍共游至薛家,遇洪恶少萃孙嘲余二人曰文学家,余与小萍言此子太欺人,文学家成就与否,全由于己,如能有志努力,何患无达到目的之日耶?灯下,点《惜抱轩集》序文二三篇,先认识其笔致体制与腔调也。

初八日　阴雨

晨起,点《惜抱轩集》序文数篇后,入塾,教几何,至圆形毕。下午,教《东莱博议》,继与诸生谈洪萃孙之劣迹,至比之盗跖云。

散学归,余往访墨庵于其家,墨庵与萃孙合居。墨庵出示近作

《文心管见》一书,中间截段甚与《雕龙》合,亦分内外篇,内篇论体制,外篇论修辞。其征引典故,非近时作象专尚钞袭可比。墨庵作此书,改名慈铭,自谓慕李慈铭(莼客有《越缦堂集》)之为学。余因面讥之,以为慈抱名,乡里妇孺皆知之,何必因与李雁晴结讼后而改之耶?改之,反见汝之怯懦耳。况汝此作,非浅学者所能为,定有知音者称赏之矣。墨庵开言悚然,遂用旧名而不改也。

少顷,洪莘孙归,见余在此,遂来谈,自言亦好文学,恨无功夫读书云云。又背诵所作诗,皆非六义之旨也,所谓打油诗也。

晚得三弟信,并习字纸,知其有大进境,为之喜极。附云二奇,在申时有梦,见家人嘱合拍全家福寄出。先夜,余亦梦泉归,盖余兄弟友爱之情可见矣。灯下,作曹秋槎、张振夔耆旧传毕,听乞丐唱《珍珠塔·道情》于门前,心为所感,知穷以争气,后必昌盛也。十一时许睡。

初九日　阴

点《姚惜抱文集》赠序类毕,知其所著文句与归氏相近,非有唐宋八家之雄隽豪悍,读之使人气壮也。然后,悟曾国藩之文章,持衷阴阳二派,实得力于韩、欧阳也。今归、姚两家之文近欧,长于叙事,而少议论讥评之语云。在塾教几何、代数。晚作《林大椿耆旧传》。

初十日　晴

晨起,点《惜抱轩集》与书类数篇,为致友人讨论文学,发明文章阳刚、阴柔二派。后之曾国藩又衍为四派,曰太阴、太阳、少阴、少阳(本易四象),气势属阳,情韵属阴,韩昌黎、王安石、曾巩、三苏皆以阳居多,而欧阳修则纯属阴也,然欧阳氏亦学韩,有《记旧本韩文后》一文可参阅,盖以后独自出成一派也。在塾,教物理、化学二科。晚再听乞丐唱《道情》,述我温某年大小故事,颇感有趣味。继唱《玉蜻蜓》

后本,至十时始散,遂寝。

十一日 晴

八时起床,即入塾,讲汉昭宣文学,刘向、歆父子,杨子云数人。又讲东汉气节之士,如严子陵、黄琼辈,淡视名利而甘遁世,不见称也。下午,教算术,未五时即散馆。归访姜萃夫,不值。继点惜抱集,又为仲泉叔作春联,致甘团长清池者。傍晚,先游竹林斋,观书画,有王小云梅竹,甚古健挺秀。又有池老云珊跋曹秋槎诗谱,末有不通数句,盖以年迈精力不及,以致错失也。否则,池氏以能古文名里中,必不荒忽至此矣。睡时方十刻正(是日,又为鉴弟书挂条)。

十二日 阴

星期日。起床后,点姚惜抱文。时宋君墨庵来余店购物,且告吾父云《传经楼记》已撰就,约余自来取。余一闻言,即趋而取视其文,稍嫌结构疏远,所论似非合余意,惟下半称余治经于举世不为之时,为可嘉云云。盖多附愤世之慨,足见宋君才智敏达,为不可及也。此文引用典故,皆余已见诸《曝书亭集》(朱竹垞作)与《传经表》(洪亮吉作)二书中成语也。

九时,为缪姻家送葬,缪为堂弟澄之之外舅,今葬其外姑,时有李圣玉、何聚郎二先生与余谈经事甚详,皆与吾父共学于徐某家,有七年之久云。下午,过裱画店,见郑孝胥墨迹第二层,借归钩出,欲寄三弟学习也。晚又往缪家小酌,酒闲,谈宋、李结讼事,皆为墨庵不平(墨庵道歉,措词卑下,皆雁晴逼然)。灯下,读姚氏文,未终篇,觉体倦,即睡。

十三日 晴

十四日 晴

晨,点姚文至传状类毕,入塾教算术。至九时,忽忆郡城明日彩灯大会。即归,检点旧用品,起程,搭小火轮。未四时到埠,沿途览风景,观翁手札,先过澄之弟家,旋访三弟于其店松林斋,与同出游玩,知温州近几年来社会状态又一变矣。虽称曰小上海,无不得当也。即晚,与弟等往来彩幕下并观剧,班名天声,夜留鉴家睡。

十五日　晴

早起为棫弟友人书挂条对联后,共赴籀园,登其楼,观所藏书,尽为邑黄氏蓉绥阁所捐赠者。然其卷数及板刻皆不及玉海书藏,远者约三四十厨,清人著述居大半,似与余所辑《蓉绥阁书目》中所载差远。籀园正堂,供祀孙仲容先生,楼上立龛,祀黄仲弢先生,皆有遗像。孙氏为开吾温学堂之始,黄则捐书于此馆,崇德报功,其用意甚善。当时,有女馆员某为招待,导余等上楼,尽启书厨,使余得饱阅焉,历一时半始毕。归,各买几个馒头以充腹,然内心实感无限欢欣也。

傍晚,在鉴家少息,观彩灯及古剧。晚餐后,与鉴弟到店,知陈舅岳生待余多时,遂与出游大街小巷几遍,时游人如山似海,如此景状与上海夜市同。观灯后约十一时,始还鉴家睡。

十六日　晴

晨起甚迟,得姜萃夫来邀,出游永嘉名胜地,如东山书院、飞霞洞、华盖山、大观亭等处,山下中山厅、花园、省道皆新筑,工程规模较西湖虽小,然已极得山之胜矣。午后,搭轮返家,有三弟作伴,晚倦,早睡。

十七日　雨

十八日　阴

两日间,除在塾教书外,为三弟写郡友各件,尤以小屏条为最得意,字体流动,入翁神髓。

十九日 晴，晚大雨

星期日。晨起，书大幅。小顷，荫轩先生亦来，因道前日夜馆不去之故，颇得项氏谅宥，余实以一时体力不胜也。午后，偕三弟、少弟游老屋，与心畲叔辈谈邑土豪蒋某被击事。蒋为革命后商会长，以侵款为吴友龙、张旭曙等所控于法院。开审时，专场发押，大可耻也。

晚在林心伟家，心伟向余借《法制概要》，为余前在中校时所读书。有林传绶幼卿者，心伟堂兄也，亦来对余述其子，激怒塾师，师去，幼卿扑其子一百板，亲牵至师家，跪阶上请罪。师出，幼卿自亦跪谢，归来店，又于黑板上大书道歉之语，其尊师如此，余为之感动云。灯下，作任道逊、姜立纲二耆旧传毕，睡。

二十日 晴

上午，入塾教物理至电波，知其应用于无线电话、电报等新事业。回忆数日前在郡时一游萃夫电报局，萃夫、柏庐导余上楼，观拍发电报，其手作似甚简单，只按钮一起一伏，即起感应，致电兰溪、杭州、上海，只顷刻间耳。乃叹科学之昌明，于人事确有裨益也。下午，为锦麟感冒，全塾停教，改令温习旧课。余自读《逊学斋》寿序数篇，览其结局明晰，发句雅致，可法也。

有顷，闻楼下敲门声，探首视之，知洪某同学又来，与项主博奕为乐，项主可谓自失人格也。洪本邑间无赖子，每人家娶妇，洪必偕二三恶少来作婚（俗称闹房），甚至出以恶言，调戏新人，余固鄙视其人久矣。何项主好与此辈作朋友，甚不值得也。

又余在项馆教书几四载，前日项主旅京，余只崇仰其为地方伟人。然自去年八月归来后，日闻其在楼下呼儿叫子，如有虎威，而儿女仍顽固，未受感化也。至于读书声，从未闻也。林幼卿云微尘徒能引儿女游娱公园，无治国干才，余于此时始深明焉。

晚散学，为二弟欲归事，问大沙堤项某，乃得详情，云温州有林裕春大资本家，欲在郡设电机厂，以聘二弟庆生呈其事也，便道问小姨之夫黄听秋近况，虽无信归，意其尚善。通过裱画店，见池老云珊书碑志，文为平阳刘绍宽撰，大有古文词风味。刘今年七十余，推平阳大绅，其学长经史词章，曾为籀园图书馆之长，有《厚庄诗文钞》行世。灯下作《朱希晦耆旧传》，未成，以体倦先睡。

廿一日　晴阴

上午，在项馆课《汉书·艺文志·六艺略序》，明六经传统派别，而后代治目录学者多读此。近东大教授陈钟凡著有《汉书艺文志讲疏》一书，甚佳。

下午，雨后大晴。余先睡，醒来已四时，项馆遂不去，遂偕三弟游各裱画店及心兰书社、利济医院等处赏花、观书画以怡神。当至医院时，有平阳刘鹏宿于此，人称清雅，并约余游其家，将介见其族父次饶前辈也。刘老近学佛，筑庐于屋后半山，曰半山庵，坐静读经，于世俗事一不过问，然颇能奖掖后进。余心为之动，决拨冗一往见之。话毕归，灯下读姚姬传文，睡。

廿二日　晴雨

上午，项馆仍教《艺文志》，以锦麟恙初愈也。下午，教古文，余选韩氏作《柳子厚墓志铭》，颇有心得。韩氏文章之高古，必非后人一学而能也。散馆归，知小姨来嘱，为写信问听秋近况，而余亦附言，托谋郡图书馆职，欲借此再修古学，为传吾乡文献计，但未知成否何如耳。灯下，点《姚集》两三篇，纵声读过而睡。

午刻，棫弟返郡店，又送信时，见刻字店方刻陶社匾额，为孙莘农书其跋云，祀孙敬轩、孙籀顾二先生。

廿三日　晴，夜大雨

晨起，点《姚集》至墓志铭。入塾后教物理。全书毕，约诸生明日考试云。午归，继点《姚集》三两篇，然后再去教代数，演增去括号法，极简易。至四时许散馆，鬌发。又与林幼卿晤，谈项微尘品学之卑下。林云前撰联挽其叔漱泉先生，语亦平凡，林遂执笔易数字乃通。灯下，与内子读诗消遣，余素未善此道，特吟咏之以为乐耳。

廿四日　阴雨

晨，点《姚集》传志类数篇，知其文平淡，与归氏同，然亦非久工古文者，不能如此也。余独喜其文中之含有交谊者，其腔调又较为铿锵也。入塾，对诸生撰物理试题卅个，皆切合于人事者。下午，算术教后，仍令演习物理题。散学，便道谒外姑，为转述小姨托事。

再过萃夫馆览报，甫坐定，而友人张宋颙自汀田返，亦来此馆。携一束书，展视，乃其近著《仙岩山志》稿本。宋颙将前辈所作仙岩诗文轶事等集之，其取材颇富，顷送其堂伯震轩先生视之。宋颙强邀余游其家，坐楼上，谈乡邦文献，顾其称余编《永嘉耆旧传》也。余在案间，见有直隶书局新出《曾文正公手书日记》四十册，售洋二十元。又吴汝纶、张廉卿二文集，余心欲购之，恨财力不能，姑置之。

晚间，在林心伟书楼览报，知商务印书馆近刊印《万有文库》，将《四部丛刊》中国学重要书及《百科全书》、《辞源》(人名、地名)二大字典，合成数万册，售只洋三百余元(预约价)，可充小图书馆之用。其分类依近一统法，附有卡片，甚佳。同时，中华书局亦有《辞海》将印行，想较《辞源》为周备，其每条下皆注出处故。又上海全国美术展览会有《美展汇刊》发预约券，皆合余心，容它日当一一购置之也。灯下，点《姚集》，并读孙《逊学文》而睡。(作书二封，一致泉弟，一致展览会，购《美展汇刊》。)

廿五日　晴

上午,项馆温物理。下午,欲约张宋颀到平阳谒刘次饶前辈,未果。乃游小较场县党部,场中观五四学生运动大会,到者有城区各学校与县常委赵君熙及秘书长邱孔畏。又遇张中表畴九,因共游愚溪山底小瀑布处,坐岩上谈此地风景绝佳,不啻桃花源洞,愿它日建楼于此,作逍遥读书之所,想至乐也。晚归,览报,知大局又变矣。夜牵内子归,睡。

廿六日　阴晴

上午,先问听秋家,知方得信,云将寄洋归,甚慰。又过竹林斋,晤洪蓉老演畴,评书画优劣。适有人持唐驼联以视,顾洪老颇讥为字体卑俗。后到迈师家,书喜联,又大门台联,腕力甚健,观者皆称赏不置,去。下午,与洪小萍游东郊,登十老祠新楼,言治诗文方法。洪又欲发起办邑国学专修馆,但兹事体大,难能如愿以偿也。归后,又往阮友家问讯,知抱山已毕业军校,将得佳差遣矣。灯下,点书未多时,以体倦即睡。

廿七日　阴雨

上午入塾,考物理十题,令诸生任作其八为完卷。午归,学字,览翁书扇册。既出,途与项生遇,生亦欲买《美展汇刊》,因共到邮局汇款。入馆,教代数,至联立方程式。时张宋颀来,为借《墨缘室合刊》,去。晚又与之晤,留其家,谈国故甚久。张言其师李笠(雁晴)初亦习诗文,宗法归熙甫。余窃笑其无稍肖也。至于宋颀近所作文词颇粗,不堪卒读纸。又出示《姚惜抱后集》,为余书所录入者。灯下,为蔡师迈翀书婚联数对,后读姚文,睡。

廿八日　阴雨

廿九日 雨阴

上午,点《姚集》全书毕,在塾教几何。下午,古文选教韩昌黎、王半山之作,而自读马氏通伯文。马集后出,又有五册,直隶书局本。余家传经楼,顷又承项主许为撰文记之,未知作何说也。散馆,归途过内家省视,知各安好。回家后,学翁字十余纸。仍起游裱画店,见项主作《钱太君传赞》,即钱永铭(新之)之母也。永铭为前财政次长,近任南京政府委员兼财政厅长,与项主同官旧京,素相结识。此次以状来征文,而项氏文笔差可,惟少情韵耳。余闲谈时,适来一前清举人李漱梅,善画梅花,明音律,尝收戏子(正旦)阿昌,教以昆曲。其批评他人书画,语颇多道理也。灯下,读《姚集》。

四 月

朔日 阴雨终日不止

晨,点《方集》年谱竟,知方氏一生学问事业之经过,以及时世交友之详情,所以便读者先有所了解也。年谱为其邑后学苏惇元编,于材料下皆注出处。午后日蚀,据天象台报告,将有大黑暗。余遂给假半天,俾免附学诸生往来途中不方便也。届时天明如故,余则讥天象台之失实,不如我旧历家之依古法测定远甚。又明日为项成赓之祖母八十寿期,成赓饶于资,亲族谋为寿,订温州女子剧社来此表演,想有一番热闹,诸生皆准备往游,余遂决再放假,至下星期一后课云。

初二日 大晴

晨,点《方望溪集》,后赴图书馆,过成赓门前,贺客络绎于路。出小东门,入馆,借《明史》一本,为有《卓敬传》。得《明史》新标点本,近人曹聚仁校,皆新时段旧物也,可笑。聚仁以末学之人,遽然取古书妄加新标点，往往失其真义焉。然标点已近十余种，何其易为如此乎！

下午，往贺蔡师之弟倾㛚结婚，饮酒归，始诣草堂巷观女剧，即项家夜寿戏也。自第一出《游龙戏凤》，至《薛平贵回朝》，皆可称，惟末出《打康王爷》为不合礼耳。盖暗示今之破迷信者之捣佛像也。余始在台下观，旋为项生所瞥见，而导余登其家楼上，有孙莘农及弟孟晋（仲容次子）、杨时中数人在。莘农与项主为姻娅，何项主不知礼，任莘农留此室而不作陪也。项主有时太自重，有时太自轻，与赌客恶少来围棋，殊不解也。戏演罢归家，点《方集》。晚又牵少弟往观，至十时返，睡。

初三日　雨

人皆称项氏母有福气。余在家点《方集》，间出游老屋，谒九叔，为将往安徽某县，佐何县长埒聪幕事，不值。与六婆少谈家务，怨魁先之无亲族情，盖九叔此次出门，乞贷于魁，不见允，九叔大怒归，似与魁绝往来云。魁为人鄙吝，素为亲族所知，九叔可如毋庸与之商量也，九叔亦愚矣。下午过内家，坐久之而归。灯下点书未终页，以体倦遂睡。

初四日　雨

在家点《方集》，一出到裱画店，览刘墉墨迹、端方对联，皆可贵之品也。余持墉（石庵）字玩赏数过，始悟翁同龢学墉之得力处。端联为李前辈漱梅家藏物，端本满族人，为湖北大官（称制军），好金石书画，尽力搜致，当时幕中迎旨，以赝货得利者甚多，以满人好汉作，不易明了也。据人说，自邑杨志林所以好古玩蓄书，其根原由于此。

午后，有童君来访，欲聘余教蒲门农科学校国文席，月俸颇昂。余辞以项馆已订约半年，下季再说，童去。与宋墨庵兄晤，墨庵邀余游其家，相与谈国故甚久。时宋有《茗柯文编》《濂亭文集》，宋亟称张文之佳,盖心服阳湖派文也。后又出视范肯堂伯子诗集,范亦桐城人,有姚惜抱后裔叔节永概为序,颇雅健可读。傍晚,到内家,与大舅岳生闲谈国事。灯下,点《方集》,至十时而睡。

初五日　阴

初六日　阴雨

初七日　晴

是日,为吾父亲生日,今岁适五十,各至戚多馈礼相贺祝。余在家料理一切,暇时点《方望溪集》,并读曾湘乡公所为《陈仲鸾父母双寿序》,亦所以为吾父母私祷祝也。晚聚,家人称觞共酌,至足乐也。

初八日　雨

晨起,点《方集》后入塾,而诸生以往王氏送葬,请假半天。下午,教孙逊学作《永康县学碑记》,中多写尊师重道之言,实有能合现时势者。散馆归,游裱画店,览小默画兰竹,甚清雅。小默想遁迹于佛门之人也。余读孙琴西《逊学斋文》,知小默所交皆一时豪隽,有端木国瑚、项果园及琴西先辈数人,其逃禅好学可见矣。灯下,学翁字数十纸。余学字竟为孙仲闿先生所称,学文为孙莘农、杨小林、孙公达三先生所称,皆窃自喜慰也。

初九日　晴

晨点《方集》至赠序类,将毕,入塾教几何圆内切题。下午,化学,全书教完。散馆后,特访蔡师迈蔡翀,不值,与其弟倾翀谈教务。倾翀新得瑞中训育主任,并史地教席。以黄文彬(质中)任教育局局长,皆同学也,我邑学务可从此振起。黄,我知为大学毕业生,其父操壏有名里中,常以其子出门读书事征余意,余即从旁劝之,而黄子不知也。倾翀与黄交最密,而余独视黄如途人耳。晚再游蔡家,晤迈䂮师,告以项氏待遇,及余宁信行古道之详情,颇得师称许,当为余转示微老以此意也。时旁有南乡女客,黄子瑜之第二女,继谈家塾治学事,黄女举童君教《饮冰室集》。余谓此书取材博杂,与新时代甚吻合。惟教者须先富有高等科学常识,才解悟也。书为新会梁启超著,其论文散见于《新民丛报》中,多革新之谭也。清光绪间,有康、梁变法事,康即梁师有为也。余又向师陈修邑志事,余新闻洪仲芙云,项微尘拟倡行此事,以体大易取怨乡曲作罢。归来,览《方集》无何,睡。

初十日　晴

晨起,点《方集》赠序类毕。余之点此书用归纳法,依类取材,不拘其在内外集,所以明其体例及作法也。入塾,讲中国文学史,为建安、正始之诗文,知体貌大变,奇少偶多,开后来六朝藻绘文章之风矣。下午文课,题为《论新旧文学》,诸生颇能述其利病,皆力获旧文学,以为我国固有文化所寄托,言甚有理。至新文学所考究书,亦不外我国旧有小说,如《水浒》《西游记》《红楼梦》《儒林外史》等,作者皆古文人,以不得志于一时而借此发泄之而已,乃自民八五四以后,留美大学生胡适之徒倡为白话,于是新文学之名出焉。然胡适犹自抱古书,读之不辍,且命其子女皆治经,亦可知其倡此为欺世之计耳(为一时古文家林琴南占文坛势力,胡氏少得插入一耶),何国人之大惑若此乎!(胡适有《文存》,中多究论国故,惟文笔以白话出之而已)灯下,读《方集·高素侯寿序》数篇,皆方氏发明作古文方法云。

十一日　晴

晨起,点《方集》后,剃发,送《明史》《史通》二书还图书馆。在馆览《小说月报》第二期,载有《梁任公先生》一文,为商务编辑郑振铎作,其述梁氏生平事迹甚详密有条理,虽写以语体,而能令人一目了然也。梁氏十一岁即读毕五经,后入学海堂,又从康南海(有为)受学。二十以后,作政论文,干涉政潮,享有大名,称康梁派。戊戌政变失败,逃匿日本双涛阁,专事著述,并办报,讥评国中顽固派,欲为中国创新法以图强,报名《新民丛报》《正风》等。段氏为总统,梁遂由政论家一变而为政治家矣。继治文学、佛学,为学堂之长及讲师,著有《饮冰室全集》,至五十四岁而卒。其学问人格,皆富流动性,每随时势而迁也。去岁,与其师康氏意志后渐不同,如康崇尊孔子,倡设孔教会,梁则极力排之,又康助清室复辟以及洪宪袁氏称帝,梁遂与其徒蔡锷松坡等推翻之。余览此篇文甚长,可为未读《饮冰室集》前参考也。

与王佛陀、项季千二子偕归,二子俱好文学,惟未能入门耳。午后,访林公旦同学,托以谋郡中校教席。林顷为瑞中教务长,与余前共肄业于工专,颇承允许,姑待结果。再访张氏二中表,知昨出考自治专校,为余工专友人王茂生及新教育局黄文彬所监考,其中与考皆邑老生,时势相反,老者转随青年进遂,可叹也。继又遇陈见恭,亦称余治国学,后必有显闻也。灯下,读张濂亭文数篇,深有心得,大快慰而睡。

十二日　阴晴

晨起点《方集》,入塾教物理光学,绘凸镜成像之图,甚有所悟。下午,代数演题。散学过蔡师家送行,师定明晚搭瑞平轮,还江宁硝磺局。余请为催项主答复有关谋差事,即与其弟倾狲坐谈桑梓教育。倾狲又举二生字诘余,为璀矗(哲),余一时不能答。有数女子从旁嗤余,余心为之愧。因告倾狲识字之难,当先熟小学,识字音、字义、字形,三者非数十年不为功。邑前辈孙征君仲容称能明此学,除彼,中国之大,实无几人也。余近教附学生郑道镕(剑西之子)读段注《说文》，未终篇，即已领略其义焉。晚，往三港庙观剧，班名大舞台，剧情甚劣，不堪入目。即归，读《方集》数篇，兼学翁松禅字，睡。（是日得二弟信，喜其近得主任职，并促余出门谋差或求学，一切费用由彼负之，此谊可感，亦见余兄弟之和睦也）。

十三日　雨阴，夜见月蚀

晨起，撰化学预备题廿五个，包括全书之大概，使诸生可检书温习也。入塾，途中晤中表畴九，贺自治学校考取。既到书馆，遂命诸生录题求答案，约下星期大考结束也，下午亦然。时锦麟又以言触怒于余，余反躬苦思，似戚戚于贫穷者，愿立志苦读求上进，以解除之也。苦苏季子之不礼于人，余殆悉尝之矣。犹忆古人之言，云苍天不负苦心人，可以引为自励焉。晚，鉴弟来，余取二弟、三弟信以付视，盖三弟信亦甫于正午寄到，对于余设馆郡中事，稍表同情也。余此事形齿卑下，质颇古致，欲救时以保存国故，以符余传经之素志也。内子勉余以待将来，当先为国出力，建立功业也。所言甚有理，此念姑作罢。鉴弟去，余点《方集》书后类一二篇，朗诵至夜分始睡。

十四日至十六日　连日晴

点《方集》至与书类，悉方氏讨论古文义法甚详，且于此悟治学方法，其言作古文之难，非道德先解决，不能得善效也。间览报，知时局又大变矣。晚往天后宫观剧，天声京班，人山人海，拥挤异常，台下空气极劣。余幸坐茶摊上，安然观望耳。至夜分归，睡。

十七日　阴雨，夜大雨

晨起，点《方集》后，入塾，教代数。下午，教算术。晚往天后宫观剧，入夜亦然，时有二警察登台贴告白，为禁明后日演戏及一切娱乐事，想孙中山将于本月廿四日运柩南下葬南京紫金山故也。（日间得项主推荐，致上海特别市财政局吴局长仲言为余谋事，一慰。）

十八日　雨阴

晨起极迟,将八时矣。点《方集》,并学翁字十余纸。览报,知冯、蒋间仍以通电互解曲直,未接战也。午后,往裱画店,观林石笋(从炯)、端木国瑚(子彝)、俞樾(曲园)、杨晨(定夫)、王云西、林竹逸、管引和、胡肖玉诸名手书画小品。尤喜林石笋字,与余相似,盖深得颜鲁公之神髓也。出后过老屋,禀二伯母,以前夜梦碎公事,大伯父之魂相接与周旋,对泣不已,生时皆甚爱余者。再过听秋家,见小姨而稍现喜色。问之,悉方汇洋至。再询大伯母近况,并道表妹亲事未订为虑。归来,点书未数行,奉母亲命,去照相馆催拿表妹照片。在馆览报,载胡适作《近五十年来之中国文学》,讥评桐城古文,又颂扬白话文学,其言太偏袒。胡氏既以白话为天下倡,然自仍日读古书,愚人益己,何也?此文亦见《胡适文存》二集中。灯下,继点《方集》,睡。

十九日　晴

二十日　晴

廿一日　晴

连日点《方集》并学字,均极有兴味也,馆课亦能尽力注解,至读古文时,选韩、欧阳得意之作,为辨别佳处,叹其高古有法度,决非浅学者所能摹及,然后知文章随时代而降低也。先辈教人学文多读古书,诚然!间游裱画店,见前朝大官致孙琴西书数通,又有吴庆坻墨札数幅。庆坻为吾浙大绅,死时有余友宋慈抱为哀词。余前得平阳杨氏墓志铭底稿,亦为庆坻作,颇可诵。店中又有宋平子《致某君论家事》,语极长,甚雅驯,果不失为平阳文家也。灯下,点《方集》传状类数篇,睡。(晚牵内子归,为明日其嫡母忌辰,并约小姨亦归。)

廿二日　晴

晨起，点《方集》传状类数篇，入塾教物理、代数。晚游宋慈抱寥天庐，与谈文学多时。宋君方编《再续古文辞类纂》，以体例示余，皆新古文辞类纂稿本，中所编次之著家，余甚嫌其体类未妥，使读者不能辨别宗派差异云。况宋之编此书，亦未见全书之大概，任意录报端及杂志中遗文，聚集后加以圈点而不成书，亦欺世之作也。又阅宋自定文稿，已录入为余作《传经楼记》，其他有《赠池云珊序》《占观察文起寿序》及《某孝子传》等，皆言中有序，得桐城派文章腔调，惜识地太狭窄耳。灯下，读《方集》，觉姚氏学文得力处。十一时睡。

廿三日　晴

晨起，点《方集》至传状类毕。出门，遇宋君慈抱（墨庵）挟书数册而过，取来视之，知为《国朝文汇》，中多名家之作，而自邑先辈，如黄公漱兰、仲殳父子，孙公琴西、仲容父子文章，皆被采入焉。入塾教几何、代数。归后，学翁字，点《方集》，至夜十时许睡。（灯下，作书三封，分致二弟及友人邹梦禅、王劲夫二君，为索浙大文理学院章程云。）

廿四日　晴

是日，为孙总理（文）奉安之日，举国皆放假，设灵致祭，开大会、游行，甚热闹，而以南京首都为最，以孙墓所在故也。墓建于明太祖陵旁，此次安葬费用巨万，其筑迎亲大道，拆毁民房无数，致百姓敢怒而不敢言，并禁止民间于此七日内作乐，半下国旗，臂缠黑纱，以表哀悼云。余往来街上，闻人言今之时虽号称文明，反不如前朝之专制政体也，其不自由，可想见矣。又政府提倡公墓制，将民之父母死后聚葬于一处，以省经费，缩地位也，何孙总理自己安葬如此浩繁，其有何平等之可言耶？余此日停教，往党部一睹其礼仪，与民间吊丧同。下午开大会，余亦往观，然皆如儿戏也。余虽不入党，犹以中山先生为人求学自励，然则它人实莫如余之信仰也。世风既下，人皆知衮其假面具以欺世。中山有灵，未尝不含泪哭于地下也。

四时后，余访陈友绳甫，见其添购书籍甚多，有昌黎韩氏集，甚适余意，容它日得钱买一部读之。继而又有二友来，为洪小萍、项弗民也，遂共游北郊本寂寺畅谈，少项归。灯下，点《方集》而睡。（晚得听秋自申法院寄来信。）

廿五日　晴

晨起，书"争气"二字，作信纸板，又跋数语，以为兄弟共相勉励也。再入黄家，送听秋附函，告以在申近状。听秋久为余向其叔厚卿先生（仲弢前辈长子）谋郡图书馆事，先查管理人为谁。其言有理，余拟作书复之。归后，点《方集》。游宋慈抱家，视所借得《国朝文汇》，其录吴挚甫文，寥寥数篇而已。又章太炎作《孙征君传》（仲容前辈）及《哀词》亦汇入，而慈抱则诚其不类古文笔法，反弃去，余心不以为然。薄暮，过老屋，为二伯母写账，迫于情故，二伯母嫠居极窘，彼时二伯父以暴疾卒也。夜睡颇早，仅作书一通致三弟耳。

廿六日　晴

入塾后，知项主微尘已为余撰成《传经楼记》，论经学传授外，语多奖掖余也。继教诸生代数，因数分解法。晚归，点《方集》记事类，并为鉴弟丈人书迁居对联，其大门联以隶体挥之，甚称意。

廿七日　晴，晚雨

廿八日　晴

日来为项馆赶教代数、几何二科，并命题作《送董先生序》，诸生皆能阐扬余之学行,颇得赠序体律也。晚归写信,三弟划红格黄纸,请微老写记文。又游宋墨庵家,视其编书。灯下,改锦裳文,甫执笔,觉体倦,先睡。

廿九日　晴

五　月

初一日　雨

午时,三弟寄红格纸来,乃持入塾,由项微老书就《传经楼记》,而诸生亦皆纷纷赶书《赠董先生序》四份,预备结束云。

初二日　雨

竟日给诸生写赠序,纵谈一天,至晚告别于其父微老,尚承留意,为余谋事,余心稍慰。然从此得一教训,即依赖人,终无好结果也。幸余于此四年中,能刻苦励学,得读毕四子书、六经、三史、《说文》各书,尽足以自慰矣。又余之文名,亦自此始。故余一辞项馆,即得各方之聘矣,但于邦瓯海、中山中学教席最满意,因余友林公旦之独力推荐也。遂禀堂上,得暂安慰。灯下,读张裕钊文,悟桐城文腔调皆相同,至十时睡。

初四日　晴

上午点书,出与项生锦裳晤,知其兄锦麟、弟锦西数人皆来访余,不值,去。余牵锦裳游新寓小学及东郊十老祠,祠为邑老人许蘘村、林中鲜、冯龙伯、李漱梅、贾燊等所新建,中立神龛,东祀寿位,有重游泮水匾,为池志澂书跋。下午,送购书费与陈绳甫,陈又出示孙仲容《尚书》骈枝印,手书本二册,并黄仲弢前辈所作《广艺舟双楫评论》一书,实为黄家流出之原稿也。

端阳日　晴，午后大雨

晨起，读曾公所作寿序数篇，悟其结局井然有条理，所谓群山磅礴，必有主峰也。旋以墨庵作之《传经楼记》请孙莘农书。先访林友公旦，尚在寝。到孙家，逼莘老伏案字石门铭，乃取余所持项主父子所作赠序及《传经楼记》遍览，随览随赞，叹称余教书得法，并期许余以继承邑先辈之学术也。旋又访孙公达，亦取视之。公达与马通伯有交谊，何览文时作涩语，似不惯读文者。余窃嗤笑之，以为彼平日读书，无如余之多矣。最后，晤林公旦，甚见赞许，当商诸校长，为余谋国文教席也。并嘱再致函李雁晴，转商教务主任李骧仲骞，事必成。

下午，赴东郊观龙舟，此赛人山人海，颇极一时热闹。未几，大雨如注，余速回，与唐友耀文、林友永和、黄友苣孙、何友陶庵共憩通济河轮公司。忽而微老亦率眷来避雨，与之晤。雨止，余即偕唐友共到其家，少谈而归。晚往观剧，正目《薛平贵回朝》，平贵以贫士为两国主，其妻王宝钏本为宰相女，能立节食贫，受苦十八载，真可钦佩也。演毕已一时矣，始归寝。寝前，犹钞薛福成作《曾府幕僚记》。

初六日　晴雨

上午，到内家叩外姑安否。下午，又往观剧。归来遇郑一山先生，商聘余馆其从侄剑西家，余辞以已得友人谋郡校事。郑云事成更喜，否则请如我约也。晚为姜莘夫写照牌大字，似隶，尚称意，并览新到《美展汇刊》，有古书画数幅外，其余皆近时名家作以也。又余观剧有感，拟据剧情作笔记云。

初七日　雨阴

上午，点《方集》墓志类数篇后，游竹林斋，观所托裱微老及诸生序记，与老僧石谷（定禅师）谈画法，老僧善画山水，与邑名孝廉李漱梅交最契，李亦以画梅著称。继又来何小山先生，读余学生成绩，甚赞许。并以远大期余，勖勿在自地教蒙馆，以误青春也。言甚诚恳有理，余心感激。归得二弟信，知于后日（初九）进新厂，曰三径，在上海法租界，并谢其婚事，嫌女年老也。又附照片六张，皆上海公园风景，其清白非萃夫照相馆出品可比，为之慰（泉好玩拍照，有小型摄影机一架）。晚，张宋颀来，亦称项生成绩，归功余之教授也。午后，赴水心殿观剧。

初八日　阴雨

是日，从图书馆借来《花信楼稿》，有胡调元、项方蒨二人所作《黄氏传》，余乃转录入《耆旧传》中。

初九日　阴晴

日来天气阴暗，湿气重，处处皆不适意。至午后，大晴，稍为舒畅也，终日坐楼上览《美展汇刊》。午得邹友寄来浙大文理学院招考单，又启余求学之心。该学院内分中国语文学、史学与政治学各系，颇为余所心喜者。为取旧藏梁启超所编《中国历史研究法》阅之，知所撰史学者亦琐碎，多批评语耳。晚改作《黄体芳耆旧传》。灯下，读《方集》而睡。

初十日　晴

十一日　晴

两日点《方集》，晚游午堤街，晤项主微尘，时独身往来街上，为纳凉也。

十二日　晴，午后大雨

上午，读桐城吴汝纶（玉甫）文后，访故人薛炳镜，近方毕业南京中央陆军官学校，归，共谈别后景况甚悉。薛与余友阮抱山（西震）、张大壮（之英）同校，且同期卒业也。阮友闻随何大帅（应钦）往汉口幕府办事,人颇干练。张则沉实,富政治态度。旋与薛君少游北郊而回。余又访刘鹏、王国光于利济医院,二人寄宿于此将半年,预备应试功课甚热。余因告以考大学常识,至午刻而别。下午检书,得《读书随录》数本,皆余十七八岁,览顾氏《日知录》及《国粹学报》各书,从中摘出扼要语。又有梁氏(启超)《整理国学之总成绩》(经学、史学、子学、考证法)等。

薄暮,又得游北雁荡日记,缺页。池老云珊书曾公语"不为圣贤便为禽兽,莫问收获但问耕耘"对联,为余上年请书,以悬案前自勉也。正午,项生锦裳、林生淞生来,送示平阳会文书院联,为孙琴西太仆作并书其辞曰:"伊洛微言持敬始,永嘉先辈读书多。"余亦录此请孙仲闿先生篆之,为书室联。林、项二生自言将于下月初动身杭行,考一中高级部。灯下,作《耆旧传》两篇,为黄体正、体立二先生传。体立,字卣芗,为仲颂父,体立即菊渔,为余连襟黄听秋之王父也。前日,访黄苣孙,苣孙许余登其家缦缦庵,检书取读,彼愿以全楼书托余,此情可感也(苣孙为张颂先生之孙,余同谱生也)。

十三日　晴

十四日　晴雨,入夜大雨

点《方集》,写信致三弟,取扇叶,便道谒胡哲民先生,为中表畴九领文凭事,不值。转托蔡倾翀,时在中校充训育主任,为余师迈翀之弟,亦余同学老友也,近方毕业沪吴淞公学大学部,人颇沉默,多学问,可交。傍午,游松林斋,与王师冰肃晤。冰肃知余有《永嘉耆旧传》之作,因举其先祖忠敏公遗事,嘱为作传,入此书中。旋挽余入其家,谈乡先辈故事。

晚得械弟所书扇叶,学孝胥,得其神,为大喜。持示义父徐菊森先生,以其人来鉴赏书画也。弟字颇承赞许,弟年方十八,得力非蔡师久学可及，实难得也。灯下，览王闿运笺启，借自陈氏湫缪斋主绳甫也，又有《致黄编修仲弢函》一通，移录毕，始睡。

十五日至十八日　晴（间雨或大雨）

午刻，送项微尘，为诸生锦麟、锦裳行。二生忽来告余沪行考学校，余乃往晤其父，据云为余谋事，但未知如何结果。昨甫与蒋先生良叔言项主为人无情谊，既济则设板焉，其于堂弟沇彤可知矣。沇彤为调甫次子，项主未遇时，得调甫倾助读书，所耗不资，始有今日也。顷沇彤蒙业失败，求为荐一事，顾不能。晚，燕孙从杭州归，访余，出畴九托带之信，余启视，知畴九兄弟皆已考入自治专修学校，同时，林士桢心伟亦得录取，各为之喜。（连日点《方集》，至墓表类。）

十九日　晴

点《方集》墓表类毕。闻林公旦归，预备放洋，留学法国。即起叩其家，知仍未归。此人殊说谎，心厌之。余意公旦归，常来访余，说郡谋事也。遂游陈绳甫家，见案间有中国学会之章及会员录，皆当代文学要人，如马叙伦、蔡元培等。晚览报，知冯氏仍未出洋，局势亦渐缓和矣。灯下，览任公生前作《中国学术思想变迁史》。继得云龙、妹倩书，知转赴甬，卖画求生活，并订阔格，言得吴昌硕、汪香泉二先生赞助，意良善也。

二十日　晴，夜微雨

点《方集》后，入陈馆（县政府监狱署），课福建人陈祖谋管狱员之子燊英文法已二日。下午，览《学术思想变迁史》，梁任公作，中间多引《诗》《书》语，非浅学者所能领悟。梁氏将古书横截为有系统之思想史，余讥近人不知读书，妄加分剖与批评，而其内容未必皆涉猎之矣。去年，余课项生以《汉书》，遂以读《汉书》当参考书，故意问李雁晴，而雁晴为能编《国学用书撰要》者，顾仍瞪然莫答，仅约述其大概云尔,可笑孰甚,然此学术史犹为有价值之作品,其余可想见矣。继点《方集》至碑碣类,方氏文亦平淡无瑕疵,每篇一法,无相重者。灯下,为三弟书扇叶及小屏条,至十时后睡。

廿一日　晴小雨

晨起较迟,用饭罢,即入馆,教文法,至正午归。陈生天质过钝,教时颜面别向,似扞格不相入也。下午,览《学术史》。稍睡,醒后,祥兄来,借《史记·蔺相如传》,钞与钟琪侄读。去后,余赴法院,拟听沈桂棪公博讼事。至则以无旁听证,不得入,乃返。晚游内家,谈甚久,皆乡里掌故,归寝时已钟鸣十一下矣。

廿二日　晴,夜大雨

是日,为孙仲容(诒让)先生卒忌,邑中各学堂均带学生往籀公楼(新安小学前楼)公祭。余时随吾父渡口游行桥观龙舟,计三四十只,观者两岸立,不下千余人,其比赛甚公正谦让,不似自地之争闹斗狠也,故百年来无有为龙舟而失命者。

午前归,途遇苏某,述微主已得国际商业委员之职,心为之喜。既到家览报,未见此事。问诸他人,则云已见于三日前之《申报》本埠栏也。下午点《方集》,游松林斋,与杨小林先生晤,谈邑文士池云珊、林公铎之治学散漫,尚未能深阒有得,余总不以为然。杨先生并勖余尽力古文词,它日继孙琴西前辈之学也。晚答访唐耀文,知为贾氏聘余教书事而来觅余,余仍辞谢之。归时大富雨作。灯下,读方望溪文,十时后睡。

廿三日　晴

晨入陈馆,教英文法动词毕。陈生为余觅报登项骧得差消息,亦未见。午后少睡,醒来,草一札,一致三弟,已送信局。未几,而三弟同少妹归,乃取还此信。余旋游老屋,问心畬叔讯息及黄听秋近状,皆善可慰。听秋有邀余出门，在上海谋事。余以郡教事未得实复，稍延当沪行也。转念求差之难，不如退教乡里，振起国学，为传道传经计，较为高尚。因与三弟草办国学研究社招生广告单，并欲于郡中筹筑永嘉旧祠一座，以自鬻书所得，积数年，当可达此目的，使邑人知我永嘉前辈之成绩，然后起敬仰之心也（祠内立前辈栗主，自宋至清，每朝立一牌，各分列忠节、儒林、文苑、孝义等组姓名、字号、地方、资格，亦崇拜乡哲 ·好事也）。它日在此祠中，设永嘉学会，征求会员，共同研究吾永嘉学术，使不致失传，亦吾辈后生应尽之务也。

廿四日至廿九日 晴

连日览《胡适文存》，有《文学改良刍论》，主张八不，使"我国语的文学"及"文学的国语"，为倡新文学之鼻祖，然自己则专读古书。其所征引，亦皆经史子句，想甚有功夫也。而一般赶时髦者，争效尤之，学校中至采白话当教材云。又览梁氏《学术思想史》毕，知佛教入中国后，衍成学派之情状。

在陈馆草设立社后，设龛以祀永嘉耆旧，并摄其影，挂中堂，以兴起学生景仰，且藉此以表彰乡邦之文献焉。余拟于授正课，令诸生似余所欲编《群书集解》，广搜参考书，录其中有关学术、经济、政治、军事、教育各史资料。又于内部设辨论、宣传、编辑各般，以养成学生练习能力也。参考书先向图书馆借览，以后当自置小型图书馆，专储国学书，亦称国学图书馆，费由自己积累充之。

卅日 晴

览《胡适文存》，与陈独秀讨论改良文学信，并新标点用法。余谓陈、胡二氏，以新文学耀赫当世，然其文中皆点缀古经史语句，去此则更不足称，彼何极端，反对旧文学耶？在陈馆，览曾公国藩《日记类抄》，于学问之道，使余稍知其门径焉。晚与三弟纳凉庭间，谈学字法门及办国学社，以宣扬我国固有文化。至十时后始睡。

六 月

朔日 晴微雨

上午，读姚惜抱文，后入陈馆教英文法，归来，与三弟共学字，评议古今人，甚乐也。少顷，张氏中表畴九、镜如自杭放暑假归来，访余，畅谈报考经过及游西湖博览会热闹情况。此次开会时间有四个月之久，所费不资，为中国数十年未见之盛会也，邑中富人多往游焉。

既去，余点《方集》，至传记类。下午，偕三弟往三港庙观剧，并于庙间览照镜，有神传，知为唐陈子良公，传说曾渡乡先生，明林增志至京应试获隽，后官至内阁学士，归遂筑庙于此，今庙前尚有一大扁额，特书"分身未筏"四字，可证也。明日为家君五十初度试新，称觞以贺，乃发帖邀各亲戚来。三弟写帖，字甚清整，大喜。晚过内家，约外姑、小姨共来也。

初二日 阴晴

是日试新，并为父亲五十初度作贺寿计，乃邀各亲戚，于晚时共举觞。适中表张氏兄弟以考得自治学生归，亦来祝。午后，余为去年许恩祈保父亲疾病，今稍备礼以还，焚情皆上通天神也，举家大喜慰。继而林友公旦偕唐耀文二同学来，告以瓯公事无望。余心耿耿，恨前日辍学法校，无得此格，向人求事之难也。二君去后，因约三弟从速觅郡屋，办国学馆，作遁世计，读书种花，不预世事，所入馆脯，除购书外，悉数奉二亲谋求安乐也。即夕试新毕，外姑、小姨留宿。余家隘陋，客至无坐起处，因特设榻门外独寝，盖三国时关云长之用意也。

余终身行善，一切依古书所述做法，然亦未得少如意，年来交人失望，谋事无成，天道宁可知耶。

初三日　大风

田谷正热，恐有伤害，过午未已。三弟晨刻即往郡，余心系念，陈馆亦不去。闻黄友尧坝归，即往晤。半晌回，又与何励生兄晤，因问其在厦大情状，李雁晴未为余书信致仲骞（李骧，瓯公国文主任），恐绝望。晚读《逊学斋文》，并考永嘉学之来源，至十一时许睡。

初四日　阴大风

何励生、黄尧坝二友来访。

初五日　晴

是日晋郡，为筹设国学研究社事，晨搭轮，午即到，与械弟接洽，知已遍贴招生广告矣。午后，往籀园附近觅屋，得徐氏（班侯前辈）五进偏轩，月租洋四元。余与约宽十日，有人来报名，始成约，否则作罢。以非时势所需，恐不能如愿也。余此次与徐氏子孙商洽屋事，知徐氏衰落景象，深为感触。当徐班侯先生在时，以御史震名东瓯，故宅中花园楼阁，无一不备。七八年前，班老以搭普济轮，撞没在东海中。其子某（象先）与洋人争难，又为枪毙。自此，家遂不振矣。今观其家妇孺老幼，皆成为鸦片鬼。屋既宽大，尽赁人住，而自退居后园小轩，以理讼活生，殊可叹惜。晚，留宿鉴弟家。

初六日　晴

晨，游图书馆（即籀园）观书，翻梁氏（启超）《饮冰室集》，知其治学规范极大，贯通中西而通古今，一副新眼光也。自愧所得尚浅，特前朝桐城派一小径学识耳。时女馆员（吴江冷妹，名莲影）接见，余感男女聚谈不便，即辞返城弟店。

午后,酌后待久,仅得一老先生,乐清高心朴来说社事,余出微老所作楼记为介绍,高老先生极赞助之,谓汝后生,能振起之,则斯文大幸矣。并久为介绍来学者。既去,余到鉴弟店(翰墨林),与杨志泉共避张明东旭曙律师处,少坐。明东前与余同客杭垣,明东肄业法政,余肄业工专,时同乡组成学生会,交推明东为会长,余为文牍。当开会时,常常晤到。明东固素重余者,故此次往访之,否则余恶律师,甚不屑与其语也。

初七日　晴

竟日闲游,至乐园阅报及《东方杂志》。晚,与张宋顾晤,约明早游籀园。

初八日　晴

起后,知张君已先来,不值,遂独往籀园以待之。少顷,张君来,与管书员孔老三人共坐楼上谈。既而导余二人观所藏书,书多为自邑黄氏捐存,亦即蓉绥阁旧物也。先储于黄老屋(瑞安东少街),今为林简初次长住宅,颇散乱,因尽捐于此。故今楼上特设神龛,供祀仲弢先生,安放遗像、栗主。晚,得家来电话,云阮抱山有信,促余出门时,甫在鉴店试新。饮毕,遂告梜弟,明早当归。(在郡购《经学通论》《文学研究法》《吴挚甫尺牍》。)

初九日　晴

七时起床,搭早轮归。问阮信,知已送郡伊父处,四五日后,当转给览云,抱山想从此出仕矣。

初十日至十四日

天气渐变,十三晚大风雨,上海天文台报告有飓风,自台湾过温州云。数日间检书,固封书厨,以防雨漏,只览吴敏树《柈湖文集》,此书借自郡图书馆。十四日,阮老伯持抱山信来,得知抱山已来河南巩县,将任兵工厂中秘书长。或嘱家人速探明余及芑孙近状,有意为余辈谋事也,可感。即夜在张中表畴九家试新,而大舅岳生亦早归,间往闲谈。又姜莘夫发起,集数老同学,在县高竹林下摄影。以上事皆可记也(同学为黄尧埙、王绍祖、杨宰坤、姜英与余,杨后赠余以《复庵洞古集》,为其父世环先生唱和寿诗也)。

十五日　晴

是日览报,知北平燕京大学国学研究所招生,遂集录杂著数编,由邮寄出,以验合格否。此所为招收大学毕业生及有国学根柢者在所研究,其性质与清华国学研究院同。清华自梁氏(启超)亡后,乏人主持,已无形取消矣。午后,为内家试新,邀余去。饮罢闲谈,至夜分始归寝。

十六日　晴

是日,览报知山东某师范学堂扮演新剧,为《孔子见南子》一幕,有侮孔圣含意,遂引起孔氏子孙之不平,电京请办。时有学识者,亦助震怒。独怪蔡元培,本前清翰林出身,竟力反对之,谓事无关紧要云。又长沙某县长为女子衣服奢华,几失礼节,特出示严禁,亦引起地人攻击,谓县长太陈腐。世变如此,可以窥其全豹矣。晚得三弟信,言川费已得东翁允许,借五十元,嘱往取,一慰。

十七日　晴

晨出,访君舜,共游飞云阁,谈久之。既而别,余独往励生家商议一切,颇得励兄勉余出门求上进,且为余作介绍信。下午,留家读姚惜抱、吴南屏文。余日来为事业未定,东奔西走,无一刻安坐读书,殊自怜也。

薄暮,得项荫轩先生召,知为接馆事,余辞以约一星期后出门。晚将睡,竟来项、林二女生(如美、爱雪)同女仆,为商聘师优劣,此馆即前嘱余往者(项伊耕先生家),余以其小子不屑教辞去。今如美说,皆女中学生也，人数二十余，余心为之动，以为可得数十元束脩也。家贫苦甚，进退难决。继而思之，必须立志求上进，区区之数，不足以留恋。况前日在旧馆有誓言，今后决不作蒙师云云，遂决然不再以此为念矣。十时寝。

十八日　晴

晨出，途遇张大壮父，云大壮已归。大壮新毕业黄埔军官学校，虽少时与余同学，今彼稍稍骄傲，余心实鄙之。在家观《吴挚甫尺牍》，皆谈当时变法及办学堂事，文理清畅可学。午后，日影西斜，乃出，先到内家，与其邻人徐某谈邑教育局长黄文彬劣迹，并新安易长纠纷。晚过小姨家，为雇乳妇事，再到老屋，与畴婶谈家事。归后，观木头戏于屋旁空坦中。至夜深始睡。

十九日至廿一日　晴

连日在郡办衣被杂物等，预备出门谋事也。夜得家来电话，嘱归，与张氏中表同行，搭瑞平轮船云。

廿二日　晴

晨乘小火轮返家，即雇衣匠赶制夏衫等，并赴各戚家辞行。送吴南屏《桦湖文集》，存张宋顾处，转还郡馆。

廿三日　晴微雨

下午，瑞平船开，先由父亲为余护至船上而别，同行有林心伟、张家兄弟等，皆自治学生也。入夜，天气转变，似有恶风，船行不大定。余心甚虑之，乃盖被假寐，不欲不食。而至楚万停船，少食稀粥，得同行者聚谈，略宽怀。

廿四日　晴

薄暮，船到上海，先与林、张诸兄寓码头新同华旅馆，温州人所开张也,旅费颇廉,但舟车劳顿,精神颇倦,而尤以畴九为甚。留宿一夜,出旅馆。

廿五日 晴

晨起,送张林诸兄到杭州,而余独雇车访尧坝,栈在霞飞路宝康里楼上,至则有蔡巽中旧友及何埒隽、陈耕六数人已在,与之共宿食。

约四日,已不堪其鄙野之至。待泉弟来,即束装转搬福履理路建业里七十一号前楼,系余弟素居于此者。弟供事厚昌织绸厂(法租界),设厂震动地盘,遂停工,弟亦无事,与余共宿此也。凡一月有余,间与余出,过微老处乞事,及黄听秋法院,与接洽一切。

继而得阮抱山信来,嘱先往彼处帮忙。正规检装行,过听秋处别,拟乘早车到彼。而听秋竭力阻余行,谓途远,天气奇热,甚不便,此间将有事,可为设法云云。余遂暂止,仍归栈。

未数日,听秋为谋事,将发表。而又得项主一函,介绍余到大同大学教授国学,则大喜,以为此事正余素求而不得者,今幸遇此正道,它日发展,从此起矣。即起过微老处,取名片,谒胡校务长敦复,受聘约,事乃告成,大慰。然此次出门所费,已五六十元矣。因作书归禀堂上,述不去河南并在此间得差消息甚详。

乙集　大同教书时期

八　月

上午，偕泉弟搬行李入校，校在南站后路，房舍高敞，中附初、高中各级。同乡甚少，惟王伯舒先生二子毓芳、毓榛在此求学。而项氏生锦裳亦新考入，想不致寂寞也。余任教，每周只四小时，月薪四十元，为数虽甚少，名誉却极佳。同乡李雁晴之起亦如是，余当涉其后尘也。教科为《易经》《荀子》，皆余前已读过者。然二书义理奥渺，不易教耳，姑试之。微老时往日本，先时邀余，托以其子入学事。微老亦急谋活动，住霞飞路谷风医院楼上，月费数百元云。余在校时，日日温书，一月间无十次出外。上海热闹之场，皆未涉足，目视怪状，殊堪痛心。妇女以露体为美观，一切尤非圣人所许。途间电车、汽车，络绎不绝。步行维危，所寓附近，皆洋人住屋，建筑新奇，空气清鲜，足令人流连不欲去也。每日览报，知政局变化莫定，中俄事更堪虑矣。

初七日　晴

晨起，阅《周易》，录其间切要语为提纲，将示诸生，易于探求也。继缮家书，又致椷弟、岳生舅信，共三通。下午，黄友尧埙送眼镜来，为余所托买者。余年来苦多阅书，致目花朦，友人在途中与余打招呼，反失礼之。因决意于此时戴者，且以壮外观也。黄去，而项二生来，坐谈考校经过，国、英二科，皆占优胜，独数学则落人后也。余谓汝辈考校太不量力所致，为同济、南洋、中法、工业各大学，皆极重数学，非多年专考而有根底者，不易有希望也。

又云家信来，述如美、爱雪颇为余觅同志，组织女子文学社，此事为余函致商办法。当时余因困居客舍，谋事未得机会，心焦灼甚，反侧枕席，深夜不寐。起而书此，待天明寄去，实无聊之极思也。然用意颇清尚，所以图存乡邦文献，为日后地方光宠。仿俞曲园诂经精舍，讲学兼事著述也。今既得此大学教授，凤愿稍偿，于空时犹可温所读六经三史及唐宋、周朝诸古文家文，求成为古文学当家，继轨吴挚甫、张裕钊之后，为一传统人也（述志）。入夜，览《荀子》，以体倦，早睡。

案上陈书十余种，为《易》、《诗》、《书》、《左传》、《礼记》、《论语》、《孟子》、《史记》、《汉书》、《后汉书》、《唐宋八家文》、《归震川集》、《方望溪全集》、《姚惜抱诗文集》、《曾文正公诗文集》、吴挚甫文及尺牍、马通伯《抱润轩文》、《庄子》、《荀子》、《文心雕龙》、《畏庐论文》、《经学通论》、《经学历史》、《文学研究法》、《韩柳文研究法》、《左孟庄骚精华录》、《中国历史研究法》、《中国哲学史大纲》及项馆课卷、录传作、挽联集、《翁同龢手札》等。

案前挂项主微尘所作《传经楼记》，已裱就。又孙太仆所书之联语：伊洛微言持敬始，永嘉前辈读书多。其第二句可为余当头一棒，并以见余保存乡邦文献之决心也。

初八日　晴

晨起,编《荀子讲义》数页,所以为开导诸生,以有系统之教法也。至午后六时许,稍稍起草。余所用《荀子》为王氏先谦《集解》本,极详密。盖诸子学得清乾嘉时大师考证无遗,令余辈今日读之甚便易,厥功不可泯也。此书体制,全仿我乡孙先生《墨子间诂》例,卷末附考证,犹《墨诂·后语》也。灯下抄《荀子讲义》及《易经》常识,聚于一书中,以便携堂上检阅也。十时睡。又前日鉴弟信来,云四叔祖、二伯父、四叔父三柩,安葬择定。八月廿七日,为之大葬,慰。惟不得归执拂,届时只在远方举哀耳。

初九日　晴

晨起,读《荀子·劝学篇》,感其用意与儒家同,惜作《性恶》及《非十二子》二篇,为后世所诟詈耳。实则荀子愤当时诸子为惠施、墨翟、宋钘、慎到之徒,邪说纷起,圣王之道不明,矫而言性恶也。其非子思、孟子,盖为其弟子李斯等所增,而《风俗通》亦只言非十子,并无子思、孟轲二子之名也。荀子之被人讥实枉矣。午后睡醒,项先生来,为照料买书,即在余寝室旁图书馆。旋去,余读《史记·范雎蔡泽列传》,颇觉温书之有味也。余得此大学教授,空时甚多,当可从此温所读书,为它日作古文之助,即讲求词藻及篇法也。薄暮,识同事稦君,无锡人,名敬修,国文教习也。承优礼,指示校中一切办法甚详。夜,电灯坏,燃烛以照读书。十时许寝。是日览报,知中俄事转紧。

初十日　晴

晨起,阅所摘《易经常识》。少顷,泉弟信来,云痢愈,大慰,并转任久华三厂工程管理事。其原处以所在地与外人比邻,受干涉,不准设。因此延,无定时开工。故泉改为此计也。午后,睡醒,知校长曹惠群送《荀子》及《周易》二书留案上,盖校中所赠者。余起视,《周易》

为商务本,未详编者名,殆朱氏《易本义》也。其书多涉道家语,与余读十三经注疏本全不同。首列筮仪,其手续与街头卦坛盲人卜法相似,所谓《易》别传家言也。灯下取周宝华先生绪言所置《张迁碑》拓本,临摹数十纸,甚称快,为余出门后第一次学字也。十时熄灯睡。

十一日　晴

上午,览《古今联语汇选》,为周宝华先生绪言所藏,其间有曾文正赠我之前辈孙琴西联文"大笔高名海内外,君来我去天东南"。孙公亦为曾文正所提拔者(为乡试主考),一生事业,皆取法曾公。余前游其家,见壁间所悬对联,皆曾氏家训语也。又有黄公体芳撰《南菁书院联》云:东林讲学以来必有名世,南方豪杰之士于兹为群。再题其藏书楼联云:东西汉,南北宋,儒林道学集大成于二先生,宜圣室中人,吾党未容分西派;十三经,廿四史,诸弟子家萃总目至万余种,文宗江上阁,斯楼应许附千秋。(跋语云:楼祀郑高密,朱紫阳木主。当取季子《游祠堂记》。)

光绪初,黄为学使者,奏请创建斯院,南方之学得其菁华之义为名。而南京莫愁湖,黄公亦有联,为人所传诵,其词云:人言为信,我始欲愁,子细思量,风吹皱一池春水;胜固欣然,败亦可喜,为何结局,浪淘尽千古英雄。其二云:桃叶及桃根,海燕郁金香,遗世佳人难再得;西湖比西子,流莺杨柳曲,凝妆少妇不知愁。余阅人说,今江阴有黄公专祠,即答其兴学之功德也。

下午,因《易经》深有所得,明其六爻成象之理,又各卦体德之用,以此推算,可以得之。词虽奥渺,而甚有余味也。继昼信,催项生来校,明日上课云。昨闻林友公旦(震东)将于廿一号放洋,留学比利时,习工科。已来沪,欲晤余。余阻途远,不能与相见,怅之。又孙君延东(樾)亦少年同学,今夏得其姑父黄岩杨晨定夫资助,赴美习经济,皆有志,可嘉。晚,稤先生敬修来余室一谈,检视余案上所陈书籍,甚见称赏,叹年少能有志于学,为近来浇薄时势所罕见,并览余弟学孝胥字,几疑即孝胥书也。去后,观《易经》至睡。

十二日　晴

晨起,读《周易》细致,昨所心得处,继承同事程君(亦国文教员)来请共监新生考试,时在九点钟以后。余既允诺,与谈国学,稍久而去。届时余往,程君已先在,学生男女有百余人,皆长大,试题为自叙及六经皆史说,又有评点词传,并条对国学常识,诸生至有不能辨识文字者。余略为诠释之。至午刻,毕。下午,醒后览《易经》朱子《本义》,简而要,惜多杂矫诬语。皮锡瑞讥为失《易》之真,余前所读者为王弼注(十三经注疏本),义理分明,甚便初学也。又余读《易》后,揭其凡例,为探讨之捷径,学者明此,即可悟其全书矣。未几,同乡王毓芳、王茂椿及项氏生锦裳来坐谈,而锦裳则伏案检英文生字,二时许去。灯下学隶数十纸,睡时将夜分矣。

十三日　晴

竟日看《周易》《荀子》,自恨受性迂拙,过眼不能即识,读书无天相,实苦恼也。入夜,梦到家乡侍堂上起居一处,盖余实愚孝,几乎斯须不可离亲侧。昨读曾子语,亲在不远游,似于余甚相合也。明日,为余初尝大学教书味,未知难易如何耳。

十四日　晴

余为教事甚忧惧,非学问不匹而已,即言语一层,极感不便也。候至午后,三时至五时上课。诸生嫌余年少,又出话不明,果见器哄。余持书将《周易》《荀子》大意曲为解释已尽,唇焦舌干,而诸生犹以为声太轻也。退课后,余心忖度,此犹非余适意事。若不见几而退,恐遭失礼,其为耻辱,更难堪矣。余自少读书,皆见称于人,何苦来此作茧自缚,况脩脯不多(三四十元),而学生共三百余,它日改卷必不费脑力焉。拟于明晨,先访微主(锦裳云已得电,于中秋日返上海),托词谢胡敦复,或使直述,以我温州土话教书难应付。

又闻微主此次赴日,为相轮船事,如事成设局,当需一华人襄办。如于其间谋一席,无开口事,姑赚若干钱,为退归安养计,其胜大学作教授亦多矣。愿退再修国学,费时久,总可达到目的也。校事或归或留,晤二弟后再决定之。┃时睡。

十五日　晴

晨起,稍稍检点书籍,偕锦裳共谒其父,知已从日本返沪。为述昨日教书经过情状,欲见几引退,而微尘先生强慰余再尝试,并举乡先生陈介石之初任北大教席,纯以温州土语讲书,后仍得学生欢迎云云。然余总固执以为,从此恐收辱。因于午后,雇车二座,费八角(一余坐,一锦裳坐),往虹口访二弟,不遇,而晤黄听秋。听秋正欲访余,先过微老处,知余事变,亦来余弟处,因相值也。乃留言,三人先返黄寓过宿。而泉弟来,余详告校中情事,弟为一骇然,亦彼所预料者。以余虽曾读书杭州,未与别地人聚谈,只自顾终日伏案耳。当时听秋辈皆劝余油印讲义,使学生循此渐渐体会,其言甚有理。继而余与弟别黄君,而去访尧坝,时坝未到报馆,我二人遂往商务印书馆,购郑孝胥帖并联,欲携归给三弟学习。后与弟再过微老处,得其谆谆劝诫,甚至以严词壮余胆者,必须冒险,继续任教云云,余只得姑允之。临行犹诫余力去书生本相,以适应潮流也。余既与弟仍到校中,遂油印讲义,尽此一举,以尝试之,时尚为星期二也。

十六日　晴

十七日　晴

是日下午三至五时,余再登台教书,诸生总以余出口温州话,为之哗然。余仍分给讲义而解说之,略见安静。同时余心定,出言顺口矣。退课后,大慰。夜,泉来,听秋亦来,皆相向欢谈,共出访黄苣孙。苣孙近果得抱山电召,赴河南,宿香宾旅馆。

十八日　晴

晨,自泉厂起身,共过香宾,访苣孙,告以在校事,未有不言余诚实也。继而听秋至,检苣孙行李,搬住彼处,以省费用,盖苣孙定星期一始动身也。泉送余入校而去,为指明坐电车至彼处行程如此如此。余上楼,见案间家书,喜甚,系械弟所作,知双亲皆康强,余妻及弟妹亦各安好,惟碎公葬期已改为九月初四日。又得九叔自京寄廿元,辅助以成礼云云。碎公生时待余甚厚,余心感,欲于此次束脩领来,决汇十元,为造圹费用,行曾公恤族故事。但限家境,未知父亲能分其数否,此当由堂上作主耳。三弟在店学字甚勤,临摹苏东坡帖,亦大相像,可称聪明灵敏之好兄弟也。

十九日　晴

上午,在自寝室附近图书馆内览燕京大学国学研究所所书《燕京学报》,知所研究者皆以新方法治新学问也。又有广东中山大学地质研究所所出杂志,登同乡李笠、戴家祥二君著作,亦用新方法为文也。戴为余下一级同学(在瑞中),后入清华国学研究院,从专家王国维先生治金石甲骨之学,至今数载,闻已毕业,在此谋事。李则余之好友也,闻转应别大学之聘矣。又励生丁父忧,未出,为之悲哀。下午,整理讲义,校对《荀子》,再三熟读,为明日上课时省用心也。观书至晚不已。总之,余来上海近两月,几无日不念书观书也。

二十日　晴

下午教书,又渐安静听讲矣。晚作书数封,寄家,寄械弟,寄云龙,寄燕大,以研究大纲去再审查,盖前日由家转信来,知原著作已合格,惟无研究大纲,催余赶办云。余昨以此事告黄氏兄弟(芑孙、听秋、铣孙等),皆言此校建筑与古王宫同,得美国煤油大王四十万元补助,内部设备极周备,为北平有名学校,不易入也。故皆为余喜,力劝去研究,将来有大希望也。

廿一日　雨晴

午后,天稍晴,余独身坐黄包车至斜桥换电车,直达泉弟处,费铜板五十六枚。至则见弟,告明此事,握手言欢,因偕出发信,留晚餐。又过听秋处,为余日来腹微痛似痢疾,取药故。夜雨,泉独返寓,余则留于听秋寓。听秋即夕与人作麻雀戏,余乃叹时局误人,认此等事为应酬所必需,有悔为小姨介绍失检也。余终生多为好事,惟此似负吾外姑与小姨,罪不容诛。幸小姨对内子言,推诸命定,以自慰藉,颇有志气。而听秋家既贫,尚不知修饬,决其为绝物也。

廿二日　雨

家信来,知为铮弟及内子作,喜格。余更为铮弟取字曰铁铮,用"铁中铮铮,庸中佼佼"义,一作名,一作字,颇有意味焉。

廿三日　阴

廿四日　晴

下午,教《易经》,略见诸生欢心听讲。而余讲说,口亦顺矣。第二节教《荀子》,时间为军训编队借去。灯下,作书致九叔及铮弟与内子,凡二封,至十时许睡。

廿五日　晴

览林《畏庐文》及《国朝名人手札》,皆有所悟。林氏数世古文家,福建闽县人,少时微贱,得其叔资助,来沪以编书为活,译著有小说百余种,平生好读《史记》《左传》及《古文辞类纂》,为之评注,此皆余所过眼矣。灯下学翁字,且喜且悟,以久未临摹也。

廿六日　晴

览书时,得同事蒋先生德培来谈文学。蒋本校卒业生,留学美国。回国后,仍执教鞭于此,已十六年,所治皆西洋政治学,乃问余中国政治书,余答以单读司马氏《通鉴》可也。稍久,尽兴去。余此次虽得大学教授,而主授课时,总觉不适意,以学生皆长大,所重在西学,视中籍如土埂,不以为事。余固以传经自任,若随波敷衍,非所愿也。乃欲于明春能在温州中学谋一教席,再从事永嘉学,为接统之人,以求立名扬亲,较为得计也。

廿七日　晴

上午览《易》《荀子》后,拟文题,为《述志范仲淹论》及《科学与人生》,任诸生自选其一为之。下午三至五时,一上班写题目后,仅点名,学生即陆续退出,实若儿戏,学风至此,无法可挽也。又学生以余年轻,已不在心目中,余心殊耿耿。晚有一二本卷交来,皆可笑者,甚至不明文体,真所谓风马牛不相及也。余为批数语于后,待还之。

廿八日　晴

廿九日　晴

余疑今日发薪,待至午时,始知会计主任往杭参观博览会。乃于饭后睡醒,坐电车访二弟于虹口工厂。至则弟方伏案习颜帖,稍稍就规律,因再开示其笔意结构,且言邑中池老学颜之法。晚餐后,共去剪发,留宿。

三十日　晴

晨,与泉弟共访友人周予同、陈逸人二君,皆在上海商务印书馆任编辑,与谈颇久,承款接甚殷。二君近颇以著述见称海内,予同兼主编《教育杂志》云。别后，访李雁晴兄于香宾旅馆，知来此将一星期矣，下午即动身往汉口，任武汉大学国学系教授，厦大已电辞去矣。李兄文誉极盛，然皆耳目见闻之学，余所不屑治也。由此亦可见现代研究中国文学之趋势矣。林先生公铎，常语余以此等治学为肤成，非天质聪颖者所肯为。盖林氏专治诗文，二十八岁时即任教北京大学文科，其记忆力之敏饶，恐不多得。彼以恃才傲物，结怨同事，今秋竟辍职在家云。余与泉既别李兄出，因分坐电车而归。余归校，知会计主任已来，因以四十元支票付余，余心大慰。灯下学翁字数十纸，睡。

九　月

朔日

早饭后仍坐电车往泉处，为寄洋至家，应初四四叔祖、二伯父、四叔父三柩安葬另用也。余至虹口，而泉已偕友人出厂，因朔日停工休息，厂例也。久之，乃相值，共到天津路523号虹口典业银行换洋，付邮务总局寄去。而回校时未午刻，后改文卷十余本，稍费心力。同室嵇先生指示，当以草草了之为是。以余所当改卷，有三百余本，余额之。灯下继之。未久，项成赓来，知微尘先生已至沪，时同乡王毓芳、王茂椿皆来谈它乡故知，相聚为乐。成赓此出，疑为自地荒灾避患计。闻自地米粜一元六升，民食可畏。故日来有罢市之事发生，余曾览报，知旅沪同乡会正谋筹粮事。然参各地皆荒，实有自顾不暇之感。嗟，余贫人，将奈之何。

初二日　晴

上午，览《易》《荀》二书。下午三至五时授课，学生有请余课上筮法，余辞此为道家术，不能作，几为所难。大学教书，真不容易云。然此事固为我儒所不道，彼辈浅学，焉知此理，反谓余无学问也，心殊怅然。灯下，改文卷二十余本，睡。

初三日　晴

改文卷数十本。

初四日　晴

是日，为四叔祖、二伯父、四叔父三柩安葬之期，已得鉴弟信，知改在今日初四未刻也。上午，览《荀子》，摘阅要语。午后将睡，而黄君尧埧来少坐。共出访李卓真于西门中华路丰球针织厂。李方卧病，其妻林芬，往岁从北京交结为夫妇者。正外出，因与黄君坐其寝室中视之，盖亦在报馆编辑新闻也。至四时许，别归校，觅报知自地大荒，有钱无米籴，民皆嗷嗷，至不得已为匪劫，地方官独未为之计，所殊不解也。灯下，读吴敏树文，以快余心，且有深悟。未十时，先睡。

初五日　晴微雨

晨起，读《易》。至午，未放心，兢兢，恐登台不能娴熟也。逮正午教罢，乃大安。觅报，知世局又大变。晚游国货展览会，在学校附近。至则见规模宏伟，陈设丰富，心神为之畅爽。继览电影及各种机变、跳舞等。未十时归校，即睡。

初六日　晴

晨起，改文卷三四十本直至正午。饭后稍睡，醒来检家信，甫寄自械弟处，并鉴信二封，花笺二刀。往泉厂相亲，甚平安，纵谈颇久，皆家中琐事，有涉及去冬与周某争执店务，今周染疫身亡，其为人计及锱铢小利，似甚刻薄。近来处境稍顺而竟不禄，为可惜耳。又械言自地自廿一起罢市，今已解决，一元米籴八升，贫人叫苦不堪，乡间盗贼时起，实七十年来所未有之大荒侵也。泉近学颜真卿字，颇觉进境,余力勖专此可成家。晚餐后,八时许,坐电车归校,往返资小洋四角,计程数十里,为南北极点地也。灯下,改文卷十余本,睡。

初七日　晴

半日,改文卷廿余本。午后,学翁字数十纸,览报读欧阳修文,心有所悟,喜甚。灯下作书复三弟,并附之苏东坡碑帖四份,新得自杭州殷某处,费洋一元也。是夜,提灯大会,为纪念明日国庆节,全城皆有表示,独此校甚沉寂。余得同事赠以游览券一张,拟于明日午后一游附近半淞园,以广见闻也。十时睡。

初八日　晴

是日国庆节。早餐后,与项生锦裳共坐电车,谒其父微尘先生于霞飞路寓所。至则与谈少顷,时成赓亦在座。未十时,独身归校,几致迷途。下午,游半淞园,周览全景,有亭榭花木,错落风雅,为邑人姚某所私建。名联佳杂亦甚多,见有同乡陈鲸量唱和诗一首。陈为平阳人,年来供职杭垣,颇负声望。此时游人如云集,盖上海无山水地,如此假景,已令人欢乐不尽,或登高,或棹舟,视其意兴,无不陶陶也。余游二时许,归校。晚有滚龙,锣鼓声出于楼下,望之与自地上元一节闹花灯同。灯右,习翁字、改卷,睡。

初九日　晴

上午,读《易》《荀子》。下午三至五时教授,稍顺口,而诸生以余待之太宽,逃课者乃犹多。余顾自以为初到此,姑容之,不与计较也。晚游卓真寓,识其妻子,皆素闻其父薛里公,时时在余家所称及者。妻名林芬,为卓真逆旅相结识客也,卓真交好,后两家构讼经年。余时只闻大名耳,且卓真与余相处最久。壬戌岁,同卒业于邑中校,同出门考学堂。余留杭州,卓真北上入中大,七年毕业,近任事沪时与新招馆,亦不得意也。归来为体倦,早睡。

初十日　晴

晨起，改卷，至午后四时毕，约三四十本，皆随笔圈过，不胜详改也。将晚览报，知时局又突变，国家多故，民生日戚之，殊堪忧虑云。灯下，取二亲玉照，捧赏如面见，心大慰，以余思家心切也。重出，并作书复械弟。械弟新来函，述家情甚详。余顷托人从杭购得苏氏碑帖四份，数日后当寄去与械弟学。械既性近于写字，将来不难为一书法家也。继续读姚氏《惜抱轩集》，悟其清纯简朴，得宋曾、王二家气味，心喜不置，亦愿力学此笔法，成近时古文家也。十时睡。

十一日　晴

十二日　晴

天气转热，早饭后，览《易经》《荀子》，为识别紧要语，以便上课时易讲解也。下午课毕，阅报，知时局已大变，蒋在必倒之势。陇海路交通断绝，巩县、孝义屯兵备战，甚危急。虽自幸转机，不去任兵工厂事，而阮、黄二兄皆身落彼处，将如之何，为虑。夜得同乡王茂椿、王毓芳二君来谈许久。去后，余学字至睡时。

十三日　雨

晨起，改文卷二百本毕。适项生来，为言欲访余二弟，因向借小洋四角作车费，余携碑帖、械信而去，至则与谈家事甚久。泉弟年内亦决归省亲，盖出门来沪已三年矣。午后五时回校。晚读书画字，未几，襟弟黄听秋偕其堂弟铣孙来。铣孙为叔颂前辈之孙，即余友黄芑孙之弟也，亦与听秋同执事法院。留此谈甚欢，至十时始去。去后，余遂睡。

十四日　晴

上午，书家信致铮弟看，以白话体，使易晓也。此为余最小之弟，现正在高小一年级读书，甚聪敏可教。每当余在家读书时，必来从旁听，余故甚爱之。午后睡醒时，得北平燕京大学国学研究所复函，允余明春来就学。知拙著审查已合格，心喜之极。即作书告泉弟，述此校内容甚详，余之志向遂因此大振矣。待冬归，一商求学基金也。此校为美国煤油大王捐资建造者，规模之宏丽，与古王宫同，或云即清成王府故址，在乡间曰海甸。其大门造费四五万，校中自来水塔六百万元，为美国一寡妇所独捐，其余可想而知，足称北京或全国第一大学校。余所欲研究者，尤为大学部以上之学府也。即研究院之一所，曰燕京大学国学研究所，可得官费读书，将来亦有留学希望，实大好机会也。

　　晚餐后，走询李卓真，此子曾留京读书凡七年，于京状颇熟识。卓真亟称余此事极难得，促余从此求上进，并为探内部详情云云。余归校，见案有阮、黄二兄信，知黄先到，阮弟必有日。此信乃阮、黄合作，不过称余得其学教授，终身可从而发展也。但余甫在李处，闻说河南洛阳已失陷，为冯军括去。巩县屯兵极多，如此则二兄处境甚逼隘，为唤奈何，能邀天幸而脱险为好。此信系双十节日寄，彼时正在酝酿中，交通尚称便。数日来，局面顾大非，所称共和大同盟会起立，吴佩孚亦起于四川，然此皆传闻语，与余无甚关系，余独为生民叫苦耳。灯下学翁字十余纸。（又傍晚在本校图书馆内览万氏斯同《历代史表》，明其体例，与顾栋高《春秋大事表》同，将古书以科学法分编之）十时寝。（又览《燕京大学报》某作中有引黄前辈仲弢先生《翠墨园语》解析金石文[①]。余独知黄有《中国教育史》行世耳。）

十五日　　晴

---

① 《翠墨园语》为王懿荣所辑，书中收录黄绍箕《说毁》一文。

十六日　晴

上午,得家书,喜甚,知自双亲以下均吉。铮弟写信清楚,语亦达意。小妹妹较前更活泼,为一慰。内人近常学书。外姑大人方来游说,余所致函已收到,并附来小姨亲笔信数纸,述处境困难,嘱余告听秋检束顾家,时时寄钱,所言皆有志气。惜配此浪漫子,是余之大过也。

下午文课,题为《国庆我言》《世界科学家传略》《自由与自治》,任作其一还卷。灯下,书信致蔡师迈翀,商求学经费于项氏荫轩,即前助金读书工专者。其人甚慷慨,余早已感铭五内矣。余此次所陈甚详切,并以马叙伦之遇陈介石自况。马初甚贫,得介石前辈一手提扶,始有今日,闻名天下也。不知余事,蔡、项二氏以为何如耳。为得贷二百元,为养亲安家费,而自用之需则由二弟作工,陆续寄来。如此,则余心较安,学业当易长进矣。前日蔡元培氏有主张勤工俭学制,余兄弟可得分而实行之。二年后,余能多赚钱,除购书以餍素志外,余皆归奉堂上供甘旨。学邑人项葆桢以穷苦出身,为山东知县约十载,近其封翁享福,乡里称颂不置。余亦当如此也。

十七日　晴

晨出,过泉弟厂,示以燕大函,相与额手称庆,因作书归告二亲,及妻、弟、妹等。二弟预算已定,决今冬一归省,近学颜字大进,为一喜慰,并约自明年勤工赚钱应余求学,二人合作,期于有成,将来为弟谋设厂作终生安身计也。留午餐后,共到江阆仙先生处(现执事江苏硝磺分销处)告以此事,亦素赞许。江先生盖素知余者,谈久之,别去。

访听秋于临时法院,后返寓晚餐。余始出小姨及外姑函(昨夜到),皆阐听秋事,时视之,彼亦无注意状,余心悔而不言。(悔错配小姨,为余一时冒昧故)然顾念小姨之才德,不应先尝此苦厄。因一时外姑待余之厚,小姨年纪稍长,大舅为堂侄继承,每置不顾。余因感如手足,为外姑以委主家,一无职权,心怜之,为揽快婿。否则,余读书人,决不为此等媒妁事,自堕其人格也。归校时,听秋赠以其三公仲弢先生所作《中国教育史》一册。

余既言与听秋及泉弟别,甫抵校,又承一群浙江同乡同学,拉余登场茶话,时已有男女同乡七八十人之多在座,遂开会邀余演说,用茶点,欢聚至十时而散。入自寝室,见案上有心畬叔来信,知彼所处,正当用武之地。家用钱已数寄,每寄皆百元,六婆可从此无忧心矣。余做事当如此,岂可顾自安乐,打牌游散哉?(亦暗讥听秋)叔说梓园姊丈为外舅(即余二伯父)世厝而归,殆未必确有此善意,谅必与同事失欢而去矣。其人性分,余素知之,此归实假托名义耳。十一时后,余犹观书学字,至倦极始睡。

十八日　阴

晨起稍迟,饭后读《曾文正公文集》,并悟其发明义理之语,如身受其教焉。余一生之模范人即曾公,数年来,余家兄弟亦皆受余感化,学曾氏之家教矣,余心大慰。二弟、三弟并学字省垣,遂见其进步,将来兄弟合作争气,家道兴盛不难也。

十九日　阴晴

上午,读《周易》《荀子》。下午五时教罢,览报,知河南已启战端。阮、黄二友身落其中,殊堪忧虑。晚与同事蒋某、程某各谈故乡风俗,两人皆宜兴人,说宜兴山中多我温农夫,相聚成村,与土著无往来。余前留学杭州,在会馆见大多同乡,似皆来自宜兴者,诚朴之至,杭州我温会馆,其建造费,即从此辈人筹得也。晚间剃发归,购栗子一毫钱,食之。灯下温《书经》至《伊训篇》而睡。

二十日　晴

上午,致如美文卷,题为《九日登万松山记》,不知为新业师项黻民命题否。如美自离余后,无相当先生可从。今函致其弟,云入南门项氏祠,请业于黻民云。黻民为余友,亦治国学,惟无深得。以嗜好过多,不专心也。

午后睡醒,入图书馆内,览《燕京学报》,有黄子通作《朱熹哲学》与《王阳明哲学》二篇,深有所得,其辨性理与孔孟之旨稍异。余明年入燕大,想亦从此人学。哲理奥妙,须得人开导,否则茫无头绪也。余前拟定治宋学大纲,参合梁启超、胡适二氏之法,然大体略变,盖余尽欲发扬圣道,作救世之想耳。

灯下,学字数十纸,所以快心神、养脑力。旋得二弟来信,言已得机织,并约下月朔来访余。二弟年来在厂充职员,无事纺织。自余得燕大信,往商求学基金,欲兄弟合作,一工一读,事必可成。二年后,余赚钱供他开厂,法至善也。遂允诺识之。故觅机而织,实行所谓工读之策也。诸生文卷又缴来二百余本,决于明早起床后改之,十时睡。浙江同乡会始入会,费六角。

廿一日　晴

上午,改文卷十本,至二时止,以脑昏,出游李卓真处,与卓真夫妇及其兄谈北方风俗等。少顷返校。余性拘束,不惯与女子接话。即前在女中课国文时,亦甚觉羞赧。而女子反解放,不以为事。余常叹古先圣教之不振,人类几与禽兽等矣。余顷任教大同大学,女学生约有二三百人,余所教到者亦七八十人,皆坐教室前列。其成绩有较男生为优者,服其用心专且细矣。灯下,续改文卷十余本,睡。

廿二日　晴

晨起,学字十余纸,检点《易经》及《荀子》颇熟。余自觉资质鲁钝,看注疏有过目即忘状,然强识甚费脑力云。晚间,本校文科学会特聘沪上哲学名家张东荪先生讲演。时开始,余从户间窃听,知咨为《哲学与科学》。东荪之名,余耳之熟矣,惟未见其人耳。今见之,为一书生,所讲不能明了。余遂返寝舍,然心总佩服之,甚愿明春入燕大研究院后,将旧根柢镕化之,参以哲学气味,此余所以研究宋学也。

廿三日　晴

上午,览《周易》《荀子》,兼读《曾文正公文集》,每读其文,心为之壮,愿终生学其为人焉。旋与同事无锡嵇敬修先生谈,亦曾公道学为可敬佩,并称余以年少有志于洛学为难得。嵇先生又善书,遂与余讨论书法甚久。下午三至五时教罢,散步校门口,返寝室,得家信,知为内子作,嘱寄十元付用。晚作复,言一周后专邮汇之,后来同乡陈枢本大学文预生,谈燕大之美,励余入此,有大希望,其声价与清华齐。陈君去,余再书信,告外姑附内子信,述燕大得录事,明正决晋京研究二年云。

廿四日　晴

晨起,改卷卅余本,至午稍睡。醒后再改数本后,入图书馆览归,方评点《史记》,为张氏裕钊所汇刊,末有后序。张自作此书,与马平王拯定甫之单录归、方二氏评点符号者不同。闻吴氏玉甫亦有评点《史记读本》印行,皆古文家所必备之书也。余拟托下月得薪时购一部。旋览报,知冯、蒋已恢复,然洛阳失守,未见报端,何从恢复故耶。可见今世言论不自由,有甚于前清专制时代也。晚,学生裘孔闿偕友来谈,此子亦好国学,为举治学之要领导之,尽兴而去。之后,余友黄尧壏来,又与之谈甚久。壏并约余于明午后往美专观览古书画,余欣然允诺。九时别去,余遂睡。

廿五日　晴

晨起，检点《易经》，为识别揭要句，以醒目便示诸生也。午后睡醒，思得文题三个，为《蔺相如畏避廉颇》，意射今时内讧之罪，二为《变法论》，三为《述张东荪先生讲哲学之将来》。未几，黄君来，遂偕出至美专，先访同乡陈元裔，承介绍登楼观书画，皆可爱者。为宋明清三朝诸希世之物，有目录单。书类有文徵明、董玄宰、杨沂孙、伊墨卿、吴清卿、张皋闻等。画类有七道士曾衍东、赵㧑叔、董棨、董洵等，共三室，其价约数万元，此美专教员同乡马孟容为余言也。余此次游览，因孟容又得识方介庵，善刻石，郑曼青，善画西式花卉。又有刘冠山先生①，善治目录学，现正在黄群溯初家整理乡先哲遗著，学问极渊博，惜太作骄态。五时半返校，知听秋与二弟来访，失迎。灯下，改卷，觉体倦，早睡。（美专归，学翁字，挥毫自如，画廿余纸不休，有所悟。）

廿六日　晴

下午，书教后，游李卓真寓，在小西门中华路。约二时归校，知三弟信来，展视欣悉双亲欲买坟山礁石水碓底，甚善。并征余同意。余固承顺亲意，报曰可。并由三弟转告以燕大事，经费正在筹划，欲再商荫轩先生，补助若干，以灯下寄回信，至十时睡。

廿七日　阴

廿八日　雨

两日间，改文卷廿余本，旋得校发本月束脩四十元。下午，往上海银行换洋来，决于后日过泉弟处汇归，先致三弟解债也。

晚得大舅信，谓燕大事亦宜慎重行之，其意可感。以余境遇窘

---

① 冠山，一般作"冠三"，浙江近现代文化名人刘景晨字。

迫，恐舍此而去，家庭便无收入矣。但余决舍此求上进，亦以堂上着想。若入燕大，两年后卒业，得名得利，以博其欢心。不然，久留此，无出头日也。燕大称国内著名大学，况国学研究所最符余读书宗旨。如误此机会，以后悔无及矣。常感今时做事多讲资格，余拟入此校过半年，即托教师觅图书馆兼职，分一部份钱寄给家用也。

又得心翚中表信，以谋事多托，余实无力相助，置而不理。以此子为我舅家单传之子，如牵引出外，至于落拓，实有负舅氏于地下也。灯下作书二封，一致三弟，为汇洋解债事，一致四弟转禀父母亲得知，以博欢心云。十时睡。

廿九日　晴

晨起，检点《易》《荀》二书。下午，教罢览报，知河南已吃紧。晚与同事蒋德培阅翁松禅手札，叹其书信行文简洁，字体风雅，颇不释手。蒋去后，余读韩文，觉有心得，未十时睡。

三十日　晴

晨起，检家信，又致棫、铮两弟信，往泉厂，至则泉方立机旁织，余心喜悦，因与出汇洋归，午后二时坐电车返校，知黄友尧垍来访，不值而去。需名刺，在泉处，时余以庚甲请厂员某君推算，谓余利年三十六以后至四十一，当大贵。以岁经丙，为遇火当旺也。余生辰在壬寅年十二月初六日卯时。初六当魁罡日，宜读书，文昌贵人坐命云云，余心喜慰。其实数历推算，皆如此说，想命定尚准确也。晚读曾公文，知处骨肉间和爱之道，有所觉悟。继作书致黄听秋，亦以骨肉相待，劝戒雀戏事。又作书致蔡师，商助学贷金事。缮毕，十时遂睡。

十　月

朔日至初三日　晴

连日改文卷,看《经学历史》,并点《易经要语》,与黄尧埙游卓真家小酌,时有曹陶成在座。陶成天资颖敏,为瑞安十才子之一。任此间《时事新报》馆编辑十几年。惟好色,嫌妻项氏丑陋,近又纳妾,立家室于上海,日得百金,尚不敷用。余素识之,乃相与谈说多时始散。灯下,读《易》至十时睡。

初四日　阴雨

上午,熟读《周易》《荀子》。下午,上讲堂教时听者寥寥,一为深奥无味,二以余待诸生太宽故也。晚得曹校长嘱言自季考后,《易经》由朱香晚先生担任,余独教《荀子》、改文卷云。余心稍放宽,实最忌教《易经》也。以经文简而理奥妙,教时按书讲去,仍无意义也。灯下,览《经学历史》至睡。

初五日　晴

竟日改文卷毕,此次共三百四十本,中有双幅者(与前次合),诚费脑力也。在图书馆,览得燕大大学部简章,中间亦述及研究院事,谓两年期满后,可得硕士学位,用费不过三百元。并设贷金及自助费办法,教师皆国内外著名博士,其规模宏敞可想见矣。余既决心入此校,力求上进,遂寄信二弟,告以此事云。晚览《经学历史》,知向时(廿岁以内)所点,间有错误,故未读原书以前,不知作何解说也。将睡,学翁松禅字十数纸。

初六日　晴阴

晨起,检文卷交司务处以发还。继览《经学历史》。下午,往访泉弟,为商入燕大研究院事,并取洋一元,送同事嵇敬修先生人情(其长女死)。至则与谈三小时。泉能久为合作,因言年内不归,以省费用也。话毕返校,未六时。晚餐后,觉腹痛不堪,急服人丹十粒,即愈,遂睡。

初七日　晴

上午,温《史记·商君传》,读王安石《上皇帝书》,为苏氏父子攻王文字,又史载嘉祐党争甚详。下午,两组国文季考,余命题凡三,曰论《荀子之法后王》《论变法》《述张东荪先生讲哲学之将来》,而诸生皆云第三题未能明了,余乃改为《太平天国与曾国藩》,又《大学生之责任》。第二组文题为《圣人作易垂教论》《治法与治人》《博爱与兼爱》,至五时后,卷始缴齐也。晚访李卓真,欲问旅行北京详情,不值,与其兄谈为人子当有志气之说。余意听秋必来访余,故少坐即返校。至则仍然无来也。听秋殆责余劝其争气戒雀戏而不来欤?人性不同,其志亦异。如必责途人皆如余之心志,实愚矣。余深负外姑、小姨,死罪死罪。灯下阅卷至十时睡。

初八日　晴

初九日　阴

两日间点《经学通论》诗书二部分,知各家治学方法并其分派处。此书为皮锡瑞先生作,皮氏今文家,故其所言甚斥古文家之弊也。余所以点此,为参应燕大面试计。因前报载有此语云。但余得展期入校,或可以免也。然为自求学识计,亦必先明其大概为上策。继读《史记》"儒林列传""仲尼弟子列传",以相互证,皆能明其篇法与句法也。间览报,知广济轮失踪,叹我温人旅行甚危险。广济往来上海廿余年,船体已朽,此次疑为海盗所劫云。晚纵读吴挚甫文数篇,又学翁相国字,睡。

初十日　晴

览报，知广济船已觅得，在海门洋面。

十一日　晴

晨游泉弟处，与商来春入燕校事，弟能明工读主义，欢喜合作，余心大慰。下午归校，得蔡师迈舯函，知已为转恳荫翁继续助力。师嘉余志，能求上进，荫翁当赞同也云云，想将有希望矣。灯下作书禀堂上，述年内不归，为省费用，便在出正初五、六，即从此首途北上也。项氏助金幸成，泉得资可寄归安家，如此双美。又项生述其父微尘先生闻余此事（兄弟工读合作），称叹不已，谓有此志气之儿子，无患其家之不兴起也，余喜慰。并以告泉共勉之。晚过李友卓真处，问燕大消息，皆云极佳。又京行火车费只廿元上下云。同乡陈某来谈，至十时始去。

十二日　晴

孙文诞辰，学校放假。是日，余阅季考文卷百七十本。下午睡醒，温话读《孟子》，皆有心得。灯下，学翁字，亦兴致浓厚，至十时许睡。

十三日　晴

上午，改文卷五十本许，得三弟及外姑信，喜甚。展诵后，知亦赞同余往燕大读书事。但余已决定于明春进行，年内不归也。下午醒后，读吴挚甫文，颇多神会，何余性好古文也。继览其《尺牍》，皆治学语，所论《尚书》今古文事，与皮氏说相吻合。吴依《史记》摘《尚书》语为《尚书故》（写本《尚书》），学文者可取读也。灯下学翁字廿余纸，睡。

十四日　晴

晨起，检点《易经》《荀子》。《易经》虽由朱老香晚接教（校长谓余言语未通，说经时学生多难了解）。余亦照旧温习，为学文之助，并从明其义理也。午后，少睡起床，读吴挚甫文，爱不释手。后作书致董溪经总长，请求补助学金事。未悉肯否，故置之。晚得内子信更喜，知寄出十元已收到。并述小姨身肩家累，听秋久无钱归，夜寝不安云云，为之一怅然。听秋何忘家，如此不仁不孝事也，是余之过，是余之过。灯下，览吴挚甫《尺牍》，知东渡考察教育时，清廷已变法，废科举，兴学校矣。十时睡。

十五日　雨

晨起，读熟《易经》《荀子》。下午四时教《荀子》，诸生噪声又作。盖《易经》得朱氏接教，此辈心皆倾向之，亦欲夺此《荀子》也。朱固前辈长者，学问渊博，上海名流之一，余乃心愧甚。为求学经费计，不得不忍耻为之。愿后此自励，求为国家中文学人也。决在来春入燕大，定每晨六时起温经，饭后至晚前作校中功课。又阅生书。灯下，先学字，次温史读文，然后睡。必使经史烂熟胸中，将来取用不穷。如是左右逢源，不难为文学家也。夜改卷数十本，睡。

十六日　晴

晨起，改文卷十余本，检妻弟书，往泉处，得知张姑父欺侮吾堂上事。因在六年间，我家从彼借一百元，以祖上田契作押，年缴谷息七百斤。惟本年年荒，无粒米收获，而父亲又能依数交纳。讵料张此日谓谷未经日光，缺十余斤，当再补三十元，遂与堂上相争云云（以上为三弟信中语）。余家贫，为至亲所欺侮（我父只一姑姊妹，嫁与张恶），心很格，以此为家耻。既告泉共相勉，誓雪之，泉亦为余所深感，木立半响。继而余别去，便道访听秋，告以彼家情形，嘱速寄洋。听秋言法院事恐有更动，为之忧虑。既到校，改文卷毕，定于星期一发还。灯下，点《尚书通论》，知皮锡瑞今文家也。再读曾公文数遍，颇激厉我志气也。

十七日　晴

检点文卷,其称曾公者,特加倍分数五分,否则退扣十分,以示余崇拜曾公之意也。余不啻孔夫子之修《春秋》也。

十八日　晴

下午,教《荀子》,如前静听,此种学生,性情甚难测也。晚取械弟信,反复视之,愤不欲生,然转念吾家只有一姑母,又已死,何至与其丈夫子作仇耶? 张恶太无情面也,连日睡不安枕,梦归家乡,未知何时使堂上得安心也。季考卷交事务处发还。

十九日　晴冷

上午,点《荀子·富国篇》。下午,一游弟处,并示以新到燕大本科简章,略及研究院事,如津贴自助办法等。傍晚归校,寄信致燕大同乡教授刘廷芳博士,请详细查明真相,以免冒昧晋京,使双方有失也。

二十日　晴

点《荀子》“富国篇”“王霸篇”毕。余来春入燕大事甚切,顾家境则不许我求学也。加之自地年饥贫,人食树皮,闻之心痛。余何忍令堂上演蔡邕伯喈家中故事也。即日后高发,父母不幸,亦何多趣味,厥罪更大。前后思维计无所出。晚游李卓真处,亦谈此事。卓真总劝余求上进,固可感,奈家境何。连夜不安睡。

廿一日　晴

读《荀子·儒效篇》,间与同室同事嵇君话心事。嵇亦教国文,壮时甚慕曾公者,吾党中人也。午刻览报,知沈彭年商耆先生逝世,中国又殒一个文人,可惜! 闻沈与朱香晚齐名。沈治经学,朱则善小学也。旋在图书馆览《饮冰室文集》，知梁氏启超文笔豪放，自然时露，才广学博，其引典故皆体贴。新辈人学此，获益非浅也。其传六君子，更多义勇气概，想见清社之腐败，爱国男儿自有此景象也。灯下检《毛诗》，至十时睡。

廿二日　晴

上下午，读《荀子》，四时教罢。得家堂双亲命，命余勿再求学，为目下家境困难也。余心更着苦，只得顾全双亲，以尽孝道。将来事业如何，自有命定。退善国学，如古绩学之士，不就征召，亦享名于后世也。

日间承浙江同乡同学会邀余摄影。傍暮，再得九叔信，关照余燕大事详细情形，问林丈公铎。盖不知公铎先生已辞交大教席也。又同事嵇君甚期余为它日古文家，继吴挚甫一辈人之后，且慰且勉。读书至十时睡。

廿三日　晴

同乡何熙如、李卓真来谈。

廿四日　晴

与项生锦裳谒其父骧，告以大同校事，并请另设法，最好得图书馆职务，或机关等。谈久之，留午餐。之后，与陈少鲁君步行归校，知彼离此不甚远也。便道过方介庵寓，视其所刻图石甚雅古。自云仿清赵次闲篆意。介庵出身刻石匠，有志工篆刻。今竟为美专教员，人亦忘其资格之卑也。同乡马氏弟兄公驭、孟容，亦相寓一处，皆美术家也（一书一画）。晚阅《荀子》及《沈寐叟年谱》，登《东方杂志》中。

廿五日　晴

上午，读苏氏文章，叹东坡才大，文笔豪放，其叙六一居士序及《范文正公集》，皆有情致，其收结处，更令人起敬二公也。下午四时，教《荀子》。晚以伤食大泄。灯下，书信致三弟，并为学生书对联七八副，未十时睡。

二十六日　晴

上午，至泉弟处，一谈家事，并示以父亲手谕，阻余入北平燕大求学，因相与叹金钱万恶。余若不能上进，决志退治国故，以传圣道于万一也。午后，再过听秋法院，适新院长今日接事，与之语改组搬眷事。听秋已允为调排云，想其位置无更动也。晚返校草函，即告二弟止做大衣，将全数寄家双亲。自愿穿芦衣，尽孝道也。同时检寄翁同龢正楷帖与三弟。灯下，学字至睡时。

廿七日　晴

午得三弟信，知前承弟东家借款项已推翻，并转述父亲之意，嘱余勿作京行，先赚钱清偿还债务为要。又云鉴弟将票据及副知失落，已登报声明作废，盖即弟东家函我家不允借款者。余心觉忧闷，取书畅读之。至晚十时睡。陈枢来谈郡图书馆事。

廿八日　晴

是日，读《荀子·王制篇》，反复至十余遍，悟其结局。《荀子》文章太芜杂，如删削之使简洁，当不下《孟子》书也。又学隶《张迁碑》，以意默，帖忘在家。上午，谒项翁骧，商谋郡图书馆馆长事，嫌手续太繁，党派太杂，难措手进行也。遂托以别事亦可。要之，求以近文学方面，得根据地以成余所欲学者，于愿足矣。项寓案间有《敬乡楼丛书》，为同乡黄群溯初所汇刻。黄氏饶资，素以刻书为务，难得之至。前辈杨志林为之搜集颇久。杨亡，近有刘冠山议员住其家整理云。《敬乡楼丛书》有叶水心《习学记言》、许涉斋文、笠渔翁诗[①]、宋平子

[①]　笠渔翁诗，《敬乡楼丛书》第一辑中无相关书目，或为董氏笔误。

《卑议》数种。

廿九日　晴

上午，读《荀子》及八家文，叹其高深，甚有功夫，其运化经子，非烂熟不能也。余决明正在郡设馆，一方宣扬程朱义理，一方学文，将所读过之六经、三史及诸家，又挑日温熟，提要钩元，体会其运化，为上策也。古来名家皆经此一番苦功夫。前览《国朝先正事略》，更可明矣。下午四时，教《荀子·王制篇》，其讨论为政之学，与《礼记》之《王制篇》相仿佛，颇渊纯可诵。

灯下，作家书，报双亲决不去求学，以尽子职，将来事业，付与天命而已。曾子曰：树欲静而风不止，子欲养而亲不在。余何苦先厄亲心而自求以后享乐也，虽乐亦无味。况今时非昔时也。自科举撤后，士之进身皆由学校，得硕士、博士以为荣，人生乐趣已亡矣。所谓安贫乐道，虽啜菽饮水，足以养亲也。我家虽贫，然骨肉之间甚亲爱，颇自称快于心也。书毕，学字，至十时寝。

三十日　晴

下午，领到束脩四十元之银行支票，余遂搭电车，至西门上海银行兑来，便道过李卓真处一谈。听卓真夫人林芬唱《簪花记词谱》，甚快意。林芬并能画山水，盖毕业于北京美专有年也。

十一月

朔日　晴

上午，过泉处，欲汇钱归，以星期日邮局停止办公，因与泉游听秋处久谈，留午餐。后往来四川路街上，观望上海市面，真热闹也。至二时许，各别去。余到校，改文卷十六七本，晚继之。睡前又阅《荀子》。

初二日　晴

下午,教《荀子》后,得吕表弟汝犟信,知在本地任村长,为反抗土地陈报,县府欲处分之,派警究办,乞余为营狱云云。余览信心惊,何此年幼之子,为此危险之事,实则被地人所利用也。灯下,将此事写明,告县管狱员陈雅堂先生,余前设帐其署也,请设法。又书信复九叔,告北平不去原因,且请为二弟谋彼处差遣。泉近以胸部受伤,不欲织布,余劝年内一归省。又不见同伴,皆粗鄙人,余心怅之。

初三日　雨

上午,送钱至西门汇归,汇费近半元。归校,改卷至晚间,与同室嵇君谈时局,为感慨者久之。入夜,突闻枪声自楼下发,至数小时,同时,火光从前面起,知为共产党暴动。大惊,伏床褥间不敢动。逮天明后,诸同事相聚言,始确知共产党暴动。因南京渐有吃紧消息,蒋介石不久即倒也。

初四日　晴

天转冷,午刻,得蔡师函,知项翁每已久助余学金,感甚。但余以亲言,先赚钱顾家,不忍违背堂上之命。燕大事拟作罢,姑待刘查校内情形如何再决定。日间改文卷三四十本。午后,访卓真不值,闻其兄与妻云南京浦口石友三哗变。

初五日　晴

改卷读《荀子》,入图书馆,览《诂经精舍文集》,盖余亦有意仿此,退归讲学,以正世风,且作自修,计拟于明春招徒实践之。

初六日　阴

是日,为余生日。下午,教《荀子》时,项生锦麟至,与谈颇久。去后,同乡陈枢来,并以《吴挚甫诗集》见赠,甚宝之。同时,接到内子菊人信,乐极。内子述方梦余归叙,盖念余切也。晚得同事蒋德培君,谈文学颇久。十时睡。

初七日　晴

竟日改文卷,又读曾文正公文。即夜又得蒋君之诚,谓将有暴徒在校放火云云。余心胆为之一惊,卧不解衣,自念出门之难,旋睡去。至天明,始闻同事说在南站后确有枪声廿余响,亦险矣。

初八日　雨阴

上午,改卷,览《荀子》。下午,过李卓真寓所,言时局转急,蒋氏大势全去,不久当下野。浦口、常州、安庆等处皆叛变,凿凿见报章。返校后,续改文卷。入夜再读《荀子》,至九时睡。

初九日　雨

上午,览《荀子》,与项生谈至午,皆孝数语,生能静听,可教也。四时上班,教《荀子》,而诸生仍有以余年幼而藐视余者。余心耿耿,以为此地终非久居也。年内归,决就家设帐,以圣道教生徒,为正风计,亦所以为养亲计也。又报载王冰叔先生任邑教育局局长,吾父之少时友也,为之喜。晚十时,熄灯睡。

初十日　晴

改文卷数十本。

十一日　阴晴

续改文卷数十本,并入图书馆览杂志,载有《沈曾植先生年谱》。沈为嘉兴人,前清遗老,工书,化北派,有诗集曰《海月楼稿》。此谱为其邑人王蘧常撰。余览无锡国学专修馆文集,知蘧常为此馆学生,从唐先生文治受艺也。午后,一访李卓真,不值。闻其妻云昨夜未来宿,因连日戒严,稍晚不准通行也。余即返校,读姚氏诗以遣兴。

十二日　晴

两日来天气转热,与三月时节相仿佛。上午,检点《荀子》,间改文卷,倦甚。午后,再入图书馆,览杂志,有燕大校景,为此内全国科学会议所假座开会处,颇华丽,称国中第一富学校故。项翁云此校用费甚巨,贵族学校性质,允辉可不必居也。诚然,余且感经济困难,虽一文钱不易开口向人贷。燕大求学,只得暂止进行也。

十三日　阴

下午,教《荀子·王霸篇》。《荀子》愤当时邪说盛行,宗先圣言以矫之。其文雅驯可颂,推子书第一,古来文家皆读之。间得家书,知为铮弟及内子作,欣甚。以其文笔各清顺,弟年十一二,内子亦从未受学,只余教识数字,又读《女子尺牍》几部而已。顾未久即能书信,颇称难得也。灯下遂作复札,同时得九叔信,并答之,燕大求学事,须待归校,视家境为转移。十时睡。

十四日　阴

晨,出访二弟,知胸疾已痊,上机织布,一慰。示家书,共叹处境之苦。愿以后从立志争气上做工夫以解决之。午后即别。过听秋法院,正考试,先候其寓。至三时半来,时余腹极痛,买人丹服之,稍止。遂先返校,留言约明早来晤。余腹痛有因,以半月未遗矢,大便想粗一结也。入夜雨,至天明更甚。

十五日　大雨,有雷

改文卷完毕,如厕大便,通心顿慰,因昨服人丹及燕医生补丸二粒故也。间览报,叹中国扰乱,不知何时熄耶。午后,览《荀子》,读八家文，深知古文作法，至唐宋称极工，震川、惜抱不及也。下次文题已拟就，一为《林则徐禁鸦片论》，二为《论用兵》，三为《与友人论学书》，决于明日发下。晚与同室嵇老先生言志，老先生甚称服余年少有大志，将来可为曾文正公一流人，甚中余心，喜悦之极，愈自勖励也。老先生又善书，学怀素草帖，参以孙过庭书谱、董香光行书。闲时执笔书，甚有姿势也。

十六日至十九日　连日雨

在图书馆览《饮冰室文集》《别集》，记梁氏少时奔走革新事，志可壮也。又览桐城姚永概叔节《慎宜轩文》，中有《吴挚甫先生行状》一篇，甚长。又览国学扶轮社编《文科大辞典》，将经史成语依字划排比之，卷首有林琴南为作序。林氏自言家贫，善藏书，往往从他人借读，有心得，即别记之，可取法也。十八日书信致钱新之先生，请求助学金，为入燕大研究院。

二十日　晴

下午，教《荀子·君道篇》。晚，读《史记》文，大有所悟。高声朗诵，至十时始止，就寝。

廿一日　雪

终日改文卷四十余本，又为学生书挽联。灯下览翁松禅字，继改文卷十余本睡。

廿二日　晴

晨起，见红日，积雪渐消，但天气较冷，据物理家言，对流之故也。是日，为沈氏彭年开追悼会，在中华职业教育社内。沈氏青浦人，以文学称国内硕儒，办正风文科大学。偶出遭灾，士林惜之。余素仰其人,故欲往睹闻会时盛况及挽联语也。惟未明教育社何在,乃错走职业学堂,至则寂然,怅回。少睡,览《荀子》。

廿三日　晴

雪全消。午后,教《荀子》"臣道篇""致士篇"。入夜,学翁松禅字。至九时睡。

廿四日　阴

早饭后,过听秋处,知法院事已撤去,欲归无钱。余允借三十五元,于下月一号来取,因与谈吃饭之难。盖自何院长世桢辞职后,伊叔厚卿先生(仲弢前辈次子)遂免差。未几,听秋亦继之。别后过泉弟处,告以听秋事,并向取二元。余归校,知家有信来,一为内子作,一为三弟作,皆平安语。又有姜友萃夫函,贺我燕大研究院得录,前途有无限希望。同学邵某,亦羡慕余,因问应考经过,想此事已喧传乡里间也。作家书,告以回里日期在下月十二三日。

廿五日　晴

晨起,改文卷两三本,访黄友芑孙,霞飞路(与项骧所寓相近)衖内人家,与寒暄后,黄问余燕大事如何,余告受家境打击,拟作罢。黄因大叹可惜,且勉余上进甚切,朋友之谊可感也。逐挈手至项骧先生寓,亦以此事相商。同时项洵、琼林等数人在座,望极力鼓励余,谓此为光明大路,当毅勇前进。余甚感激。归校后,作书告泉弟,照原议兄弟工读合作,其事可成也。有项氏葆桢作榜样,否则永远沉沦,决归以婉言安慰堂上二老亲也。

晚游李卓真处,承热心为筹经费,致函李漱梅孝廉,当见久也,感甚。余思身处飘摇之时,须握实方针,奋斗前进耳。恐归忘之,因大书数字,粘于箱箧中,以自督促。其辞曰:打开环境,奋斗上进。语虽一简俗,颇足以促醒自己也。灯下并作书,求燕师约实荫翁助学金事。

廿六日　阴雨

竟日改文卷，以余暇在图书馆内看《饮冰室文集》，愿此后治国学，学梁氏启超，否则不合时宜，成无用物也。所谓以经义治事，正我永嘉学之本旨，也须力求继承之，以保存乡邦文献也。晚览《荀子·议兵篇》，十时睡。

廿七日　阴

下午，教《荀子》。

廿八日　阴

上午，改文卷，览《饮冰室文集·论中国学术思想变迁史》，此述有条理，可为初学者之津途，何梁氏之博学如此也！又《学衡》载梁氏历史以分期法述之，余心甚仰慕不置云。

廿九日　晴

改文卷，并结算分数。览《荀子》。

三十日　阴

下午，《荀子》课因中学部开同学会停教。晚在大讲堂观学生化装表演新剧，为回家以后，剧情细致，甚体贴。余忆七八年前已看得其剧本，在杂志中。又有女子跳舞、钢琴，范家铃会奏，皆新时歌乐也。直至十二时许散会，归后寝。

十二月

朔日　晴

是夜为大学部开同学会，亦有柬来请余参与观览也。其所演较昨夜尤巧妙，如《孔雀东南飞》，演出一旧家庭，媳受姑虐待，以致儿妇仳离，情节至惨，览者无不下泪也。又《小小画家》一幕，演顽童侮辱教师，其情景全从西洋变化而来，尚可观也。至散会，一时许，始寝。雨夜，坊间人甚拥挤。午夜，听秋来借去三十五元，王茂椿借去五元。

初二日　阴雨

阳历十九年元旦。早饭后，坐电车访二弟于其友人处，示以家信及九叔信，皆有关二弟事也。继而，余对弟言，明正决往北平入燕大，打破环境求上进，为显扬父母大孝之计也。弟顺踶之。余考期在九号下半日，拟当览赶阅考卷，于次晨交事务处，即搬行李，搭轮先归。而弟稍待工作完了，可多赚廿余元，独自归也。既约好，余返校。

初三日　雨

上午，读八家文，改文卷数本毕，并评定该生成绩，记以符号，共三百四十余名，可谓多矣。午后，少睡，醒后览梁著《中国历史研究法》，其改造法与余前草大纲暗合，皆科学化也。灯下学翁字十余纸，睡。

初四日　雨阴，大风

日间读书，快心神，甚慕苏氏经济之文，能融化圣道以治世。因感梁启超读书不尚文辞，决假归，向舅家借《饮冰室集》读之。以后为学，当如梁氏，方为合时。并于西方哲学家著作，如康德、笛卡儿、赫胥黎、斯宾塞等，细心探讨，以为参考也。灯下，读《周易》系辞上下二篇后，检点文卷，为明日发还。十时睡。

初五目至初九日　阴

是日校大考，余所授二科即于今午后命题考试。当晚阅卷，记分数毕，检点行李书籍，决于明午后，搭轮归里也。

初十日 晴

晨时整装后，一过李卓真处，促为照料。而李、顾不在寓，待至午后，始自报馆来，遂偕其妻三人，搬行李至码头，登船。先是，与同事蒋君德培（宜兴人）、嵇君敬修（无锡人）欢谈良久。嵇赠余以诗，蒋举照片相贻。出校时，并承此二君及校长曹惠群，既与浙江同乡数人，送至门外而别。在轮船上，晤沈先生觉夫、曾生瀚清、陈生炽林，小皆自沪散学归也。入夜开船，风平浪静，得安睡。

十一日 雨

八时许，船抵舟山岛（属镇海），下锚停泊四时。既开行，至台州洋，风渐大，浪恶船荡。至次晨到温埠，计费时三十二点钟。在温与各房兄弟相晤，甚乐。下午，再搭小火轮。五时到家，与家人遇，相见欢甚。此行与二弟共归也。

十三日 晴

饭后，遍访各亲戚及项氏荫轩家，谈资助学费事，鸣谢不已。既出，过项氏旧馆，取托带物，付如美收好，与其母氏谈稍久，如美有意外出入学校，全谓大同补习甚适宜。午后，检书陈几案间，同学来聚者颇多，有邵君汝雨者，羡余得录燕大事，数来问讯，与之晤，甚见称，盖从施友剑甫而知余也。同时，黄听秋亦来，听秋先余而归，将阅旬日矣。

十四日 阴

十五日 阴

今前辈周拱藻仲龙安葬，甚热闹，与孙氏埒。

十六日至十九日 晴

为求学事，商陈雅堂、管吉浦二先生，皆允助学金。

二十日　雪

是日,为王生茂椿结婚。

廿一日　雨

下午,往王生家饮酒。与孙孟晋、孙演嘱、金德明诸故友相值,共宴至罢归。为求学事,商至友姜英萃夫,不允。

廿二日　雨

晨往听秋家,知项主微尘已叩其子归,途中又遇林生淞生,亦方从杭州归。余既往谒项主,商以筹划求学经费,欣承允诺,遂归。过内家告外姑,一慰。

廿三日　晴

上午,与二弟、三弟入乡,至外家贺新年(阴历),并祝大姨母,留两日,承殷勤款接,廿四日下午五时归,二弟当时携照相机去拍景。

廿四日　雨

即晚分岁小酌,为三弟明早返郡店。此次三弟来,带字帖四本,已裱就,写春联竟日方罢,皆可喜。

廿五日　雨

为求学事,商李雁晴君,半允。又与邵友晤,知此子已从燕大索得研究院学则,与报载相似,惟用费一节未明,疑甚节省也。余此归为筹求学费,甚费苦心。环境愈迫厄,而余求学之心愈坚笃,必解此苦境然后可。晚入内家,蒙外姑善言安慰,许为筹数十元。又承二弟于不得已时,典质衣服充学费,皆可感事也。

廿六日　雨

廿七日　晴

项二生来谈。

廿八日　雨

为友人书春联,并为自筹求学经费,几遭打击,终蒙外姑尽力设法,稍慰。

廿九日　雨

三十日　晴

得外姑复向其亲眷借五十元,约入春送来。又与李雁晴君晤,云助学金稍感少,当赞成。下午,许成远来访,偕游城西天王寺,谈心事。晚,为大舅写春联数对,间与家人欢聚。至夜深方睡。总之,被家境压迫,决从此求解脱,兄弟合作争气求上进也。

丙集　燕大研究时期

庚午（1930）

正　月

晨起，读曾文正公国藩《文集》寿序类三篇，继开笔书孙琴西先生所作勉学修身联语，皆所以为堂上双亲及自祝也。遂起偕二弟、四弟诣祖庙礼拜，归来仍读书至晚间，曾一到内家拜年，并接待黄听秋及项生来贺年，皆正欢欣，入夜早睡。

八时许，入监署，访署长陈雅堂先生，商取助学金事，允于二日后送来。便道过项微老处，亦为此事，不值，留名片，答贺新年。归途遇项氏生数人，共往孔庙拍照，为师生临别纪念也。盖余自丙寅八月间，就教项馆，忽忽四年，至去夏停馆。项二生皆往申入学校，一在大同高中二年级，一在民立中学四年级，常有晤谈欢洽，一若在馆时。

余平日教诸生,敦品力行,期为天地间完人,甚切。故借孔庙摄影,有微意焉。

初三日　晴

十时,谒管师吉浦,取得助学金十元。管师已为留过年应余用,感甚。又到李友雁晴家,亦然取廿元归。先是,外姑为余借五十元,自内嫂家,由大舅公(外姑之弟)付债,合此有八十元,心稍慰。下午,往项芮荫轩处贺年,承相款颇久。别时嘱曰:汝此次游学燕京,有缺之资用,可书信告知,即寄出云云。余闻之且喜且感,以为世间竟有此等善人,宜项氏世泽,繁延不绝也。归告堂上及内子诸弟,皆大喜。贫儿求学,得人资助,感戴更深也。晚时,父亲以咳嗽过激出血,余颇惊惧,遂延医诊治,谓热激气喘,稍服降气解嗽剂即愈。余即夜寝不安席。又内子足患冻瘰,叫苦良久。如此现状,不知今年我家光景如何?足虑。幸上天佑我成学,以存大道,一线之绪,是所深祷者也。

是日,外姑来我家,小姨亦来,皆为余钱辞也。

初四日　雨

晨,过项微老家,与之相晤,商助学事,顾不以现金相助,许以后陆续寄出,殊怅然而归,何项氏之忘情谲诈如此也。是日,父病稍止。余四出各亲友家辞行。有孙公达之子,欲随余北上。盖得其父之召,读书京都,由仲闾先生出约作伴,承来议行程数次,皆不值。又内子出金戒指,押十元佐余求学,其心可感。晚间陈雅堂署长遣其子炽林(即余之学生)送洋廿元来,有书嘱立收据,以清手续。约毕业后赚钱时,一次拨还云。灯下,与家人欢谈,并祝父疾,觉有起色,以血已止矣。旋与二弟检点行李,拟于明午后起程。同行有叶君育园,此子方得友人电召,往申办事交通部,遂相约实期而去。夜十一时睡。

初五日 雨

上午，整装毕，出访叶君，以电话查温州轮船确期，遂以午后拜别双亲及妻妹少弟等，与二弟同起身。又过内家，拜别外姑，而搭小轮到温，正五时。先寓四叔母家，与大伯母等聚话。过二日，即初七日早十时开船，一路平安。

初八日 晴

午后四时，船抵上海。行李暂留船中，欲于明日转图南轮往天津。登陆后，过访李卓真，知平沪已通车，遂决滞沪一二日，直趁火车，以求安息云。是晚，即投宿李寓，在中华路木竹楼上。

初九日 晴

上午，在李寓，待二弟来甚久。午后，叶君来，因告专意趁火车，共往船中搬行李，放李寓。后独身到弟处，盖弟于船到时，与其友陈某共雇车至原厂宿舍也。余既与弟遇，责其不来访余。弟回言已访于大申旅馆及黄尧埧处，皆不知余下落矣。晚宿二弟处。

初十日 阴雨，午后晴

是日，与弟及弟友陈某出游影戏院，观《火烧红莲寺》。演一童修道却乡难，为古剑侠事，甚显精炼，足以感动人，知中国旧文化也。陈君又数买食品，如甘蔗、梨等，以解渴。其殷勤款待之心为可感。晚又留宿，写家书，先告慰堂上，云已抵申矣。

十一日 晴

迟暮，偕泉弟到李寓借宿，决于明早晨搭车北上也。并查火车费廿六元左右，与北洋船费相埒。

十二日 晴

天未明起，雇车运行李，至北站候车。得泉独身照料，买面包二角十余只当点心。十时分别，开车。下午四时，抵南京，渡浦江，不值迈师（已函约车站接余），怅之。夜半，过徐州。车中相识陕西人卢某（上海艺大学生）、安徽人秦某，皆承热忱照顾，旅行不致寂寞也。

十三日　晴

下午四时，车行抵泰安，望见泰山，似不甚高，如北雁荡山也。于昨行见吴中太湖、南京城阁、无锡工厂，皆雄壮，堪称名胜，此行已广余眼界不少云。

十四日　晴

上午，车抵天津，天津局面与上海同。有东、总、西三站，皆宏大，多四方火车，如京绥、京奉、北宁、陇海，余所趁曰津浦也。自津至平，车机忽坏，二次停修，故至午后四时始到北京也。北京为明、清两代建都之所，城阙魁伟，皆仰望，令人起敬心，所谓古帝王之都也。时先承秦君，送余过其亲戚家，再雇车到会馆（温州新馆，在宣外校场五条，黄公漱兰所建也）。访萧同乡亦陶先生，蒙举家至诚款接，遂留宿。灯下书家书第二号，并至泉弟信。

十五日　晴

晨起，在萧家用饭，承指引过各同乡，如黄道镕、林公铎先生寓，纵酒高谈，至夜始归，林先生问余考燕大国研所事，并劝余勉学儒术，存孔道一线之绪，勿为洋奴气习所沾染也。盖林先生忠孝之人，守古道，极诋今之治国故者一为灭学，故出此感愤之言也。余深识之，尽兴而归会馆，再宿萧家。

十六日　晴

晨七时起床后，承亦陶先生令嗣挚孟送余入校，办理一切手续，颇费时刻。盖此校在京城西海甸，与清华、颐和、圆明三园相接近，风景绝佳。初入校门,望见校舍壮丽,疑是王宫,有亭榭石塔桥池,交错其间,周围约当我瑞安城区之半,中可通行汽车,有入城门校役站岗,又有邮政局、银行、电灯厂、汽车房、商店、电影场、理发处等,设备周全,称为中国教会学堂第一也。五六年前,美人以巨资购成、佟、朗三府拆造。余前在上海,闻李友卓真云石塔建筑二百七十万,大门亦费四五万。到此后,闻国文系独得美寡妇捐资七百万美金,合中国银元几千万元以上,其雄富可足矣。学生中外男女共六百余人。而与余同研究国学者只五六人耳。然图书馆所藏中籍亦极多。余至时,见国文系主任马鉴先生(浙江宁波人),承辅导办理入学事。马(鉴)言与项微老同学,人颇和蔼。又为余览宿舍,指定本校南宿舍一号,皆住云。

十七日　晴

上午,访同乡刘博士廷芳,颇承款接指导,偕见陈所长垣(援庵),中国之史学家也。陈极称余研究大纲得体,惟题目太狭,能稍改之为妥,并相约下星期三开学术会议,选导师从受学也。下午,遂同挚孟入城。余以今朝检验体格后,略感风,坐车中晕绝,冷汗出,急雇车到会馆,即萧家,承挚孟家人之辈烹热茶饮余。少睡即愈,继食糖姜蛋饭,精神全没。何萧氏举家善人,厚于乡谊如此哉?铭感之极。即晚留宿。

十八日　雪晴

早饭后,随萧先生亦陶访同乡薛楷式恪,与其弟久熹(乐胥)晤,为余少年同学也。谈久,留午膳,始出。承挚孟送余上燕大汽车回校。

十九日　雪,午后晴

上午,缴费廿一元(为宿费十五元、医药费二元、体育费二元、什费二元)。又昨缴自治会费一元,年刊费一元半。膳费九元,随月付,如此所费，当有限。然彼辈大学生之开支极大。余观其服装食用，无一不带富家习气。一切模仿西派，滥吃滥用，自鸣得意。有识者视之，殊可嗤笑也。下午，听讲日文，茫然无所晓。外国文，余固不愿学者。因此院有特别研究生补习日文之规定，故往肄业焉。迟暮，有山东同学研究生牟传楷者，特来访余。与谈国故，良久而去。闻系牟其汶之子。其汶为清大官，著书曰《历代帝王家谱考》数大册，风行一时。

入夜，检箧中书，有十三经注疏（《易》《书》《诗》《礼》《春秋》《左传》《论》《孟》《孝经》），四史（《史记》、前后《汉书》、《三国志》），《庄子》，《荀子》，《饮冰室甲寅集》，《经学通论》，《经学历史》，《姚惜抱集》，《曾文正集》等，取出放案上。灯下书家书第三号，并致泉信毕，即就寝。

二十日　晴

下午，得牟君介绍河南同学班书阁、白寿彝、张长弓三君，安徽同学张寿林君。寿林方校勘孙乡先生所著《古籀余论》。前余友张宋颀正欲刻此书，近则由燕大印行矣，盖得自戴家祥君传钞本也。家祥，字幼和，年少于余，中校卒业，即入京从王国维先生辈治金石甲骨学。前年王先生自沉颐和园昆明湖死后，家祥遂回沪，候教事。去夏已得广大①之聘。想与张寿林相识，或由容庚先生所绍介也。容庚治金石，有名国中，亦燕大教员。

余又从牟君上班，听陈垣先生讲史学，为治《唐会要》《文献通考》事，寥寥数语尽之，尚有条理。又从听顾颉刚先生讲上古史研究。顾先生以著《古史辨》得名，余数年前以睹此书，痛诋其荒诞刺谬，今皆相讥其人矣。顾先生教书，惟摘录课本中要语于黑板上，无一言开

---

①　广州中山大学。

说。堂下学生亦盲从录去不之问。教书如此,奇甚。无怪乎林公铎先生之深讥,谓此辈无学问也。然世果以此种教学为风尚,中学盛绝无日矣。

牟君又伴余上图书馆三层楼,观所藏古书,为时颇久,始归宿舍。知学术会议已议,决聘黄子通先生为余导师。黄氏精西洋哲学,焉可以指导余乎? 晚,作书致蔡恩师迈翀,告谢徒至下关照拂,两次失信为罪。继览《章氏丛书·国故论衡》一书。将寝,缮自作《永嘉耆旧传》中《孙诒让先生传》,将以赠张君寿林。关于孙氏未刻之书,使知所搜刻,以慰孙公于地下,亦后生之责也。十一时睡。

廿一日　晴

竟日在图书馆观书,夜与同学六人在文学系办公室开常会。至十时返宿舍即睡。

廿二日　晴

本校为西北赈灾演剧甚热闹。余以费钱无参加。在舍览桐城《吴先生日记》。先生名汝纶,字挚甫,清末古文专家,其日记分经学、史学、文艺、考证、时政、外事、西学、教育、制行、游览、品藻、纂录等十二类,为其子闿生辟疆所辑,计十大册。又读《汉书》,系京师新刻本,视余前得之本加多。余到此未旬日而思家之念又起,实因父亲患咳嗽出血是虑。学校虽好,前程虽有望,奈我父生病,如有不利,学成何趣。急欲收装归伺养,心脑交痛,不知所为。吾辈贫贱,读书真苦心,遂作书告棫弟以此情也。

廿三日　晴

上午,读马通伯《汉书》,心窃慕之,盖余性酷喜古文。入此校,虽研究宋学,亦欲借古文发挥也。与马氏同时以古文名者,有新城王树枏晋卿,胶县柯劭忞凤笙,三人皆健在,称国内老师,同乡孙公达皆认识之。余前在公达家,已览得柯、王之字迹,皆可喜。又有姚氏兄弟张节仲富,亦能古文,为清史馆编纂。通伯妻之兄也(范无错肯堂亦然,有《范伯子诗集》)。

下午,在图书馆,览《史学杂志》,为中国史学会出版物。有陈汉章、柳翼谋、缪凤林、张尔田、张其昀等著作,较近代出各种杂志,为有价值也。又览旧《东方杂志》,载中国近二十年来学术之趋势,分派叙述,颇有条理。

晚餐后览报,知时局又大变,讨蒋通电已复出,前方战云弥漫,有一触即战势。此次争权者为阎锡山,据太原,与西北军冯派联络倒蒋云。余此来系搭津浦通车,近则大兵集中蚌埠间,车行有阻。余固自庆幸之也。夜寝在十时,有常度焉。

廿四日　雨

是日礼拜。在舍读马通伯《汉书》竟,自订日课表,将《史记》《毛诗》重温一遍。更以余暇编《儒学通史》。阅《通鉴》,皆欲守曾公所定法也。决于明日起实行之。附表如左:

星期	八点至十点	十点至十一点半	一点半至二点	二点半至五点	七点至九点
星期一	温《史记》	读韩文	记日记	编儒学通史	阅书报
星期二	温《史记》	读韩文	记日记	编儒学通史	阅书报
星期三	温《毛诗》	温《毛诗》	记日记	编儒学通史	阅书报
星期四	温《史记》	读韩文	记日记	编儒学通史	阅书报
星期五	温《毛诗》	温《毛诗》	记日记	编儒学通史	阅书报
星期六	温《史记》	读韩文	记日记	编儒学通史	阅书报

星期日:写信,家书,每星期一封。二弟、三弟处,间一星期一封。

说明:

温《史记》:一、读全文;二、汇事实;三、汇名言;四、录名家评语于书眉,或另纸粘书间；五、反复默识。

温《毛诗》：一、读全文；二、记小序；三、摘形容句；四、明运用；五、默识。

编通史——照研究大纲。

阅书报：书——《通鉴》二十页，并摘其大略，或加批评，如王氏《读通鉴论》。报——电文、社评、地方新闻、教育栏。

廿五日　阴

晨，餐后单读《史记·五帝本纪》篇，因韩文忘在家。十时将届起就文学院丙楼，访导师黄子通，为前星期约实相见也。至则黄无来。余做人原学圣贤，于信字每每实践之，今虽立课根，然总往应之，方慰于怀。今日之事，黄先生有负于我，非我负黄先生也。

又余到此未久，念双亲愈甚，至自觉心痛不置，及欲检装归侍，啜菽致养也。我双亲育我弟妹六七人，已劬劳之极。身荷重债，日生愁城，体渐瘦弱，竟于初春间咯血，为人子不能使堂上安心吃一餐饭，纵在此读书，学成亦无所用也。览先儒名言事迹，益于心不安焉。旋到贷助会索章程，求作自助，冀得少数，寄家养亲，不知能成事否？灯下呆想片刻，览《吴稚晖（敬恒）文集》。吴氏新近党国要人，为文尚豪放不羁，甚至蔑视礼教，集中有驳梁卓如启超之著书，误少年语，极无理，余所不赞许也。十时睡，还《国故论衡》，抄得吴桐城至文家藏书目。

廿六日　雨

廿七日　雨

上午，温《史记·夏本纪》。午后，在图书馆观书，书为清大儒唐确慎先生鉴全集，中多义理语，余读之愧甚，父亲患咯血症，而余尚留此念书，其有何心乎？古来孝子不离其亲，况有疾乎？掩卷凝思，不知所为。欲即检装归，归无川费，不然呆陷于此，心绪格乱，恐伤生而无济事也。乃访同乡刘博士廷芳一商之。灯下，览《翁同龢日记》二册，新从图书馆借得者。至十时睡。

廿八日 雪

上午，在图书馆楼上览张亨甫际亮全集中有关于吾乡文献者。因假归移录，皆纪游雁岩诗也。又览金坛冯氏梦华《蒿庵类稿》，有与学生论学书二篇，颇可取法，盖本胡氏经义治事二门而为教者也。傍午，往燕南园访刘博士廷芳，与晤，谈来学念亲疾事。博士肯为设计筹三百元寄家，安亲心，勉余勿辍学。其言甚可感，但余以数仍是债项，不若休学谋事赚钱为根本救济也。因谓人之立世，只要做个光明磊落，不必拘于虚名，而误亲疾致后悔无穷也。昔日乡先辈黄体芳公立朝刚直，视青紫如草芥，况余于堂上生我之人乎，其心何忍？正踌躇间，得二弟信，谓尚未得事，余心更为忧虑，即作书复之，并告以刘博士好意。灯下，继录亨甫诗，至十时睡。

廿九日 晴

上午，在图书馆楼上览书，有清汪穰卿先生，杭县人，治经济学，当同光时与梁氏共倡民权主义甚力，以不得志，退归办学，曰求是书院，造就后进，亦极有功。没后，有林琴南纾为之传。又览柳翼谋先生作近人章（太炎）、梁（启超）、胡（适之）三氏治学之失一文，能指责其病根，与《荀子·解蔽篇》同意。再览章太炎讲中国历史之治法，自孔子作《春秋》后，直说至清末各家为止，虽皆稍具纲要，然亦言有条理，为初学者开门径也。最后从馆中借得《柏堂文集》二函。柏堂姓方氏，桐城人，名宗诚，柏堂其字也。中有我乡二项氏雁湖、几山墓表，为林用光辑甫前辈所乞撰者。方氏文名亚廉卿，而成书则十倍之，尚不止余前读抱润轩集，稍稍一识其姓字。后在塾间，遂读其删定《左传》文曰《读本》若干卷，颇为学文之助。午后，在舍单读方氏文,其发明义理语甚多,余心为大感。

亟欲收装,归侍养堂上,里居教授为乐。乃再缮上吴校长雷川先生函,告以行孝之道,请为从杭教厅谋一事,为安亲心计,出去不知结果如何。灯下,学字至十时睡。(余自到此后,无日不夜梦在家也。)

三十日　雨阴

九时前,在图书馆阅书。十一时,谒接校长吴雷川进士,承器视,为写介绍信,嘱面致陈厅长布雷乞事也。又,同乡刘博士廷芳亦为余写信荐艺文教席,皆称余行孝,天地所许。刘并取十五元赠余作川费,心感之极,实何以为报也。晚,过浙同乡江山人王祖云,商退宿膳各费,承助向会计处去领。如此,集所存有四五十元余剩矣。余告诸先生,定下月初二三归,即夜不能成寐,心系念堂上甚亟。余既读圣贤书,一切皆依书而行,以求成天地间之完人,以答堂上生我之恩也。不然无异禽兽,余决此归,于养亲外,能往籀园读书更善。灯下,写信告萧先生亦陶,以将归事,并请其子挚孟,及来为余检行李,赶火车也。

二　月

初二日　雨雪

上午,偕同学张寿林,为余退宿膳费,共十七八元,并向注册部请假,以半年为期(因父病归里)。下午,访班书阁兄西宿舍,欲约其到天津,班言津校教书在下星期六,遂不得接实而回城,继而,与牟传楷君晤,纵谈片刻,余告以将归,牟君殊自失,因牵余入饭店小酌,相约明早入城,观北平图书馆藏书。晚,写信三通,首作禀告堂上,将离校归,假言得校允许,为通信研究生。不然反增父亲之忧心,于其病体有损也。次写给弟信,告以刘先生为余介绍东瓯艺文事,如成,可在自家近处得资奉亲。再写信禀知荫翁，亦以辍学事亲，以尽人子之心为辞。此皆对余读书最关心之人也。不得不先与言明云，余此次辍学，甚为诸师长如陈垣、马鉴、吴雷川、刘廷芳等所惜。

又傍晚，过顾颉刚寓畅谈，余时举乡先辈孙先生之事以言，因顾甚慕仰孙先生也。有《孙氏著述考》一篇，载《图书馆学报》上。顾亦可称当代治史学大家，著有《古史辨》一册。余前已见得，辟其言多怪特，殆崔东壁、章学诚之流亚欤！（寓中一室，满置汉文书籍，为自考订用。）

初三日　晴

晨七时半，余与牟君共坐本校汽车，先到西直街，然后往其家少饮。起身共游三海公园，此中南海，北京名胜地也。建筑华雅，周围数十亩。中有一元时塔，高耸云表。登视则北京形势了然直目矣。又参观各图书馆，其办法不如吾浙文澜阁、大方伯二处藏书之整齐也。将晚，登城楼（即历史博物馆），观所存明清档案（如诏敕告谏等）、古玩、古书画，皆可喜者。是夜留宿牟家。

初四日　大晴

晨，余及偕牟君游古天子宝殿（即金銮殿），规模更庄严，所置古物，皆王宫内特备者。在清时不能得观，今则费五角之券，得游遍三殿（太和、中和、保和）。此实为革命以后之成绩也。归途，晤胶县柯劭忞凤笙、开县戴锡章海珊二老坐汽车中，对牟相接应，盖与牟世交也。柯等有《蓼园诗钞》《新元史》《穀梁传补注》等。戴著有《西夏记》《清史稿·邦交志》等，皆晚近国内前辈名流也。十二时回校，与萧君挚孟遇于燕大候车处，因检装，先过伊家，候船归也。而吴校长雷川及刘博士廷芳信皆取来，晚宿萧家。忆余此次出门，何幸承萧老伯阖家相待，心感之极，容后渐渐图报耳。

初五日　晴

上午，随萧老伯亦陶往来道上，并述乡先辈黄仲弢绍箕、孙仲容诒让二先生之为学。仲容先生学博且谦，早受当时人所尊崇。所过皆乐，一识其面焉。黄氏长于教育政治事，于经史稍涉其涯略，未深得也。然余前阅其应制卷，已叹浩博甚矣。下午又到同乡洪季川寓纵谈故里情事。季川东洋留学生也。每假归，即办地方善事，如阅报社、平民夜校等，裨益人民不少。

即晚，黄君道镕来，知余归事，颇以好意阻止，谓自今谋事不易，而学业（燕大国研）乃荒，无补益也。其言虽有理，然余以孝心太切，每思舜弃天子之贵、天下之富而不以为乐。而唯父母是慕，孟子称之为大孝。余何人哉？彼何人哉？故燕大学校虽好，固不忍双亲以年老之身负重债，而日坐愁城，况父亲连及得咯血疾耶。余此归，亦所以为将来治国治民作初步事也。入夜，思之决归为是。然颇承萧氏举家相款，感恩已深。后有出头时，当大报其德，如淮阴侯之所为矣。

初六日　阴晴

上午，在萧家看十三经白文商务本。继而书书告泉弟行期。并至长发栈买船票十五元，为自津至沪，一切手续由此津栈包办，甚妥且便也。

午后，黄道镕君来，又力阻余行，谓汝归恐难得事，徒增父忧，反为不孝。而校当局既极力为汝设法将奖学金提前领取，亦属至善事也，何弄此走空路？如能取得奖学金三百元，即可解堂上心，为孝尤大矣。余感其言，因恍然大悟，而决留京复学，待明早入校，同刘博士视其如何待遇。但前日行时，刘切嘱复来，一切事已为办好云云。感激之至，又写信止尔弟来埠照拂，并退来长发定洋，销费四角，作酒资，事遂了。即晚承萧老伯等极诚相慰，谓当从大处着想，求显亲扬名，为孝之终事也。

初七日　阴晴

午前十一时，坐汽车回校，走晤各师友，时刘博士正检书往北大上课，因招手呼余来，甚欢。承伊母陪话多时，博士以贫起得英人蔡博敏资助，留学欧美，有两弟若妹，皆毕业大学，得学位。妹夫陆志韦、徐叔希亦皆有声誉于国中，余颇羡慕之。

继而，出谒导师黄子通，燕东园卅五号，距校稍远，皆告以得同乡新自温来者云，吾父病已愈。因遂不归，再来续学也。黄导师语余以治哲学新法，肤浅殊甚。并嘱作论文一篇付视。余素治古文，而于说理文最忌作，姑允之而姑作之。曾文正谓作古文最忌说理耳，其言甚切。视古来以文名者，罕说理也，盖文章家专长在乎叙事而已。六时，仍坐原车到萧家，预备明日搬行李进校也。承挚孟兄在站招待。

初八日　晴

午后，得挚孟、道镕导游戏园，观京戏至晚六时始回。知萧母感风卧榻上，心为怅然。萧母待余一如汉时漂母。余近以思归事，寄宿其家，又承殷勤招待，数日不厌。想彼感疾，为余故也。彼每天未明为余作早餐。灯下，又与挚孟讲戏至睡时。北平为京戏发源地，唱白皆佳，甚下观者，并能静听，与我南方专看做工不同。

初九日　晴

晨十时，别萧家长辈，雇车与挚孟复进校，仍往南宿舍，与雷君定邦同室。雷君，湖北人，学制革几二年，今夏可卒业，其人温蔼可亲。午后，访张同学长弓于图书馆中楼，请为余照料宿舍事，承跋涉多时而别。晚书家书第六号，又椷弟、岳生、外姑、荫翁各信，告以复校事。而荫翁处并请汇四十元，来作膳杂费用。至于余奖学金预支事，虽得各方先生如马鉴、黄子通、刘廷芳力允帮忙，但未见诸实事耳。家中事暂由二弟三弟照顾。三弟所得虽有限,然颇能寄钱养亲。二弟在申,费用较大,然亦时时眷念双亲,皆可称贤良兄弟也。夜浴后即睡。

初十日 晴

上午,看《饮冰室集》,悟其新史学法,每作一传,如小说演义,又分节叙述,较有系统也。余已作《宋学史》,欲仿此法,豫备后日为学校教本也。

下午,承同学张长弓偕游圆明园、澄怀园、达园等处。澄怀园为前代翰苑之士游憩所,我乡先辈孙仲容曾随父寓此读书。今惟剩一荒地耳。在达园,晤到顾颉刚先生,正偕其妻妹游此。颉刚以治古史享名国中,燕大聘教,一周三小时,束脩金二百七十元一个月计,其见重如此。然余观此辈割裂经传,集以为书,以欺世之盛学者,殊无足取也。达园为近人王怀庆占圆明园一方,为自家花园也。革命后,王氏失势,燕大商借作教员宿舍。园中花木岩石,与瓯箬园相似。总之,本校风景甚佳,四面皆胜地,如颐和园、圆明园、朗润园、燕东园、燕南园、燕农园等。春日清和之时,京市人多来此游玩为乐。颐和园之前有万寿山、玉泉山、西山诸景。数年前王国维先生沉于山下小湖也。近皆驻兵,不许游人自由来往矣。灯下,观书并录研究参考用书为单,以便明早入馆借书也。前访研究所友人施君,告以销假续学事,未知照办否。

十一日 晴

竟日在图书馆,开始研究宋学。先翻阅《正谊堂全书》,周子集敦颐有《太极图说》《通书》等著,又参览《宋元儒学案》,察其编史方程,似与余新拟编《儒学通史》不同。彼学案分,余以学术变迁,按时代而分,于一章之首,先作一总论,说明其思想渊源,然后各次以各人之传略及学说批语等,为提纲挈领有系统之著上也。此事体大,非可遽尔下手矣。

傍暮，晤马鉴（辅导主任）、刘廷芳二先生，告我以奖金预支事已通过，只须黄导师作证明，即发领。但黄导师前要余作文一篇，故灯下立成之。论近世研究哲学者无系统类，独称黄先生不然，为余所思慕者在此。十一时睡。

十二日　晴

上午，偕同学白君游清华大学，听陈寅恪先生讲中古哲学。先生为三立伯严前辈之子，家学渊源，以治史名，而于哲学未许有深得也。先生状貌与宋慈抱同，长褂大袖，发长不剃，教书时闭目蹙頞而言，言迟迟脱口，一时内全听不得几句着要语也。

清华为庚款退还而办，在宣统元年，梁氏启超先生为校长。前王国维静安亦为此校教员（有王先生纪念碑在校园中），称中国之立学校第一。毕业生大半出洋留学。校舍宏丽，亦推第一。近稍逊我燕大建筑矣，然图书馆藏书较富。有同乡夏鼐翼天肄业其中，时与余晤，一握手而去上课也。下午，访施君友忠后，以电话约黄子通先生取信，复云星期四九时待于其室（在丙楼哲学系）。

入图书馆，览《宋元儒学案》及周子《太极图说》，有朱晦翁（熹）为之解，易懂也。夜归宿舍，知家书及二弟信到，欣然展读，知父亲咳嗽痊愈，而内子足疾亦愈，铮弟辍学在店，佐父亲经商。又泉弟得申厂主任事，皆可喜也。家书为三弟所作，语甚长，并附来习字纸，知字极有进步，如此夜睡，则大安矣。晚时，付膳费八元半。

十三日　晴

是日，为孙总理中山（文）诞辰，举国机关、学校皆升半旗，放假以纪念之。余常议孙氏，学问、道德固可敬佩，惟未得善传人，致国内哗然，民苦不安生，与王安石之变法不得人相似也。

尚幸近数日间，各报载战事，可无形消感。阎锡山得政府资助廿万元,出洋考察实业去。上午,书信五通,一家书,复禀堂上以将得奖学金事(此事只等黄导师一函证实即成),以安其心,一复项生以入校情形,一致黄听秋问今年作何计划,一问萧伯母疾,伯母待我如其自子,竟冒风卧榻上,余时别来,甚挂念,一复泉弟得事,为之喜。至三弟处,遂由家书传示,不另作矣。下午出舍外,散步田间,望西山胜景,以快心神。回舍,览梁任公《饮冰室文集》,晚温《中庸》至睡。

十四日　阴,大风

上午九时,访黄导师子通,为取信证明领奖学金事,并呈上《赠黄先生序》一篇,以为赞。黄氏与余同乡(浙江),绍兴人,治西洋哲学,欲余亦涉猎西哲著作云云。余面诺而心则违之,以已立志专治宋儒学术,以为它日光扬绍续道统之计也。

回来,在图书馆阅周敦颐《濂溪集》,悟《太极图说》甚奥妙。设无《朱子图解》,不能明也。盖周言无极而太极,而阴阳,而五气(水木火金土),一道也。第相变为用耳(太极即性,性外无物),然后之陆子静九渊,甚斥其谬,至谓太极图非周子所作。因周晚年作《通书》,无及无极二字也(无极二字见《书洪范》及《老子》说中)。当时朱熹大儒有书致相辩难云。图书馆屋顶闻风声甚急,天气遂转凉。晚归舍,加衣不出,读《中庸》少顷即睡。

十五日　晴,大风

竟日在图书馆,阅《正谊堂全书》《周濂溪集》,关于太极图说,有诸家之辨论。然所说要以朱熹为纯粹,是谓儒之正统派也。正午,晤同乡刘廷芳教授,告以奖学金事,已与黄导师接实,给信证明矣。刘允言极力帮忙,可感。又前赠十五元为赙仪,今则转充为饭费,如此余一半年费用,将无缺矣(行箧中共有三十五元)。晚得蔡师复信,知仍往下关久候,两次失信,诚开罪多矣。蔡师极勉余力学求上进也。

九时半睡。

十六日　晴

晨起即出,到食堂,知大风已止,红日见于东方矣。饭后,在图书馆阅周子集《通书》(旧名《昌通》),分四十节,每节寥寥数语,然其理皆奥妙,不易骤懂也。按朱子解,为析太极图之说也。周子即以此二书传名后世,位列大儒,继万代之道统,后传于二程氏(颢、颐兄弟),以及朱子熹。朱子得之,反复读廿余年,始悟其理。然犹有未尽处,为当时陆九渊辈所驳辩,其理难明可知矣。惟近之治太极者,宗朱子也。午后,继览《通书》毕,晚阅报,知时事又转急,阎锡山出洋未定。而津浦路调兵仍忙碌。政局未知何时得了。余固为苍生叫苦耳。又载桐城马先生通伯于去腊(十二月十四日)作古,寿至七十有五岁,中国前辈又弱一个。马氏以古文名称桐城嫡传,惜哉!

归舍后,得二弟挂号信,自上海富华厂寄来者。极言余前辍学之失,并说尽利害,为自董姓争光、争气,从大处求行孝道。说亲疾已痊愈,归仍无益,反有大碍。吾家兴衰气运,此为一转机。诸弟皆瞩目于余,可不自鼓励前进哉,弟言甚昂激,有骨肉真话。其最后语曰,打破思家杂念,一心为前途冲锋冲锋,光明光明。余读之,当刻骨识之不忘。又家事既由堂上主持,而弟亦时有工资寄归孝养,甚慰甚慰。(弟言刻有十元寄家),余幸不匆匆归去,得黄生道镕谆以药石之言,遂能后来续学。想两年光阴甚速,以及前程阔大也,勉之勉之。又黄导师信来,决于下星期三开会时,为余提出请求奖学金预支,安慰我求学,皆可感者。余环境尚为不恶,有项翁之资助,及各师友管吉浦、李雁晴、陈雅堂、项骧等相辅翼,入京又有刘廷芳同乡之厚顾,并蔡师之以信,极力赞助之,岂非机缘乎?古语云,时至不取,反受其殃,其亟念之。

十七日　晴，夜大风

上午，览近人《朱谦之文存》，有人性问题的研究。及《大学》《中庸》研究各篇。其所言尚有条理，皆近世考证家编书法也。余细究其法，为逻辑，先将与题旨有关书中语，材料搜置一处，然后分别而排比之。故一篇之中仅几句，自导引语，余皆前人陈言，如此凑合，连篇累牍，絮絮不止（即几句道语，亦从中抽出作引耳）。出以眩兴，人每蒙其欺，此谓近时速化之学也。

下午与张长弓同学游附近烈士葬地。至则有石碑竖立于冢上，心为之感。烈士皆京中学生，前岁三月十八日，段氏祺瑞执政，为日舰入我土，占山东要处，学生辈愤时务，作示威运动，遭段氏阻止，击毙数十人。我燕大人，亦有女士姓魏名士毅罹此祸。闻校当局于十八日放假纪念之。（魏女士纪念碑在校园中）旋到达园，相与谈读书求学之苦况，盖张氏亦穷学生也。入夜，大风又作，余在图书馆览《谦之文存》毕，又假得《戴东原的哲学》，胡适作，持归舍视之。至十时睡。

十八日　阴

继看《戴东原的哲学》，到其间叙述，当时人方东树之著《汉学商兑》，尽斥戴氏之排斥程朱为非，此事甚合余心思，欲继此著《宋学渊源记》，将自程朱以后各文章家（宋程朱治古文），为条晰作传记，挽回俗学，仿佛文公之复古文也。故余此来研究宋学，亦有深意，迎合时世，为科学或细整理。以取得证书与资格，方可应世。及事成后，决归正途，专治古文词，为国家地方作正史也。下午，览曾公《圣哲画像记》，有三十二子画像，殆好事者本曾公之记与家藏之像，添乡人国史本传，集而为书也。傍晚，晤施友忠国研书记，云黄导师已为余致信所长，请给奖学金，以慰我求学云云。晚览《戴东原的哲学》毕，归舍就寝，时已十下矣。

十九日　晴

上午，为北平民众革命纪念日放假半天，并在礼堂开会，追念魏女士士毅殉难。同学到者，皆挂白纸花，由吴雷川校长述开会宗旨，及男同学方一志君，女同学某君，讲演述"三一八"遇难之经过，散会后，复往拜魏女士纪念碑，在碑前举行植树典礼。余时亦参与。归来，看《西洋哲学概论》，欲指明西说，为治宋学之参考也。午后，继览至夜分，归舍寝。

二十日　晴

晨起，览《西洋哲学概论》，稍稍明其派别要旨，因转绘《宋儒学术年表》。至十一时半，往见陈所长援庵，为奖金预支签字事，当时所长甚为赞同，并告余以所定研究题目范围太广，不能于短时间求卒业也，嘱改题为是。又谓余所治之学，为中国三十年前闭关时代之学问，甚不适宜于潮流也云云。余闻之心怅怅。所长又谓余所治古文非文学，盖以新界说为论，然世人总称司马迁、韩愈为文学家，二氏岂亦能知文与文学有别乎？又讥梁启超为无学，余亦为之怪甚。夫梁氏之名，天下共晓。至如陈垣，则京中少数学者所知也。

正午得三弟信，述堂上皆平安。惟于余前拟辍学事，略作圆转语。因余信言孝道，为所感云。

午后三时，余偕同学张君长弓再见所长，知事有大谬不然者。余之研究题目决改，而导师再择仍由大会议过也。至奖金预支，可问马鉴先生，不过无本年成绩，照章不能支领。而马先生能顾念余诚恳好学，为余假五十金，先付二十金，后三日后凑足此数云云。余且感且怅，有怪黄导师作证明信太滑稽，以致失败也。又陈所长谓余性似不近哲学，亦由黄氏转述者。黄氏真可恶，其遭诸同学之诋毁宜也。晚餐后览报，知时局转急。又载梁启超家藏书，悉转捐北平图书馆保存，价在五万元以上，实梁氏之遗嘱，其后人依此为之。九时后，自图书馆归舍即睡。

廿一日　晴

上午，检览《章氏遗书》，找得治方志方略，余已决志治方志学，为它日作志家人物如实济者。因定研究大纲，欲以缴校复审，别择导师也。方志学为国中人不经意之学问，然用处甚大，如各省府县修志，编纂时非此学不能办。古来修志之人，皆文士率意为之，而无专书以论此事者。余拟作《方志释例》，将近代名家所编各志，取其几例及目录，作表明其沿革，为后之修志者法式也。下午，览梁作关于方志资料。至三时半，国研同学开会讨论出刊事，向余征文。余以未着手应之，实则余不能作此种世俗之刊物。后告以《耆旧传》旧作先选登。总之，此辈人学无根柢，汲汲求名，又召人讥笑而不知也。在会时，余认识周作人、俞平伯二先生。周先生为首倡新文学者。俞先生即德清曲园居士之后人，亦主张新文学者。然二人年皆老成，不似彼辈以西学改变中学也。晚在图书馆览书，至十时始回舍睡。

廿二日　晴

竟日检录各府县志，研求其整理方法，将拟定大纲，摘副存之。晚偕同学牟君共访顾颉刚先生，与谈治方志事。顾云此事，世罕治者，然其中尽可讨论出一方文学兴衰之情状也。又云某友人正欲作吴大澂《愙斋年谱》，征集资料。余告吴在时，与乡先生黄仲弢相善。故其家今多吴氏来往手札墨迹，亦可为材料也。又顾先生得人托作墓志铭，因知余能为古文词，遂独以相嘱焉。余辞初学文，未能允承。况文章一道，不能轻易握管，必其人与己有关系，方可发为情韵之言也。继而，顾先生贻余以所编《易卦词中几个故事》一小本，余前已见于《燕京学报》，讥其多事矣。盖近时考证家皆为此等事，以附会古书也。夜览《文明史义》，又至十时睡。

廿三日　晴

上午，为改研究题目事，见陈所长垣，承指示今之治学方法重实在，不似文家之空疏。其言固有理，然非熟文采，以为不能有存在之余地，则大不然。想彼辈自既不能为文，尽斥他人之为文，未免所见狭也。又常指余用字不妥，此皆故意将新文法附会古文也。乃约余再作一研究大纲来，缩小其范围（余题曰《方志释例》）。夫学问一道，人各有所见，不得以彼之性强人从之，所谓削足就履，其势乖也。余固欲牺牲此二年功夫从事俗学，卒业后决向复旧事，专攻古文，以求立名当世，继桐城一派也。下午在馆，思索条例，以为研究方针，殊费脑力。夜回舍，时久不寐，诚用心太过之故也。

廿四日　晴

晨，偕同学牟传楷入城，到会馆与萧老伯聚话好久。并知老伯母病早已霍然，为慰。下午得挚孟兄招共往观剧，正目《玉堂春》，后部情节颇妙。想有此事实也，晚投宿其家。

廿五日　阴晴

十时出，留汽车房候车良久，午后回校。在馆抄摘地志书目，欲因此先明其书之存佚，以为研究张本也。夜写信归，问二亲之安。并欲寄二十五元去。又复泉弟一函，告以裤身手套已收到。至十一时始寝。

廿六日　晴

晨起，转念此数寄家，自恐有误，反致两无所成，非计也。遂再写信，告奖金预支事有变故作罢。然余之用心，亦苦矣。又马氏许续给卅款，仍未见掷，念之。

廿七日　晴

十一时前，在馆节录地志书目。旋见所长陈垣先生，出示研究大纲，后见指斥，以为题目太广，宜先从郡县志入手云云。余初确具此志，而陈先生限余依《经义考》之例，去做机械工作。今照此又见驳，出尔反尔，先生之意，实难测矣。谈久过午，因共到东门饭店吃面。又过顾颉刚先生处，托示余以较妥题目云。

当时顾先生以所得《王渔洋诗文稿》真迹，相视七厚册，索价六百元。渔洋为清初诗家，著作甚多，有某作《王氏著述考》，载《燕大学报》第三期。陈先生去时携此书，并告以新消息，研究所甫议定奖金办法，第一奖五百元，第二奖四百多元，余闻之喜甚，惜无此种俗学功夫以得之也。

先生既去，余与顾氏商酌题目。顾为余草一条例，皆余意中事。余之研究大纲，已如此遭其驳斥也。少顷，别顾氏。寻前议，托作墓志铭，因携其《事略》归，在馆思讨较妥题目。晚检书，得有可资参考材料，甚喜，十时睡。

廿八日　晴

上午，在馆，录《元和郡县志》序跋在《武英殿丛书》中。午后，访顾颉刚先生，商定题目为《唐宋元方志存佚考》，并排比研究次叙而回馆。续寻序跋，至晚九时正。然余于此等事，总非甘心。乃近时势姑为之，以取得文凭，以问世之根据耳。它日再学古文，传桐城绝业等也。九时半，得马先生鉴函，约补取廿元正（并前四十元），喜甚，感甚。但未可寄归，慰老亲之心是怅。余实不学，承各方热诚照顾，愧与惧并至，夜不能寐，思无以报其恩也。因余之人品学问，皆不合时宜故。

廿九日　晴，大风

竟日在馆，寻《元和郡县志》序跋以及各藏书目录中有关系语，为治方志学第一步,搜集材料计也。晚检丛书,知有《陶庐文集》,为新城王树枏晋卿先生著。王先生以古文称海内,余前年从同里孙公达家,已见其所作,固喜而识之久矣。今乃假得其全集读之,则大快余之心也。当代能古文词,自马桐城死后,无有及先生者。余生一无所能,惟于古文词,则心酷好之,愿它日传此道焉。记毕,十时睡。

三十日　晴

是日,为黄花岗七十二殉国纪念。机关、学校皆放假。余在舍,读《陶庐文集》,至晚毕。夜入馆,抄《元丰九域志》序跋,此书为宋王存奉敕撰,与《元和郡县志》体例相似,皆总记一国之地理也。九时出馆,见同学男女偕行于黑暗处自由谈笑,此等现象又起余嗟时之想。夜睡,又梦在家,与故友叶君辅阶相遇,辅阶前以共产嫌疑避难日本,为高小教员,盖得同乡金嵘轩先生之荐也。醒后觉非,然亦天明矣。

三　月

朔日　晴

午前,录《舆地广记》序跋后,再抄《孙诒让先生传》及《项霁弟傅霖传》,皆余作《永嘉耆旧传·儒林文苑》中之一也。兹为校刊征稿,特录副以投之。午后,继抄毕,得张同学长弓电话,约游达园看桃花。入园见桃花怒发,鲜艳夺目,游人颇多。道上汽车往来亦众,盖余所求学之燕大,实为北京名胜之区,如颐和园、圆明园、西山各景皆在其附近也。达园为近人王怀庆将军家花园,革命后借予燕大作教员宿舍。去校甚近,余与张君时往达园,坐假山上读文学。今日谈至五时正始返校。夜在馆内,抄《太平寰宇记》序跋,十时许归舍睡。

初二日　晴

竟日抄《舆地纪胜》序跋，并检丛书中各本对勘，静悟其体例，而知方志之原委也。还《陶庐文集》。

初三日　晴

在馆抄《吴郡图经续记》序跋。晚览报，知时局转急。此间欲设双府，反抗南京，声势颇健。太原阎锡山已就海陆空总司令职，与冯玉祥合讨蒋介石，其言甚顺。并数蒋氏罪状，以为逆党扰民，违背孙总理之教训也。夫蒋果专恣，失民心，而冯、阎辈亦未必爱民如子，皆所以为自谋地盘也。中国如此现状，不知伊于何底，可虑可虑。九时归舍，得陈友绳甫信，嘱寄《国研讲义》。余欲向顾先生处讨数份《上古史研究》寄去耳。又余阅《谭复堂日记》，知其好学，与王氏《湘绮楼日记》所载同。前辈读书皆如此，可法也。

初四日　晴，大风

正午，晤陈所长，知余导师已改定顾颉刚先生，心稍慰。顾先生为人温厚，虽治学与余异，然愿从之游。即晚，国学研究所研究员报告成绩。先时召集余辈研究生到会列席。首由所长陈援庵先生讲《耶律楚材生卒考》，皆平常穿凿语，实为识者所窃笑。继为顾先生颉刚讲《秦皇二字之考证》，枝叶扶疏，是所谓今世俗学也。至二时许，散会。余入馆，抄《吴郡志》序跋，知其体裁略变，较前录各志为详尽。十时睡。

初五日　晴

上午，抄《吴郡志》序跋后，检得吴挚甫全集《桐城吴先生全书》中，及谭浏阳复生遗集文书观之。吴固为余所素服者，而谭作皆短命语。惟辞句豪纵，得两汉人风格，故宋慈抱君亟称之。谭为戊戌殉难六君子之一，有梁启超前辈为之传。遂由海宁陈乃乾为刻集。今余所见即此本也（中华书局出版）。下午，国研同学会开常会，征稿于余，余欲举《永嘉耆旧传·孙先生传》以应。夜归舍，浴后即寝。又校中于下星期一放春假，时将旅行南口，即长城古迹处，费钱二元六角。余因囊无余资，不去。

初六日　晴

得二弟、三弟信，知堂上平安，娥妹未赴甬，铮弟及入小学读书等事，为之一慰。而二弟又以我外姑照片寄一张来。三弟附来所习孝胥隶字，皆可喜。吾兄弟所言，既各有志气，家道不患无振起之日也。惟目下处境艰苦不堪，以致堂上日夜担忧耳。在馆览林纾《畏庐三集》，其忠孝之言，甚合余心意。读古文俾感化如此，世之主废古文者，其何心也。旋往问张友长弓疾，知稍愈，少谈即回。作客他乡，尤须体健也。夜九时半睡。

初七日　阴晴

在馆抄《三山志》《会稽志》序跋，后再移录钱氏大昕《潜研堂集》中有各志之跋语。继阅林琴南《畏庐三集》及薛叔耘《庸盦文编》，皆适余意，欲究其书。限于正业（尤方志学），不能也。傍晚览报，知吴佩孚再起，说未必确信。吴大帅以气节称当代军人模范，时局乱如丛焚，彼安肯与若辈相逐鹿哉？又览《浙大工学院年报》，中多故人小像，戴学士帽状，貌殊可爱，不觉为之感殇，自责当时在校，不能坚持求学，遂使一无成就也。十时，出馆归舍即睡。

初八日　晴

上午，写信，答二弟、三弟及第八号家书，问双亲之安。写毕方投邮，适又得三弟与内子二信，展诵甚喜，云父亲咳嗽痊愈。彼之足痛亦瘥也，大慰。下午再写信答薛友乐胥、陈友绳甫、内兄陈萼生、表弟吕仲超、学生项锦裳。至晚，图书馆开馆，余往抄《新安志》序跋。以余暇阅谭复堂《日记》，皆多启发学术语。其日记方法，与李越缦、王湘绮二家同。谭氏仁和人，名献，字仲修，与我乡先辈孙琴西、仲容父子相熟。日记中有校阅瑞安孙琴西观察《逊学斋》诗篇，体清峻，学人之辞。古诗胜近体，七律胜五律，可谓笃雅有节矣。如送孙仲容、杨蓉初入都句，可知矣。灯下，为顾师颉刚作其从祖母《许太恭人家传》，草稿甫就。体倦先睡。

初九日　　晴

日来，学校放春假一星期。同学多散去，旅行南口。余以功课未了，仍在馆抄录各志序跋。至晚，得一友与偕游海甸近处，远望西山景象，颇足悦心。归舍后，阅《复堂日记》，知前辈为学之勤，可法也。

初十日　　晴

十一日　　晴

是日，午后得外姑与内兄二信，皆劝余专心于学云云。吾父咳嗽既愈，余心渐安，当从此加勉，以副诸长辈之厚望也。在馆抄《长安志》《吴兴志》序跋。归舍得暇，阅谭仲修献《复堂日记》，于学术颇有所启发，因想见前辈读书交游之梗概。晚游同学白寿彝君寓，在余宿舍附近，与谈此所办学详情，并检览案头《东方杂志》，有宋友慈抱作《孙公年谱》。余正欲得此，录孙著书卷数，又梁任公氏《清代学者整理旧学之总成绩》子类，借此二本来。九时睡。

又白（寿彝）谓余所治方志学，甚得其同乡嵇文甫先生赞许。嵇为北大教授，精史学，常叹方志一门无人整理，故云然。

十二日　晴

在馆抄元《至顺镇江志》序跋数篇，一篇为如皋冒鹤亭广生撰。广生为乡先辈黄叔颂先生之快婿。家初甚贫，黄氏识子稠人中，妻以女。广生能文，得桐城家法，后成进士，监督我温瓯海关。敬敷文教，建永嘉诗人祠堂，为刻丛书，以存我乡文献，并邀吾师友薛钟斗、宋慈抱读书于其署颐隐园，冒氏从此家渐富，多蓄书，称如皋第一矣。又览孙雨人作《永嘉闻见录》一书，记我乡名迹故事。又览阮元《两浙輶轩录》，其中多我温前辈遗作，皆可为简抄存者。晚浴后即睡，时已将九下矣。

十三日　晴

十四日　晴

竟日在舍，抄谭氏《日记》中要语，皆关学术及乡先辈孙公父子琴西、仲容交游事，以为它日征文考献之材料。晚间，一过西宿舍，访张长弓同学不值，遂与同舍李君谈颇久。李君治学与余相似，特重义理，不像彼辈专以割裂为能事也。其为考证事，杂取类书，东鳞西爪，抓集一处，不知相贯串与否，诚未窥其全书大义所在，徒矜浩博，以夸耀不学之人而已，殊可叹惜。又极论此间燕大洋气勃勃，尽将我大好中华，变为夷种。同学中谈英语、读英文、穿洋服，食亦西餐，皆自鸣得意，洋奴之性成矣，余实触目伤心。乃称孙氏（逸仙先生）之革命，打倒帝国主义（指英日）有以也，有以也。余之来此，殊自悔也，但迫于环境，不得不苟栖息研究两年，取得一纸文凭，以谋后日之发展，得报双亲与国家也。归舍，将睡，出全家合照视之，不啻亲睹双亲及弟妹、内子也。客舍寂寥，无知己可谈心。既为中国惧，乃自惧也。

十五日　晴

在舍抄王壬秋作《衡阳县志序》，体仿班书叙传，文词藻绘，不能卒然了解也。其运化古典，又极巧妙。盖王氏好读六朝骈俪之作，故其为文有诗意。吾友宋慈抱常言之。慈抱亦法王氏，学治六朝诗文也。余尝考乾嘉时经生为文多宗两汉六朝，如汪中容甫其尤也。顷览谭献复堂作品亦然。

晚写家书第十号，给四弟铁铮及内子菊人，并候外姑也。因日间又得三弟代写家书来，知父疾于余兄弟出门后十日方愈，可云邀天幸矣。三弟附临孝胥字甚肖，可嘉，将来当有大进步，难得之至。九时正睡。

十六日　晴，大风

日来天气颇热，万木转青，甚有生意，校内风景更为可人。晚间，电灯一明，各课堂宿舍宛如水晶宫，加之河塘倒影，水塔高照，两岸绿柳扶疏，园间桃花灿烂，称北方学校第一。余昨写信，详述之，以告四弟，使禀堂上，以慰余在此适意之状。昼入图书馆，誊正拙作《唐宋元方志存佚考》，为本学期成绩品也。至晚，手倦痛，任意览画报及各金石书以遣时光。钟鸣九下睡。

十七日　晴

是日，在馆抄序跋，觉手痛。至午后即止，纵览《艺林月刊》，登秦汉以后书画金石俱备，颇足增进眼福。至所绘山水，最使余起爱慕之心。俟它日有暇，取《芥子园画谱》，为初步学习，以冀习熟成家，聊写胸次，用自遣也。间读王壬秋诗，亦至乐。九时出馆，睡。

十八日　晴

上午，承顾导师颉刚嘱书寿屏，为郭绍虞教授所作寿歌，白话体也。余随书随窃笑之，以为此实牧竖之山歌，何出此堂堂教授之口，公然书诸屏而道贺人哉？文学扫地，于此可知，故余日来览近代诗家王壬秋、陈伯严诸先生之作，有深感焉。只欲觅一清静地，种树、读书、学诗、学画,既可陶情,又可活生。如此终世,他又何求?暑假停课三月,或归省亲,能于北郊山水多处,租三间茅屋,庋书其间。庭前遍种桃李茶梅等树,又间以桑柳,任四时收获,想甚乐也。恨逼家境,难见实践,姑记此心事,为他年作退守计,无不可也。下午在馆,誊正方志序跋,实则此等机械事,至易至易。晚十时睡。

十九日　晴,大风

下午,同学会开会后,共到校附近古庙内拍照留念。归来,在馆续抄序跋,至九时浴罢睡。

二十日　晴

日间,在馆誊正《方志序跋》,其体例仿孙前辈仲容之《温州经籍志》。但少按语一项,是为初稿本,赶本学期呈缴考核成绩也。方志一学,自清章氏实斋始讲治之,亦零篇琐语,见于其集中耳,从未有专书论述之也。梁任公作《清代学者整理国学总成绩》,篇中稍稍论及。余之研究此学,亦本其意也。且甚切合时势,以为国变虽数,而此事终不可废。其间编纂方法,人各不同,比类观之,颇有趣味。

正午得二弟信,承相规以作事有恒,并当录诸座右,时时省惕,其言极有理。如此兄弟互勉,皆欲为振起家声之计尔。是夜,研究所开宣演会,到者有校长吴雷川,导师顾颉刚、黄子通、许地山、张星烺、美人某氏①及余同学五人。首由张星烺先生讲《中国侨民吕宋考》。据广东、福建二《通志》及《明史·外夷·吕宋传》,其言甚芜杂,多附会,不能自决孰是孰非也。继由许地山先生讲《佛典》至近十时散会,归舍即睡。睡前,览诸家印谱,深喜篆刻事,容后日当学之,兼及诗画也。

————————————

① 博晨光。

廿一日　晴

是日,得温州同乡会馆函云选举会长,余以往返麻烦,又入城坐汽车费钱一元余,遂不去。同乡会馆为黄公漱兰所倡建,原有旧馆不敷寄宿。黄公时官京师,独出资筑之。今自国都南迁后,同乡旅京者甚少。晚,出馆归舍,知班同学已送照片一纸来,视之甚可意。古刹一座,有余同学六人立钢鼎旁摄影,甚古致,一叹。

廿二日　晴

上午,写泉、械两弟信后,张同学长弓来,少谈,共游达园,赏览风景。此时正当桃红柳绿,万卉灿烂,甚是怡情也。继游本校朗润园,亦极古雅,惟屋宇倾圮,无人整理,只留一片花园故址而已。归舍后,并寄照片,由泉处转归。薄暮,检方志序跋毕。览报,知豫西已大战。余友阮抱山供职巩县,正当其冲,为可虑。夜睡梦归,与堂上晤谈,盖余思家性成,在外读书,日日不放心故也。

廿三日　晴

在馆抄序跋,尽一日之力无间断。灯下,览《如皋冒氏丛书》,为冒襄辟疆《巢民集》及其后裔广生编修所为文诗词,皆可喜者。巢民为清初胜国遗老,与侯方域、吴次尾、陈继儒游,称吴中才子,有爱妾曰董小苑,美容貌,兼能诗画,后为清高祖所占。孔尚任《桃花扇传奇》所述辟疆,乃假言以骂朝廷也。此集首有孙前辈诒让为作《年谱叙》,盖广生曾官我温,就婚黄公叔颂于瑞安,乃交结诒让。广生固好文学,能奖掖我邑后进,如薛储石、宋墨庵,为筑楼,且资膏火,使专意读书,并刻《永嘉诗人祠堂丛刻》,一切仿晋名宦谢灵运、王右军之所为,其有益于我温多矣。

廿四日　阴雨

日间于抄序跋后,窥同学班书阁之编《书院志略》,将《古今图书集成》及《通志》中之《学校志》，逐条记出，先于书眉揭要，下详其事，并注明出于何书第几卷数，然后排比而连贯之，即所谓考证之学也。余实鄙之，以为不能读书，徒善抄胥了。如此终生屹屹，未能读完一书。其所谓博，皆抄袭而已，亦可称为欺世速化之学矣。余近治方志学，亦是此类抄胥事，心虽不愿，然限于环境，不得不姑为之，以取其证书也（此陈所长所指示，为此机械事）。欲于此事竣后，进而研究其编辑去取之史才，如章氏实斋、焦氏里堂等，庶几为研究真学问也。夜雨，出馆时，衣为之湿，即睡。

廿五日　阴雨

在馆抄序跋后，以余暇览《冒氏丛书·忆语》一篇，辟疆叙述与董姬（小苑，字青莲，著有《奁艳》）遇合冶游情节，风流文字，绝是才子佳人之事矣。继览广生作《栗娘夫人传》，亦即为姬吐气。夫广生既为我乡先辈黄公（叔颂先生）之女婿，何无有一字提及者。（按已见所为《二黄先生诗》）又余友宋慈抱自言得冒氏奖许，高其声价，集中亦然，甚可怪也。特此为甲集，尚有乙集，是否有记两事耶？

当时同学班书阁言其友某君，系广生之女夫，欲为余介绍见冒氏，余甚喜也。久之，又能见天下之先生如冒氏者，问古文法，则快意何似也。晚悉大雨，早出馆，在舍思欲为黄公仲弢作《年谱》，并为孙公仲容续《温州经籍志》，因县志止于嘉庆时也。此二事为关乡邦文献，姑俟异日实践之。旧作《永嘉耆旧传》未脱稿。遇陈所长援庵，示我孙公著《古籀余论》，书已由燕大刊行，当更正。（余方以所作《孙公传》，付登学报故也。）

廿六日　阴

晚，与班同学各言人生观念。班极称余读书讲道德，为今日四十以前人所无有。并承敦励曰：从此过十年，可推全中国之祭酒焉。余闻之愧甚，亦慰甚也。余性固如此，每读古圣贤书，即神为之壮，如自亦是圣贤也。遂转念家境穷迫，父亲重负未偿，时时见人颜色，求雪此辱，以释其忧，乃姑忍气在此求学，觅出路，以赚钱也。不然，退隐岩穴，种树读书，专究圣道，至深造有得，始出而觉世，庶几矫浇俗以尽人职，且报父母之大德也。故余日心绪颇乱，以为古人三十方自立，顾余年已二十九，而志尚未定。欲不免为庸人，难矣。即前日要归养亲，实践曾子之孝，又阻于分不果。我之为善之心未能坚固，致易为动耳，奈何奈何。古人进退绰有余裕，而我独犹豫如此哉？归舍，取视元旦日在孔庙与诸生合照，乃益自壮，愿它日为斯道中人也。又此校洋奴性重，有志之士所不能一刻容。余昨欲写信致二弟，告以此言。然终搁笔者，实由再扰其心故耳。姑待暑假归，详论之。

廿七日　晴

抄方志序跋后，览徐氏世昌近所作《大清畿辅先哲传》中名臣张之洞传事甚悉。惜无《年谱》，使人徒知其名，而未明其事迹也。容得暇，按已编之版谱之。前余见《籀颐遗文》中，亦有《张香帅六十寿序》一文，略述其兴学办实业，张氏实近四五十年间之科学先倡者。馆藏有《张文襄四稿》数十册。又有胡公林翼《文忠全集》，左文襄宗棠、李文忠鸿章《全集》，为研究近代政治史者所必读之书也。独李公为我乡先生孙锵鸣之门人，然与我乡先生黄漱兰体芳意见不符。余前游孙家，见其壁间有李公像，与孙公像相并而悬。乃问孙仲恺老，承指示此事实也。

即晚，本校公演旧剧，为《河汾湾》《玉堂春》《御碑亭》诸出。余遂花费小洋贰角，购券入场（即大礼堂）。观至十一时始散，归舍睡。剧情婉雅，尚可。惟演河汾湾事，薛仁贵装似薛平贵，有可批评处。《御碑亭》，即南戏之《永乐亭》，余十年前屋边赛会（外陶炎迎神放灯），为余家主事（董八扇），最后夜由余选此出，寓合社平安意，并可警醒地人为善也。

廿八日　晴

上午，在馆抄序跋。下午，摘张文襄公政绩，欲为作《年谱》。张公为晚清名臣，倡行新法，与我乡先生黄公仲弢相善。先后之湖北学政，兴学堂，造就鄂子弟甚众。鄂受其赐既多，乃设专祠祀二公也。顷览其《四稿》，文词雅驯，议论宏博，因叹前代学优而仕，不似今世目不识字者亦居高位。所谓宰相必用经术士，即指此也。

廿九日　晴

是日星期日。上午，抄序跋。下午，写家书。既毕，欲投邮，得械弟及内子等信，知娥妹甬行成事实。三月廿二日起程，由械作伴，甚为喜慰，想已到甬矣。即晚，连写信致家，致云龙，致泉弟，并附纸归致内子。内子云五十款已由舅公代为偿还内嫂矣，感甚。娥妹既出门，内子独眠，唯胆小时受虚惊，为之虑。外姑又不能时至我家也。余此信去，关心听秋事，劝改业农商，为避乱世求生活计，未知相从否。余实误小姨，且负外姑之托矣。听秋不持家贫，又无大志愿，诚庸俗人耳。夜睡将十一时。

三十日　晴

日间在馆，与同学谈中国礼教，同学多笑余治宋儒义理，当愚甚，至议为伪道学云云。余闻之慊然，叹今世道友难遇。先是，余阅近人唐文治前辈《茹经堂文集》，有礼首重男女有别论。以为此等文字可为当世警惕之言，以示诸同学，亟叹其抱觉世之志，亦吾道中人，欲以相提倡也。不料此辈盛学之徒，既不知古圣人著书之意，乃用以为工具，割裂首尾，抄袭成章，以自矜浩博，而于原书实未窥其一二。顾汲汲求名以欺世,此有志之士所不忍为也。最后,一友示余考证方法,其言曰:将所研究之书分类摘其成句,标号码于首,以便联贯成章,依类移录,可省重抄之烦云。余实心忧此辈无学问之格,不读书即可成著述家也。无怪前人讥汉学破碎支离,愚呆人之所为耳。余在此研究,与彼辈道不同,怏怏何日能为斯道一表扬之,决以五百年名世之传自任。暑假归,如即在郡籀园自修几年,探究宋五子之义理,有深造时再出而问世,为事更妙。惟迫于环境,恐不能如私愿为之耳,姑记出以俟它日。览报,知王鸿一《讲中国民族自信力》一文,格力表彰以道德,为之喜。

四　月

朔日　晴

日来得同学指示考证方法,分三种:一、班君之作《书院志略》。A. 检查关于书院志书目。B. 照书目取书,集于一处。C. 逐书翻检书院名称、废置时间、讲学者,遇有特别改变事,揭列书眉,意为编时明其演化。又于每图下注明采自何书,或转见于何书,并卷数。二、白君之研究近代之哲学。将每哲学家所著书,如《朱子全书》,按其性质分类抄出,标明本著书者与他人之关系。如朱子与周濂溪,朱熹与老庄。又于每移录之条上,注明号数(每类各有号数),以为编时运用,只注号数,省重抄之烦,脱稿时可插入。再于本著书者,与当时学者相往来,用卡片写明每人姓氏及见于何书第几卷及页数。三、张君之编《魏晋南北朝诗研究》。A. 定大纲:将所欲编之题目,定其编次之大纲(即篇末之大小题目)。B. 照此大纲之范围,搜集材料,分类移录(照性质,照时代)于一处。C. 编纂顺已定之大纲编纂之,插入所收之材料,为证有正面证、旁面证、反面证,或先窥出材料之意,以为自己所发明，提前说明，引此证之（如一种意，有证各书所同此意之语）。
要有条理，此法最适合于教书时编讲义也。

初二日　晴

薄暮，得研究院同学刘某、赵某（尔澄）约，组正式研究学术会，以
发扬孔孟、排除洋奴之学为职志。余闻之欣然诺，自谓无意中得知己
也。余日来为主见不合，时时斥彼辈治学肤浅琐碎，甚至妄议古怪，
如尧舜禹汤为非人是神，其语尤怪特不经也。此间同学受其毒实深
矣，余为是惧，将如之何？

初三日　晴，大风

北方多大风，每日必一起，括土扬沙，天空玄黄，人行尘沙中，对
面不能相认识，其有碍于卫生，无待言矣。求如我南方天朗气清，又
多佳山水，颇不易得也。上午在馆览《新月》杂志，载胡适《对国民党
的批评》一文，谓存古封建制度为非，谓倡复古文为枉时，实与余意恰
相反。胡氏于五四运动后，倡白话之最主力者。今举国蒙其毒害，致
中学生不能作文言文，良可慨也。余常比之始皇之焚书，正以此故也。

晚归舍，知大同大学学生陈枢寄一信问候，并嘱多查此间各学
校，为转学计，容暇当复述其洋奴灭国性以阻之。是日，为阳历五月
一日。

初四日　晴

下午，在三楼藏书处，纵览罗氏（振玉）新刊周秦以及金石各书，
增我智识不少。又如古残简影印流在海外者，罗氏尽取为翻印，以公
诸世，亦盛事也。余自入所后，甚感读书未广，愧对古人，乃时时振作
志气，求得一片干净土，补读平生未见书，然阻家境，不知能否如愿
也。晚归舍，沐浴后即睡。

初五日　晴

早餐罢,归舍,唾血,数口即止,且骇且慰。余自家到京后,身体较前更健,面肉加丰,何至有此。殆看书抄序跋,为时太过,致肺部稍受伤耶? 常记二弟诫余以保身为孝。是日遂停抄序跋,而览《柏堂师友言行记》,为吾友孙宣所校刊。孙为马通伯前辈之学生,而方氏又为通伯之好友,此书亦得自通伯先生也。前有蓬莱慕玄甫①先生序,柯劭忞先生题签。公达自跋书中,记曾公、胡公、吴廷栋、方东树、邵懿辰及我乡先生孙公衣言事甚详,皆治国修身之格言。读之既为感动,又叹其文词流利也。至晚,四卷览毕。

初六日　阴,午后大雷雨

是日星期日。在舍看杂志,知新作品之作法,为演述举证体,特具条理耳,余无足取。继写信复陈生枢,上海大同大学,并问项生锦裳、王生茂椿、王生毓芳,皆与余相契者。午后,睡醒已四时,未几,大雷雨。余幸先回舍,否则道路泥泞,不易行也。

夜将睡,忽忆得邓湘皋作《沅湘耆旧集》,余亦趁此时机藏书丰富,将吾温所有乡先辈遗著,以卡片法集编之,所以保存故乡文献也。并可以作《耆旧传》之张本,亦可以摘录前辈著书之目,为《温州经籍续志》,因孙公只止乾嘉时也。

初七日　晴

在馆检阮元《两浙辑轩录》及《续编》中关于吾温属各县耆旧,标名于卡片上,注其卷页数,以便移集。再看孙氏《温州经籍志》,亦多可采处。乃悟余之《永嘉耆旧传》成稿,实未及什之三焉。

午归舍,得大舅信,知温处两郡多匪警。晚归舍,得二弟信,知富

---

① 即慕学勋(1880—1929),字玄父,一作元甫或元辅,山东蓬莱人。民国藏书家。

华厂以销路阻滞停办，皆可忧事也。时局多故，到处荆棘，为之浩叹。二弟既歇业，余家又受挫折。端节用款解账，想无着落，未免又引起父亲挂心矣。父亲鞠育我兄弟虽众，皆未一助其劳，事业无定，所得有限，人生乐趣不知何在？即夜又梦归，由于想望堂上苦况过甚，则余之读书心何得而安耶？孟子曰：天将降大任于是人也，必先苦其人心志，劳其筋骨。而余之劳心苦骨已甚矣。而未肩国家之大任，以济苍生，以报亲恩，中心耿耿。傍晚，班书阁、牟（润苏）、孙（海波）诸同学来游。

初八日　晴

在馆，节抄梁氏方志学，为方志学研究之材料。间与同学谈学术，皆与余旨趣不合。余屡讥其治学之错误，盖受胡适之、鲁迅、周作人诸人新潮毒甚深，所称夷化之学也。究其原理，不外取"爱情"二字为编书之主旨，以引起世人之注意。于是其销售特盛，此为欺世诈财，为害不减祖龙矣。灯下写信复大舅，亦以此相告为学根本歧异。余拟不久出于此校，决尽一生之力，卫道觉世，庶几不负父母生育之恩也。夜睡在十时许。

初九日　晴，小雨

在馆分类，集方志学之材料，较前治方志目录，为有意味。方志学素无专书，唯清章实斋学诚讨论甚详。然皆散见集中也，故余之治此，甚得师友之赞许。但此事体大，甚繁琐，总不如学文之快心感。间读林畏庐《诗存》，又赵捣叔《墨迹》，领会其诗情笔法。晚得同学白君谈调和新旧学术法，其言颇有理，然余独守成见，口是而心亦大非之，不欲随波逐流，而失真面目。时势至此，几无青年讲究诗文事，则余之欲为读书种子之心益坚矣。（彼辈治学尽洋化，作为小说，放言爱情，以惑后生心灵非浅云。）

初十日　晴

日来稍览新时作品,悟其作法脱胎于西洋派,即将一问题分析为几段,作有条理之叙述,满纸举证,究其着要语,无几句也。在馆摘录方志叙例,如谢蕴山《广西通志》,并将卷首目次绘表入之,以观其不合之法。

晚,览《东北大学周报》,末登韩光第将军遗著。韩氏年只卅余,知文学,明大义。去岁中东事起,我国与俄小战于满洲里,俄屡挑衅,韩坚守城。及城破,孤身抗战死焉,实今青年军人之模范也。又览《南渡纪事》抄本,为李清撰。八时,本开会,以张同学寿林不到,致两次未成。与朋友交,信字安在?以此推想中国现状,其于旧道德为何如?晚大风,旋止。

十一日　晴

上午,在馆制表,录各志目录,以窥其编纂方法。外得诸同学示以新时代思想,谓为今世人当治今世学,其言固有理,但余总不忍以我国固有文明一旦弃去也,故面许而心仍不服之。继与牟同学共入礼堂,参与五九国耻纪念会,听学生讲演,语皆露共产党口气,想此校多共产党分子也(前《日报》载燕大为共产党总机关)。下午检书,又得元时方志书及张氏《聪训斋语》,此书为曾公最喜览之书,并以嘱其子侄必读之,为做人楷模。

晚,国学研究所开第三次报告会,在假山顶处校长住宅,到会有陈所长垣、黄子通、顾颉刚、马鉴、吴雷川诸先生,及美人某君①。首由黄子通报告哲学,为《朱熹戴东原哲学研究》,说理气性质,附会西洋学说。次为美人,述以方言为校中国古书之真伪。外国人之说中国

---

①　据《顾颉刚日记》1930 年 5 月 9 日(农历四月十一日),为博晨光(1880—1958),生于天津美国传教士家庭。博晨光的报告是《高本汉的左传考》。

话，余实始闻之也。且其所言中国学术历史，较一般中国人为尤清晰，可怪也。散会归舍已十时，即睡。

十二日　雨晴

是日，为燕大校友返校迎送大会，放假一天。即晚演剧，来观者有八九百人之谱，一堂济济，称极热闹云。余自晨起后，阅《谭氏嗣同集》，以三十之年为政于国，并力倡革新，与康、梁等同调。集中有《上其师某公书》，痛述国病所在，为之策划要政，皆以夷变夏也。余颇为振起精神，有愿为新国民之想矣。继入馆，览《陈独秀集》，亦以鼓吹新文化为职责。然后知时势已大变，一般新知之徒咸交感化，实则谭氏开风气之先也。虽然谭、陈二氏皆以消灭礼教为入手方法，余总不肯盲从，一以邪说视之焉。至于采西洋法振兴实业，筑铁路、办银行等，甚可行也。谭集中有赠我乡前辈宋燕生诗二首，可移录。宋前辈亦当时主新政者，有《六斋卑议》一书，可窥其宗旨也。书刻在黄氏溯初《敬乡楼丛书》中。傍暮，与白君共访顾先生颉刚，不值而回。

十三日　晴

星期日。上午，读曾公文，为之感动，循环诵而不厌。曾公道德文章，实卓绝千古也。下午，书家信，又欲寄钱归，以应父亲端午一节解账之急需，旋自念求学费用无来路，遂作罢，是余再负堂上矣，欲为孝而不能，所心困可哀云。晚在馆览完《聪训斋语》，归舍就睡，时已九下矣。是夜月明如昼。

十四日　晴

上午，为顾先生颉刚书扇面，嫌题款、盖章不合地位，致失全局精神。在馆抄元《至顺镇江志》序跋目录，中有冒广生为序，论及我温事，此志为俞希鲁撰。希鲁之父德邻，温之人，自德邻宰镇江，遂定居焉。而广生曾监督温州，故亦以此为言，谓此志不啻在瓯人之著作也。

暇时窃阅说库，其间多唐宋名著，文辞雅洁，虽属杂书，尚可寓目，取快意耳。

正午览报，知大战之开始，蒋军受伤七千余人，又载吴佩孚通电，出川调解时局，然社评栏批其荒谬。余谓吴氏素以气节名天下，此次冯、阎、蒋混战，皆非有为救民之实心。吴决不为所利用。况文为吴之倒戈仇人也。晚抄序毕，与白君同归舍，月下闲谈，颇多输我以新知也。洗澡后十时睡。

十五日　晴

在馆摘抄《至顺镇江志》，明其组织，盖每志编法不同，愈后愈详。间览梁氏所作《近代学风之地理分布》，知其叙述多偏见，尤不满意于近时之人也。又览《越缦堂日记》，其中记吾乡先生林霁山之诗，并极称永嘉四灵。余按四灵诗，前无传本，民国初元，如皋冒广生宰我温，始刻之于《永嘉诗人祠堂丛刻》中。又记孙琴西前辈贻以《逊学斋诗集》云云。顷余又欲为清代学者作一编年史，即将各人年谱拆开，顺年次排纂之。此书成，当有切于实用也。其编法如左：

书名：清代学者编年

体裁：仿此紫阳《纲目》例。（断自顾、黄、颜、李四先生以后，迄于今日）

根据书：1. 年谱。2.《先正事略》。3.《疑年录》。4.《耆献类征》。5.《历代名人年谱》。6. 儒学年表。7. 方志。8. 诗文集，《碑传集》正续等。

又以《小说月报》、《学者生卒表》、《学案小识》、《饮冰室文集》、《清代学术概论》、《国朝汉学师承记》、《宋学渊源记》、《东方杂志》、谱牒学作参考。

取材：一、照《生卒表》及《疑年录》，将各人之年岁排比，使相连接。二、将各人年谱顺记其年岁于卡片上。三、检阅《耆献类征》《先正事略》《碑传集》正续、诗文集等,比较后撮其关系语,亦记明于卡片上。

卡片式:

| 某年月日 |
| 某人 |
| 见某书某卷 |

编辑:按卡片移录原书于每年间,取各人之事迹,摘要标题为纲,顺节要举证,注其出处(即见何书)为目。

目的:在明一时学者之出处事迹及其学术演变情形。

十六日　晴

上午,访陈所长,承指示治史学方法。语简沈,诮梁启超氏,谓其学博而未精,此为论文,只可引导后生门径,未足为研究根据也。但余平生叹服梁氏之学甚,陈殆与梁有隙,未可深信其言。今天下三尺之堂,孰不知有梁氏其人者,从无有称陈援庵也,姑言之而姑听之耳。

在馆抄《云间志》序跋,为宋杨潜著,世少传本。其书名仅见于宋志。又览清华国学研究院论文,有吴其昌作《宋时地理学》,似与余治宋之方志存佚考同调。其间征引,皆余所素知者。余此次来燕京,得明考证家抄胥学,如此读书做学问,何足为奇。东翻西摘考一字,陈书满案,其搜书只检一部汇刻书目,则知征引材料所出。又有大多数类书,如《太平御览》《艺文类聚》《初学记》《渊鉴类函》《册府元龟》《古今图书集成》等,分类分目,皆集各经史百家成语,可毋庸先读原书,即得明其所在也。然后按所欲言而次序之,插以成语,注明出处,即成论文矣。晚得姊丈蔡彤信,言已到此寓天泰栈,越日即往郑州也。

十七日　雨

在舍览《燕京学报》，本校教授作，亦新时代物也。考证为今日学风所趋，稍稍明其结构，然此非多蓄书不能为。同学六人，唯余前治古文，余皆于古书一知半解。亦欲以教人，殊可笑也，且以观今日学生国文之程度矣。

午后，得三弟及妹夫云龙书，知械归有日，述堂上平安，近饮酒汗以健身，大慰。附来行书，较隶书为佳，能得孝胥之神，亦可喜也。惟云龙近患病新愈，且与其嫂不睦云云。因于灯下作书劝谕，当敬事嫂嫂，以求一家和睦为大幸福也。又作书归禀双亲，以在此平安，请勿念，忙时当雇人相助。娥妹往甬，嘱内子孝养长辈，铮弟读书须加倍勤奋，常到图书馆看书等事。夜将睡时，又得家寄来茶叶一大包，欲以赠同乡萧先生亦陶，聊答前日搅扰之情也。灯下，作书复云龙，并归禀堂上也。

十八日　晴

竟日在馆抄《绍兴云间志》序跋，并节录其组织。以余暇览胡适之氏续编《中国哲学史大纲》(中古史)，盖胡氏自去年以论文触犯南京政府受训斥后，退居著书。此为稿本，寄示顾师颉刚者，同学牟传楷从顾师处借观也。其中所述泛博而多妄语，诽谤前辈，实近时之风尚如此，使古人著书之旨益晦矣。

晚与同学张长弓谈我乡故事，当汉王嫱昭君出塞时，永嘉刘文龙以寒士入都应试，得高举，遂简命获送昭君，抵胡番。文龙念二亲年老家贫，因遣仆永宁送家书，弄银归。至青田，为其友宋恭害死于所设之客栈中，夺银，造一假书，投其家门口而去。为谋娶刘妻，因送柴米十三年，刘父母待允之。适刘自回乡，识破奸计，得团圆，并请旨为永宁建庙以祀之。至今永嘉有永宁殿、洗马桥，皆纪念此事也。又编为剧本以表演之。

十九日　晴

在馆抄《昆山郡志》序跋目录,其间名宦类载吾乡项公泽先辈之政绩,项先辈方有神童名。余死友项亮明宿之宗祖也。十余年前,余曾一游其宗祠,在四柏巷口。今此志曰永嘉人。余检我《瑞安县志·人物志》中,果有项公泽其人,确籍瑞安无疑。

晚,与研究院生赵尔澄、白寿彝谈今之治学者好批评,不问自己根柢何如,此大失也。又赵君亟拟组一学术团体,专以保存国粹为宗旨,正在征求同志云。归舍后,十时睡。

览《儒学年表》[①],此书为陈所长付张同学转于余阅者。所长以余欲作《清代学者编年》故。余览后,嫌其太简约,无以见其时学术之演变也,书为日本人所著。

二十日　晴

星期日。在舍摘《儒学年表》,限清一代中间二百六十年,唯乾嘉两朝学风最盛,亦由乎乾隆皇帝右文之故,所谓上有好者,下必有甚焉也。乾隆以汉臣陈宰相(海宁人)之后替接大统,因托言巡幸江南,实则谒祖墓于海宁也。当抵浙时,遍游西湖,立碑题诗,随处皆是。其于文事,则开四库馆网罗天下人才,编纂《四库全书》,人即纪昀主之。又闻博学宏词科以选士,一时硕彦辈出。余之作《清代学者编年》,亦欲集观其学风耳。

午后,读吴敏树南屏文数篇,继而睡。醒后,得张长弓同学以电话约,往达园游散。既与遇在达园,纵谈文学一小时而回。晚又相与在研究室内讨论王嫱出塞事,盖张君正觅王嫱昭君事迹,为作诗家女

---

① 《宋元明清儒学年表》,今关寿麿撰。

王一文,故特关心于此等事也。余暇,余览李慈铭《越缦堂日记》,知其所纪皆论学品藻及邸抄,开卷有记吾乡黄体芳前辈于某年月日中会元,又读孙前辈衣言所贻《逊学斋诗集》二事,余遂折页,以待考核。以余最留心乡邦文献,决于明后年完成《永嘉耆旧传》,并搜访材料,为耆旧文征以保存之。九时出馆,睡。

廿一日　晴

上午,在馆抄《元河南》序跋,为缪荃孙作。此志全书二十五卷,今只存四卷,惟前附阮元所搜得汉晋六朝宫城图三幅,颇足为读史之助。

继览孙先生(仲容)之编《温州经籍志》,其征引浩博,益叹其学为不可及也。先生生太平世,当世家后,且自少游历名都,所交皆一时豪隽,宜其学问孟晋如此。又好文学,不骛外事,即兴办教育事业,亦在五十岁学成以后,其专心致志处可法也。

下午,览《申报五十纪念册》,中多近时名人撰述,有梁任公之谈《中国近五十年之进化》,蔡元培之《谈教育》,叶恭绰之《谈外交》,童世亨之《谈地里》,孙文之《谈政治革命》,江亢虎之《谈新民主政策》,马寅初之《谈经编》,杨杏佛之《谈工业》,等等,皆甚可宝贵也。余既读后,渐明近世之趋势,以洗我陈迁之习气。

灯下继览《申报纪念册》,至九时出馆,归舍睡。日来以未得二弟信为念。因二弟前信云新厂为销路阻滞闭幕,近栖息友人处觅事。

廿二日　晴

日来天气大热,所住宿舍距校图书馆约半里许,往来烈日下极感不便。在馆标点《方志书目考》总志类。

继览《申报纪念册》、胡适之《为学篇》及孙中山文《中国革命篇》,始知孙氏革命名正言顺,实欲为我汉族争光宠,其制度上效唐虞以来固有之文治，下仿以欧美现行之政策，使我华从此图新，好与列强并立于世界上。何如革命以后，被无数党人扰乱其方略，为刮民自利之举，因大失其信用。又不幸孙氏早逝，今国家兵戈相接，人民困苦已极，如得中山真徒速起援救，则民令向往，如水之就壑，如兽之走塘也。

晚览赵氏翼《陔餘丛考》，叹其学问广博，即一事一物，寻常人所不经意者，彼皆征考始末，可谓不避多事之消矣。余因知学问之无穷也。九时半睡。

廿三日　晴

正午，见所长陈援庵先生，适顾师亦在座，因相与论今之治国学者，并亟称前清杨守敬惺吾老人以商治儒业，著书等身，殊可叹服云云。回馆，标点各志序跋，兼览《学衡》杂志。旧书重温，中多近时学者之作，谓以学术，多切理处。又有严几道复论时事，又讥胡、陈白话误后辈，笑林琴南与争辨为多事等。书札亦皆亟待整理也。午后，同学相与讨论，前日各导师报告成绩，多窃于外国杂志，经人已道者。其最可耻为所长之著《月份牌》一书，全窃自法人之作。如此相窃，欺人之学，尚不值外国人之治中国学为多可怜。宜乎林公铎先生冷嗤此辈，谓无学问也。长久真态毕露，抄胥技穷，而彼辈犹高傲，以学者自命，亦可不必矣。晚洗澡后即睡。

廿四日　晴

晨起，见案间有二弟来信，拆视，知已得中亚电机绸厂职事，为大慰。弟此信，甚阻余归省，谓途远，舟行不便。为经济计，亦未合算。况其权又标他人手，因余此次来京，一切费用贷自诸师友及内子家，为数较多。

弟固未明余在此治学根中异趋，精神受苦不堪也。每与同学讨论，多露己见，相争闹。余实为古道存一派之传，不愿作此盗袭抄胥之学也。午后，开例会，议印专刊事。学问未成，汲汲求出名，中国学术于此当知其风气矣。余虽心不赞同，而同学强索文发表，不得已取《永嘉耆旧传·孙先生传》稿付之。

晚归舍，知三弟有信来，拆视骇甚。以所住店之主三益函来通迁，限期十日，因吾家欠租过四五十元之多也。此店本为我祖上遗产，不幸年来余家道日落，辗转让于三益。而三益竟出此举，实令余气闷，徒唤奈何耳。余之求学心，又缘此稍动摇矣。忆余求学，不啻舟行大海，不知飘泊至于何所也。灯下即写信四封，一致三益，请缓议租钱，由械弟工资过款。一致蔡莼池先生，请为关说，以先生与三益老板有交谊。一复械弟，一复泉弟，皆以此为言，并述此所不再招生，尽余辈六人毕业而已。但收佐课员为所编书，给工资，每月四十元云云。书罢，时已十下虽就睡，不合眼，盖余心亦过劳矣。

廿五日　晴

在馆标点方志序跋。余暇览同学陈楚淮所编剧本名《金照梦》，载在《新月》杂志中，大有情致，因叹陈君学问孟晋，可喜。东大本旧学者讲垣，亦有此新作品，潮流所趋，殊可畏也。晚，开学社成立会，到者十八人，皆诚心研究学术者，因相议会章，至十时始散。归舍，睡。

廿六日　晴

竟日在馆标点方志序跋，又阅《学衡》杂志，有刘永济、吴宓、柳诒徵、胡先骕等之讥评倡新学者。之数人皆西洋留学，与胡适同，何不肯应顺潮流，而独与相抗耶？讥以旧学有可研究处，而新学浮浅芜杂，不足道也。

正午至办公厅前，见布告栏内，贴有托聘中学教员消息一束。就中以蕙兰请国文教员，月薪合余意，亟欲舍此就彼，求解决目前家境

计。归舍后，方疑思间，忽同室友人雷君定邦，亦以蕙兰请化学教员
为意。因相约之，就其聘，函告主事者曹同学义，转知订实云云。蕙
兰虽亦是教会学校，所设在杭州，为余第二故乡，土俗、言语皆合适，
可谓难得之机会矣。夜睡，辗转思之，以为依此为之，可以灭堂上之
忧，使即时得子慰也。说此间治学，非余所愿，尽可借蕙兰作自习地，
积极用功，期得当世著名教了，即此报亲恩也。

廿七日　晴，夜雨

日间在舍。星期日。整检方志序稿，剪裁粘着，费时良久，旋睡
去。至四时醒，往谒顾师于燕东园附近。至时顾师陪一客小酌，客年
老，相谈文学，想亦不凡。余从旁听教，所述皆关考古事。未几，顾师
以所得黄公度遵宪《手札》墨迹及《史记》标点钞本见示。《手札》固可
宝，而此标点册则无多意味也。余前课诸生六经三史，皆余书点过，
是何足奇！是何足奇！由此亦可推知近时学者之所作为矣，且以为
能事，自矜渊博，可叹。归来到舍，雷友欢言蕙兰教事已成，明早以快
信通知，十日后当得其聘书云。余心喜何似，以为可以慰亲心矣。夜
睡甚安。

廿八日　晴

在馆阅胡适、任鸿隽诸人提倡新文学之作，其言间有可取。实则
新文学为救平民普及起见，已远不如古文学之可酬世传后也。彼往
尽力摹拟西洋文学为能事，此等忘祖媚人之学可鄙，亦可讥也。然潮
流至此，非稍采其说，则不容于时，饿死读书人，即应此言耶？

余为将应蕙兰聘，故亦取视之，姑去成见，冀有所得，以解堂上积
负。生计略宽，然后抱道穷山，或立言觉世，任我性而为之，以终天年
耳。晚回舍，知蕙兰事有间言而信未发，谋事不易，于此可以明矣。

览《汪穰卿遗著》，有载俞樾之二平议《群经》《诸子》，为一寒士所

作,临死时以贱直得之,没其名而为己著书。其事甚怪,记此以待考证。

廿九日　晴

晨,游达园,访曹君义,商杭州蕙兰教事,据云:余初来无成绩,须觅一熟习教师为之保证,然后发信。余遂告以同乡刘氏廷芳也。因相与谈求学之艰难,环境之迫人,致失所主张者。曹君出身亦寒微,所谓同病相怜,得相扶助也。既退,闻旋发信,余心又慰。正午得大舅信,悉故乡安谧,匪氛稍辑,惟听秋迄未得事。而大舅自将有处州之行,盖端午节收账事也。午后,读惜抱诗十余首至睡。以天气太热,就舍避烈日,故取诗吟咏以自适。既醒后,又得泉弟信,并附来近照全身片,穿学生装,立于公事台旁,状貌甚安闲,为之喜。弟信劝余勿归,即此避暑。其言果善,但不知余近有变心也。实为上辈设想,双方心安,受益必多矣。晚在馆整理《方志存佚考》毕,容数日后送顾师处审查。未十时出,到舍即睡。

五 月

朔日至初三日　连日晴

于阅新时代作品外,两次参与游戏会,以解忧闷,所览《红鸾天禧》(即棒打薄情郎)及听西方美人歌唱,既悦心又起余上进之恩。次日得内子信及械弟信,皆阻余勿归,余遂详作书,告以蕙兰教事将成,可见赚钱,图目前之急云云。以后事业,听诸天命而已。

三弟为余出门后,调排家债转款,已劳尽心力矣。兄弟相亲爱,亦人间难得,而且快乐事也。晚,为研究所开学术报告会,遂往听冯友兰(芝生)先生讲《合同异与离坚白》,盖冯先生得意之研究,人或称较胡适所编有条理。以余视之,不外抄书、叙述耳,所讲皆余去年在大同预备教材时已用过心思者。散会后，沿归路，与马师（季明）鉴谈下学期求学费无着落。马亦劝余应杭州教事，使安亲心为得计。到舍，浴罢睡。

初四日　晴

在馆览同乡周友予同编《教育研究》，对于中学国文选材，与余意相合，亦以文艺文、学术文二种，使诸生略明学术演变及文艺作法、体裁等。予同为此间师大毕业，夙治教育，后任上海商务印书馆教育杂志部主任，与胡适、周作人、钱玄同辈首倡白话者。人颇风雅，虽攻国学，顾饶夷气。近闻教授河南中大云。览报，知可忧可喜二事，喜者为名伶梅兰芳，得美国文学博士，为伶界中色。忧者即故乡平阳有匪乱，与吾邑相隔甚近，不知自家人作何避难计，至念。晚，还图书馆新作品四种。归舍，又读汝翚信，只述我家平安，未及其他。

端阳节日　晴

傍晚，送《方志考》顾师处，为结束本学期成绩。时与师谈以后研究题目，已拟定《清代学者编年》，是有用之工作。将来书出，当得人快睹也。是日端阳，回忆在家时，食角粽，看龙舟，自有一番热闹。近以应旧历，又忧匪乱，想无举行也。灯下，与同学白寿彝讨论新学，得其指示不少。然中心终嫌粗浅，有害于人心世道也。归时过其舍，借得杂志数册，皆有其近作，览久即睡。

初六日　晴

晚，听冯友兰（芝生）先生讲《合同异离坚白》。

初七日　晴

日间天热，饭后归舍，览书即睡。醒来又往馆，纵览近代作品，如《小说月报》、吴氏《文存》，所以求知其言论一二，然皆违反圣道，强词夺理,弥缝潮流,贻害人心非浅,所谓亡国之音也。

继而得堂上手谕,疑为邻友林幼渔代作,或堂弟逢楷代写,亦以平阳城陷事相告,盖远慰我心焉。晚,同学白君数人来聚谈,并作燕大烈女《魏士毅墓表》,即三一八殉难者。余许之,即去。余览书至睡。

初八日　晴

在馆录清代学者姓氏,按其年次。毕,览《小说月报》,载《新文学事略》,有所悟。其议论处,每每以取缔旧文学之组织,讥为无学识之谈也。甚至以学者文士所极鄙视之小说类书,为自贵之文学,称其胜龙门《史记》。多笑彼殆未读《史记》者耳,不然必不出此言,以召讥笑也。又以平时小儿女谚语,为绝佳文字,因采录灾诸梨枣,甚可叹也。晚归舍,得二弟书,并附黄友尧埌与械弟信二通。泉弟为三益催租事,颇愤激,决约我兄弟辈争气,图收回祖业。其语可感。曾公谓家有贤子弟,其兴必矣。但不知今时与昔时同否,总愿我兄弟力勉之。

初九日　晴

是日,得陈生枢自上海大同大学来信,知项如美亦来此肄业,为之慰。如美间有深得,实余一心教之故也。溯忆当年项馆相叙,读书学字,甚觉快意,时年尚幼。又有林爱雪、黄仪华诸女生,皆静听悦学。今各入大学矣,时光倏逝,殊可惊人。晚开学会,取名海岱,以争余为研究部长。此会专从事学问,无其他作用也。

十一日　晴

昼览报,知教部令沪书店尽毁往年文言文教科书。祖龙余烬又燃,可叹也。在馆阅元曲本,有《荆钗记》,写我温王前辈梅溪十朋故事,最是感人。王十朋文学冠一时,有《梅溪集》《会稽三赋》等传于世云。

丁集　温中教书时期

◎ 丁集上[①]

余自丁卯岁辑日记行事，为期凡七阅寒暑，无间断。逮入燕大，感环境太恶劣，时有讥议，恐误前途，因辍斯役。后赴厦门，掌教集美学校，览李氏《越缦堂日记》，深为激动，乃理旧业。然终毅力不果，徒令所阅之书、所行之事，俱无记载，殊可惜也。今年加长，已三十七，如仍暗然，岂不自负一生乎？于是取《论语》子曰"四十五十而无闻不足畏"，以名读书之室，用为警惕，且继作日记，期以终身。至其体裁，一仿越缦氏云。

朴垞自叙。民国二十八年元旦，即废历戊寅年十一月十一日。天气晴暖。

---

① 此集原名《畏无闻室日记甲集上》。

己卯（1939）

十　月

十日庚辰　雨

是日为人民造国之首一日。总理孙公逸仙（文，广东中山县人）与同志黄兴、黎元洪辈起义于武昌，全国响应，推翻清政府，光复汉族，厥功伟矣。政府遂定此日为国庆日，亦称双十节，机关、学校皆放假一天，以纪念之。

本校师生且感近来湘北我军大捷，乃于前夕演戏预祝。原定本晚在青田城中执火炬以游行，狂欢数小时，欲振作民众抗倭情绪，卒以天雨不果，惜哉！作书致陈生燊（炽林，现任永嘉县政府第一科科长）。阅《吴宓诗集》，记游欧洲名邦胜地，观光吊古，词句雅切，实可称留学生中之佼佼者。归国后，任清华大学教授，与吴芳吉（碧柳，蜀人，有《白屋诗稿》，余前在杭高时已读之，其散篇并见于《学衡》）、梅光迪数子友善。胡适倡白话，彼辈极反对之。宓之诗，盖仿黄公度（遵宪），以新材料入旧格律，颇合时宜云。晚作日记自叙，至十一时睡。

十一日辛巳　晨微雨，午后雨稍大，至暮始止

早起，盥漱毕。薛乐之（允康）自瑞安送女汉绮来，与谈颇久，始知张釜慕骞丁母忧，暂不来校。慕骞父母年皆八十，下月将祝寿，一切准备已定。今突告逝世，此事遂罢，因叹人生祝寿之不易。前岁，先严在时，年近花甲，兄弟等嘱余撰文为寿，余以为先严明年年才六十，稍待当为之。岂料三月杪，先严旧病暴发，延医不及，殁于老屋仲

璇叔书室。余等闻耗奔往，伏尸大恸，自责未作寿序，以博一欢，引为毕生恨事也。乐之回温州，余与施剑甫（伯华）、陈楚淮共送至水南埠头而别。作书复泉弟，玉环县政府会计室。致内子冷香，瑞安外姑家。咸阳刘古愚（光蕡）作《烟霞草堂文集》（诗附）十卷，杭县张孟敏（尔田）《槐居唱和集》，顺德黄晦闻（节）《蒹葭楼集》，海宁王国维（静安）《观堂集林》，贵筑姚茫父（华）《弗堂词》，并录其诗词之菁华各若干首。夜仍雨。

十二日壬午　雨

阅《空轩诗话》，其叙我师张孟劬先生事甚详。词曰：先生和易恳挚，不拘礼教。而疏通贯串，畅所欲言，匪特文学精博，其风度性情，在中国老辈中，亦矫然时异也。先生著述宏富，有《史微》、《玉溪生年谱会笺》、《清列传后妃传稿》、《清史》若干部分（《礼乐志》八卷、《刑志》二卷、《地理志》江苏卷、《图海李之芳列传》一卷）、沈乙庵《蒙古源流笺证》校补及《论作史之方法》与《艺术函》（见《学衡》第六十八及七十一期）等书，仅《史微》为最要云云。

余前在燕大研究时，适先生来教史学概论，即用《史微》为课本。其阐明向、歆、郑、章之学，极为精详。惜听者程度低浅，难能领会。退课后，余犹往游其寓，在西郊槐树街，与弟东荪合住，观其室中图书满架，先生矻坐，校勘不倦。因叹前辈好学如此，真可为楷模也。

又叙黄晦闻（节）所著各书，曰《汉魏乐府风笺》《谢康乐诗注》《鲍参军诗注》《诗律》《阮步兵咏怀诗注》《曹子建诗注》。未完成者，有《诗旨纂辞》（即《七诗浅注》）、《顾亭林诗注》（以上均北京大学出版部发行）。按黄注顾亭林诗，于史事考证极确。于诗意亦发明甚详，中道而殂，至堪痛惜（民国二十四年一月二十四日，在北京寓宅病逝）。关于顾氏诗注，吾乡哲孙公（仲容）亦曾为之。盖彼时值国难，有志之士盛倡维新,以救中国,公校记顾诗,以示其意焉。余前年在杭参观浙江省文献展览会,始知之。后览其子延钊(孟晋)所作讲演词中,亦叙及此事云。灯下编排《高中国文教本》目录。余年来教诸生国文,苦无善本,皆自选授,颇能引起若辈之兴趣。兹再从头编排,拟成书,投商务或中华名店印行,以取版权之税,岂非良策乎?

十三日癸未　夜微雨

竟日编排《高中国文》,颇费心思,今草稿粗具。午夜,陈雁迅(光汉)来代张慕骞高秋一、秋二两班国文课。雁迅为吾乡新辈诗人之一,毕业无锡国学专修馆,现任温州日报社编辑,社长周汉仪(湖南人)甚器重之。按国学专修馆设立已久,民十二余在杭时,即欲往读书,因其组织一仿古书院,分经义与治事。主持者唐文治先生等,道德文章,为世所称,且自负以道统之重,实国中之耆宿也。

十四日甲申　晴

热如夏,仍穿单衣。溪水渐深,江流颇急。午后,为庆祝湘北胜利,全校学生渡江至青田城游行演剧,甚热闹。余偕剑甫、德植往观之。剃头,汇国币廿元于铮弟,江西雩都政训团。据铮信所述,此团已并入中央军官学校,称中央陆军军官学校第三分校政治总队,不日毕业,即可分派职务云。余则函劝其升学,力求上进也。归来,灯下继编排《高中国文》,至夜十一时,始就寝。寝前,同学倪君士毅来谈,盖新从永嘉回校,并为余带来棉被一条。此子颇好学,近执事图书馆,然实有志升学,惜屡应考不遂云。

十五日乙酉　晴

晨起,改诸生文卷,至午毕高三班。与陈雁迅谈乡邦文献,并假抄仲容先生遗稿,题《彤影馆书画》,润格启小巧玲珑。余前在郡朵云斋,曾览其墨迹矣。晡后,宋生(炎)来,持所作笔记视余。炎为余友慈抱（墨庵）之子，能读父书，此次应考高中，成绩冠于同侪。晚改高春一学生文卷五六本，睡。

十六日丙戌　阴晴大风，天气转凉

竟日教书改卷，书教《孟子》，应学生之要求，可知社会间对古籍渐复重视也。夜阅刘永济《文学论》，其中叙述参杂中西文句，盖此人为一留学生，疏国远，在某大学教书时所编之讲义，简核得法。十时就寝。

十七日丁亥　阴霾，风止

晨起观书，陈雁迅来，畅谈学诗方法，即为述其师陈衍石遗之言论甚详。陈为闽侯人，清季诗界巨子，著有《近代诗钞》《元诗纪事》《石遗室诗话》等书。得海宁胡伦清（永声）书，知新入浙大浙东分校，任教国文。得闻生式陶书，即复。得隔安中学校长王毓榛书，索温中历届国文入学试题。毓榛，字超六，为余女弟子项如美之夫，伉俪情笃，已产数子。夏间，超六导余游其家，如美出子女拜余于堂，且齐称以先生公，一时余甚愧怅，以余结婚十六年未有息嗣也。灯下，又改诸生文卷，十时睡。

十八日戊子　晴

得内子书，勖余专事学问，勿作别思。以余本欲应高等考试，迫于时日手续未完不果。晡后，偕剑甫、德植游校旁旷野，遂爬山至巅眺望，青田四境，气象清俊，颇益心神矣。复王超六书。阅戈公振《中国报学史》所载，民报勃兴时期，皆爱国志士感清政窳败，办报鼓吹革命，虽受当局取缔，但于人民扩其见闻，长其志气，涤怀安之，酖毒破扪，钳之謦论，知有神州，知有时局，不为无功也。报之著名者曰《时务报》，汪康年为经理，梁启超为主笔，每旬一册，每册二十页，以石版印连史纸上，极清晰而美观，有论纵说、奏折、京外近事、域外译报等，后改为《昌言报》,延梁鼎芬任主笔。而梁启超出走日本,又创《清议报》,以攻击慈禧太后及刚毅、荣禄为事,清廷相疾甚,至禁止入口。庚子后创《新民丛报》,偏重灌输常识,极受社会欢迎,分论说、学说、时局、政治、杂评、小说、文苑等,出至七十二册而止。又有《经世报》,为章炳麟(太炎)、宋恕(平子)等所编辑论说,多译英法文报章,十余册即止。又有《国粹学报》,创刊于光绪三十年正月,编辑者为邓实,所载以章炳麟、刘师培之文字为多,分政篇、史篇、学篇、文篇等,出至八十二册而止。按此报,余儿时最喜从图书馆借阅之,亦可知余性近文学有自矣。录其发刊词于别册云,其他报名多不胜记。

十九日己丑 阴晴

阅戈公振《中国报学史》,改卷,洗足,补记日记。灯下,阅郑振铎《世界文学大纲》三巨册,然叙法简约,盖范围太广,作者特众,颇难着手,于我国文学详述小说传奇,亦因郑氏嗜好所致,闻编此书时,年仅三十余岁耳。中多插图,得之非易,增人兴趣,此为可贵,余览至十时始睡。

二十日庚寅 阴

读《毛诗》"周""召"二南,改卷,命题,第一次月考定本星期日。晡后,偕剑甫散步村头,并幽视所租新屋,因内子有再来此意。晚作书致内子,约实时日当亲往接也。阅王国维《人间词话》,余友鄞县许文雨为作注,颇详悉。

二十一日辛卯 晴阴

读《毛诗》,教诸生《召南》终。午后,偕剑甫游村头,与登远村,晤温中体操教员也,人颇爽直,余之入此校教书,全彼功力,可感。灯下,学翁松禅帖。

二十二日壬辰　阴晴

本星期日为第一次月考，余天半日忙为之监试。薄暮，偕陈楚淮渡江，赴故人邢弼（赞臣），约饮于陈记合作社，实青田第一间菜馆也。赞臣与余幼共学瑞中，近彼充县党部书记长，称青田要人矣。十时始归寝。得二弟泉信。

二十三日癸巳　阴

读《毛诗》。午饭后，陈仲武便谈校务，有涉于余者，谓此次学生要求学校迁回温州，由余主动，实为冤枉。忆当时天气不正，学生患病二百余人，医生应付不洽，学校几成病院。余激于恻隐之心，亦感水南地位卑湿，颇多瘴气，温人处此，水土不服，当以迁归为是。又校长屡为余言，亦有迁归意，欲先组筹备会，派人回温，就乡间觅地，词气恳挚，故余将此情宣复于学生也。不料，事后校长受人蒙蔽不持，打翻原议，反设计阻止学生行动，诬以扰乱秩序，拟闹学潮，遂施吓手段，一场迁校热烈正当事，如水灌汤，为之罢息。余于此，深感处此匪易，而人情险恶，国家多故，皆此辈为之厉阶也。夫办学与治国同，治国者须顾人民疾苦，思为之所，而办学必以学生为前提，爱护之教育之，顾全事实，徇彼要求，不宜故与作难，自显伎俩，激成反感，视若仇雠也。晚作书致顾师颉刚，云南大学，告以拙著《中国史学史》已脱稿。阅章氏（太炎）《国故论衡》，检论于音韵学解析精详，但不易了悟，以无根基之故。

二十四日甲午　阴晴

温《诗经》，参阅黄侃《诗经序传笺略例》、胡适《谈诗经》、俞平伯《读诗札记》，皆以新方法治《毛诗》也。午前，警报二次，事后传温州西郊敌机投弹数枚。晡后，向图书馆借书六七种。晚阅古《列女传》，并抄得所引《诗经》之句，为刘向《列女传》引《诗》考。至十时始睡。

二十五日乙未　晴

续抄《列女传》引《诗》之句,笪君远村来。下午,警报未几,敌机至此上空盘旋,一时半投弹十余枚,七枚落离青卅里外温溪,五枚落对岸汽车站附近,汽油爆炸火起,死二人,伤二人,当其时余实怖甚,躲堂间桌下,以命委天。事后大家相逢,皆庆贺其危,可想见矣。吴德辉夫妇来(乐清人),谈恐惧之情。得林生镜澄书,嘱问学校,为索还转学证书。

二十六日丙申　晴

上午,为警报空游三次。事后,探悉永嘉瑞安被炸,甚为悬系。是日校课几荒废,实以昨日夜惊过甚也。晡后作书禀告母亲,并转致内子。

二十七日丁酉　雨

晨起作文,题曰《本校创办人孙仲容先生》,为校之刊编辑委员会索稿,余亦此会编辑之一员,文艺栏集稿责任。今日天虽雨,亦有警报闻,福鼎被炸。晡后,向图书馆借得《饮冰室集》《厚庄文抄》,皆有孙氏事者。灯下温《毛诗》,至十时睡。

二十八日戊戌　阴,夜雨

上午零时许警报,余仍逃至山洞中,待久不见敌机来,解除后上课。下午,睡醒改卷。晚读报,知故乡南岸马道附近投弹四枚,想家人必受虚惊矣。同时,永嘉西门、东门外,皆投弹数枚,此为二十六日事也。作孙氏文,以无参考书,难下笔,暂搁置之。盖凡学术文字,不能杜撰,必须考证详确,方为佳品。灯下复改卷。

二十九日己亥　雨

星期日。晨起改卷。午前,往图书馆,借得《王湘绮书牍》、《国学

汇编》(胡朴安主编)、《古文举例》(邹寿祺编)、《论文要言》(同上),观
《国学汇编》中文字学研究法,终卷仍不能了解也。消息栏载有余友
李雁晴(笠)等《发起籀顾学会引》,正觅阅而不得者,喜甚。《朴斋读
书记中》载《诗经》之《关雎》说,引证颇详,辨别得当。作书致陈某,催
赎老屋。十余年来,为彼居住。暑假中诸弟在郡,商议收回,暂归余
住,以屋租作大父轮众之产云。晚点《唐诗三百首》,因高二乙组读此
书故也(余学诗自此始)。洗足。

三十日庚子　晴阴

读《文选别赋》(江淹作),点《荀子赋篇》,叹高深不易学也。阅
《王湘绮书牍》,文笔典雅。午饭后,林君允明来,授《孟子·公孙丑
下》。观师生比赛篮球。灯下,点《唐诗三百首》。十时就寝(夜雨)。

三十一日辛丑　晴

授唐诗。今日警报二次,皆空袭。事后,闻丽水飞机场被炸。得
张慕骞之母讣告,中附伊父震轩先生悼亡诗并行述,礼物已与剑甫、
楚淮、雁迅数子合送去矣。改高三月考卷毕。灯下,抄录《湘绮书牍》
妙句。闻省督学赵某将至视察。致内子书,约本星期六到温,自往接
之。是夜失眠,乱思家中琐事。

十一月

一日壬寅　晴

读《文选》,改卷。午后,开国文科研究会,出席有朱校长(一
青),陈教务主任骁(仲武),教员俞石民、钱耕莘、骆庆增、朱仲云、陈
雁迅与余八人,群推余为主席,力辞不获,此之所议关于展览,此赛
事至五时散会。便道过图书馆,借得高考总报告,明其命题性质,以

为后日应考之准备也。灯下，点《唐诗三百首》，余苦不能作诗，每有感怀，无从发纾如哑子，然实自愧为国文教师云。得林生彤书，以请假过久，嘱为说情复学，商陈主任，恐难照办。得杭高校友小刊，载诸同事、同学近况，慰甚。夫杭高本为浙省中学之模范，抗战军兴，由抗迁至金华澧浦上课，校长项定荣氏，经营颇费苦心。入冬，杭城陷落，金华亦吃紧，学校提早放假，余遂归。十二月中旬，忽得信，知以不慊上官命令停办。翌年秋，在丽水设浙江临时联合中学，将杭高归并之。余事仍蝉联，已得关约，争奈温中杨校长成勋（长沙人）强留余，代电摆脱，余亦感谢。时当乱世，为顾全家庭计，不敢轻出再允教授。今温中仍移设青田，离家百余里，则不若直赴丽水为得也。

二日癸卯　晴

晨起，温《诗经》，读《唐诗三百首》，七律命题。陈仲武交来林镜澄转学证书，遂特付缪生天成寄去。下午改卷，阅《王湘绮书牍》，此次赴温决自购一部。为校长开列校刊特约撰稿者通讯处，如周予同（上海，暨南大学）、李雁晴（云南澄江，国立中山大学）、李孟楚（瑞安水心街）、夏瞿禅（上海大陆商场，之江文理学院）、沈炼之（福建省教育厅），皆余素所往来者，学有渊源，称邑间文士也。灯下，点《唐诗三百首》。

三日甲辰　雨，午后晴

天热且闷，温《毛诗·邶风》。复林彤书，告以缺课过多，必须休学。彤为邻舍林心伟之子，十余年前，亲见其父母结婚，今彤已长成，从余读矣，愧甚。晡后，评阅月考卷，至上灯时方毕。阅报，知瓯江复航，英美商轮陆续进口，但不知三弟已自沪归来，念之明后日回郡当知之。十时睡。

四日乙巳　晴

温《诗经》终《邶风》。下午,小组活动,余帅诸生涉山闲谈,并填个性调查表,片刻即散。过江访同乡李素林,先生于青田补习中学与邢弼、王中稚晤。六时,搭航船回温,翌晨到埠。

五日丙午　阴,夜雨

上岸乘车,望伯母家来,见内子已在候,三弟归已一周,慰甚。与诸弟闲谈,昨夜械与仲超发生口角,盖为维新进货事,仲超生性刚强,不谙经商理路,妄议短长也。晡后,访孙孟晋(延钊)于籀园图书馆,既还《文论讲疏》,又借得《文选学》。晚为从妹友箫与陈氏子(永嘉人)结婚,镳弟、椿弟、发弟、楷弟皆往观礼,余以回校忽促不果。十时许,牵内子赴西郊乘舟来青田,内子心甚欢喜,颇有糟糠夫妇风度也。

六日丁未　乍雨,晴

十时半,船抵青田,偕内子同入新屋,布置就绪,过午即往授课,幸为作文,故得闲坐养神也。晚睡较早,两三日跋涉,颇感劳顿云。但此归在郡所见,尽是热闹景象,街头庙宇公开演剧,轮船进口亦突多民,皆回城安居,市面渐盛矣。

七日戊申　雨

阅《章氏丛书》,太炎先生最服膺吾乡前辈孙公籀顾,为作传及伤辞,称述颇详。余时选授诸生,使有所矜式焉。又文中叙及佛学。因检视任公、适之二氏作品,略明一二,盖晚清学者,如康有为、谭嗣同、宋恕辈,皆好治释典,取其义以立说救世,康曰《大同书》,谭曰《仁学》,宋曰《卑议》,蔡氏元培作《近五十年之中国哲学》,曾综述之也。

八日己酉　晴，酷热

得泉弟书，知已升为会计员；得铮弟书，知已毕业军校，将派差服务，皆可喜事也。午后改卷，渡江，观剧华光宫，班名大高升瓯班也。演《打严嵩》《捣鸾驾》，皆历史剧。至暮始归。晚改卷数本，睡。

九日庚戌　阴，刮风

天气转冷，合于时令，树叶亦纷落。晡后，改卷数本即起，渡江去观剧，为《水淹七军》《斩经堂》，与邢君弼晤，承招待，安然坐观，至完台而归，时天色未晚也。灯下，继续改卷，九时睡。作书禀告母亲及外姑，谓内子已抵，此一切甚平安。

十日辛亥　晴

阅《章氏丛书文录别录》与孙仲容先生传，授高春一诸生，并伤辞，均太炎作，改卷。下午三时许，渡江又往观剧，演曹操逼宫走南阳，亦皆历史戏也。灯下，温《孟子》。

十一日壬子　晴

温《毛诗》，改卷，观剧，演《劝子当兵》、《斩陈济美》（俗名"斩陈雪梅"），叙济美弃妇招附马，不顾恩义，为包拯所斩云。晚，阅骆某所编《文选学》，整理作文簿字纸，为明日开学生习作展览会。九时睡。

十二日癸丑　阴晴

今日为孙总理诞辰，亦为学生习作展览会之期。晨起，稍温《毛诗》，即往会场，排列诸生作品。得炯孙弟信，嘱再函促李一飞君，豁免所得税款，并作书致叶仲文表妹倩，商借国币伍佰元，以投股维新，所以佐助炯孙弟也。此款约明年抽所得之半，陆续寄偿之。仲文素重视余，谅必见许矣。致李一飞书。晡后，又往观剧，以不适意，未久即回。改卷，晚教内子看小说，洗足。

十三日甲寅　阴微雨

温《诗经》。复炯孙书，劝其与仲超中表和好，我舅氏只有此子，家无积储，向由大姨母及先君养活，自嫁表妹于仲文后，仲文拥资数十万，称永嘉富商，得有依靠，衣食无虑。维新经营调度赖之，今仲超必欲退股，殊患后日不能生活矣。余心不忍，故力劝炯孙始终顾彼，一时争执，无足芥蒂中也。下午，教《孟子》，散课后往观剧，又以不称意而回。灯下，指示内子读《元曲选》，以消遣客中寂寞云。

十四日乙卯　阴微雨

上午，水南演剧，设台于其操场，校中津贴三十元，师生几全数往观之。余亦偕内子坐茶摊，观至日暮而归。夜仅观三出。归睡。校发十月份脩金柒拾伍元，称曰生活维持费。

十五日丙辰　阴

上午教书。下午及晚，又往观戏，演《狸猫换太子》，盖宋朝宫闱事也。主角包拯（龙图）刚直，为人审许多奇案，演技精巧可观。

十六日丁巳　雨

下午三时，犹能往观剧，演《济公传》。点《唐诗三百首》杜工部诗，夜雨更添天寒，遂早睡。

十七日戊午　晴

改卷。晡后稍睡。观剧，仍演《斩陈雪梅》，但情节微异，由太后、仁宗堂叔等说项，免斩公主，甘降为侧室，于是团圆，似较合理云。晚演关公（羽）失麦城，称数日来所演之最精彩者。学校津贴三元，为备二牲以祭之，拘于迷信故也。学校剧团征募寒衣，归来闻在温旬日募金二千余元，可征乡人好义矣。得夏瞿禅之父讣告，始证实伊父已殇，其人行善，及临终无受苦，安然怛化，又与先君相同。盖我两家皆经商,非多积储也。有子孙满堂,且皆驯善,肯读书,有职业,实系积德所致云尔。

十八日己未　阴晴

温《诗经》,教书。晡后,小组活动,带诸生参观本校图书馆,示以为学门径。三时许警报,偕内子逃避溪涧,待久无见敌机,乃归。薄暮,得叶仲文妹倩书、三弟炯孙书,二人所复甚矛盾,仲文允借五百元,炯孙谓为不雅。得蔡迈翀师书,附来素纸一份,嘱题其继母遗像,余以不喜韵文,仅集四字"彤管传徽"以报之。

十九日庚申　雨

晨起,稍迟,来林思堂改卷。写信致谢仲文善意,并告贷款事暂作罢议。阅王湘绮、叶昌炽《挽联偶存》手抄本,余于韵文非所长,心虽欲学,苦格格不入,无以应世,殊自愧也。

二十日辛酉　雨

改卷,与陈雁迅谈治诗。陈曾受诗法于闽县陈衍石遗前辈,为诗尚江西派,惜露才扬己,好谤议人,此为缺点也。得林生镜澄书,谢余为取转学书,而大骂今世办学者之行事糊涂也。下午,高春一作文,余乘闲览报,知北海敌工登陆,钦、廉二州吃紧,广西门户危矣。又传将调海寇三联队兵舰廿余艘,图再扰温州及宁波云。灯下温《毛诗》,甚觉其间词句妙丽,可为作文资料者多,宜乎前修王国维先生每于余暇卧床咏之,以遣怀也。

二十一日壬戌　晴

终日教书。晚观话剧《凤凰城》,为本校学生所演,新从温州征募寒衣来者,情节尚佳,至十一时许始毕,归寝。得炯孙书,告以仲超退股,维新大局受影响,是夜为之不寐。

二十二日癸亥　晴

得李一飞复书，谓请豁免税款，上方不准，但可再请分期补纳，遂草一函，归告炯孙。信发后未几，炯孙突至，盖来此向学校索账也。因偕赴寓中用膳，共谈维新前途甚悉，为作书致恳仲超再相互助，述出利害处，想能动其心矣。

二十三日甲子　雨

发致仲超信。午，杀鸡宴炯孙，肴馔尚盛，尽兴对酌，且谈杂事。晡后，各级作文比赛，余派监高三，题目为《战时青年应有之修养》，朱校长所命也。夜复伴炯孙闲谈，得小女新吾信。洗足。

二十四日乙丑　阴

晨八时，炯孙决归，余送至江干，见江流甚急，颇利赴温，朝发夕可至矣。回舍激施剑甫谈瞿禅家人情，最好托办，因为作书致请则之弟代行之，垫款寄还，合送礼者，有陈仲武、陈楚淮、陈雁迅、施剑甫及余五人，每人约派国币元半云。晡后，向图书馆借得《曾文公全书》一函，检其所作挽联，承雁迅相佐，获若干首，皆甚善也。

二十五日丙寅　微雨，夜大风

温度表突降至八度左右，温《诗经·卫风》。下午，仍检曾氏联语及张季直所作者，惜《楹联丛话》《曲园楹存》借觅不得，如在郡城，则易为解决也。

二十六日丁卯　天晴，寒甚

星期日。终夜大风，天气骤变，复与温州异，室内温度已六七度，室外则无论矣。上午改卷十余本。下午，同事吴君子镇、朱君元松、郑君镕五、吴君德辉相继来谈，始知督学赵欲仁已莅校，将于明日起，视察二天而去。薄暮，金嵘轩前辈来，余导之遍观校中各处，金前已任温中校长，为人忠实，至毁产垫款数千元以办学，充省自治学校教务长、省教厅第三科科长等职。近设中学于枫林，专收失学子弟补习焉。灯下，读《文选·潘岳·夏侯常侍诔》，并阅《饮冰室诗话》，以不耐寒，故未九时即睡。

二十七日戊辰　晴，寒甚，始降霜

得仲文叶君书，谓借款可留待不时之需，情实可感，然余深鉴先严晚年负债痛苦之状，后由余以所得脩金尽力偿清，无一文欠，人享福五六载，于去岁三月廿八日寿终老屋，容色喜笑，似无牵挂，既伤且慰矣。今余为顾三弟事业，不得已出此计策，否则宁俭约不求借于人也。幸炯孙云毋需添股，遂作罢议。阅《饮冰室诗话》，载挽清志士文艺特详，亦有述我温宋平子先生之事者，可以移录备考征焉。晚为内子讲《孽海花》洪钧文卿纳妾（傅彩云，即后更名赛金花）事，至九时息灯睡。

二十八日己巳　晴，晚雾，夜大风

点读《唐诗三百首》。今日赵督学视察高中部，听剑甫课最久，盖同研历史故也。下午三时半，召集谈话，先由督学报告教部及厅方关于战时教育方针，其言甚正且顺继，而校长、教务训育二主任，皆有疑题提出商讨，至五时许始散。

项生锦裳、鲍君楚、周君学干来。锦裳从余读在民国十四、十五、十六、十七，四年之中，每日朝教经书，夕课史汉古文，最后半载兼教数理化诸科学。散馆后，锦裳与兄姊皆往应考高中，后升大学，今已毕业，服务社会矣。此次过青田，将赴江西赣州办盐务税事，想为其父谋荐也。灯下，讲《孽海花》，内子听之甚感有趣。作书告外姑，速为内子制棉袍，以水南天气特寒，不与家乡可比。承督学相识书法，托校长嘱涂屏幅以赠。天风作，未九时即就寝。

二十九日庚午　晴

正午,待三弟书,附来余照片二张,知已安抵家矣。晡后命题,以第四次月考将在本星期日举行。送书还图书馆,晤倪生士毅,乐清人,诚恳勤学,为掌书员。复借得钱牧斋《初学集》、吴梅村《家藏稿》。灯下点《唐诗三百首》七绝毕。继讲《孽海花》给内子听,亦至更深始睡。

三十日辛未　晴

晨,读唐诗若干首,改卷数本。午后,正提笔继续改卷,适陈雁迅来,闲谈至暮。而张慕骞来,雁迅遂决于明日归温矣。晚,校长邀饮青田县城陈记合作社菜馆,同席为施剑甫、王同德、方德植、朱元松、陈雁迅、俞石民、骆久治、教务主任陈仲武、校长朱氏数人,八时许席散,渡江回校即寝。

十二月

一日壬申　晴,略热

陈雁迅归,以代慕骞课期满。改卷,朱校长来,谈久始去。晡后仍改卷,倪士毅来访慕骞,为借书事。与慕骞谈丧礼,慕骞为失母之人,余则为失父之儿,相对感伤,且言开吊日大雨,一切似不及我家之佳遇,天晴吊客多,即校长学生俱来拜奠,确非偶然,亦先君一生为善之报也。按先君于去春避寇机扰郡,回寓老屋仲璇叔家,虽有旧疾(气喘),然调养得法,体亦旺健。日间尚遍游诸邻舍,谈笑自若,乃晚睡仅更初,忽气喘。市上戒严,延医不至(贼子西医蔡礼夫四请不来),坐误性命,无救伤已。翌晨,我辈兄弟得电话通知,立搭汽车奔瑞,伏床下大哭,即备衣棺殓之,亲族来者,满庭殓毕,遂发葬于西岙祖茔旁。青天白日，送葬人络绎道中。当晚招魂，归郡屋设灵，朝夕哭祭。至五七开吊，值大雨后，天大晴明，又无警报，竟佛事期中皆然，谓非厚幸乎！今已二年，将于来春除服矣。晚讲《孽海花》逾半。

二日癸酉　阴晴

施剑甫归。午后改卷，温《毛诗·卫风》。阅《日知录》论作诗押韵法。小组活动，率领诸生游栖霞寺，即本校初中部。寺旁有莺花亭，中立一碑，刻宋秦淮海观词一首，调寄《千秋岁》，相传为秦氏游此所题也。晚讲《孽海花》小说毕，记洪钧（文卿）宠赛金花事。金花后退外国兵有功，亦历史上一女英雄也。暮年穷困异常，京中名士曾为设法维持，殊可怜矣。洗足。

三日甲戌　晴

终日改诸生文卷，并督月考。间览报，知桂省战事正浓，自方不利，各地又受敌机轰炸，为状甚惨。灯下，读李慈铭诗。何生淑云、树康姊弟来，中表莘夫先生之子也。莘夫曾任江苏省水警厅长、军械局长、龙泉县长兼督察公署专员。现解职闲居，多子女，有室家之累矣。施剑甫子振声来、张生机来，少谈，各散去。

四日乙亥　晴

晨起，读《诗经》，改卷。下午，春一不作文，改教《孟子·离娄章》。晚得则之弟信，知夏家人情已为送，每人应派元半，惜楚淮、剑甫、雁迅皆归，无从接洽耳。又得杭高校友载校舍被寇占据，则余所存什物必无望矣。校长项定荣氏早往重庆，襄办三民主义青年团，近任总务处副处长职，同乡叶溯中品任宣传处处长，颇活动，前程远大，或有中央委员之望也。

五日丙子　晴

下午，高三不作文，亦教《孟子》，因前星期有作文比赛之故。鬤头。还书图书馆，并借得《应用文作法讲话》，中述楹联作法颇详，遂摘录名人佳句，以补充原讲义也。得三弟信、雪妹信，奉母亲命汇钱归。此次学校无余储，致延期发薪，闻校长朱一青氏亲晋省，向厅索取未回。灯右阅《文选学》，自拟作一书，曰《选学类考》，仿马端临《通考》法，将《文选》分析考核而整理之，以为读者检索也。目分文体音义（训诂、声韵），史实博物（草木、鸟兽、虫鱼），典制（职官、宫室、车服），地理（天文、星象、山川、都邑），内典，掇拾，引书，贺人，研究（摹拟、评论、著述）等，尚待斟酌。又欲编《类录楹联》，按类集录联语，留意用典，以资揣摩，分署宅（私人居宅、官署、学校，以及其他一切公共场所，通常所谓楹帖、门对、春联属之）、祝贺（凡关于婚、寿、生子、移居，以及房屋落成、商家开店皆属之）、哀吊（通称挽联或挽亲属，或挽师友，尚有自挽之类属之）、题赠（大半为奖勉、希望之语，或言彼此情谊，或言恭维敬仰之意，亦有无谓应酬）、名胜（游览胜迹题诗、题联，即凭吊古人，追怀往史，或流连景物，点缀风光，或自道生平，慨叹时事），皆文人应治之艺术也。

六日丁丑　晴

上午十时许，警报，余遂退课堂，归伴内子，避于涧中，好久不见敌机，仍回寓。下午，改文卷十余本。晚阅《饮冰室诗话》，特注心联语，因今日始教诸生学作楹联，以应社会酬酢之需也。

七日戊寅　晴

晨，起改卷，教书。傍午警报，偕内子仍避入涧中，候久，似闻爆炸声。午后改卷，兼改入学试题答案，高三同学拟汇印行，为后之应试者参考也。览报，知吴佩孚（子玉）将军病危。吴氏气节凛然，虽陷敌区，屡被威迫，出任伪府军事要职不久。吴与邑前辈项骧莫逆交，得意时二人皆居曹锟下，称直系中心人物。失败后，各归乡里，饮酒赋诗，不问世事，颇有古名臣风。灯下，为内子讲刘向《列女传》，至九时睡。

八日己卯　晴

晨，读唐诗五律。晡后，授课甫片刻，警报又作。急归寓，牵内子避涧中，待解除始回。往图书馆借《国闻周报》卅五本，录其《凌霄随笔》所载楹帖。晚继检楹帖，至十一时方就寝。是日览报，知吴佩孚逝于平寓，享年六十七，可谓死得其时矣。

九日庚辰　晴

晨起，读《诗经·卫风》。教书。楚淮、剑甫相继来。下午赴水北，汇炯孙处国币伍拾壹元，系借自方德植。先一日，炯孙信来，述老屋陈姓将迁出，嘱备洋寄去。此时余适囊空，校薪未发下，对原议暂变通行之。另函商外姑借洋百元，合百卅屋价，还陈姓。余九十元，原为二、四两房补价，当归彼自理也。还书图书馆，并借得《国闻周报》卅五本，检出楹联若干首。晚阅《周报》，载《章太炎轶事》。至八时半即睡。

十日辛巳　晴

星期日。高二乙组《文选》科，少数学生补考。报载吴佩孚追赠一等上将，治丧费万元，事迹宣付史馆列传。下午四时后，牵内子渡江入城，购零物。归寓，见案放蔡师（迈翀）之继母讣闻。即晚作联挽之，云：守节著徽音，须知熊丸助读，晚镜衰年应享福；教忠承懿训，正闻拔举迎养，秋风锦水怅归帆。余素不能作联，近颇自愧无以应世，乃勉强学之耳。

十一日壬午　晴

晨,读唐诗李、杜名句,心领其作法。九时后又警报,盖日来时局吃紧,丽水、绍兴、衢县皆有被炸毁工厂民房颇多,幸人民无大损伤云。下午退课后,与剑甫入城剪布,作挽幛,归寓书之。夜寒甚,有风。

十二日癸未　晴

点唐诗。晡后,高三作文题,为《悼吴佩孚上将》。三时警报,未几即解除。闻徐生(恭恕)、马生(振骢)赴温购米之便,遂将挽联托带,由通济轮船公司转去矣。晚阅高三作文比赛卷,选王震东等十名。

十三日甲申　晴

晨起,读《诗经·郑风》数篇。阅《国闻周报》,有记近代诗派有六,曰湖湘派,曰闽赣派,曰河北派,曰江左派,曰岭南派,曰西蜀派也。湖湘派领袖推王闿运,王氏文法晋宋,诗追汉魏,与余杭章炳麟,可称并教同工,其弟子蕲春黄侃季刚法王氏,有《繿秋华室诗集》若干卷,皆伤心忧国之辞也。黄为吾师林公铎(损)之挚友,尚性学问,酷肖国中,称为怪士,如清朝汪中容甫然,皆充北京大学教授多年云。

晡后改卷数本,赴图书馆借《顾亭林诗文全集》,章学诚《文史通义》,林纾译《茶花女遗事》来阅之。灯下,评高春一作文比赛卷,未九时即睡。

十四日乙酉　晴

上午,教书。下午,改卷兼阅作文比赛卷,共取廿本送教务处。宋生炎来,伊父墨庵近作《林公铎先生五十寿序》寄示,文嫌板滞,恐非林师所喜也。晚检国文讲义。阅《国闻周报》论翻译。九时就寝。

十五日丙戌　晴

晨起,读《诗经·郑风》,至午方罢。晡后教高春一孙衣言《祭曾公(国藩)文》。余日来专课诸生以韵文,盖稍有所感也。余自少喜读古文,拟学桐城派,故于此派作家文集读之几遍。逮入旧京,闻大师陈垣、张尔田绪论,遂弃而研讨学术矣。且觉为古文失之空疏,无章采,不能应世为酬酢之作,殊自愧也。欲假一暑期闲暇,将《文选》剖析,详考出典,为学文资料焉。晚为内子讲《茶花女遗事》,系林琴南所翻译,法人小仲马之名著也。文章结构迥异我国,但情节亦颇有趣也。

十六日丁亥　晴

本日为农历十一月初六日,亦余之生日也。中午,内子稍置酒肴,从余乃相对大酌。晡后,警报解除。又偕内子渡江入城,购寿面等食之。朗读《诗经》,叹其修辞,无怪王氏静安时读之也。晚得三弟炯孙信,言老屋赎回,仍照原议,归公充泉福,轮值收租,亦甚善也。五十一元寄去,取卅元奉作母亲十、十一两月之银矣。读《列女传》,九时睡。

十七日戊子　晴

竟日改卷。晡后逃警报,复炯孙信,接受原议,并催告我维新店近状。作书复谢外姑,取销借款。阅顾亭林诗,多爱国语,何怪孙仲容、章太炎、黄晦闻辈好治之。灯下,整理旧讲义。房主妇其夫出国十余稔,闻将归,为之喜。青田人多以贩图石远游东西欧,发财回家,作富翁也。览报,知杭城一度为我军所冲入,巷战良久,然后退出。时局吃紧,故连日浙东各县被炸,如宁波、绍兴、东阳之处云。

十八日己丑　晴

上午,青田有空袭警报,余正上课,从诸生请,先几分钟退课逃匿,久仍无闻。又见报,始知昨午后温溪(隔青田卅里)有敌机飞来侦察,盘旋数匝而去,故此处隐约闻机声也。晚房主夫果至,老大回家,夫妇相会甚乐,地人拥来窥之,如观新郎。然余谓此人尚有天良,出门十余年,且远至外国,终因战事起,归里访妻。而妻前守空房,备受苦辛,今则略有出头矣。

十九日庚寅　晴

竟日安静。晚得方德植邀饮于城中陈记合作社菜馆,在座有施剑甫、陈仲武、陈楚淮、张慕骞与余数人耳。命题为高二乙组考《唐诗三百首》。得炯孙信,欣悉维新开幕,有日落之大慰。嘱写信笺,遂照办云。

二十日辛卯　晴

晨,读顾亭林诗,教孙公《祭曾文正文》,为诸生讲会匪扰家乡事。晡后改卷。归寓与房主之夫,新从外国来者,谈侨居意大利时一切生活状况,实非我国可比,无怪乎一班留学生,回国辄欲整顿内政,使之欧化也。灯下,注释章学诚《古文十弊》,并指教内子看小说。洗足。

二十一日壬辰　晴

是日,得内兄陈岳生书,嘱写富华厂招牌字,厂为内兄集资所经营,规模尚大,称永嘉企业之一也。又得小女新吾函,附示月考成绩单,新吾本为余连襟黄听秋之女,前年余掌教杭垣省立高级中学时,牵来入附小读书。其母怜姊闺中冷落,遂举以赠,今年已十二岁矣。又得从弟晓秋书,为大妹友娥欲考初中,嘱寄温中指导一办,以为准备之用。晚复指教内子看小说。中夜雨,天明即止。

二十二日癸巳　晴

晨读《孟子》,继改文卷。晡后教书毕,购温中指导寄晓秋。倪生士毅来,为写介绍信致胡伦清,龙泉浙大分校。士毅甚有志气,力求上进,可嘉。晚佐内子治厨,为明日冬至,家乡风俗制汤圆食之。至十时始睡。

二十三日甲午　冬至节　晴，大风

晨读《唐诗三百首》，午餐稍备酒肴，夫妇对酌以贺节。薄暮，季弟铮突至，盖已毕业于中央军校第三分校，正派江山任军政部第二十二补训处政治部见习，此次乘未报到前，归家省视母亲，孝心可嘉。余晤谈时乐甚，遂远送至隔岸客邸，见其同伴约廿人，俱温郡产，且有少数出自本校，故识余云。余别归寓，观书未久即寝。

二十四日乙未　晴

是日，为省会（杭州）沦陷纪念，八时开会行礼。为内兄写富华厂招牌字，书毕，日已中，即封好寄出。填教厅调查教员表。开始辑注《楹联》，以后观书，如遇典故，当移录之。房东小女小同姐将出阁，同居诸友合送粉仪国币拾圆，五人分派云。与德植、剑甫游村中，观各家祭祀做节，风俗与自邑稍异。灯下，为内子讲《今古奇观》二则后遂睡。

二十五日丙戌①　晴

（缺页）颠沛流离，惨苦莫状也。忽奉厅令，放假一天。改试卷，为初春三学生书小屏幅数纸。入晚，演剧欢送初春三同学毕业。余牵内子往观之，至十时完台，始返寓而睡。天气极寒，补日间摘录顾亭林诗句，侧重典故，以为作联等应可酬文之资料，甚有趣。

二十六日丁亥　晴，夜月明如画

上午，教书，余闲摘抄顾诗，为初春三毕业生书小屏幅。下午退课后开校务会议，通过校章，又讨论下学期学生注册截止日期，一班

---

① 干支疑误，姑照手稿录入，后文类似情况不再一一出注。

外地同事,不顾学生年内缴费困难实际情形,弗予变通,殊可恨也。散会,乃随全体同事,渡江宴于合作社,同桌有李系林前辈、金懋奎教官、陈楚淮、施剑甫、方德植、张慕骞、吴德辉诸子,觥筹交错,喝酒猜拳,全室哄然,融洽甚乐。八时许,完席散归。归又为内子讲《今古奇观》一则始睡。

二十七日戊子　晴

晨抄顾诗名句,为初春三毕业生写小屏幅,以作纪念也。下午,开会商讨代办瓯北补习学校期末考试题事。余得命高中国文题。晚又开会,会商填所属学生榜行评语。归寓为内子讲《今古奇观》二则,可知故乡戏文多本此书情节,此有趣味,适于通俗教育也。

二十八日己丑　晴

晨,送瓯北国文试题于教务处。房主夫妇争闹,似嫌故妻丑陋,有遗弃意,险矣人心,彼为夫出国守节十年,今归仍如此,可叹也。为诸生书小屏幅,读《孟子·告子章》。晚讲《今古奇观》二则给内子听。洗足。

二十九日庚寅　晴

上午,改卷。午后教《孟子》,助监时事测验至暮。在图书馆《抗战画报》,叹近世科学昌明,后生读书,宜讲求其道,庶于国有裨。灯下,教内子读《诗经》。九时睡。

三十日辛卯　晴

上午,教高二乙《诗经》,终《郑风》,教高春一国文,为韩愈、曾国藩五篇,所以勉励诸生也。高秋三《文选》教毕,方朔画象赞,拟入新正高三。高春一教完《孟子》,而高二乙组教以楹联作法,以求法一段落也。退课归寓,老房主叶家伊女小同将出阁,同舍诸人,如施、陈、方、张及余梦致礼仪,故得邀用午餐,酒菜尚佳。下午三时半,全体学生开大会,再议迁校问题,以校长无诚意,恐成僵局也。晚与内子朗诵《孟子》。

三十一日壬辰　晴

上午,阅毕高三、高春一两班考卷,心神爽快,遂偕剑甫、德植散步江干,且谭下季教事。因剑甫近又得陈博丈督学函,邀改教联高,薪金特致百元云云。然剑甫以与余辈相处情好甚笃,不肯分散,终辞之。高二乙学生张某、周某补考,在栖霞寺会客室中。晚与剑甫、楚淮、德植渡江入城,听本校学生歌咏抗战之歌,至九时方回。其成绩颇劣,盖被学校当局强迫,考期将届,实无心歌唱也。房主新自意国来,辄抛故妻,别纳一妾,并搬迁造新屋,似有一振为富人模样焉。

庚辰(1940)

一　月

元旦癸巳　晴

自今日起,放假三天。开始编《选学类考》,以骆君《文选学》为底本,抄其考证源流,以文体二部分。傍午,友人陈君逸人至,由楚淮作东道,宴于陈作社,相陪者有剑甫、德植、德辉、定夫及余七人。饮罢,复游城庙一周,仍归水南,闲谈至暮,送彼上船而别。逸人近掌教宁波中学,其学长于古文,为里中才子之一。余来温中,即继其后云。晚,学生结队往水北,参加火炬游行,以庆祝元旦,并公演话剧,剧名《情的冲突》,演者皆高中女生,如唐佩兰、徐品仙、陈瑞华、薛汉绮、洪蕙如、蔡韵箫数人。余以日间陪陈君游览各处,归寓后,觉体倦甚,仅为内子讲《今古奇观》一则遂睡。

二日甲午　晴

上午,为诸生书屏幅六七付,字仿常熟,尚称意。因回忆往岁掌教凤阳安徽五中时,亦以能书,为人所称,故主校学生,争持纸请书,每日宿舍墙壁,满悬屏联。经此练习,对行气略有心得。旋来杭,以编书事忙,不欲及之书法。为学问成功,何患字不随学而传名。下午,编《选学类考》。晚宴于房主家,仍与剑甫、楚淮、德植、慕骞等同席,盖饮催嫁酒也。餐毕,偕内子赴观话剧,即由女生陈、洪、薛、徐等扮演《情之冲突》,甚佳。九时后归,睡。

三日乙未　晴

上午,为旧房主女小同出阁,花轿至,箫鼓喧,送聘人打扮毕,加笄上头拜堂佛,入轿,利市人掷采,引人嬉笑。余亦与同舍诸子在人丛中观之,意甚乐也。午后,二时许,警报起,正伏案改卷,遂还寓,牵内子逃入溪涧内,少避即解除归。为学生写屏幅六七副,尚皆称意。灯下,点读《孟子》,并钩出唐诗五律之特佳者,拟示诸生多诵之。

四日丙申　晴

上午,授课后归寓,炯孙弟介一人来,嘱为求差学校,遂偕往商朱主任(岫云),谓□会已过,姑待下学期,斯人即去。得外弟吕仲超函,知前商事已赞成,维新亦曾复业,为之大喜。惟云货色未到,殊令我疑念。嘱余归时过其姊处,一商甥儿升学高中事,当为留意也。晡后,编《选学类考》,关于著述方面,至著止。中间,为诸生书小屏幅数纸。晚与内子意稍龃龉,旋和好如初,为讲《今古奇观》二则而寝。

五日丁酉　晴

晨起，读《孟子》，编《选学类考》。十时半警报，偕内子急避涧内，旋闻机声，盖经过青境，不知飞往何处也。午后，警报又作，入涧未久辄解除。览报，知粤赣战事我胜，故敌机又活动，以图牵制。校发薪，此次拖延甚久，或及两个月矣。还方德植国币伍拾壹元正，所余仅够敷衍至放假时也。闻倪生士毅往考浙大，幸得录为试读生，喜甚。此生志实可嘉，至于图书馆原职，谅必摆脱云。灯下读《孟子》。

六日戊戌　晴

上午，授课。得铮弟书，欣知已回抵江山入处办公，开始为国家服务矣。女生周惠芳新自郡来，述维新已开张，更慰。晡后金作镐来，里中青年画家，最近执教于阜山初级中学，放假归过此。编《选学类考》。四时许，与剑甫同渡江翦发。晚参加高秋二组联欢会，余以不能说小话歌唱，颇为诸生所困，幸有剑甫公子振声出而为奏口琴，以解一笑。

七日己亥　晴

上午，改卷。复铮弟信，勖其勤于职事。晡后，编《选学类考》。晚得方鼎如姨丈书，催为伊女作伐，并为伊子关联投考等事。余前与内子宿其家二夜，便谭同事谢君启发，新从浙大毕业来教高中，才貌俱佳，欲为撮合。后为谢父子提及，金以议婚之时未至为辞，遂作罢。晚应高春一联欢会之请，参加行乐，至九时半散。归寓即睡。

八日庚子　晴

晨起，点读《孟子·尽心篇》。午饭甫罢，辄闻警报，偕内子避于涧中。顾内子以食青田鱼，不合胃作呕，冷汗出，神色突变，令稍坐大吐，始复原状，遂不待解除而回寓。教书毕，与剑甫、德植散步江干。复方鼎如书，说明作伐不成之故。得小姨致内子书，知连襟黄听秋近皆有钱寄家,慰甚。小姨系余帮媒,过门后才悉听秋一贫如洗,而勤产子,今已四子二女矣。其长女新吾即赠于余者。灯下,阅代瓯北中学国文试卷本,阅《顾亭林全集》。

九日辛丑　阴

送瓯北试卷于教务处,并缴本校高三、高春两班期考题目。教高秋二乙组《楹联精义》毕。教高三《孟子》毕。下午改卷。编《选学类编》。为维新代领温中帐款国币捌拾元,盖积久已数月,今始到手者。归寓后,朱主任追来索还拾肆元,诈言曾退店腊笺四筒,其实辄抽头,作自己出息耳,于此可见社会官厅作事更污矣。

十日壬寅　晴阴

上午,高春一《孟子》教完,约下学期课外补授《左传》,诸生皆极喜悦云。下午,高秋二乙组选科提早考试,允之。题目中,惟挽联分析较难耳。为查李慈铭作品所用典故,因登房东楼,顺便观其藏书,尚丰富,皆旧本也。四时许,偕内子渡江入城购菜蔬,虾皮每角只售三两,带鱼五两,咸菜一斤,可知近来生活程度,提高数倍矣。灯右,为剑甫校对其所作《青田掌故谈》。

十一日癸卯　晴

晨刻未起,澄之突来,遂起询店务及维新复业事甚详。彼来亦向校索帐,偕见朱主任,后又以须经调查清楚,不肯付钱。澄之乃独往见校长,归来正午,杀鸡备酒肴小酌。餐罢少憩,再赴会计处取钱,暮搭航船归温去。灯下,结算高三、高二乙分数,至九时睡。

十二日甲辰　晴

本日起为学期考试,余监视第六试场,考英语科。统还所借书于高初中二图书馆,并自检装案前各书,拟在十五日晨阅卷毕即归。中心剧团抵校表演抗战戏剧,适学生期试,遂暂延在十六日晚间举行云。张慕骞送来火腿一只,笋干一包,为答我代课之意。余屡辞之不受,获受后少(稍)蒸一块,食同舍好友也。晡后,编《选学类编》。灯下,核算高春一分数,至九时寝。

十三日乙巳　　晴阴

晨,为德植监试算学将毕,有高三学生梁君夹带,被陈教务主任所察见,训育处仅记彼一小过了事,陈教务悻悻然,责训育主任王同德,二人拍案争辨。余闻,辄往劝解之。中心剧团在水北公演,余以过渡麻烦不往观。传同乡虞明素下学期将充事务主任,因温中事务处同人办事糊涂,贪污,为厅方所知,令至改组,更明前日朱主任扣压维新十四元事,全属子虚云。

十四日丙午　　阴

上午,高三、高春一考国文,高三作文题为《吾今后所以报国者》。高春一为《初中里我所受过的几位国文教师》,考竟,取卷视之,所评每教师教授法优劣甚精详,可为借镜,因时识明,欲研究之作论文也。下午,阅卷两班共百余本毕。中心剧团送入场券来。学校发十二月份脩金,余取得七十五元正,后扣去赏资、所得税等三元余。同室友人施剑甫、方德植二君,决于明晨首途归,余亦随之同行,当晚检点行李,总结分数,至十时许睡。夜雨。

十五日丁未　　雨

七时,别房主、同事等,挑行李上温青轮,渡船入舱,见剑甫、慕骞先在,吴德辉夫妇、金德懋教官旋至,因大谈学校行政诸琐事,而德植改赴金华,取所藏书矣。一时右右,船抵温溪,稍起陆,观前被炸之处,仅遗破瓦颓垣而已。未几,轮船到系之,复开回温,天黑到埠,直投维新过宿。喜维新已复业,门面胜前,宽大远甚。行装甫卸,剑甫、慕骞引庄渭英来,乐清人。杨任校长时充高中数学,颇得诸生信仰,以朱校长待遇欠优,愤而去职者。洗足就寝。烱孙归,逢椿弟亦自瑞安至。

十六日戊申　晴

晨刻,陪逢椿弟,访其姊夫家,观洞房中布置雅洁,床桌箱厨,皆最新式。书间虽小,亦极清致,可收摹效也。访仲文夫妇,知秀超妹前患指病烂至节,颇惨痛,今已渐愈矣。仲文托余以其子燕(铸贤)考高中事,归来,方鼎如后至相托,皆欲为之竭绵力也。访岳生舅于宴公殿巷富华发行所,小谈而回。午食大伯母家,有腊货酱鸭、鳗鲞、龟脚等菜蔬。晚食澄之店中,肴馔亦然适味。路上遇中心剧团团员,知已全体抵温,为温中剧团公演募基金。附小表演歌剧,一往观之。张秉登中表来,林杞来,林允明来,为欲制先君家传,购纸作屏,无一合意。老屋陈姓已迁出,待余归修葺,以弟一年租金充其费用,须亦订条约也。

十七日己酉　晴阴

晨之时,偕内子往搭永瑞轮,在船中与一金姓谈国家政治窳劣,贪污风炽,民生艰苦,语极愤痛。不觉阅三时半抵埠,入烱孙家省母亲,甚康健,弟妹活跃,大慰。为修屋事出西郊,约木匠方君,过二伯母家。访剑甫,归过小姨家,告约污者,俱来接洽云。冷风起,似有小雪意。

十八日庚戌　晴

修葺老屋,督工终日。晚,访张畴九表兄,得晓秋族弟邀谈伊舅家杨君拟考温中事。过内家,知外姑赴乡,贺大小舅公新屋落成,小女新吾随往,大舅公亲来邀余夫妇往领喜酒,以修葺旧屋事牵缠辞之。何小山先生来,系仲璇叔之友,亦为一贫儿,考温中事相托。与晓秋三舅父晤,即托前事者,允为写信,先赴报名云。

十九日辛亥　晴

老屋前添建砖屏，今日动工，助量尺度极整齐，工资订明国币拾贰元。木匠来修理厨房。以余暇编《选学类考》。

二十日壬子　阴雨

终日为修屋监工，小女新吾从乡间来，相见喜甚。

廿一日癸丑　雨

今日星期日。族弟晓秋归家，现正受训于城隍庙，与谈修屋事颇久。又言伊戚杨氏子以无成绩单，学校终不许报名。仲璇叔引伊友王梓同子，来托考温高事，当为留意。从祠堂中搬杂物来，皆先君所存于彼处者，睹物怅然。夜购寿屏纸，不得。

廿二日甲寅　阴雪

上午，监工修屋，并将即晚作灶事吩咐家人完毕。午后，遂搭轮赴温，以明早招考新生故也。但恨河轮开驶过迟，故到郡时已万家灯火矣。夜宴味雅菜馆，到同事数十人。饮罢，由朱校长报告招考手续，计分十九试场，考生共一仟七百六十人云。在轮船中，与陈楚淮晤谈，堂弟则之亦在座。夜分大雪，搭车告仲文子蒸，以考试邀识。

廿三日乙卯　晨大风，冷甚，旋转晴

未明起，赴试场，借蛟翔巷瓯海中学、窦妇桥增爵小学二处，主试为施剑甫、钱耕莘，校长总其成。午刻，饭于附属小学。午后仍往监试。览报，知时局又紧，敌渡钱塘江，萧山临浦失陷，于是嵊县、绍兴、诸暨连日被滥炸。同事等颇以永嘉为虑。晚偕剑甫、楚淮赴温州大戏院，观中心剧团演《兵荒马乱新人物》等剧，表情极佳，绝非学生所演可比。至十一时许散归，宿于维新楼上账房间。

廿四日丙辰　晴

晨六时,赴考场监试,颇留心仲文子蒸,鼎如、子良二人,至梓同子,不知坐何试场,以非余监试故,难关照也。午后,仍往监试,至三时半毕役,喜无警报,招考事安然过去。推想宁、绍、金、衢各处以时局紧张,当不能如期举行矣。晚与诸同事坐高中礼堂楼阅卷,余分高中师范高科之部,试卷共三百余本。后宴味雅菜馆,时校长女儿佳玉传坎门敌已登陆,其实未确。余胆怯,警告诸弟准备一切,而县政府亦召开紧急会议,议定疏散人口、货物办法。

廿五日丁巳　晴

上午,阅卷完毕。午后,赶搭河轮归里,为明后日将移居老屋,一切还仗自料理之故。三时半到瑞,知修屋事皆竣,惟砖屏未竟工。

廿六日戊午　晴

竟日雇工搬什物,洒扫庭除,余一人监视之。出访许成远于县署中会计室。许成远来。

廿七日己未　晴

上午,写门帖对联。下午张贴佚毕,泥匠续造砖屏。出西郊,请二伯母来襄助,夜守至二时正安床,五时阖家燃火炬,抱衾席,笑嬉过屋,尚热闹云。梓、鉴二弟皆来,桭夫妇昨会同来瑞。

廿八日庚申　阴

午,聚亲族至戚小酌,酌罢各散去。此次余兄弟商议收回老屋,重加修葺,乡里称之。

廿九日辛酉　雨

客俱散,仅留桭夫妇。余以余闲编《选学类考》,至人名生卒著书考。午后,宋生炎来、张生致辉来。晚过大生,访心湖表舅。过内家还门帐一束，外姑强留余合饮，不果，与约下月一日做年糕，二日还天愿，须早来调排云。

三十日壬戌　雨

补作一周间日记。宋墨庵来，询伊子炎入学注册事，余遂托作先君家传，允之。编《选学类考》。

三十一日癸亥　雨

为二叔写春联，复用一纯客原句。施剑甫来，还余《越缦日记举例》，并相约明春初六日同赴青田温中。剑甫谓时局日紧，省政府有再移松阳说。访阮抱山（西震）于礼夫医院，商乞空白令纸，圆泉弟诠叙资格。抱山属向伊弟一手取拿，适老伯云卿先生送年糕来，抱山食少许，余三人合谈，甚久而去。访阮一平，初不值，旋得相遇于庐，遂告明前事，一平允设法也。

二　月

一日甲戌　阴

晨起，书屏联，以曾文正公《赠弟国荃联》，云俭以养廉，誉洽乡党；直而能忍，庆流子孙。横匾书"精善"二字，《易》曰"积善之家，必有余庆"者，所以示戒后人也。乡下舅公偕伊子阿松来做年糕，余呼集黄家小儿凑热闹，至晡后毕。两日来，约素食为明夕还天恩之故。晚内子治厨，以油煎鱼十余尾。洗足。

二日乙亥　朔风起，午后大雪

李心湖表舅来，料理还天恩事。外姑来，内兄陈岳生来，张姑父来，乡下舅公来，皆为帮忙拜佛。道士升坛，召自神受享。余开情旨，告以廿四年八月间，内子客杭，病瘟甚亟。先君及内兄、外姑、医生方鼎如先后赶至，内兄祷天许愿保佑之，旋即霍然是役，余耗费约三百余金，内子再生，可谓厚幸矣。晚开斋设酒四席，邀亲戚饮之，如喜事然。夜星光灿烂。

三日丙子　大晴

托匠来续造砖屏，制联字至暮，余助之。内子分配神怀，送亲戚。外姑引孙女乘车归。晚赴内家饮分岁酒，同席有李心湖及岳生之丈人等。觥筹交错，红烛辉煌，亦颇热闹云。金炳麟君家送来鳗鲞二条，以谢前为关照投考事。

四日丁丑　阴雨

造砖屏工竣，付值国币拾叁元。滨弟自郡来，告大伯父墓已建筑毕，为箫妹之亲戚书横匾数字，尚称意。检点所藏书籍，尽置诸厨中。畴九中表之子致祥来，嘱为写信，担保缴费，允之。张姑丈来。晚与家人闲谭，九时睡。

五日戊寅　阴雨

晨出西郊，邀二伯母暨花妹家大小来饮分岁酒，并解节账约二元余。过黄尧埝家，抱山适先去，因托讨许达初欠款。尧埝近治医学，深居寡出，似有退隐意。晚聚家人，饮分岁酒，甚欢乐。鬎发。

六日己卯　阴

九时始起床，持笺联乞书于项主微尘先生。途遇抱山，相与共往，坐谈时事及诗，盖项近作《银婚歌征诗》，里中其闲情逸志，殊似吴大帅佩孚也。大帅卒未久，项作传挽之云。访黄尧埝，谒蔡师迈翀，适自平阳归。数月前亦由抱山绍介平阳县长任秘书，人极干能，充此职实大才而小用也。为小姨向地方银行领款，系黄宗洲所寄赠。小姨嫁听秋，家境困贫，生子特多。宗洲系听秋之堂兄弟也。前归见而悯之，故有此贻。晚得邀饮于共屋琪侄。十时睡（新吾体稍发热）。

七日庚辰　阴

除夕。晨，未起床，中表张畴九来，送大父母遗容像，前日余嘱滨弟携郡装裱者，因略受蛀蚀之故，附有炯孙信。谒张雪葬亲家公，询妹倩阿宸近况，得惠讼事已毕，行将派差闽或赣未定，余心慰甚，以二先生少谈即出。下午，蔡亲家公来，名耀东，邑廪生，养子不贤，家稍中落，因自叹晚年处境恶劣云。得泉弟信并证件回条，知已收到，乃为放怀。宋墨庵来，适余外出归，检先严事略抄一份，送请作家传。过金炳麟店，与其父谈迁校事颇久。晚赴娥妹饮分岁酒。出游街市，灯烛接春，热闹达旦。家人聚厨下作菜，亦皆喜色欣然。鞭爆之声四起，知时已迟，遂关门睡。付女新吾压岁钱若干。张宅送点心礼来，旋回敬以红封一对。

◎ 丁集中

二月八日辛巳　晴

晨起祀，先拜宗祠，家人相贺中。张氏中表畴九、镜如来，回拜姑丈张焕文先生。午后出游街市，见店门皆闭，沿途呼卢喝雉，小儿燃鞭爆，喜气洋洋，因叹旧历年快乐之情入人深矣。阅宋墨庵二十以后古文，皆可喜者，尤长于酬应，故所作以寿序为多。晚屋内幼童群聚于堂，表演歌剧，诸母及弟妹弟妇环坐观之，亦家庭中一乐事也。

九日壬午　晴

上午，挈新吾往外姑家拜年。在庭中，抄骆氏（鸿凯，湖南人，黄侃弟子)《文选学》,述治《选》方法,一曰训诂,二曰声韵,三曰名物,四曰句读,五曰文律,六曰史实,七曰地理,八曰文体,九曰文史,十曰玄学与内典。蔡师迈翀率其子学林来,嘱余转达抱山,决辞平阳县秘书职。去后,余往访抱山,不晤,乃分付其家人云。紧急警报起,旋闻飞机声,盖日来江南战事正酣,除夕丽水亦被炸矣。灯右,读王益吾《续古文辞类纂》序跋文数篇。

十日癸未　晴

稍有云,气闷热,如春仲景象。抄《文选学》中名句以为参考。蔡师迈翀来,为辞职事嘱余共诣抱山处一商之。到时适有区队长某在座,师与其抱山小谭,即辞出。余遂回拜蔡师,相与至其家,赴项荫翁家拜年。午刻,往外姑家祭祀,外舅等计二桌,上桌皆小孩,为岳生、听秋二家之子女,下桌为余及内子、小姨、内舅公数人。正食罢,警报又作,无何机声至,旋息,想必过境也。警报解除后,余独步东山,观新品玉昆剧也。余久欲一观之不获,故今闻甚喜。正目《白玉莲花》,拆出《双义结》情节,皆细雅,实文学品之最佳者也。内子与新吾留宿外姑家,余自归睡。

十一日甲申　晴

访宋墨庵,承允作先君家传。午后,出西郊二伯母家拜年,并约请明日为先君除服日,来舍照料。往逢铨族弟家拜年,晚饮小姨家,内子与新吾先来,同席将食,适友人姜萃夫来访,与之酬应,少顷而去。炯孙夫妇至,余与炯孙出定酒筵二桌,计国币六元,约明午祀先除服用。炯孙又谓大伯母亦皆来。

十二日乙巳　晨大雾,午后略晴

戚族多送红烛,至约十余起。二伯母遣媳妇孙儿来,张姑丈遣四房孙女来,拜后即去。堂妹友花率儿来,大伯母偕两媳妇、渭夫自郡来。正午,先行完蒸礼,继行除服礼,礼毕相聚食馂,甚热闹。三时许,余与炯孙、镰永诸弟谒坟西岙,归来微雨,诸客已散。晚为派钱,母亲稍不满余之所为,实冤甚,只饮泪吞声,自认不孝而已,但于此亦颇识为人子之难矣。后经炯孙劝解,始息怒。

十三日丙午　晴

平明,炯孙夫妇回郡店。换堂前寿屏对联,为母亲挂三宫灯,相与接谈,和好如初,事后母亲亦悟,知余非甚不孝者,唯命中相硬耳。晚检点行李。

十四日丁未　雨

天未明,余与内子、新吾先起,捆扎铺盖。二妹友菜继起床,为雇车,遂上楼别母床前,而赴船埠,搭轮来郡。傍午,至店问温高学生,方知学校仍无迁回希望。晚与内子、新吾同至西郊外,搭青田船。

十五日戊申　晴

九时许,至青田水南,入校后宿原处,布置房间床铺、书籍,颇得房东帮忙。晚施剑甫、陈楚淮二人皆见余而至。笪远村来,俞石民、大民、昆仲来,陈仲武来。校送补考卷来评阅。

十六日己酉　阴晴

晨,送小女新吾入水北温中附小,途晤朱一青校长,在附小与主任宣诸教员谈略久,办好缴费购书手续。因与老笪同渡江归。向会计处支一月份薪金五十元。午后,遂以十五元汇奉母亲,为月银。得泉弟玉环会计室来信,为泉作书,致许成远。方德植亦至,相晤喜甚。

十七日庚戌　雨阴

重抄余所拟高中国文目次,力求切于实用故,每类先述体裁之演变,有暇别为抄集成书也。向校图书馆借来参考书多种,馆员近易一姓阮者,系宁波人,亦极和蔼可亲云。

十八日辛亥　晴

晨起稍迟,在寓楼检点功课,读《论语》。习颜真卿《麻姑仙坛记》。买布鞋,费钱一元贰角,比战前市价一倍有奇。晚内子置酒宴老房东之女小同,以出阁后第一次归宁也。

十九日壬子　晴,大热

本日正式上课,余教高春二学生以韩愈《进学解》,因述前人治韩文方法甚详。午后,张生公侠来,持其父润玉先生、其师陈叔平先生,以嘱余为关照复学住宿事,遂遍问里中人,有无空屋可以移居。读《论语》,习颜帖,陈雁迅至校。

二十日癸丑　雨阴

教书,阅《藏晖室札记》,系借自王生宗瀛者,当代学人胡适(绩溪人)所著一二三卷,为日记以下皆札记琐事,如《日知录》之类,胡氏廿岁即考赴美国,入康乃尔大学肄业,虽流科学,仍时读中国古书考异,其后学成归,乃大唱白话文,以贻害青年也。

廿一日甲寅　雨

教书,校发一月份脩金。阅《藏晖室札记》,系胡适留美时渐见风俗与所治学句之记载,因叹胡氏年轻有志,今果成一大人物也。谣传绍兴、诸暨失守,丽金公路汽车不通,可知时局又紧张矣。灯下,习颜字数纸,而后睡。

廿二日乙卯　晴

教书,高春二乙组本学期专题教《文选》,惟书须向郡配购耳。张慕骞至,拟借宿余书室,在小同家楼上。慕骞谈其父震轩先生,今年八十一,征诗贺重游泮水。士绅来,约数十人,乃出示照片,就中为余认识者,有孙莘农、郑一山、金子兰、张次石、孙孟晋、宋墨庵、李孟楚辈。夜月皎洁,盘滚龙灯,锣鼓喧嚣,地人聚观,颇称热闹云。

廿三日丙辰　　晴

晨往小同家,见慕骞果设榻余书室中,遂使地段狭窄,而同事皆聚一处闲谈,甚妨正业也。慕骞以其父所作诗见贻,余读之,嫌古体造句欠苍劲耳。从雁迅借阅奇文,穷半日方毕之,并摘录其妙句数则。高春二课外读物授以《左传》,诸生听之,甚感兴趣也。闻笪远村将赴丽水,供职省地方银行,盖得前校长杨成勋之邀,伴去者今有俞石民氏。笪为余介绍入温中之恩人,因馈以牛肉二罐,以作路菜,且示微意。金华中学体育教员周守常先生过此,校长与仲武皆强留之在此教书也。十时始睡。

廿四日丁巳　　晴

上午,教高春三乙组《文选》,先讲治学方法。午后,偕雁迅游其所寓,室甚狭小,案上积书,多余已读者,如《诗经》《史记》《汉书》《文选》《文史通义》等。少坐,朱校长来,因询俞、笪二君离校及周守常肯否应聘事甚详。阅梁任公《双涛阁日记》。余生平已阅过日记,有求阙斋、湘绮楼、文恭公、越缦堂、复堂、缘督庐数种。灯下,作书二封,一致三弟炯孙,一禀外姑。洗足。

廿五日戊午　　晴

晨迟起,往林思堂听雁迅、慕骞、楚淮闲话,甚有趣。下午,偕剑甫渡江游县城中,先访邢弼(赞臣),当地党部之书记长也,为余少年同学,曾卒业于浙江省立法政学校,故近兼执律师职务,颇能干谦逊也。访李逸伶先生于青田补习学校,主持者亦系邢友赞臣也。向邮局购邮票一元,并发外姑与炯孙信。吴德辉夫妇来看屋,欲租余所住寓边新造之楼,以租金过昂不果。灯下,习颜帖,读《文选·养生论》,

颇感含理深奥,不易了解也。

廿六日己未　晴

上午教书。下午,抄胡适《藏晖室札记》传记文学一节。后牵内子渡江入城购菜蔬,归遇校长,为介相识而别。灯下阅《藏晖室札记》,新吾晨起过早受冻,至晚体发热。

廿七日庚申　晴阴

阅报,知江南战事我有起色,绍兴、诸暨可无虑,敌困守萧山城矣。此次事变,主席黄绍竑记大过一次,将军刘建绪革职留任,戴功赎罪,司令许宗武枪毙,处分甚严。王锡涛(伯川)来,同乡数人伴游校中各处,伯川近在金华农校任教,以汽车停驶故,延至今始赴校。过青,特来相访云。新吾病退,活跃如故。灯下,阅《藏晖室札记》,并抄出论训诂、校勘之学二节,颇有用处也。

廿八日辛酉　阴,大风

晨起,抄《藏晖室札记》关于翻译方术。得泉弟、椿弟、鉴弟信。午后,渡江入城,为鉴索三友书店账款,便道牵小女新吾归,新吾疾复发,级任陈先生竟衣以绒衬衫,实感激甚。晚宋生炎来,持其父所作我父别传,余读后极称之,立写信告泉,拟制屏,常悬堂中,以彰我父生前之懿行也。故人林心伟,现任方岩动员会职员,时有小册寄示,因作书致谢意。新吾体仍发热,我夫妇二人迫之出汗,终夜不得安眠矣。

廿九日壬戌　雨,夜大风

上午教书。下午,稍睡,醒后写字数行于名片上,致谢附小陈级任以绒衣衣新吾也。发与泉弟、林心伟书。阅《分类应酬文汇》,虽为坊本,然颇适用。余近拟纂《高中国文教本》,亦采此法,庶成学生毕业服务社会得应用也。牵新吾往诊察室,诊病取药回寓。灯下习颜帖数纸即寝。

三　月

一日癸亥　晴

上午,教书,阅《战时中学生杂志日志专辑》,末附前代名人日记,而未及翁文恭、王湘绮、叶缘督、谭复堂,可怪也。下午,教《左传》。旧书重温,甚觉有心得。灯下,习隶,洗足,十时睡。

二日甲子　晴,夜雨

晨起,检点功课,将教春二乙以《文选》诗。蔡生学林来,徐生规来,李生瑜来,余友一飞之妹,皆浙大毕业生也。过此赴校,特谒老师相谈。午后一时即去,至海口后,搭汽车直达龙泉分校也。陈生青莲函来,自述已入贵阳医学院任事,殊为可惜。陈本考取杭空学校,仍以体格不及格见遗云。倪生士毅亦来校中,为点交图书事。事竟,再往浙大求学焉。下午三时半,参与校务会议。晚宴于隔岸陈合记菜馆,同事五六十人,饮酒猜拳,欢声彻街巷,其实非战时应有之现象也。今日向图借有王念孙《读书杂志》、引之《经义述闻》,洪亮吉《左传诂》,孙星衍《尚书注疏》,陈澧《读书记》,《三国志》等。闻图将移余屋前大祠堂中,由是借书更方便矣。

三日乙丑　阴雨

温《左传》,王生震东嘱书小屏条,先有同事王同法为写横幅,亦学翁松禅,惜欠板滞耳。陈雁迅等数人相聚闲谈。灯下读《左传》。

四日丙寅　雨,午后雨停,入夜后大雨

晨起,温《论语》三章,教书《文选》李康《运命论》,亦有费解处,要

之说理文不适余性情也。下午,阅《战时中学生日记专辑》,有楚淮《秋蘅室日记》一则,词句艳丽,饶小说家,笔致远胜其他作家。又有陈训慈《西行日记》,在宜山从学马一浮先生,事先生治理学。余前在杭垣时,得湖南李笑春介兄于寓庐之中,藏书特多。战事起后,随浙大退入广西,总裁聘充复性书院山长云。阅《陈介石(黻宸)年谱》,为其从侄孙穆庵所编,中述陈氏治史学之主张,发明史德、史质、史情之说,盖得力于章实斋学术居多。灯下,抄梁任公记《清代各省治史学者事略》,至十时许睡。

五日丁卯　雨

上午教书。下午,作文,高三班题为《关于高(宗武)陶(希圣)二氏之反正》《发扬浙东精神》《反运命论》,令诸生选作其一。阅《太炎文录》及《检论》,钩出对中国史学之主张,以补充余所著《中国史学史》之罅漏处也。灯下,即将其语移录于簿。作书致项微翁(骧)求墨迹,去冬已有红腊笺存彼处。老房东之女小同归宁,内子吴夫人共往举谈,甚乐云。

六日戊辰　阴,傍晚雷雨

日来拟改编《中国史学史》,深究史学演变及作家言论方法,综合叙述之。因重检各书,先阅《太炎文录》《检论》之类,得其异说焉。览《瓯报》,知叶仲文所经营洪元庄右邻失慎,仲文登报声明失落账簿数本。灯下,抄先君别传,拟附致炯孙,嘱制黄绢屏,常悬以彰先君之德事也。改卷。

七日己巳　雨阴

上午教书。下午,改卷十余本。三时后,出席教务、训导两会议,知定古历二月十八日,远足阜山,观白衣丞相庙香市,闻颇热闹,四方来拜佛者甚夥,且各捐资至万余元云。又议定高三毕业考较早一个

月，为传本届回复会考制之故。晚继抄太炎论史语，习《曹全碑》。九时半睡。（夜仍雨）

八日庚午　雨

上午教书。下午，高春二作文，题目《纪念"三八"》《为妇女运动节》《自励》，任作一题。阅报知蔡元培（孑民）前辈于三日病殁香港某医院中。蔡近充中央研究院院长职，对党国曾建大勋，称元老，尤有功于教育界。民初北京大学，后为教育部长，擅长哲学、心理学、美学，享寿七十三岁。国民典型，惜哉！向图书馆借得《亭林诗文集》《南雷文定》数种，拟选关于浙东史学论文，以示诸生浙东民族精神也。灯下，抄太炎论史语，至十时睡。

九日辛未　阴晴，夜雨

晨起，阅钱穆《中国近三百年学术史》黄梨洲篇，明其所治史学，即由理学蜕变而来，遂开以后万斯同、章学诚二氏之史学也。下午改卷数本，校役来请，待我开会讨论编辑校刊，余被推负收集高中学生稿件。散会后，与林思堂诸友共游村头，观所建校舍尚未成，其木料皆为郡校炸遗之物也。村头风景较水南为佳，惜距离较远，行走不便耳。灯下，检视《太炎文录》，拟作一篇《章太炎之史学》也。小女新吾乞献金一元，于其校（温中附小）转致前方将士，事关爱国，许之。得校聘书及二月份薪金，仍为七十五元。以敌渡钱江，宁绍税收受影响，故不复加薪也。但感物价腾贵，一元只值钱二角许，则非加薪恐难维持生计矣。

十日壬申　晴

晨，小女新吾入校献金，归途同学妒之，因加欺侮，到寓大哭，余令内子偕往诉其母云。作书并欲汇钱，归与内子过江拟投邮局，以例假,汇兑停止,因购菜蔬少许而回。下午,改文卷,为初中部学生书屏幅。灯右,温《论语》数章,以明日高三将课此书也。

十一日癸酉　晴

上午教书,向图书馆借得《文文山集》,盖皆朱子《集注》本,而余则为《十三经注疏》本也。退课后,余独自入城,以六十元汇还外姑,十五元汇解母亲月银,又附二元奉作先君忌日祭祀用,二信俱以挂号寄去。晚,得训育主任义乌王同德邀饮陈作社,同席有施剑甫、安明波、陈振华、周铁梅、陈楚淮、方德植、张慕骞等,而陈雁迅则后至焉。酒酣,雁迅、慕骞与同德猜拳行令,甚乐。九时散席,归辄睡。

十二日甲戌　晴

是日为孙总理逝世十五周年纪念日,学校放假。在寓改卷,偕内子游村头看屋,因高中部于春假后迁彼上课,拟亦将春移去云。顺便访陈雁迅,如夫人新来,住村头者。雁迅已带诸生入城,参与典礼,于是由内子与其如夫人周旋,少顷辄回。下午改卷十余本。后王宗瀛持纸请书。未几,黄生统铸亦来,遂皆为执笔一挥,尚称意也。

十三日乙亥　晴

上午教书,得泉弟自坎门寄信,有意求调永嘉会计室,余遂为作书,致陈生炽林,永嘉县政府,不知其答复如何。下午改卷,陈雁迅夫妇来答访,坐谭片刻而去。晚继改卷,兼教小女国语,为胡适《最后一课》,描写法教士,提醒小学生爱国,其用意甚善云。洗足。

十四日丙子　晴,大热

上午教书,下午改卷。吴德辉夫妇来,少谈即去。何生淑云、许生请来,一为堂姑表妹之女,一为余知友成远之侄女,皆在高中肄业也。阅《文山先生文集》,附《指南录》,所咏宋亡播迁及就义之情状,其耿精忠足为近人楷模也。晚,读《左传》序,晋杜预作文,词雄健典雅,后世学者多仿之为序文。十时睡。

十五日丁丑 晴

上午教书,下午改卷。

十六日戊寅 雨

下午,教《左传》,有初中女生六七人围余及剑甫、仲武、慕骞,于室索钱,名曰义卖,因此日为童军节,初中放假一天,女生分七组,到处募捐,汇献前方将士,余遂捐一元以奖之。灯下抄《绎史》关于设史官事。

十七日己卯 阴,夜霰

上午教《论语》。下午改卷。灯下抄《饮冰室集》儒学哲家中黄宗羲辈治史事。

十八日庚辰 晴

星期日①。例假无课,但为春假前间一日功课故,移在今朝授之,如此吾假期可放十天矣。下午改卷,李生树人、王生宗瀛来,求余书屏条,为撰翁帖,甚称意。牵内子、新吾欲渡江入城购物,以江水大,难济,折回。灯下,阅《哀思录》,为载纪念孙总理之挽联、图片等,令人肃然起敬其伟大也。

十九日辛巳 晴,夜雨,天气寒甚

上午教书。下午高三作文,题目一为《原党》,一为《新文化先觉者蔡元培》。向学生周伯泉借得汉《石门颂帖》一本(隶书),即晚习之,颇合性,以有魄力故,且吾邑中书手孙诒泽(已故)为学此隶也。从图书馆借书法,正传阅之。开国文学科会议,仍推余为主席,议案

---

① 此日实为星期一。

关于作文比赛事数项。

二十日壬午　雨

上午教书。下午书法连传,悟其执笔之法。览报,知汪逆新政权将成立伪组织,人物已配定,就中同乡梅思平(永嘉人)任交通部长,其连襟王敏中亦任浙江省党部委员,腼颜事敌,廉耻丧尽矣,一叹。灯下,习《石门颂》,甚觉有心得。

廿一日癸未　阴晴

上午教书。下午,拟改编《中国史学史》,采梁氏法,乃重草目次数纸。吴德辉夫人来,内子伴谈颇久。灯下,阅钱著《清学史》,钩出有关治史之句,终卷始睡。

廿二日甲申至廿七日己丑

连日为作《孙仲容传》排比材料属草,修改颇费功夫。春假将届,学生吩咐之温课,准备第一次月考。余亦抽暇兼习隶字,为《石门颂》。传稿成,就正知友慕骞、剑甫、楚淮、雁迅诸子,皆为可。偕德植、剑甫游村尾,憩于山岩上,远望青田风景,甚佳。老友青田县党部书记长邢君弼(赞仁),以所办补习中学成立周年,开纪念会,柬请余与仲武、楚淮共往观礼,到有以县长(定邦)、林警察所长(平阳人)、各团处秘书长官及乡绅孙清夫、叶南坡辈廿余人,散会后聚餐,演剧。报载师陈垣新举为中央研究院史学评议员,拟投函求补为研究员,不知肯否。蔡元培前辈既灭亡,研究院院长缺,翁氏文灏最有希望。得林心伟书,云将于月杪归过青田。得泉弟信,嘱谋校会计缺,但郑兰阶无意辞此职,故未去接洽而置之。

廿八日庚寅　晴

上午,监第二次月试,预支薪金五十元。午后,搭船归,以械新赴沪办货，宜趁此春假，一归省亲与拜坟，同舟有仲武、剑甫、慕骞、雁迅夫妇、德辉夫妇，谢启发父子，闲谈，猜拳，一宿至温，到店后天始亮，而仲璇叔亦从碧莲归。

廿九日辛卯　　雨阴

上午，往籀园访孙孟晋，薙发后，搭鲍田轮，赴梅冈谒大姨母，观其头发苍白，精神衰退，非前日可比，为之隐忧。晚与仲超表弟共睡一榻，仲超结婚已数载，亦未出子息，近抱一男抚之，尚好。菜妹作客在此将一月。

卅日壬辰　　晴

午后，偕菜妹步行至莘塍，搭轮归家，喜见母亲、诸妹皆无恙。母亲云近常梦与余相闹，盖心理作用，人少一见之，实释其怀也。晚过小姨家、外姑家，皆平善。

卅一日癸巳　　晴

上午，往谒项微尘氏，取回楹联，为集兰亭帖字，即送第二巷松竹斋装裱，并定制寿屏一副（六幅），黄绢地，龟纹布，辨断，实洋十七元，付定钱二元。过剑甫家，过二伯母家，知将移居花大桥，便柬人情一元，花妹亦一元。下午，在家检理旧书，略事休息。

四　月

一日甲午　　阴晴

下午，偕娥、菜二妹先上先君坟，在西岙祖山。旋独自再上祖父坟，在礁石山。归来，母亲为言西岙人欲替余介绍小老婆，一笑。晚祀先做节。聚会馂，闲谈。

二日乙未　雨

休息,理旧书,取废纸粘所选文一原本。

三日丙申　晴

晨,检行李,过外姑家,与岳生晤。午后搭轮赴永(嘉),宿维新,仲超亦先来,遂偕游大伯母家。

四日丁酉　晴

在郡访亲友,见仲文夫妇、方鼎如夫妇。过老房东姚家,不值。游中山公园,花柳甚盛,似西湖滨,有所感。晚赶青田船不及,投宿詹幺茂客栈。夜五时乘轮,遇同事安曾夫妇,二先生何会计、张教官。

五日戊戌　晴

午后三时,船始到埠,与内子晤,甚喜。甫卸行装,得有光弟电告,义乌县长许君次玄邀余去任秘书,余昨在郡,方自往徐盲子处推命,谓将出运,须改途入军政界,作教员终身殊可惜云,言犹在耳。果得此讯,因叹人生百事由命宰,勿可强也。但余惯教书,对秘书事全外行,将奈何。

六日己亥　阴

在寓改卷卅余本,学生到者尚寥寥,赴钱耕莘处,改正《孙仲容传》稿,如作书卷数等。连日奔走劳顿,晚睡较早云。

七日庚子　晴

竟日休息,游村头,观校方布置。坐王同德主任室中谈国事,因汪逆精卫已在前月秒粉墨登场,亦称中央政府,建都南京。同时国府通电世界,申斥否认,自是我国政局分为二矣。与方德植谈义乌县长许次玄聘余任秘书事,方未表赞同,谓高中教员,地位不亚秘书。以电话通知胡友左海,嘱详示一切情形,徐待父之复,不必汲汲也。(得有光信,得徐生规、林生镜澄信。)

八日辛丑 晴

春假期满,自今日起上课,但学生到校仍寥寥。上午,高春二教《左传》。下午,高秋三作文,题为《汪逆傀儡剧演出》《礼生于有而废于无》《说掘冢与考古》。德植移住旧女生宿舍楼上,过谈良久。慕骞、楚淮、雁迅皆至,整理案上书籍。灯下,排比《高中国文教本》稿纸。十时许睡。致泉信。(得铮信并近照,喜甚。)

九日壬寅 晴

上午教书。下午,为眼镜架断,偕内子入城配制,遍询无有,拟托人带温购之。慕骞、楚淮移住村头。阅《江湖奇侠传》,叙清两江总督马新贻好色被刺事,此案发生,孙乡哲衣言亦参与审判,余前阅《越缦日记》,记此甚详。灯下,遂以张汶祥刺马事,照书为内子讲述一遍。洗足后即就寝。得泉信。

十日癸卯 阴雨

上午教书。步行村头,似觉路远。午后,改卷十余本,而剑甫至,因告决住林思堂事,许之。灯下草一函,致杨前校长成勋(丽水浙省地方银行),为泉谋行员。作书复铮弟。

十一日甲辰 晴,夜雨

上午教书,下午改卷。偕内子渡江,入城购菜蔬。览报,知日来沿浙赣铁路各县,如衢州、上饶等处均被炸。盖自汪逆登台后,局势转紧,法币对外汇一元跌值六分或五分八,如欧战时之马克矣。晚,吴德辉夫妇来寓少谈,雨至即去。

十二日乙巳 晴

上午教书,命题高春二乙组选科试,自定下星期二。下午,高春二作文题，为《春假琐记归途》《业精于勤荒于嬉说》。增改宋撰先君传，至晚完成，读之似胜初稿，即誊正，寄瑞安竹林斋，划格屏上也。薄暮，于开国文学科会议后，偕雁迅、仲武闲谈陇上，为义乌秘书缺事，皆云非适余性。况值时急，责任大，不可为也。小袁（韫玉）来嘱书，印存铸端，并许为余刻章相赠。以前日张生公侠贻余一石刻"董朴垞"三字，仿汉铜印法，颇苍老，小袁已见之，故有此言。

十三日丙午　晴

上午教书。下午，以眼镜托校工阿瑞带走，烦有光弟去配架。写致陈先生援庵信（北平米粮胡同一号）。又致老友何励生（长汀厦大），又致周予同（上海暨大），又致洪芷垞（丽水省教育厅），又致王锡涛（义乌县政府），皆有所托，非虚发也。夜热甚。

十四日丁未　雨

星期日。午刻，渡江赴合作社，同事聚餐，同席陈雁迅，饮酒大醉，扶归。林心伟自方岩来访，陪游观校舍。内子牵新吾入城购菜蔬，与遇埠头。晚览《楹联丛话》。天气寒甚。

十五日戊申　晴

上午教书，归寓，得有光信，谓滨弟妇举一子，嘱取名，遂为选永桢二字，作书告之，并遥祝我大伯母抱孙之喜也。下午，秋三教《论语》。入城寄昨所写各信，如陈、周二氏，皆挂号，以免洪乔耽误之故。校图所迁至大祠堂，今日始开放借书，余借《瓯风杂志》九本。携临后，录出其间名联数对。灯下，抄曾公《日记》问学唐鉴，未竟，以体倦先就寝。

十六日己酉　晴

平旦，正欲起床，闻机声，遂偕内子、新吾仓皇出走，避于山中。

果有九架敌机，隔山飞过，声甚嘹亮，可畏。上午教书，下午改卷。阅《瓯风杂志》所载，皆乡哲遗著，未经刊行者，又有外地人为作诗文。

十七日庚戌　晴

上午教书，下午改卷。校发三月份薪脩。得泉信，阻余不必赴义乌，以非性所宜也。彼自谋银行事，将发表，为之喜。为扶雁迅，自擦破手皮，今发肿酿脓，微觉痛痒，因叹好人不易为矣。灯下，抄曾公游泰山节，亦未竟而睡。（报载前夜丽水被炸，投弹二百枚，在城厢内外云。）

十八日辛亥　阴晴

晨起，抄曾公游泰山，游后湖，竟穿衣薄受寒。上午教书，下午睡醒改卷数本，去监考，然体已不支，至暮归来，发热卧床，盖被出汗，入夜即退复原矣。

十九日壬子　晴

今日病重，在寓休养。仲武、雁迅、德植、剑甫、德辉夫妇皆来视，感甚。阅崔述《考信录》序例，明其治学、怀疑方法，宜顾师推奉至，且为注释其书。发觉滨所产儿为名，以永桢与其丈人名同，不便，因重取之，曰广槐，或可柟、敏树，庶与楷之儿广涵齐行也。夜雨。

二十日癸丑　雨晴

今日仍请假，在寓休养。午后天霁，赴卫生室医手瘭，经药水洗涤，拔去脓根，渐觉屈伸自如矣。赴图览报，知前晨敌机经过，系炸丽水城郊十余弹，焚屋数十栋，死伤数十人，惨矣。得洪芷垞丽水教所发信，劝余严守岗位，不必变业，且许为余谋英大[①]缺次。得阮抱山金

---

① 国立英士大学，时在丽水。1938年浙江省政府筹备设立了"省立浙江战时大学"，次年5月改名为"浙江省立英士大学"，10月开学，初在丽水和松阳办学。

华保安处信，知仍任职原处，为第一科科长，为之喜。抱山亦勖余为中国学术界负一部分责任。阅顾师编订《崔东壁遗书》，领悟其治学方法，新颖缜密，可佩可佩。灯下，继阅之至睡。以日间用心过度，致夜寝不安。

廿一日甲寅　晴

上午改卷。下午，女生唐佩兰、马均权、陈璧来访，时余方睡醒，遂与谈良久始去。赴卫生室换药。在秋思堂楼上，阅宋友墨庵《续史通》，录其名目及纲要，盖多取材于钱、王书中也。归寓，见案有泉来信一封，知彼又奉令调桐庐会计员，而所谋地方银行事，既费一场心思面情，宜往，且薪水多，于此事业安稳，衣食终身无虑矣，遂作函复之。晚，温《左传》《论语》。

廿二日乙卯　阴

晨起，读《左传》，发泉信，赴卫生室换药。承王君精细诊察，感甚。上午教书，翦发。下午教书，再换药。得王锡涛复书，仍嘱余摆脱教事，应聘往充秘书云。阅《续史通》。得三弟信并所换眼镜，均喜。三弟自前月赴沪采货，今始归。晚草一函复抱山，并与商赴义乌事。

廿三日丙辰　晴

晨起，往卫生室换药，并寄抱山信。上午教书，下午改卷，再换药。

廿四日丁巳　晴

晨起，赴王孟温处换药。上午教书，归来得郡则之弟电话，嘱向校催汇账款。下午阅考卷，赴图览县组织散文，并借《公文程序演说学》。灯下阅之，甚有所悟，拟为转入政界之准备也。复械弟信，未发。又得有光信，知前所命名，有与其外家上辈尽重，嘱再取之。因取庆槐、庭槐、广楩、嘉楮数个令拣也。晚作书复锡涛，及询听秋，肯否随予至义乌，为助理秘书，以听秋前在县政府任事七八年，熟于公事之故云。

廿五日戊午　晴

晨起，换药，手渐愈结皮。上午教书，发卷。下午发信，命题送书记誊录。访秘书室秘书骆君询办公文程序。赴图览杂志，亦关县政事，与陈雁迅、德植，因共步处草地上谈心，甚欢乐，灯下阅《演说学》。

廿六日己未　晴

上午，赴村头监考。下午，又赴村头监考，中途闻机声，畏甚，急匿草丛中偷看，敌机一架自上空飞过，极高。事后入校考国文，诸生嫌余命题太深，其实皆学文方术及国学常识也。偕内子入城购菜蔬。

廿七日庚申　晴

本日为温中被炸纪念日。晨六时，集师生于大操场开会，由陈、王二主任讲说被炸之经过，又鼓励学生复仇雪耻云。在寓预备功课，题为《古文十弊》，包含学识甚丰，遂从各方采辑教材，注于讲义上。得械弟信，劝余勿去义乌，具理由三，一曰地连前线，二曰非性所宜，三曰地位相等，皆忠告语也。

廿八日辛酉　晴

上午教书。下午，在寓阅《日知录》，并摘出文律要语。得泉信，知银行事又失败。为学生书屏条。校长来访，不值，盖闻余有义乌之约。

廿九日壬戌　晴

上午教书。下午，高三作文，题为《纪念四二八及一个切身的问题》《就业耶，好学耶》。自坐观书，系邑人黄绍裘《东瓯俗字编》所载，皆方言也。散课后,偕剑甫、雁迅渡江访友,便道入县政府,访剑甫弟子王君,任兵役科长者,与谈少顷,出过大街,观所琢青田图书石,工巧可喜。灯下,补记数日记,在九时睡。女生章旦人叶素芬送鲜笋一束,来不及未谢。夜微雨,旋止。

卅日癸亥　晴

上午教书。下午,稍睡即起,改卷。与剑甫谈作人道理。第三期《校刊》发来,有剑甫作《谈青田掌故》及骆憬甫、钱耕莘等诗词。义乌人王主任同德、朱教员元秘,皆知予将赴其乡里任事云。晚雷作下雨,至夜分止。

五　月

一日甲子　晴

上午教书,下午改卷。林生镜澄信来,催证书,因为再走商校长,校长问余义乌事如何,答曰暂作罢议。薄暮,方德植来少谈,共出游江边,再与仲武、楚淮等晤,归寓得周予同书、何励生书,皆云为予留意职事,可感。灯下,阅《顾亭林文集》。同事尤俊人为予推命,谓少遭家运偃蹇,廿岁后仍平庸过活,四十一岁起始交好运,至五十六少受挫,必患病,过此至六十六岁,皆一帆风顺,愈老愈好,唯命硬,子息巧财难聚耳。学商不成,最好入政界操笔墨,因命中有文昌贵人故也。

二日乙丑　晴

晨,往尤君处,起课以卜义乌事可否去,得巽卦小亨,去无不利,唯财气有限云云。继出前由叔平先生批过八字,尽核是错排。回时因重推之,所言皆中。亦诏须转入政界,方有佳运上达也(以命内有正印）。往村头教书。下午，剑甫嘱余得去尤处推命。归寓，得械函，告以竹林斋屏已制，就送来，付值讫云。改卷，阅《官场现形记》，深明为官尚智巧善，于应付政事也。访叶生素芬，示谢馈物意，并视以大字招生办法。晚继阅小说，十时睡。

三日丙寅　晴，甚热

晨，阅《南雷文定》，知其为文义例，教书。下午，高春二作文，题为《五四运动在历史上之价值》。校雠《村头读书记》，先为讲五四学生干政运动之本末。因自忆其时，余方肄业瑞中，亦随众结会，哮救国抵货口号，乃忽忽已廿载矣。薄暮，带内子、新吾散步垄上，意在纳凉。阅《宇宙风》，知蔡元培氏在此与蒋维乔（竹庄）等从事革命，其学可以取法。灯下，阅高三、高春二作文比赛卷毕，始就寝。

四日丁卯　阴

本日为青年节，学校停课一天，给学生作开会、游行、宣传等活动。上午改卷，下午，评阅月考卷，终高三班。六时许，带内子、新吾先阅灯操场上，至暮渡江，闲游市中，随行有老房东与其女小同数人，巡视扎营，候观火炬灯、化装游行。灯扎汪精卫龟身、飞机炸弹、机关枪等化装，亦然皆讽刺汪逆夫妇、梅逆（思平）、奸商等人，赴法场者有之，被无常活捉者有之，颇有神采，饶警醒民众意。旋往观话剧，复由本校学生扮演革命党，即归寓，然时已十一下矣。

五日戊辰　晴

晨起稍迟，改考卷终高春二班。下午，读《南雷诗》，叹其多忠孝之句。昔孙仲容先辈当中日役起，校记顾宁人诗，以表爱国之忧。余拟仿之，为黄诗作笺注，惜无整个时光耳。与剑甫游江干，闲谈。归来又读孙《逊学文》。灯下，阅《官场现形记》，知其内幕腐败，实非清高者所涉足也。闻校长赴省索款，始知薪脩迟迟发下，殆即此故，叹。

六日己巳　阴，夜雨

久旱得雨，民大喜。读《论语》。下午，教高三《论语》，甚有发明注解疑误处。退课后，一游慕骞书室，与谭少颀，取回所借讲义，患雨作，遂归。得顾师颉刚复信，知近转赴重庆私立齐鲁大学国研所，为所长。对予乞事，以无时机，辞之。因自成以后，惟进修所学，确有把握，坐待人聘，不宜求人一也。或刻苦猛攻学问，待成出应试，经训练得差二也。在图杂阅报章、杂志，并借来《曝书亭集》一部，回寓朗诵其诗，至夜九时方罢，就寝。

七日庚午　晴

上午教书。下午改卷，为林生皓书屏幅，甚称意。阅报，知教部近颁中学生毕业会考令，此事自抗战军兴后即停止，今突宣布，甚为高三同学虑其法，先由本校学期考，选取及格者，汇名呈厅给证，然后许其参与会考，届时厅方特派述试、赞试员，分区集数校举行之。傍晚，有客林姓三人来访，询知为铮弟之友，正带温郡新兵，赴赣训练也。晚牵新吾入补习中学观话剧，曰《保护领空》。在座皆本校学生，地人仅占十三四耳。三幕毕，回寓。

八日辛未　阴晴

晨起迟，阅冯氏《哲学文》。教书，下午改卷。夜，老房东有贼入其家，发觉，遁去。

九日壬申　晴，夜微雨

上午教书，下午改卷。选出四班佳者，加以评语，预备本星期日展览。

十日癸酉　晴，夜大雨

晨起，阅冯氏《哲学史》，教书。下午命题，以下星期二高春二乙组又考国文也。送题至栖霞寺教务处，遇与周生春潮晤，告以戴生潮声拍球不慎，手骨脱臼，卧于操场上。余即往视之，为请土医（拳师，能接骨者），嘱诸同学升至卫生室。未几医来，用力推骨入臼，血脉始流畅，因叹运动固有益，亦有害也。灯下，读《曝书亭》诗与集句词，颇快意。

十一日甲戌　晴

晨往卫生室视戴生，知昨夜敷药呼痛，不得眠。阅《先秦学术思想史》，教书，午睡。校工阿叶送单人床来，余先与虞主任商过者。改卷。阅《校刊》第四期，皆载余文，曰《本校创办人孙仲容先生》。晚牵内子、新吾赴操场，观教育电影，剧目《八百壮士》，演行守军困斗之状与敌人惨毒之情，令人愤恨，惊叹不已。夜雨。

十二日乙亥　晴

早饭后，赴村头，由校长领我同事数人，检阅高中全部寝室，许其内务。晚饮于陈作社。归寓，终日展览学生平时作业，洗身，改卷。灯下，阅小说，至十时就寝。大风起，东南角似有云雨。

十三日丙子　阴雨

晨起，温《左传》，赴村头，未上课，警报作，独入山谷间避之。逮解除，已逾时，只发还文卷即回。回至操场，又闻对岸青田县警钟起，遂趋归，欲约内子共往还，不值，然未几亦解除矣。下午，高三作文，题为《会考制复活》《三千年前一个好学生颜回》。得张表弟镜如信，仍向予索短裤，复书责其太武断，此处独本无错误，况早传语之矣。得滨弟家弥月喜帖，侄名嘉槆，仍以予所取者也，甚响亮，有意义。又闻警报。

十四日丁丑　大雨

今日停课，月考。上午，阅《饮冰室集》目录，欲为梁氏作传，仿西洋传记体,长篇叙述如小说,颇生动。发镜如信。得陈先生双挂号回条,知沦陷区中通讯无阻碍。前年先君卒,讣闻陈先生,亦得其挽联一副,早已感谢矣。下午监考,回来详阅考卷毕。阅《曝书亭集》。天凉,晚睡较早。新吾示以成绩单,社会、数学二科不及格,二次如此,恐有留级之虞,训斥几句。

十五日戊寅　阴

镇日在警报中过活,计午前二次,余时在村头授课,闻钟声忽下堂欲归,途见敌机三架,自西而东飞过。午后亦二次,余牵内子初匿溪涧内,以人数多,水声嘈杂,故于第二次改避山原凹处,皆见有敌机高飞而过,解除后中心难安,事随停顿。仅往栖霞寺,开编辑会议,片时即散。晚亦传有警报,但以下雨,不便外匿,旋无人再言之者。夜睡甚酣,谅受日间奔逃劳瘁之故。

十六日己卯　阴晴

上午教书,阅《浙瓯日报》,知前日郡城,敌机发传单,平阳、鳌江、宜山、乐清、虹桥皆有投弹,而瓯江口泊舰数艘,形势似为严重也。下午,检点讲义,并复钩出关于先秦诸子事略考证,嘱潘君誊写。灯下,阅小说数页,为内子讲后乃睡。

十七日庚辰　阴晴

整日又逃警报。上午,高三仅讲一节即退课。下午,高春二作文,题为《抗战胜利的因素——足食足兵》《颂八百壮士》《喜雨》三个,诸生作。未久,警报起,遂先告归。延至五时许,始解除,如此一日事毕矣。阅《浙瓯日报》,知十五日丽水、龙泉被炸,碧湖、云和散传单,按海口,系青田西三十里之地,故前日最后一次,略闻有炮声也。传校会计室有发放薪水消息。得听秋连襟信,承允与余偕往义乌,如彼处诚意再来邀,不然各仍守原位,其实亦甚称心也。又余自据数日来逃警报之经验,确明胆怯已极。设往义乌,一入政界,所负责重,一切不能如此方便。故处乱世,犹以苟全性命为得计耳。听秋信附言泉弟谋银行事,仍得发表在平阳、鳌江办事处,未知肯去否。晤仲武主任,知高三功课决在本月卅日结束。灯下续览小说。

十八日辛巳　阴晴

本日警报亦四次,功课略受影响,其最后一次,竟在水南上空盘旋侦察,余与内子恐惧异常,趋匿岩洞。未几,即闻炸弹声,盖起自山后。解除后,地人相见道喜,可想情势甚紧张也。余心神不安,至晚方定。校薪发下,仍照原数,无有增加,乃取廿五元寄奉母亲作月银及寿屏、拜坦,炯孙垫款,作书致炯孙,并嘱转归。灯下阅小说,甚觉有趣。

十九日壬午　晴

今日幸无警报,或传所泊瓯江口敌舰已他驶。改卷,阅小说,为陈生书匾,陈生起屏幅,尚称意。

二十日癸未　晴

上午教书。下午甫上课,即闻警报,恐来此炸,遂急归寓,扶内子出避岩洞中。内子以腹痛,饮茛花过多,大泻,体倦且发热。既出,待机来一往,解除后方回。计飞机七架,背往丽水溪口等处投弹也。晚过江汇钱,归。继随剑甫、德植、雁迅赴王科长(国钧,瑞安渝乡)之约,饮于新合作社。九时席散,回水南寓所云。

廿一日甲申　晴

上午教书。正午闻警报,遂扶内子并牵新吾避入山洞中。少顷,有敌机八架飞过,至三时许飞回,中饭不容食,忍饥呆坐,待解除始返。幸内子今日体渐愈,尚堪奔逃耳。闻《瓯南日报》有载,为中等教员请命加薪事,实宁中首先发起也。阅小说竟,略为内子一述之。

廿二日乙酉　阴雨

上午教书,至第三课时,忽又不见敌机,想温州必遭殃矣。解除后,尚赶至村头,拟上第四课,领同学回来,甚稀,仍闲谈数分钟,时至退课。午饭后,陪内子稍睡。内子病全愈,心乃下。作书并寄洋五元,致内家,因内兄岳生将在古历廿二日为故外舅作冥寿,折作酒钱也。鉴弟通电话,学校催汇欠款,并嘱余检寄会票,想内子前为成会者。过江汇钱,并发寄校刊于诸师友,如蔡迈翀先生、孙孟晋、李一飞、洪芷垞、何励生、徐规、吕仲超若辈,平日皆关心乡哲事,尤对孙仲容征君拳拳不忘,故以拙作致之。谚云“红粉赠娇娘,宝剑赠烈士”,此之谓也。阅报,知前日敌机投弹丽水、缙云各处。晚览书,以体倦早睡。

廿三日丙戌　晴,夜雨

上午教书。下午四时仍有警报,但不见飞机经过耳。阅报,知昨日云和被炸,以其地多任务厂制造军器,想由汉奸报告,使知之也。改卷数本,览小说数页,寄心伟兄校刊一本。晚睡亦甚早。

廿四日丁亥　晴

上午教书。下午,教书将毕,闻警报声,急自村头回,偕内子避于山洞中,待久,敌机不至,旋解除。为初中学生书屏幅,正得意,又闻警报,遂搁笔去避,待一时许不至,解除归。如此虚惊,日必数次,可谓不胜搅扰矣。阅报,知前日敌机侦察瓯江之面,并无轰炸,永嘉殊为虚惊也。借顾师颉刚《古史辨》,阅其自序,颇有心得,且甚钦佩,师亦可称当代一学人矣。

廿五日戊子　晴，夜雨

晨阅《古史辨自序》毕，赴村头授课。下午在寓改卷，学隶，为学生书屏幅。阅报，知缙云又被炸，仙都中学亦波及。

廿六日己丑　雨

上午改卷。下午，陈仲武来闲谈，至四时始去。晚承郑君镕五邀，饮于第六号宿舍。阅报，知有妄人提议废除汉字，代以拉丁化字，此事早为章太炎先生所反对矣。老房东馈以自酿红酒，颇醇清，每餐前饮一杯，甚舒适云。暑期中拟借住籀园，编完《中国史学史》，友人周予同已允为介开明书店出版也。前日敌机炸我平阳镇下关水头街。

廿七日庚寅　雨

今日为第三次国文等主要功课考试。上午，在寓抄出顾师治学方法及评论康有为、章太炎、胡适之三子语。诵阮芸台诗，多写丽、温风景。因阮氏前为吾浙学政，办诂经精舍于西湖，造就绩学之士甚夥，青田端木国瑚即其门弟子也。下午监考国文，至五时毕役。向图书馆借得俞樾《春在堂随笔》，阅之。晚睡较早。阅报，知坎门于前日被炸。

廿八日辛卯　雨晴

上午教书，归寓，得张中表云澄书，自认前事之误，且示道歉之意。方德植来，携示福建教厅沈炼之函，嘱去教闽中学师资养成所视学，月薪贰佰元，决应聘云。下午改卷，灯下蓻贴《先秦诸子考略》，拟仿梁玉绳《古今人表考》，为梁任公《先秦诸子表》作考证。

廿九日壬辰　阴

晨，阅梁漱溟《东西文化及其哲学》。教书。晡后改卷，得徐生规书，知浙大分校仍内迁，以处境困难，嘱余为决定。械为购海蜒，已由阿树校工送来,垫洋一元。内子来游寓楼,晚重检《史学史》,为订正引言数语。

三十日癸巳 晴

上午,赴村头教书,陈仲武述杨校长信来,对泉弟谋银行已成熟,嘱即入永嘉地方分行办事。余嫌来示以公文,遂再写信问杨氏明白,并作书告泉得晓也,发泉信。下午,向图书馆借得齐召南《历代帝王年表》、《洪北江集》、元虞集《道园学古录》、金元好问《遗山集》,欲为《史学史》补完。灯下,即继作之。与内子谈家事。意稍左,讽刺几句。余廿六年七月与诸弟分爨后,骨肉间略失和气。今虽友好如初,然总觉有痕迹,追其根源,枕边之言,不无关系也。改毕高三考卷,高三学生徐品珍、陈钟仁来。

三十一日甲午 晴,大热

上午,在寓写信四封,致李雁晴(云南),致杨成勋(丽水),致徐规(龙泉),致鉴弟(永嘉)。下午,教高春二《左传》至僖公廿四年。

四时半,开毕业班谈话会,商讨补习事项。向陈仲武索杨氏信阅之,明知杨意,谓永嘉地方银行行长李亦怀刻来丽水,对董某之弟谋事,已谈及蒙允许,大概不成问题云。晚,余遂本此言,再作书告泉,暂待杨氏复信,定行止也。修订《史学史》。傍晚偕内子共游江边沙滩纳凉,新吾随往。

六 月

一日乙未 雨晴

晨发泉信,嘱稍待杨氏复音。阅《文选》,教书,访仲武、慕骞,与谈一小时,出教书。晴后,改卷十余本。薄暮,得泉信,知已送眷回家,谋银行事未成熟。入城购枇杷、甘蔗归来,发觉多付一角,殊为可惜,并怪彼商人不忠实。灯下检订《史学史》。

二日丙申　晴

晨起,阅《饮冰室文集·中国学术趋势篇》,并抄出其论史学部分,拟作《浙东之史学》一文。余年来深感世之治国学者,皆作狭窄论文,精刻易成。乃今始效之,先搜集材料也。傍午,教高春二乙组《文选》。晡后,续抄材料。而张慕骞来,小谈即去。阅高春二月考卷毕。晚饭后,偕内子、新吾散步操场。

三日丁酉　晴

今日当禁烟节,纪念林公则徐。城中开国民月会,全校学生,除高初三毕业考外,余皆去参加。余独在寓自治所学,抄梁氏论史法。午后,堂弟楷(则之)来,向校讨账,盖端阳期近矣。陪谈与游至暮,收账毕。本欲归,相送入城,稍游街坊,回至埠头,船已开。因再回寓,睡一夜,去。得黄听秋信,即复。

四日戊戌　晴,夜雨

晨,送楷至水南埠头而别,回寓读《文选》毕,即赴村头授课,时离上课钟已逾十歉分矣。正午,天极热,稍睡,起续抄太炎治史之句至暮。晚饭后,偕内子、新吾散步操场旁泥岸上纳凉,无何雨至,相率归。灯下,本拟续抄章作,一邻妇来访内子,相谈甚久,颇为之聒扰而废工作焉。

五日己亥　晴,夜雨

上午,监高三毕业考,国文题为《自述》。继教高春二韩(愈)、黄(宗羲)、曾(国藩)三氏《师说》,于当今师道,颇有发挥感慨之处矣。下午,抄完太炎治史要语。吴德辉夫妇来。灯下,核算高三学生国文成绩，至十时毕，遂睡。

六日庚子　晴，夜雨

上午教书。下午，偕剑甫、德植至江边，观划龙舟。此事废已十余年，今岁温州防守司令黄权提倡划船竞赛，故地人甚喜悦，拖龙舟上水矣。回寓改卷，阅卷，为高三毕业考卷也。余先发梁任公《三十自述》，嘱诸生仿作之，以代大考，中有数人拟之颇肖。晚得旧房东邀饮端阳节酒，同席有剑甫、震东、大成、振声（剑甫之子）。灯下，继阅考卷。

七日辛丑　雨

上午，在寓抄钱穆《中国近三百年学术史》有关浙东史学之材料。下午，赴村头，教高春二《左传》至僖公廿三年完。阅报，知胡适出使在美，应各大学参加毕业典礼，并得赠名誉学位，颇为祖国生色云。作函告陈逸人，以此间薄国文、教师缺，嘱速托博文、仲武谋之。

八日壬寅　大雨竟日

傍午，赴村头教书。下午，续抄钱书。薄暮，偕剑甫、德植诣磴埠，观水涨如何，可以行舟。晤楚淮、慕骞，共归，游吴德辉所寓处。灯下摘抄古文字自孙仲容《古籀拾遗》中。为内子讲汤显祖《牡丹亭》。

九日癸卯　阴晴

星期日。上午，在寓抄书。晡后，牵新吾渡磴埠，在江边看龙舟，内子留作粽，为明日端阳节分人及自食。余归寓，仍抄书，皆关浙东史学之材料，欲为考其源流云。晚阅《牡丹亭》。

十日甲辰　雨阴

晨六时，即来寓，约剑甫、德植少会，食粽蛋，以纪念端午节日也。赴村头，道上遇阿树，知本晚归郡，因作书托致泉弟，嘱先回玉环原职,不必株守杨氏复讯,盖谋事须适应自然,决无强求。既迟迟未发表,当另有枝节矣。其实会计员职位匪逊银行也。

下午,偕内子、新吾共往江边观龙舟竞赛,由县府等机关主持之,且任评判,发给奖旗。两岸观者尚众,结果村头船得优胜,获两旗,散湖。阅报,知教部近传令,嘉奖国内优良中学。余前教杭高名列第三,闻名海内,殊非易之也。晚自治会演剧,欢送高初三同学毕业,剧目新人物所演与余前在郡观得者稍异,而表情亦太差云。十一时许归来即睡。

十一日乙巳　雨

夜闻山水淙淙,恐磴埠又复满矣。续抄梁氏所述浙东史学材料。教书回来命题,拟将高春二乙组选科提前考试,惟校通知十九日功课结束,二十二日开始考试耳。阅报,知国史馆筹备处已设立于重庆,正征集修史材料矣。余往年于此道颇有研究,著《中国正史编纂法》一书,早由叶氏溯中付正中书局印行,想此时必可供参考矣。旧房东又赠缥李数颗,并自制麦面一碗,食之,心感甚。灯下,阅《香祖笔记》中记治嗽良方,取香橼去核,切成细片,以清酒同研成砂,灌内煎炼,自上灯至五更为度,用蜜拌匀,当之睡中,唤起用匙挑饮,甚效。又阅《东塾读书记》,述治小学诸子方法,甚可取。十时睡。

十二日丙午　晴雨

上午教书、抄书。下午续抄书。开教务会议,校长报告加薪问题,正请求教厅,待其解决,或当有望照新标准支给,如高中教员,至多百五元。晚饮城中陈作社,同事四五人,皆渡江往,饮酒猜谜甚乐。至十时许,天黑始回。得陈逸人复书,述无意教旧校。闻剑甫言下季将入硫酸厂任事。抗战军兴,物价腾贵,生计日艰,执教鞭者,得尤微不足赡养,往往改途,于此可见一斑矣。小鸡为鹰攫去,内子为痛惜竟日。鬀头。

十三日丁未　雨

晨起，温《左传》，饭后赴村头教书。回寓，德植携闽信来视，知教事已成，月薪贰佰肆拾元，为之喜。下午，阅刘奇（子行）译《演说学》，录其纲要。三时半，应初中部演说比赛，任评判员。演者十余人，所评皆中，颇自慰。抄日人《经学史》，中述我国历史之起原。灯下，阅《陈介石年谱》，以其中多及宋平子事实也。旧房东又贻红李十余枚，持归与内子、新吾食之。

十四日戊申　晴

上午，温《左传》。得泉弟信，知此次搬眷归，伟桐侄又大病，正延医诊治中，为之灼虑。得听秋信，关心新吾读书。得陈援庵北平信（兴化寺街五号），知对中央研究院消息尚隔阂，所求事恐难办到，但师附示近著《滇黔佛教考》目录，一份《前言》。余教书凤阳中学，亦时有作品寄来，盖对余印象尚佳耳。

余以伟桐病讯告内子，内子不明真相，即妄加批评。余呵斥之，遂稍稍龃龉。余自少读书，颇明理，不听妻言，故家中上下和睦，诸房弟妹为余感化，皆良善，有志气。惟从分爨后，弟妇间意见相左，因及手足情感顿疏，而余对之仍如故，然总感不若往日之浓厚，此未使非由女人之故也，可恶可恨。

下午，村头教书，检所借各书还图书馆。抄日人论史材料。阅报，知欧战扩大，意大利亦参加攻英法，法京巴黎岌岌可危哉。晚饭时，内子意转好，余心乃释。然要之余之为人必求上孝父母，敬戚族，爱弟妹，而于夫妇间当不例外。盖彼亦人子，由父母十月怀胎所生，不可贱待之也。作书致外姑，请为购杨梅制酒，留待余等归食之云。

十五日己酉　晴，夜雨

上午，复读《左传》，钩出其最妙者，以告诸生，使熟习之。傍午，高春二乙组考《文选》，命题方法，嘱解释词之出处，与前所考史事之出处同意。因中国文学，其炼句修词皆有所本，须熟读经子史书，方能袭而用之也。下午抄书，开编辑座谈会，到会除曾投稿之同事外，尚有学生十余人。谈毕，同事等复渡江，饮于合作社，菜蔬尚佳，至晚即归，到舍天微雨矣。

十六日庚戌　晴

上午改卷。下午，评阅高春二乙组选科大考卷。与剑甫、德植同游竹林间，谈下季进退事，谓今世做事，须有团体，不然无力量，易被人播弄也。得泉信，告以桐侄病稍痊，心大慰，但费钱已逾百元，且自怨运左。至谋银行似已成熟，李行长（亦怀）许其来，且许六十元，而泉嫌银行作事，不如机关之活涉有起升云。晚得高三毕业学生邀，参与临别会，到者有朱一青校长、陈仲武、王同德二主任、朱元松级任、陈启亚教官，及教员施剑甫、陈楚淮、方德植、朱国庆、徐声孚、安明波夫妇、徐明发及余等六七十人，继请李逸伶老先生来唱昆曲，各食茶点，猜谜，演说，甚热闹，至十一时方散。

十七日辛亥　晴

上午，抄书、还书，赴村头教书，以纪念周办理给奖事，过久遂占去二课，余乃请李老（逸伶）偕至一大树下，教唱昆曲，始明唱法拍子，所谓工尺、板眼、音调等。按此事余欲习之久，头前在杭高，曾问道于毛君（江山人），毛为唱南曲《牡丹亭》，一字每分成切音，合谱延长，而唱之甚可听。兹李老且能唱北曲，则音促而响亮，其延长处即为前字之尾声也。余既稍知一二，心喜甚，归寓时习之。

下午，试写隶字，将先君家传依帖明其结构，至晚始毕。夜睡竟梦先君如在时经商窘困状，余请立闭业享福，说到伤心处，乃大哭而醒。内子为惊亦醒，举以告之。盖余自少最恋双亲，出门十余载，无日不梦归。近稍稍习惯作客，故梦亦稀。顾于先君之亡，不能在旁为求医，误其性命，真抱恨终身也。所可慰者，余从燕大毕业归，赴集美教书二年，略有所得，遂请先君歇业，迁出老店，别租屋孙宅，再搬大隐庐黄宅，此间余又为先君偿清二千余元债款，使无一分钱欠人，安闲过日凡四五年。迨抗战起后，又迁至郡城，因先君已患气喘疾，唯郡王医师季叔可以医之，而余亦归教温中，时时相见，不料敌机扰郡，居民皆逃难，余遂奉先君等一家十余人归住老屋，只满一月，忽传先君以旧疾骤发，延医不及而逝。痛哉！先君勤苦一世，生子虽多，男四女三，先君及见余与二弟三弟皆结婚，四弟正求学高中，大妹已出阁，二妹未过门，少妹亦在读书，二弟已出一女笑眉，一子伟桐，先君则甚爱之，如此美满家庭，已渐使双亲心境快乐何图。天降祸余家，先君弃养，今忽忽已首尾三年矣，然余怀思之仍不已。先君为人太和蔼，待子女太恩爱故也。

回忆先君初亡，在七七期内，一切行礼事甚称顺，特书于此，以留示子姓云白。余等在郡，三月廿八日晨闻耗，男即搭汽车赶归，女（指内子与弟妇、各妹、各戚族之在郡者）则趁河轮归，余等之汽车转雇坐小包车，即啼哭至仲泉叔家书房中，伏先君尸前，更大哭，随哭随起，掀视先君面孔，抚握先君手足，只有摇头自责，无状贻祸先君（因分家后，母亲独对余，稍有误会，家中遂常吵闹）。当时老屋中长幼及各亲族邻舍皆来，挤在房中，哭者、赞者、叹者、办理后事者皆有之，晡后做衣衾，入中夜穿之煤气灯下，母亲，内子，二、三弟妇及诸弟诸妹皆在旁。寿衣换后，独余一人侍候至天明。余又时时掀视先君面孔，笑嬉嬉如在睡中，不觉可畏，独余实无此心，反只觉今后永无相见，而起悲伤矣。

　　翌晨十时大敛，余亲视之阖棺。送殓者百余人，皆罗拜毕，敛用膳，代三日酒。午后一时许出丧，召魂送葬及仪仗皆盛，颇热闹，特过老店前，知之皆观且叹不置，至东门城下，停香炉于船（先雇好二河乡），余等弟妹送枢，上西呇坟山暂安停，坟为先君在时（即余在杭高教书之第二年），自卜筑者。将入土，余持净布，揩枢清洁，粘铭旌绢（当抱山题），护窆既毕，回至东门城下，遂开船。翌晨六时到郡，起岸召魂仪仗亦盛。接入住屋，设灵位哭祭之，和尚诵经用膳毕，役散去，警报作，一幸也。

　　以后逢七祭毕，念经毕，或在前一日，或在后一日，各有警报，或郡遭炸，除此种幸运不计，非尤在五七。拟开吊，诸亲戚友人，送轴联皆新且多，先二日天本细雨，余等赴瑞，坐汽车，甫开行，突放晴也。至上山窆棺（撞上节）返郡，入夜才雨，二幸也。祭日天又放晴，所住五间之楼屋，遍悬幢轴挽联，哀事请到金声远姑丈、陈学群表兄及永嘉士绅，至亲张姑父以七十岁老人等来吊，有杨校长诸同事，高中每级学生代表，诸亲戚朋友伙计不下百余人。祭后设筵十三桌，祭时余取永嘉与瑞安合式，灵前布置取瑞安，堂外呼唱，击鼓鸣磬，奏细乐，取永嘉式，故甚热闹。至酒散易生，从无警报，三幸也。

　　晚，洪友芷垞、省督学亦赶至补拜自丽水。翌日念佛，夜焚代纸屋、五斗柜、衣箱、金银、佛金等。丧事毕，过四五日，才又下雨，又时来敌机。余计此四五日中，每遇祭日有事，皆天晴无警报，谓亦先君行善之报可尔，愿世人勉之勉之。

◎ 丁集下

六 月

十八日壬子　晴

读宋友（墨庵）所作《先君家传》，核定隶字，拟归书于绢屏上。补述前年居丧守制情况，且旌先君行善之报也。复泉信，问桐侄病状，想日有起色矣。晡后，开国文学科会议，议定学生暑假阅读、写字二事，至开学时缴来评览给分，所以勉励之耳。仲武来，余正与方、施二君谈其行事。余闻青田城内似有锣鼓声，急往观剧，至则无有，实入夜方演，乃怅回。灯下，与内子闲谈，未几，体倦即睡。

十九日癸丑　晴

竟日嘱草《浙东史学源流考》。晚偕内子、新吾参与初中部营火大会，时夜月大明，观者约四五百人，余兴表演国术、滑稽戏、舞剑、昆曲、叠罗汉等，皆极妙巧也。阅报，知法被德逼攻而屈服，另组新阁，向德媾和，世界一等强国反不如我能抗战到底焉？

二十日甲寅　阴雨

日间改卷，续作《浙东史学源流考》，仅成自序及篇目耳。得泉信，知桐侄病愈，银行事谋成，不日将赴鳌江任事矣。得铮信，知见习期满，下乡入团工作有日矣，皆可喜也。晚偕内子、新吾随邻舍往城内观剧，旋以雨作忽促而回。

二十一日乙卯　阴

上午，复铮弟信，勖其于办公余暇自修学问。抄《宋元学案》关于朱、陆、陈、叶诸公事略。傍午,剑甫邀余入城觅屋,拟于下季亦搬眷来,并参观附小平天宫,甚阔大。下午有警报,三时开校殇会议。晚阅小说,早睡。校发五月份薪金。

二十二日丙辰　阴微雨

上午,作禀并汇洋十五元,寄奉母亲,可恨校工阿叶愚呆之极,将汇钱收据合汇条封于信中寄去也。抄《宋元学案》。下午,赴村头监考,闻厅方派郑氏(式卿)来校,监督会考事。还书图书馆,只留《文选》十一本、《中国近百年学术史》一本,拟带归为星期日作文参考。灯下,结算高春二学生国文分数,至九时许睡。

二十三日丁巳　晴

上午,在寓抄书。下午,赴村头监考,此次国文题为《尊师》,嘱学生将所课韩(昌黎)、黄(宗羲)、曾(国藩)三家《师说》材料组织之发挥之。晚得校长邀,陪郑式卿先生饮于水北合作社,同席皆我温同事。剑甫得崔友东伯丽水联高函,挽为事务主任,但剑甫欲作一教务主任,遂嘱余代函芷垞(督学)示意,以便明后日到丽,方好说话也,信由剑甫发。德植又得英大函聘,可知治数学甚合潮流也。

二十四日戊午　晴雨

上午,阅高春二期考卷,综算其分数方毕,后闻警报作,遂牵内子共入山避之,幸未久即解除矣。下午,赴村头监考,归来乃大雨,在寓阅小说,代剑甫阅青田补习中学历史考卷。灯下,继阅小说,与邻舍闲谈,盖彼辈知余眷明日将归也。终夜大雨,已水声淙淙然(晨送德植、德辉归,至水南埠头而归)。得校发下季聘约。

二十五日己未　晴,大雨

晨,送剑甫归埠头,晤楚淮、慕骞,皆先予而归。回寓,检点书籍,并嘱阿叶搬什物于老房东家。暇时阅小说。郑生锦铭（迈师之婿）、项生锦煊（微翁之侄）皆来借钱，郑二元，项五元，许归时即还。朱生鹏来，与谈治学方法甚久。晡后忽云起，大雨倾注，地面水满尺许。三时后雨止，水立涸。入夜，但闻山谷间淙淙之声，盖山水直泻而出，入瓯江也。

二十六日庚申　阴雨

检点书籍、行李，总核分数毕，送簿教务处。阅小说。雨中往约同事徐启发、王孟温、郑镕五，学生洪蕙如、蔡韵箫，托房东雇船。晚诸邻舍来闲谈。

二十七日辛酉　晴

晨起，雇好艋船，同事学生皆来，江水湍急盛涨，顺风下，仅五小时辄至永嘉。阅松竹斋所制黄绢寿屏，尚称意。闻有光弟病危，系痢症，急往视之，而我母与妹亦早来视疾在床前，且喜且虑，既出，考问医所何人，用药如何。晚雨作，在店与诸弟攀谈别来情形，知物价略跌，未亦便宜矣。

二十八日壬戌　雨晴

晨起，往视有光病，仍沉重，未几，王季叔医师来，为打葡萄糖针，余心悬之，诸弟皆废，窃悉有光运气初发，受此打击，损失必大云。

二十九日癸亥　晴

早饭后，往视有光疾，如故，王医师来诊罢，云病加重，以无粪出，只有血尿故也。去时略表无法救治意，余等因议换医生，因决请名中医金慎之先生来，亦云病固不甚重，但体力过弱，殊危急也。开方用犀角地黄汤，既饮后，乃得深睡相安，为之慰。访内兄陈岳生与仲超，访仲文于其家。仲文前嘱为教其子，因与在招考新生后，借籀园编书兼教书。晚有光家诸老妪往飞霞洞求愿,继而许天恩,余偕诸弟皆拜于地,至十二时许毕役,是夜有光睡甚安。

三十日甲子　雨晴

视有光疾,继金慎之来,开方仍细法,余见其神色稍鲜明,心为大慰。午后,访孙孟晋籀园,商借编书事,蒙允诺云。陈仲武来。

七　月

一日乙丑　晴

晨,视有光疾,觉甚清明。金慎之来,开方去后,渭夫发现草药袋,知家人窃饮以草药,遂大使性,仲超亦然。有光知之,反云:饮之即疼除,相安而有效验,系必如此。而大伯母、弟妇辈皆欢喜,大家心大慰矣。余为决在明晨先归。

二日丙寅　阴晴,夜雨

晨,乘轮回里,午刻到家,为赶买三圣门草药,告以病症,配五份来,交人带郡。此药效验甚灵,据云沈公哲家前年亦患痢甚重,中西医皆束手,顾一服此药而得痊,今天赠匾尚悬堂中。作书告炯孙,传达此情。过外姑家,牵润姆入容光拍照。过小姨家。晚雨作,在家闲谈。夜睡,与内子争闹,旋和好如初。洗澡。

三日丁卯　晴

补记数日记,访林幼渔,谈其子往年患痢情状,至无救治之时,亦试服三圣门草药而得愈,且所服有三十余帖之谱。娥妹、花妹自郡归,云有光病渐减轻,唯闻一老医生言,草药不可多食,将停止给食草药矣。余颇为不然,草药性和缓,以有光之病,多食实无碍也。决于明日赶至城面告之。晚过外姑家,取润姆照片、文凭,为带温报名初中,与内子共检点行李。

四日戊辰　晴

上午,访王超六校长,于瑞中校谒张姑丈,时年七十余。下午,动身赴郡,搭永安河轮,经塘下,得观龙舟,晤陈雁迅。至即往有光家,观其疾,劝服草药,有光已食薄粥,神色焕然,非前日可比,为之大慰。晚,学生项如美偕其夫王超六来,谈甚久。

五日己巳　晴

晨,视有光病已大退,渐回复如平时矣。与仲超共访仲文,在其家食蟹,俗名蟛蜞,并参观三楼风景。约于招考后寄宿楼上,教伊子志贤古书。再过有光家,鉴弟拟于明晨搭轮飞庚赴沪采货,遂托买西泠印泥一盒。学生周铭畴、杨天佐来。陈惠开来,惠开昨在河轮中即相晤。往温中,为润姆、新吾报名。随陈叔平先生,访陈仲武于其家,与朱校长相值。薄暮,独游中山公园。警报一次,旋解除。

六日庚午　阴晴

三次往视有光,告以近日时事,英法失和,反与德合作以攻英。又香港、越南、缅甸一带吃紧,盖日欲乘机攫夺之也。赴城南观戏,班名锦富连,演《草桥关》,尚佳。过温中,知报名者已达千六七百名。赴河轮埠头,接新生润姆,落空,怅返。晚,学生蔡学林、徐规、倪士毅、王孚川、闻式陶、李韵瑜、周铭畴、杨天佐、陈惠开十余人,皆来视余,蔡等新从浙大放假归也。鉴弟赴沪,天气大热。陪母亲纳凉店门口,王君毅(讷夫)来访,嘱为书屏幅。晨闻金嵘轩来店定货,相值,谈颇久。

七日辛未　晴雨

傍午,润姆、新吾来。闻炯孙云张润玉、陈叔平二先生先后来访,皆为张子公侠欲从余补习国文事。晚纳凉店门口，时晤施剑甫、孙延晨，孙新从婺归，主持郡城棉荣管理处，系余旧友也。旋伴陈楚淮、陈雁迅、方德植、施剑甫共游中山公园，观提灯大会，以是日为我抗战三周年纪念日也。

八日至十一日　天气乍晴乍雨，几成飓风

自本日起，余在校忙于监考阅卷，晨必五时起。入场，考生约千七百人，试场借瓯中澄爵，以僻在城隅，可易避警报故也。十一日上午，阅卷毕役，即检装护母亲归里。五时许到埠，幸天放晴，尚寐在船舱中，不感苦耳。招考期中，两度集宴味雅菜馆，饮酒猜拳，颇极一时之欢乐也。答访张悯玉，不值，闻已归乡。洗澡。

十二日丙子　晴

上午，欲访黄尧埙，便道谒蔡师（迈翀），不值，又叩林师（公铎）疾，其家人不许，盖病沉重，遂医者言不宜见客，而余敬意，总可表达矣。访尧埙，适下乡行医，入晚始来，相晤谈纳妾事于环湖路上，甚畅。归家，得陈叔平与炯孙信，知沈君炼之（叔平先生之女婿）电邀余教福建大学中学师资养成所，欣甚，决应其聘云。

十三日乙丑　晴大热，傍暮大雷雨

晨，访施剑甫，告以福大聘教消息，亦勖余行。过竹林斋索联，与约午后送来。金姑丈（声远）来，以余昨特往谒，遂与姜姑丈（啸梅）三人坐谈有光病状，今竟获痊，无不皆喜也。黄道镛之子女来问转学温中手续。晚欲赴内子家，以雷雨作，不果，遂睡。

十四日丙寅　阴晴

晨，搭轮返郡，急应仲文兄约，到后先谒叔平先生，共拟电文复去，文云"朴垞应聘，约希即寄"八字。又访陈仲武于病榻前，知发高

热不便，将辞温中事提出，安慰数语即回店。往视有光，知眠食如常，体气转健，心为叹贺。在家得铮弟信，知近感疟疾，客中卧病，更为痛苦，实为焦虑，遂嘱炯孙汇卅元，并附函向长官请假，归治疥疮、烂脚、疟疾等病，不知能照顾否。作信复泉弟鳌江地方银行，泉之入行，仲文兄之力也，感激之至。

十五日丁卯　雨晴，暮雷雨

八时，由仲超表弟雇车来仲文家，教其子与侄，读《史记菁华录·太史公自序》。正午，承仲文设盛馔享，余自今日起即宿其家矣。

十六日戊辰　阴晴

教《项羽本纪》。得施剑甫信，述朱校长方电来，挽留劝再服务桑梓云。邵君锵鸣牵其女来馆，询次女鸿玉所请公费事，因为共访陈雁迅于广西栈，遍觅不得，怅然而别。晚，仲文上楼谈时事，知沪温航运又阻，局势复趋紧张矣，盖敌近迫，英暂运军火于我三个月，顾得其允许，如此于我抗战前途大受影响矣。洗澡。

十七日己巳　晴

薄暮，云起如墨，天大雨，旋止。教《项羽本纪》，阅小说，催新学徒送内子信来，附有朱校长通知电话单及托鉴购印泥，但非西泠社出品耳。览报，载宁波来敌机七十余驾，敌舰廿余艘，炮轰弹炸甚急，图登陆不得逞。又中日和议空气突盛，蒋氏严词辟之。

十八日庚午　晴

教《高祖本纪》。阅报，知镇海已失守，敌向宁波、慈溪、余姚而进，本埠奉令疏散人口、物资，时局严重，于此可见矣。午后睡醒，正在教书，朱校长（一青）亲来强留，迫面情允之，由校方再电辞退。朱氏待职甚厚，实不便违反其意，虽彼方薪脯倍此，然读书人决不可贪利而负义也。况时局日紧，如远出则家不得相顾矣。宁暂守原状，安而勿动之为妙也。教《陈涉世家》。

十九日辛未　晴，大风

晨五时起床，教《外戚世家》。至八时，志贤仍赴校操作，盖受校迫为也。阅小说，午睡后洗浴，上楼教书，未终篇，突闻前街嘈杂声，知为失慎，时会大风，火势遂炽，余初以为白日火烧，必易扑灭，不意延烧二百余间，而仲文全屋亦受灾，损失十六万，可惜之极。余幸将旧稿衣物抢出，惟稍失夏衣什物，价值十元许耳。事后既安慰仲文数语毕，随诸弟归店，夜即宿于店云。得泉信，知操银行业，略有不称意处，为之虑。鉴已从沪归，感暑卧床第间，但已渐愈矣。问印泥，垫款二元一角正。

二十日壬申　晴微雨

早餐后，与仲超往视有光，喜其体渐复原，已步出坐堂上静养，继赴仲文店，长春宫酱园（即洪元钱庄），视其眷属之安置。再往观屋基被焚情状，颇惨凄云。晚访内兄陈岳生于富华厂（蛟翔巷），谈仲文家被焚及其子润姆投考等事，至月上始归。报载宁波已转危为安矣。

廿二日癸酉　阴晴

晨起，觉右臂微痛，盖抢火时提皮箧过久，使筋受挠故也，遂敷以黄枝面及草药治之。仲超感暑，午时检装归家。谒陈叔平先生，告迫朱校长情面，已由校方复两电，辞退福大教事。方德植来，似责余错过此机会，但余心颇不以为然，夫利实非读书人所急也。仲文子志贤请余继续教书，因商定，自明晚起来维新店，即二楼房间内行之。晚游有光家，晤表舅父姜选青氏，共谈时事，舅氏乃新从沪归也。再敷草药，睡。

廿三日甲戌　晴

右臂仍觉微痛，考订《中国史学史》目次，参用梁任公所拟篇章。嘱炯孙即日记散页五百张，计洋三元许。晚间候铸贤，甚久始来，谓为其父购杂物，读书自明日起。余窃议，嘱铸贤来店读书非善计，遂决于明晨托手疾先归里也。

廿四日乙亥　阴

晨起，作函致铸贤，告馆事暂停。六时许，检装搭轮船归。正午抵家，知内子客游王家庄。午睡后，遂先过外姑家，再赴乡访内子，并观剧。夜宿舅公新屋。

廿五日丙子　晴

九时许，偕外姑、内子、诸甥侄回城，午餐于外姑家，晚始与内子共归，甫入门，得鳌江长途电话，为泉弟告以省会计处不准被辞职事。大妹以妹夫李云龙所寄洋未至，向余借钱，余乃分五元予之，不受，反有间言。

廿六日丁丑　晴

晨，访施剑甫，作书致芷垞，求向省会计处为泉讨情。上午，家人以大妹借钱事相闹，余一时神昏，竟以五元钞一张卷为纸屑，掷入灶中焚去，事后发觉，殊自怨悔。内子又以此生气，卧床不食终日。夜，黄尧埙来谈，为余物色小妾，嘱先示以日近照。

廿七日戊寅　晴

得泉书，谓明后来相会，谈省方辞职事。下午，得内子同意，赴"快活"拍照。过外姑家，夜与内子争辩纳妾事，甚激烈。鬄头。

廿八日己卯　晴

是日起，内子以怒成疾，初服洪云溪药，余彻夜看护不得睡。

廿九日庚辰　晴

内子热退，日间卧床仅呻吟，入夜则复呕吐不堪，再服洪云溪药。

三十日辛巳　晴

赴"快活"取照相。内子病仍未退，改请西医胡旭庚诊治。傍午，泉自鳌江至，久别相晤，喜甚，详述辞职不准原委，遂为函商张令杭专员，系洪芷垞之妻弟，并酌改上陈会计长陈明辞职原因，求照准，不知复音如何。午后二时许，泉妇产一子，余为取名伟榕。夜间，内子仍呕吐不止。

三十一日壬午　晴

续请胡旭庚，为内子打针除疟。览报，知温中新生已揭示，托余关照之戚友子皆无望，心殊怅然。泉赴郡，谒地方银行李行长与仲文。

八　月

一日癸未　晴

晨，三清洪云溪来诊，内子服药平平无感觉，盖用药尚轻，未能对症也。泉回家，晚设汤饼筵，家人欢聚，饮至十时始散。夜，内子又呕吐，不得安寝。

二日甲申　晴阴

晨，泉回鳌江地方银行，内子病仍未退，乃再改请中医胡公治诊之。公治来，谓为暑湿兼肝气忧滞，遂开方，苏梗八卜、杏仁五勺、薤白八卜、柿蒂三枚、佛手八卜、青木香六卜、豆卷一勺、炒枝五勺、只实五卜，代茶为苏梗五卜、杏垶五、豆卷小勺、竹茹五勺，煎服后，颇有感觉。夜亦安，余心大慰矣。警报，有飞机十五架。

三日乙酉　阴

续请胡公治治内子疾,谓已略退,再开方苏梗八卜、杏仁十勺、柿蒂三枚、青木香六卜、佛手八卜、广皮八卜、粉葛小勺、菔子小勺、炒枝八人,代茶为苏梗四卜、杏仁小勺、菔子、竹鲜五勺,服后立愈,饮薄粥。雇老妈子,令料理厨下。警报作,闻机声。夜雨,内子睡甚安静。内兄岳生来,视其妹,与谈略久。

四日丙戌　晴雨

内子病既退,不服药,余心喜,乃出访鲍曙西,为内侄润姆补习功课事,顺道谒宿二伯母,知则之弟已赴郡。过"快活"取照相底片。王家庄舅公来,警报复作,无飞机经过。为镵弟改所撰挽心畲叔联,弟以商人,竟能作长联,尚通顺,殊属难得。外姑来,约明日为内兄家试新,设筵邀酌,许之。夜睡前,闻老妈告以治妇人调经生子方,嘱多服暖子宫药,如曝生姜浸老酒数次,使干,切细研粉,施食品中常服之。又于天凉时,取鸡冠草,和嫩鸡儿炖烂食之,又取姜火烹熟烂,放水缸下,受凉时之泡茶服之,皆能使子宫温暖,易于受妊也。余自结婚至今,已十八九年,从未注意及此,今始感有子为贵,而戚友亦有劝纳妾者,然终以不愿抛弃糟糠妻室置之。即此次内子病,实由家人相议,为余纳妾之故。

五日丁亥　晴

上午警报,外姑归。薄暮,余往外姑家,晤其舅岳生,知郡信河街、谢坦巷口、府前钟楼边被炸。谢坦巷距大舅厂甚近,而钟楼则离械弟店不过里许,想当时必饱受虚惊矣。留饮酒至十时回,同桌有王舅公、林外公、李表舅(心胡)及邻舍长者,肴馔甚丰,计三筵,共费一卅余元。大舅经营布厂,颇一获利,故有此盛举也。

六日戊子　晴

内子病全愈,已离床饮薄粥矣。得铮信,谓患疟患痢初愈,体极弱，忽得上峰调川训练之令，铮亟欲于未开拔前一归省亲云。得仲文之子铸贤信，嘱再赴郡教读，迫情似促之。

七日己丑　晴

作函复铮弟（江山新兵训练处），劝其不必思家，宜为前程努力。过内家，知岳生未回厂。日来承仲璇叔教唱昆曲，颇有所悟。余生无嗜好，除读书外，间感苦闷，故喜学曲。前在燕大，已尽览曲本传奇，慕其文学，如《元曲选》《笠翁十种曲》《藏园九种曲》《缀白裘》《纳书楹》《遏云阁曲谱集成》等书，恨不明工尺板眼唱法，今始约略知之矣。张中表（畴九）来，携械信。

八日庚寅　晴

上午，钱生思敬、金生炳麟、郭生训来，正闲谈间，警报忽作，俄而飞机至，盘旋上空数匝即投弹。时余等惊甚，伏于桌下，忍听弹声，似落近处，约七八响。逮解除，出门打听，知西门外炭行、南门外马道均被炸，死伤十余人，状至惨，此为瑞安第一次受灾也。下午，传言鳌江亦被炸，投弹四枚，在轮船埠头，无损害。以剑甫家住西门外，遂往访问之，顾在途中，遇项微尘次长，谓方从炸处观察回。便道再访铨弟于店，在小马道边，皆言已饱受惊矣。晚游内家，问今日敌机轰炸畏否。

九日辛卯　晴

平旦起，欲应叶氏约，赴郡教书，以腹泻不果。得泉信，述鳌江被炸详情，弹落处离泉地方银行仅十余间店，时泉避于库房中，闻弹声畏甚云云。

十日壬辰　阴晴

晨兴检行李，雇车直至船埠，但两度坐盘汤，皆以有戒心而折归。下午有警报，无敌机过境。作书告铸贤，对馆事暂停进行。致炯孙书,商借国币伍拾元。在船晤张畴九、谢仲芙。晚过内家,知岳生正买舟回郡。

十一日癸巳　晴

上午警报,事后查知郡东门外被炸,即余所欲赴教书处(相去一二里许)。因自庆幸,不然必大吃惊矣。阅《词学全书》,读词谱与名家词。

十二日甲午　晴

得炯孙信,并洋伍拾元,许于到校后领薪即寄还,又附来芷垞复信,谓已为我弟致书陈会计处长说情矣,心甚感激。

十三日乙未　晴

闲坐观书,唱昆曲。午餐前,饮老酒汗一二杯而睡。醒后,亦如之。今年暑假,以心绪缭乱,无所事事。昼间畏日光,不肯出门,仅于晚时一游戚友家。

十四日丙申　晴,夜月甚明

得泉信,谓省行又催办清会计处辞职手续。得棫信,谓已拍电,托言母病,嘱铮归。晚谒林先生公铎,问病于床前,犹得长谈不已,并勖余以复善自读书。余虑其无气力,又不宜久讲话,即告辞走出。过项微尘家,坐月下相谭,项有上海中行支票五千元,托余向仲文兑现,遂允之为写信而归。

十五日丁酉　阴晴

晨起,作书致仲文,为项氏兑款事。得李雁晴自云南寄来快信,允多相机推荐,并附所作《西征吟草》三纸,诗学《文选》派,颇古雅可诵。剑甫来,谓将全眷携住青田城中云。得泉信,知鳌江方驶来上海轮船一艘,以后地方更危矣。

十六日戊戌　晴

下午睡醒，警报作，有敌机三架，至低空盘旋。余等伏桌下畏甚，历半小时，发散传单，始逸去，但警报迟迟未解除。解除后，余出查消息，并以复泉信（中附芷垾笺）。将投邮，乃惊闻鳌江又被炸，遂赶至电报局一询之。据云投廿二弹，半落中埠，即泉行一带，且杂烧夷弹，现正在延烧中。再赴电话局，知电线断，电话不通，只晤林树炎、鲍储西，以皆有亲戚在彼任事也。三人共至大马道打听，遥见黑烟，尚冲天过，江轮渡又停修，折回至电报局，知地方银行亦被炸，心大骇，相议各拍一电，去问安否。是夜归来，告家人，坐候消息，几致不寐。即一合眼，像泉来叩门，复挣醒，卧床乱思其不幸状况。天未明，大妹随女仆出访自地地方银行行员，知行长俞养川（系声远姑丈之次女婿）赴鳌查勘未回。

十七日己亥　晴

晨，出探消息，先过地方银行，托学生沙家声（行员）转示我，再过杨叔屏店，晤储西，知彼亲戚已由林某某之子传语平安。余遂往林某子，不值，以全家相率避往乡间矣。回家后，亲友来询者数人。无何警报作，逮解除，约十时许，知养川已回，而泉平安信亦至，举家大喜，忧心乃降。少顷，俞养川君来，陈述鳌江被炸及地行同人脱险情形，盖泉彼时正卧行中睡，由同事催醒，逃出避于王广源家壕沟内，弹落其前面街上十余枚，出后见行屋起火，冒险驰救，库房得不焚，全数钞票无恙，可谓万幸矣。俞养川去，余走告诸关心之亲友，无不道贺云。急作书，附泉原述，告邦兄弟，并致泉书申贺。正付邮，而警报又作，遂跑回家，气喘无已。

十八日庚子　晴

薄午，泉归，如再生重相见然，家人围询鳌江被炸情状，所述与昨日养川言同,亦云险矣。午备酒宰鸡,为泉压惊,且表贺意。

十九日辛丑　晴

晨,送泉回平阳地行,以暂借此处整理行务也。得仲文、铸贤乔梓书,当晚遂持示项微老,以嘱存单办法,作罢议。过二伯母家,过外姑家,知稍染疾云。

二十日壬寅　晴

薄午,铮归,观其形貌略瘦,遍体癣疥未愈,家人遂采药给洗与敷。下午,唱昆曲,教桐侄认字,用小学法。此子甚聪敏,惟体弱耳。

二十一日癸卯　晴

在家,与铮闲谈战事,我国前途甚有希望,独目下民生、经济大受打击,物价高涨至三倍以上,故一元钞票只作三角许用也。如此状态,为农为商,尚易应付,所苦系藉薪水过活者,如公务员、教员辈,是余在抗战前,曾赚得百七十元一月,今则有七十五元之数,闻下学期略增为百零五元矣,其将何以谋生乎!

二十二日甲辰　晴

日来为铮归,家人杀鸡享之,兼及于余时团聚饮酒,颇感有趣。铮为疥疾,勤于洗浴,日必二次云。中元节晚祀先享馂。

二十三日乙巳　晴

得温中校长办公室函,通知廿五日开学,余亦拟在是日首途赴青,行李正在准备中。

二十四日丙午　晴

晚,设席试新,兼送铮行。日间,由内子、菜妹入市买菜,费五六元,尚系蟹虾之类,分食薄饼于前后屋族内。与铮共游大街,购疮疥药及布鞋衬衫。

二十五日丁未　晴

辨色兴，送铮弟上车，回江山新兵训练处差司，而余以内子月事作，不便行走，故改在廿八日动身也。外姑病已愈，来小姨家探内子行未。教伟桐侄识字。

二十六日戊申　阴

晨起，散步屋旁心兰书社，晤何敏斋，谈林师公铎病危，恐无救治，已为之忧。不意归家，听族弟发言，公铎先生于昨夜二句钟病殁矣，寿五十一。惜哉！吾邑不幸，失一学人。然余犹不之信，乃亲过其庐，听屋内哭声，始证实。遂归，馈以单动素烛一封，香三枝。薄暮又往送殓，至则已入室。待上马后，三拜灵前而出。回忆余在半月前，一往视疾，坐于床前，见其体弱如柴，而气间喘，但尚能作长谈，关于学术事，至勖余以后善自读书。今思之不觉心酸，殆此即最后语耶？余非木石，孰能无动于衷，当力求副其所望乎！谒项微老（骧），以先有仆来邀，嘱代询仲文妹丈，梅岗盐坛筑几个，付钱若干，盖此老亦经营斯业故也。夜雨，过二伯母家。

二十七日己酉　晴雨

镇日检点行李，与母亲谈家用费巨，遂许再增十元，为廿五元以助之。合诸弟所出，为五十元，如此可得敷衍矣。得泉信，嘱弟妇改弹棉被，此次鳌江被炸，泉行李全毁，人得无恙，实属万幸云。晚过外姑家辞行，出至杨仁大。览报，知温中续考新生，因回诣外姑家，约其孙润姝来投考，再好随余明晨上郡也。与母亲诸母闲谈甚欢，至十时，各归室睡。夜阑，车夫来敲门催醒，用膳后，别母亲，携内子、新吾坐车至东门外搭轮。洪时民来，以其侄女蕙如物托带故。

二十八日庚戌　阴晴

六时，轮船始开行。十时，抵郡。入店，见诸弟皆健，尤喜有光，面貌红充,远胜病前。再闻鉴弟甫举一子,为取名汝炘。午饭后,出谒大伯母,知稍有面气喉痛。无何,警报作,诸弟辈皆拥入大伯母家。待解除,余赴古炉巷,访陈叔平先生,以彼两度来店相寻。问之,知为张润玉之子公侠求保通学事。访陈岳生舅,不值,留其家托带物于店而回。晚正陪林幼渔饮鉴店,岳生来,因告以温中续考新生事,岳生即去打电话,呼其子来。九时半,余等坐车至西郭,欲趁青田航船,不得,遂改乘轮船,直待天明方开行。

二十九日辛亥　晴

十一时许,船到水南埠头,押行李入小同姐家,已承其母布置卧室于堂楼下,甚清凉可住。施剑甫、陈仲武先后来,二子俱带家眷,住水北,即青田县城中。下午,又闻警报,盖此事未作已一周矣,今皆在,余到埠后作,无受惊恐,亦侥幸之至云。

三十日癸丑　大雨

晨,用膳后,开始放书,本学期所教为高春二、高秋一、高秋二乙、高春二乙四班,共十六点钟,薪水闻有百零五元正,两班乙组,决教《文选》。余亦藉此机会,得多多致力焉。邑前辈王景义氏(子祥)最精选学,教《文选》不带书,且能背其注解云。张慕骞来,借去高中教本第一册。灯下,阅《饮冰室诗话》,录其友谭嗣同、陈通甫、杨叔峤、吴季清、黄公度、刘裴邨、林暾谷、唐黻丞等事迹,为教任公《三十自述》参考也。

九　月

朔日甲寅　大雨如注

屋外水积尺许,闻县城门及埠头全为水所淹。地人惊恐,伐鼓禹王庙,旋稍息。入夜仍大,幸无夹风,不然必成灾矣。以星期日,遂在寓作联,挽林师公铎,云:"学如荀况,行若庄周,好辩又似孟轲,当世称奇才,乃天不假年,一病无济,赍志长归净土;谊属同乡,情比父执(心畬叔之好友),请业复为师弟,连岁勤修谒,然别未浃旬,噩耗遽传,伤心永失典型。"余素不善作联,即先君殁,亦无一字表示,仅为行述一篇而已。盖彼时中心麻乱,真不知所云故也。今于林师情感颇厚而心境较宽,自有吐露,以答相识之意云尔。

二日乙卯　雨渐止,有放晴之态

薄午,赴村头上课,见水稍退,已露地面,而山涧中犹淙淙涌出,其势甚急。据地人云,在民国元年秋,曾大水为灾,全城淹没,仅遗三两家耳。

三日丙辰　晴

上午教书,闻剑甫言,洪督学(芷垞)来此查勘林成槐被南田区署诬为闹事案。下午得朱校长函,请余陪芷垞,晚饮其寓。因偕内子渡江,先赴邮局汇洋捌拾伍元,与械嘱分给各处,再过市剪白布为挽联。然后共访剑甫眷属于东门华安医院,与谈良久。出游青田卫生院中心小学,乃别归。余送内子过渡后,重至剑甫寓,因赴朱氏约,至则与芷垞闲谈,筵竟别回,临歧与约明午来寓便饭云。

四日丁巳　晴

上午教书。午备膳,待芷垞来。逾时无至,徒废数元购菜蔬耳。邢赞臣(弼)传信,约余去陪芷垞,饮于新合作社楼上。至下午四时,警报解除后赴之。在席有朱校长、王同德、施剑甫及党部中同僚数人。得泉信,为地总行仍催彼办好会计室辞职手续。得岳生信,为润姆考校须关照云,故于归舟面托同德,当阅算学卷时,切切留意。又访钱耕莘,亦为此事。

五日戊午　晴

晨起，再访钱耕莘，知已觅得润侄国文试卷矣。赴村头教书，归途晤林生成槐，新从囹圄释出，为述自己冤枉及官厅污浊之情甚悉。午后，又赴村头，教高春二，《左传》宣公起。课毕，再过王同德室，检润侄算学卷，皆承加分少许以助之。

六日己未　晴

晨，读《左传》，教书，访陈雁迅于村头滩边楼屋上，纵谈治学方法及态度，颇称同乡周予同，思想新颖，著述精深，可为我辈法也。回寓后，写挽公铎先生联。下午，得铮信，知已安抵江山团部。得泉快信，知为辞职手续事，受上峰催促。灯下，遂为泉再致函张令杭，请闻说。并作函复铮弟，嘱安心在军界服务，求后日发展也。

七日庚申　晴雨

上午教书，晤剑甫，告以泉事，剑甫谓若写书，致玉环党部书记长赵熙，嘱商诸方县长，可以无事云云。归草一函致之赵，为余旧同学，甚熟识也。下午睡醒，过教务处，知初中新生榜已写就，润侄名亦列入，为喜慰。过江访剑甫，并寄挽联。适雨作，因向剑甫借伞，少坐即回。得棫信，知汇洋已收到，兹附来校方节赈。灯下作书，致岳生。

八日辛酉　晴

星期日。在寓补记日记。余自暑假归后，为琐事东西奔走，致荒正课，懒记日记，往往积数日始为之。阅《饮冰室文集》，颇有所感，梁氏以一介书生，竟能为国作一番大事业，垂名青史，可以慕效矣。

九日壬戌　晴

上午教书。下午，在图书馆阅书报，知敌机连日投弹宁波、诸暨、金华、衢县等处。傍晚，偕内子游埠头沙滩，见帆船二三十只，相继上驶，江东清莹，群山碧绿，状如图画。归寓后，张生公侠来，以二图石赠，刻余名字，甚嘉。公侠为润玉先生之子，前年由余助之入学者，故有此赠也。

十日癸亥　晴

上午，赴村头教书。下午，洪芷垞来，余伴游村头，参观课室，兼访陈楚淮、张慕骞、王同德，因共出过江，饮于其寓合作社。席间芷垞谈游览南田百丈漈，瀑布之大，实推世界第二，其壮伟可想见矣。

十一日甲子　晴

晨，赴村头教书。回寓，楷弟来，为讨校账。午备酒菜享之。下午，高秋一作文，题为《辨志忆母校》。楷弟收账毕，即回郡，余送搭青田航船。阅《饮冰室集》，录其治政学书目。得械信，责余引养新吾。

十二日乙丑　晴

上午教书。下午，高春二作文，题为《国家与我》，谈谈战时的生活程度及暑假回乡工作的报告。退课归，闻警报作，遂引内子避于山间。逮解除后，余独渡江，汇钱四元五角与胡旭庚医师，以暑假中，内子病疟医费及打针费故也。

十三日丙寅　阴雨

上午教书。下午，内侄润姆来，由舅公陪伴，附岳生信，述永、瑞二邑昨晚炸，焚去房屋五六间，死伤者甚众，尤在我瑞南门外一带，受祸最惨。

十四日丁卯　晴

上午，教书。下午无课，方睡于床，突闻警报，急起与小舅公、内子、润侄逃入山中。今日天气特热，稍饮开水，洗浴，补记日记。得泉信，谓将弃银行职，回玉署服务，以上峰仍不准辞去原职故也。

十五日戊辰　晴，雷雨

星期日。在寓改高秋一文卷。小舅公回郡，余送至门口，并托带信与械，附以校账款五十七元五角。校发薪仅至七月份止，余以前已预支，故不得分文，惟声言补发四五六七余数计四十五元耳。陈楚淮来，邀余共访邢弼于其庐，在青田县城。归来雨作，入夜闻雷声，大雨如注，天气转凉矣。

十六日己巳　阴

继改高秋一文卷，傍午赴村头教书。下午改卷，三时半开校务会议，商讨本学期应行各事，至五时始毕。复集同事宴于栖霞寺，计六桌人，菜蔬丰盛，胜酒馆所制多矣。

十七日庚午　晴

晨起，觉眼热，呈红色。早膳后，赴村头上课，将至，警报作，遂退避于路边竹丛中。待解除，始去教书。归寓，得胡旭庚信，言所汇医费尚差三元，如此打一枚针，要费五元矣，故人谓旭庚贪财，无仁慈心，信然。晚赏月，内子略备鸡肉、芋子，请房东小酌，亦客中快乐事也。饮罢，以眼畏灯光，即早睡。

十八日辛未　晴

晨起，两眼仍固封，拭之然后开，点读《左传》，并教润侄认识英文。余于此道不讲且十余年矣。下午教书，遇警报，发还文卷。得械信，复以新吾事索余解答，殊属不敬，前信已为明言，余所以引养新吾，因招子故。今已多年，一旦付还，必伤亲情也。母亲为人重意见，且不知媳妇贤否。如内子之守分，反遭白眼，视如仇雠。械实仅听一边之言，故有此信耳，使余太难为人矣。晚略教润侄读，即去睡。

十九日壬申　晴

晨起，拭眼。上楼读《左传》。上午教书，为警报误过一课，下午亦然。归寓，送械附信于虞明素，索补校账（打九折不久）。林生松棋等四人来，求转组从余学国文，甚喜，允之。傍晚又闻警报声，急牵内子避入山中，解除后回。夜早睡，以眼仍红也。

二十日癸酉至廿八日辛巳

连日为作《林先生公铎哀词》，改削誊写甚忙，即毕，将登校刊，并录一份寄其家矣。眼病愈，以服熊胆丸一小粒，为广东特制药，甚见效验。为校刊事，由同事钱耕莘备东，请校长、施剑甫、陈雁迅、朱岫云、贾祖璋及余等数人宴于陈作社，席间商谈出版事项。又为钱陈楚淮往教浙大分校龙泉，亦设宴于新合作社。在座除以上诸人外，加有王同德、周铁梅、徐启发、张慕骞四君。警报时作，皆在浙东，如金华、溪口、宁波、临海、诸暨、义乌、丽水。至昨日始，闻我永嘉小南门、东门复有投弹，损失略大云。

得泉信，知会计处已准辞职，可得安心从事银行矣。得械信，知母亲手臂风疾重发，甚痛，嘱派医药费，拟待校薪发到即寄。今日校已发八九两月薪，本有二百十元，因前透支，除去十五元余，再加捐款三元余，只剩一百八十九元余。下午正欲过江汇钱，突闻机声，急退避山中，不敢入城矣。

得铮信，述入团工作尚顺利，且兼教商业补习学校，盖尽义务也。得黄听秋信，知泉辞职准后，即升为会计员。如此所得较多，可以维持家计矣。

得杭高旧同事余葆玖函，嘱为作信介绍义乌县政府求事。

得方德植信，自永安吉山中师养成所寄来者，述入所教授情形。

以上各信，皆急待答复。

已复之信，有禀问母亲及械弟二处耳。此间房东将为余谋纳小妾，城里人，年十九岁，善计喈，极本分。内子窥得后，亦甚赞许。遂与内子订约，纳妾后以所得一半与之，二人分住，但同在一地方，即随余身旁也。内子甚贤，感余思子心切，故有此议也。

项荫轩先生之次子延锾在此读书，因病卧卫生院。余往视之，并贷以廿元，令先归调治也。荫翁为余大恩人，往年余求学省垣，先后助我壹佰八十元（四次，每次四十元）止，未述。顾余每回瑞，必往谒，如家人父子然，为里间多称道此事云。

二十九日壬午　晴

星期日。在寓清理文债，将《悼林师公铎》一文送钱先生。翻阅《瓯风杂志》，写信六七封，复泉、械、铮、听秋、德植，又为余葆玖作书，致常山县长叶木青氏，保荐原差。傍晚，故友薛元熹从丽水来访，多年不见，把谈畅甚。临别时正，余腹内作绞，急回如厕，大泻，痢疾立愈，以午前略服香连丸之故。灯下，检点讲义。

卅日癸未　雨，半夜后大雨如注

整日在寓，改卷廿余本。宋生越海来，写屏幅，为其父任父先生所嘱。写毕，视之尚称意。过江入城，汇卅五元享母亲。得母亲信，仍责余不孝，不能遣去新吾，实以此事牵涉外姑、内子、小姨母子太大，彼辈平日待我亦甚好，何忍下此毒手，母亲故意与余为难，诬以大义，有何言可说耶？自明日起，邮资加价，平信八分，单挂二角一分，双挂三角四分，快信二角八分，平快一角六分，盖为物价高涨、职员薪水特增收也。余专员（森文）来校讲演，又闻阮友抱山正来丽水检阅军队云。

十　月

一日甲申　雨

此间山洪暴发，江水涨溢，村头板桥亦为飘没，茅屋漏湿，几成灾矣。谚云水没青田县，信然，有其可能性也。午后，雨稍止，余往上课，回途积水，因逾山而归。于寓改卷，樊生祖鼎、宋生超人病痢，皆令同学来余处，借草药服之。余前日以大便稍稍不顺，遂嘱项延鋈归为购三圣门草药三包，由缪生天成带来，时余疾已愈，樊、宋二生闻之，故有此举也。读《左传》成公二年至十二年。灯下，抄《文选》李善注，拟依前定计划为之。

后　记

　　董朴垞写日记，始于 1927 年正月初一。1925 年农历八月以来安定的项馆教学生涯，让他有闲心写日记。写日记可以反思，也有督促自己学习的意思，也可训练自己的古文写作能力，他显然是将日记写作当作古文训练手段来做的。从而养成了一个好习惯，每日睡前写日记。

　　1930 年 6 月（农历为五月），在燕京大学国学所读研究生期间，因与老师、同学的思想产生激烈的冲突，董朴垞担心写日记留下证据，不利于自己前程，于是放弃了日记的写作。《温上自传：朴垞苦学记》称："从此日坐图书馆二楼研究室里，明窗几净，安心钻研，而日记以动笔即增愤懑，遂不写了。兴致结习，经此打断，以后虽欲记，终不成功呢。"直到 1939 年 10 月 10 日以后，董朴垞才决心重新写日记。不过，这次恢复写日记，只持续了一年时间，到了 1940 年 10 月 1 日，又停止了。此后，便完全停止了日记写作。

　　1966 年"文革"高峰期间，他将所有稿子撕成两半，意图以此种方式避祸。1968 年高峰一过，董朴垞又偷偷将撕毁的日记重行整理，重新抄写。至 1969 年，足足用了一年多时间才完成。该书分成项馆时期、大同教书时期、燕大研究时期、温中教书时期四大板块，分别称为甲集、乙集、丙集、丁集。

日记"多详学问、时事、阅历者",为一日活动与想法的记录。董朴垞的日记多是事务性日记,偶尔也记录自己的想法与灵感,是研究他的人生史,以及温州、瑞安等地学术的第一手资料。

董朴垞的《修学庐日记》,原稿 5 册,主要由董大江先生录入并整理,黄振兴也参与了部分稿子的录入与整理。董大江先生是在手机上完成录入工作的,前后花费一年多时间,其精神尤其让人感动。2022 年上半年完成整合后,我让应芳舟复核了一遍,圈出了一些可疑文字。

我做事要发一个兴。2023 年 4 月,在《董朴垞传》初稿完成以后,我发现引用的日记,标点小错仍不少。标点,很容易出洋相,尤其是新手标点过的本子,有时专家都发现不了问题。由于日记原稿为行草手稿,识别难度较大,各人的理解不同,导致不少地方句子断错了,个别文字识别错了,必须我亲自校对过,才可放心。于是,我放下传记稿,决定先复核日记原稿。由于工作量大,进度慢,只做了一部分复核工作,便停下来了。

这次,因为申请出版资助,我加速了《董朴垞国学与史学研究》的修订工作,也加速了日记的复核工作。主要用了以下几种途径。

一是通过网络资料的搜集,了解相关知识点,用"知识亮点"发现知识盲点,增进对内容的理解,进而发现断句的错误、文字的错讹。这次的复核,与《中国史学史长编》一样,先重在内容知识点的审核。内容的正确理解,是确定文字识别正确的关键所在。如稿子中原有"午食馒于宗庙"句,意义不通。宗庙食品,当是"馂",反复辨识原文,果然是"午食馂于宗庙"。每段话完全读懂,没有盲点,才可标对。通过对全书内容的掌握,我对董朴垞及其交往圈有了全新的认识。

二是通过对某些摘录内容的应用,提升标点能力。稿子形成以后，就是一个整体，不易发现问题。读者在使用中，会发现某些内容的标点问题。现在，自己先应用过，自己便可发现标点错误。须有深度研讨，才有正确的点校。通过对《董朴垞国学与史学研究》所摘录的材料进行局部性消化研究，会发现标点上的小问题。

三是用关键词搜索法，促进局部修订。个别人名、书名之类，通过全文搜索，可发现彼此的矛盾。如吴至甫—吴挚甫，张宋卿—张宋顷。查对原稿，应属不同识别问题。又如"及"，除"到"义外，尚有"又"或"复"义，根据上下文判断，对全书所涉"及"字，作了三层含义的梳理。

最后，剩下个别疑难句子，与原稿进行核对。不通顺字句的核对，数量少，容易接受。如果全文核对，工作量太大，难以承受。这样，审核速度快，正确率也高。

此前，遇到不认识的行草字，我总会找人帮忙。近日发现"词典网"，可查阅行草字。于是尝试一用，果然灵验。如"然已庆卅金左右"中的"庆"字原稿，查"词典网"，字形像"庆"，但意思不通。再输入"费"，果然有此字形，如此意思通了。不过，个别字形即使有"词典网"，也解决不了。因为它须假定是某个字，才可找到相关字形。"非有唐宋八家"之"有"字、"收佐课员"四字，尝试多次仍解决不了。我先后找了陈鑫、董大江，反复辨识，才识别出来。

行草须放远观看字形，才能识别。如"前党徒被嗽甚烈"，"嗽"不通，仔细辨识，应是"嘲"。遇到难字，须反复观察几遍，才能识别。"三弟居邪"，不通。最后才发现应是"郡"。因为三弟在温州城内，温州就是郡。有时"传"与"傅"不分，如"传靳"，实为"傅靳"。行草稍一不慎，就会识错。"吊黑回来"，不通，仔细辨别，"黑"字实乃"罢"。

"以书税阅"，怎么也理解不了。最后才知是把书拿去租给别人读，就是出租图书。想不到民国时期就有了这种商业行为，实在超前。

　　有原稿错者，如《湖南文征序》中所述"曰理曰情"，原稿作"曰青"，不通。查《湖南文征序》，才知为"曰情"。原稿"墨厂"，实为"墨庵"。

　　"甚疑翁瓶生也"，"瓶生"，意思不解。怀疑是字号，查翁同龢，"字瓶生"，就可理解了。"桂氏《史谷》"，查网络，桂氏知是"桂馥"，但没有《史谷》一书。进一步核对原稿，乃"未谷"，为其字。"翁文慕"，实为"翁文恭"。"箴书"，不通，查原稿似为"竹盛书"，进一步查询网络，当为"盛竹书"。"王能训"，通过网络查无此人，再减字查"能训"，应为"钱能训"，再核对原文，果然是"钱"。

　　解决一些难识字，可以说是攻坚克难。识别以后，很有成就感。

　　当然，仍然会存在小错。校对时，一个小误，顺手一动，就可改正，完全是小事。但出版以后，读者一旦发现一个错字或句读错误，就是大事。书稿中的差错一旦暴露于读者眼前，就是出洋相的事。可以说，点校工作没有小事可言。

　　董朴垞本人反对新式标点，"得《明史》新标点本，近人曹聚仁校，皆新时段旧物也，可笑。聚仁以末学之人，遽然取古书妄加新标点，往往失其真义焉。然标点已近十余种，何其易为如此乎"。不过，标点真的是不可少的，否则他人读不懂。标点是服务千万读者的做法。所以，即使会有小错，仍得迎难而上。

钱茂伟

2025 年 2 月

图书在版编目（CIP）数据

修学庐日记 / 董朴垞撰 ；钱茂伟等点校 . -- 武汉 ：
崇文书局，2025. 5. --（董朴垞著作集）. -- ISBN 978-
7-5403-7828-8

Ⅰ . K825.81

中国国家版本馆 CIP 数据核字第 2025ET4561 号

选题策划：郑小华

责任编辑：黄振华　李佩颖

封面设计：杨　艳

责任校对：陈　燕

责任印制：冯立慧

修学庐日记
XIUXUELU RIJI

出版发行：长江出版传媒 ｜ 崇 文 书 局

地　　址：武汉市雄楚大街 268 号 C 座 11 层

电　　话：(027)87677133　　邮政编码：430070

印　　刷：湖北新华印务有限公司

开　　本：880mm×1230mm　1/32

印　　张：16.625

字　　数：440 千

版　　次：2025 年 5 月第 1 版

印　　次：2025 年 5 月第 1 次印刷

定　　价：89.00 元